カエサル

上

CAESAR

The Life of a Colossus

エイドリアン・ゴールズワーシー

宮坂渉◆訳

白水社

カエサルの存命中に作られて現存するおそらく唯一の彫像である。
トゥスクルムから出土してトリノにあるこの胸像は、髪の生え際の退行を示していて、
中年時代のカエサルを最も正確に描写していると思われる。©W & N Archive

同一人物であることはすぐわかるのだが、
カエサルのさまざまな胸像はわずかずつ異なる特徴を示している。
ほとんどは、これと同様、彼の死後に作成された。

この胸像からはカエサルの特徴が後世の肖像画技法において定型化された程度がわかる。
強い輪郭線と引き締まった顎は、この人物の圧倒的な強さを示すことを意図している。

ポンペイウス・マグヌスのキャリアは若くして始まり、
壮大であるとともに異例であった。
この肖像は彼の中年時代を示していて、
当時彼はしきりに大人物に見られたがっていた。

キケロのキャリアは
その素晴らしい弁論によるもので、
豊富な著作は我々がこの時代を覗き見る際の
最も詳細な窓となっている。
キケロは個人的にはカエサルが好きだったが、
政治的には彼に対して
明確な信頼を置いてはいなかった。

クラッススは財産を巧みに運用することで
非常に強力な地位を作り上げ、
交易に積極的に打ち込んだ。
しかし、彼は魅力に欠け、
ポンペイウスやカエサルに与えられたような称賛を
受けることは決してなかった。

ローマ人のフォルムに見られる遺跡のほとんどはカエサル以降の時代のものである。
手前にあるのがユリウス会堂で、カエサルによって建設が始められ、紀元前46年に奉献されたが、
のちに数回にわたって改築された。
後方に、3本の列柱が示しているのがカストルとポッルクスの神殿で、
アウグストゥス帝の時代に修復された。
遠く右側にあるのがパラティヌス丘への坂道である。

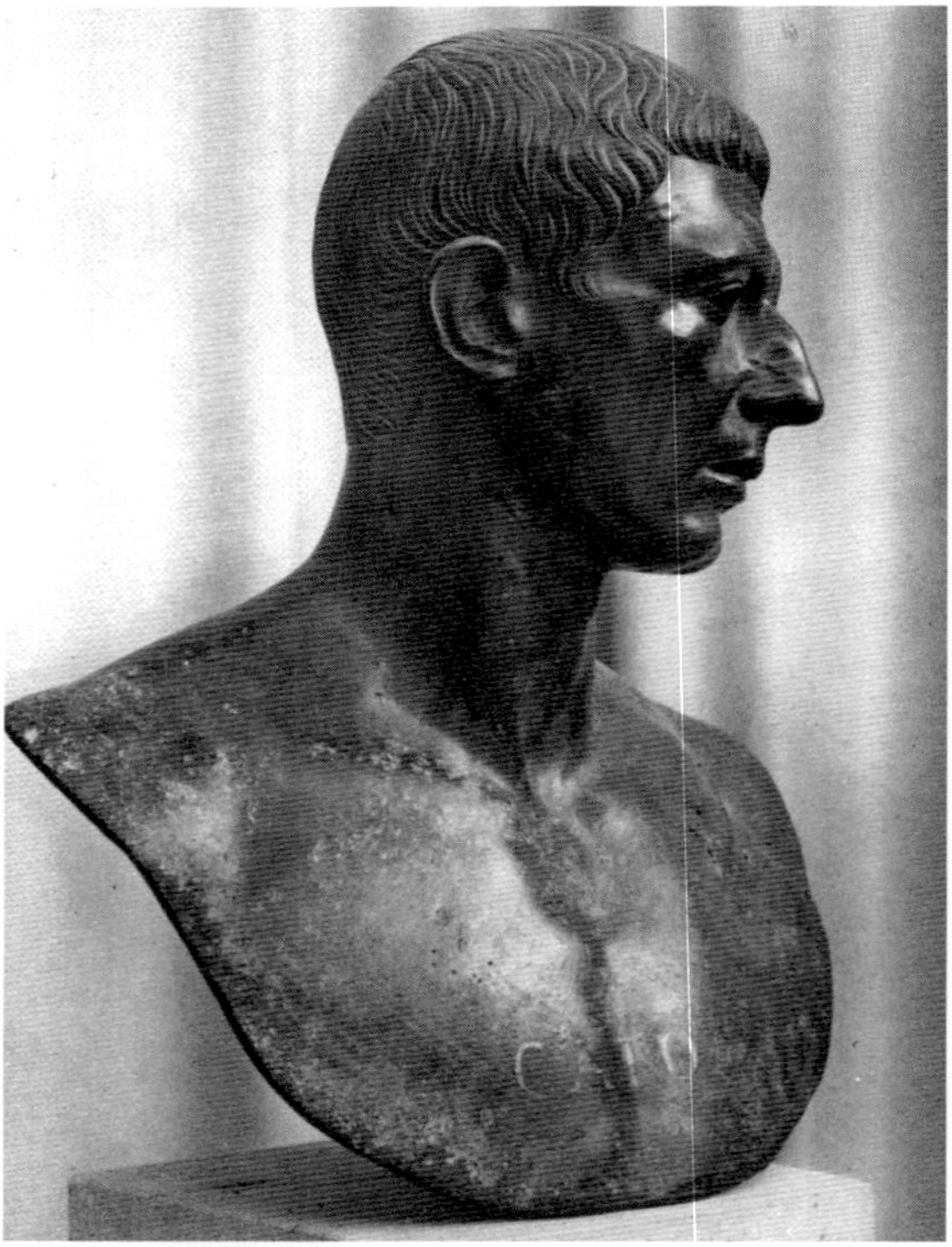

カトーの政治的卓越性は、
厳格さで知られた先祖の監察官カトーの意識的な模倣と、
家族関係の賢明な活用に多くを負っていた。
彼は政治手法についても、ひとりの人間としてもカエサルを憎んでいた。
そしてこの反感が、カエサルとセルウィリアの間の
長きにわたる情事によって緩和されることは決して なかった。

カエサル〔上〕

First published by Weidenfeld & Nicolson Ltd., London
Japanese translation published by arrangement with Weidenfeld and Nicolson,
an imprint of The Orion Publishing Group Ltd through The English Agency (Japan) Ltd.

カエサル［上］目次

第2部 属州総督
［紀元前五八年〜五〇年］

カエサル［下］目次

凡例

一、引用文中の〔　〕は原著者による補足を表す。
また、本文中の＊は原注番号を、〔　〕は訳者による注を表す。
一、本書では以下の単位は換算せず訳した。
一マイル＝約一・六〇キロメートル
一ローマ・マイル＝約一・四八キロメートル
一フィート＝約〇・三〇メートル
一、ラテン語のカタカナ表記については、ある程度慣用表記を採用した。

序章

ユリウス・カエサルの物語はきわめてドラマティックであり、世代を超えて人々の心を捉え、ウィリアム・シェイクスピアやバーナード・ショーを魅了してきた。その他数多くの小説家や脚本家にいたっては言うまでもない。カエサルは史上最も有能な将軍のひとりであり、彼が遺した自らの戦役の叙述は、文学作品として最高傑作のひとつ——もしくは唯一無二の存在——である。と同時に政治家であり指導者でもあって、最終的にローマ共和政の最高権力を掌握し、称号までは得なかったものの、あらゆる実質的な意味で王として君臨した。無慈悲な支配者ではなく、打ち負かした敵には自分の寛容さを誇示した。しかし結局、放免してやった二人の人物が主導し、多くの支持者までもが参加した陰謀によって、刺殺されたのだった。のちにカエサルの養子であるオクタウィアヌス——正式にはガイウス・ユリウス・カエサル・オクタウィアヌス——がローマ帝国の初代皇帝となった。彼の家系は西暦六八年にネロとともに途絶えたが、血縁関係も養子縁組関係もないのに、以後の皇帝たちもみなカエサルと名乗った。貴族層の一家族の名前にすぎなかった——そのなかでもかなり目立たない家族だった——ものが、事実上最高かつ合法的な権力を象徴する称号となったのだ。その結び付きはあまりに強かったので、二十世紀初頭の世界における巨大な勢力のうち二つはいまだに、カエサルに由来する名称であるカイザー Kaiser とツァー Tsar によって統治されていたほどだ。今日、西洋古典は西欧世界の教育において中心的な地位を失ったが、それでもユリウス・カエサルは古代世界のなかで、名前くらいは知っておくべき数少ない人物のひとりであり続けている。ラテン語になじみのない多くの人々は、カエサルの最期の言葉といえば、シェイクスピア版の「おまえもか、ブルータス」を思い出すはずだが（実際、彼は何かを言っただろうが―下巻三三九―三四〇ページ―それはさておき）、カエサル以外のローマ人でこのような知名度を得ているのはネロと、おそらくマルクス・アントニウスだけであり、ローマ以外の国々の出身ではおそらくアレクサンドロス大王、ギリシアの哲学者たち、ハンニバル、そして誰よりクレオパトラだろう。クレオパトラはカエサルの愛人で、アントニウスは副将のひとりだった。つまり二人ともカエサルの物語の一部なのである。

カエサルは偉大な男だった。多くの著名な軍司令官がカエサルの軍事行動の研究から多くを学んだと認めており、ナポレオンもそのひとりにすぎない。政治面ではローマの歴史に、はかり知れない衝撃を与えた。およそ四百五十年間続いてきた共和政という統治システムを終わらせるうえで決定的な役割を果たしたのだ。きわめて知的で高い教育を受けていたにもかかわらず、行動の人であり、だからこそ人々の記憶に残った。弁論家、作家、法の立案者そして政策の実行者としての能力から、兵士、将軍としての素質にいたるまで、その才能は多様であり、並外れていた。何より彼には魅力があった。ローマでは民衆を、戦場では軍団兵を、そして誘惑した多くの女性たちをいつも虜にした。軍司令官としても政治家としても数多くの過ちを犯したが、過ちを犯さない人間がいるだろうか？　カエサルが驚異的なのは、挫折から立ち直り、間違いを少なくとも内心では反省し、新しい状況に対応して、結局は勝利したことである。

カエサルは偉大である、という主張に異議を唱える者はあまりいないであろう。しかし善人だったとか、その経歴が望ましい結末を迎えたとは必ずしも言いがたい。彼はヒトラーやスターリンのような人物ではないし、ましてやチンギス・ハーンのような人物でもない。それでも、ある史料は彼の戦役を通じて百万人を超える敵が殺害されたと主張している。古代における考え方は現代とは異なり、ローマ人は、ガリアの諸部族のような外国の敵に対するカエサルの戦争について、良心の呵責を感じることはほとんどなかった。八年間の戦役で、カエサルの軍団はごく少なく見積もっても十万人をかの地で殺害し、それ以上の人々を奴隷とした。時にはカエサルは冷酷極まりなく、大虐殺や処刑を命じたし、大量の捕虜の手を切り落としたうえで解放したこともある。たいていの場合、カエサルは打ち負かした敵に対して慈悲を示したが、それも本質的には現実的な理由からで、敵がローマの支配を受け入れ、新しい属州で平和裏に税を支払う住民になることを望んでいたのだ。彼の態度は冷徹なまでに現実的であって、どちらが自分に最大の利益をもたらすと思われるかという基準で、慈悲を示すか残虐にふるまうかを判断した。行動的で精力的な帝国主義者だったが、自分はローマの帝国主義の創造者ではなく、たんに数多くの手先のひとりにすぎない、と述べている。その軍事行動がローマの他の戦争に比べて著しく残虐だったわけではない。それ以上に当時物議を醸したのは、ローマにおける彼の活動であり、政敵が自分の経歴を終わらせようとしていると悟った時には内戦をも厭わなかった、ということである。カエサルが怒るのも無理はない。とはいえ自分の軍勢を連れて属州からイタリアに入った前四九年一月の時点で、彼は反逆者となった。彼の暗殺とそれに続く内戦が最終的にローマ共和政を終焉に導いた。カエサル自身の行動によって、その容態はすでに末期的だったと思われる。共和政は滅び、皇帝による支配がそれに取って代わり、その一番手が彼の後継者だった。独裁官《ディクタートル》時代を通じてカエサルは最高権力を掌握し、おおむね良好に統治した。実施した政策は理に適い、指導者たるにふさわしく、ローマの利益を意図していた。かつて共和政は少数の元老院議員によって支配され、彼らの多くはその地位を濫用して貧しいローマ人や属州住民を搾取することによって私財を蓄えていた。カエサルが行動を起こして処理しようとしたのは、長いあいだ現実的で深刻だと認識されてはいたが、どの元老院議員もそのような行動によって誰かひとりが信用を得ることを嫌がったために解決されずにいた、さまざまな問題だった。共和政というシステムはきわめて腐敗しており、カエサルが生まれる前から暴力によって、そして生後すぐに起きた内戦によって悩まされてきた。彼は軍事力によって最高権力を掌握したが、その過程では賄賂や脅迫を用いる場面もあったと言われている。そのやり方においては敵対者も変わりはなく、カエサルが自分の地位を守るためにしたのと同じように、敵対者もカエサルを失脚させるために内戦を辞さなかった。その意味でカエサルも相手も五十歩百歩だったと言うほかはない。内戦に勝利したのち、カエサルはきわめて責任あるやり方で統治し、その点で元老院の貴族層とは対照的だった。カエサルの政策は社会のもっと広範な部分に利益をもたらそうとしていたのである。政治体制は抑圧的でないどころか、かつての敵の多くを赦免し、要職につけた。ローマ、イタリア、さらに属州はすべてカエサルの下で、以前にくらべて大いに安寧を享受した。しかし、統治の仕方が責任あるものだったとしても、結果的にカエサルの支配は自由な選挙の終わりをも意味した。たとえ彼の支配が正当であったとしても、結局、君主政はカリグラやネロのような皇帝の登場につながっただろう。歴史を叙述するのは、ローマではどちらかと言えば富裕層であって、カエサルの隆盛はこの階層の勢力の没落を意味した。そういうわけで史料の多くはカエサルに批判的である。

カエサルは道徳的な男ではなかった。実際、多くの点で彼は道徳心を欠いているように思われる。確かに彼の性根は親切かつ寛大で、恨みを忘れて敵を友に変える傾向があった。しかし必要とあれば完全に冷酷であることも厭わなかった。慢性的な浮気症で、妻や数多の愛人に対して不誠実だった。これらの女性のなかでも群を抜いて有名なのがクレオパトラである。そのロマンスはおそらく二人のどちらにとっても真剣なものだった。にもかかわらず、カエサルはすぐさま別の女王と恋に落ち、ローマの貴族層の女性を追いかけ続けた。特に自分の容姿にうぬぼれとすら言えるほどの誇りを持っていた。結局、カエサルは若い頃から自分自身が他人よりも優れていることを絶対的に確信していた、と言わざるを得ない。そのような自尊心にも一理ある。というのも彼は聡明で、他の圧倒的大多数の元老院議員よりも有能であったからだ。おそらくナポレオンと同様に、カエサル自身が自分の性格に惚れ込んでいたので、その性格が他の人々を虜にするのはもっとたやすかったはずだ。かのフランス皇帝とこれまた同様に、カエサルの性格には多くの矛盾点があった。アーサー・コナン・ドイル卿はかつてナポレオンについて次のように書いた。「彼は驚くべき男だった。おそらくはこれまでで最も驚くべき男だった。私を感心させたのは、彼の性格はこうだ、と断言できないということだ。君が、彼はまったくの悪党だと確信するや否や、彼の性格に高潔な部分もあることを知る。そうかと思えば、この点に対して与えられた君の称賛は、信じられないほど下劣な行動によって損なわれる*1」。そこにはカエサルと同様の奇妙な交錯のようなものが見られる。もっとも、それはカエサルほど極端なものではなかっただろうが。

印象的なのは、こんにち研究者は過去を冷静に検証する訓練を受けていると考えられているのに、カエサルについて強固な意見を持っていない古代史家に会うのは非常に稀だということだ。かつてはカエサルを崇拝し、偶像化する者さえいた。彼らはカエサルを、先見の明があって、共和政が直面する膨大な問題を正しく認識し、解決方法を実現してみせた人物と見なした。もっと批判的な者は、カエサルを非常にありふれた野心を持つ貴族のひとりにすぎないと評価し、カエサルは法と先例とを犠牲にすることもかまわず頂点に這い上がったが、そこから自分の権力で何をすべきか明確な意図を持っていなかったと考えた。こう解釈する者は、カエサルが権力の座に上り詰めたことを評して、ご都合主義だと強調する傾向にある。確かに彼はご都合主義者だったが、それを言うなら実際に成功を収めた政治家すべてがそうであるのは間違いない。カエサルは人間のあらゆる行ないに対して運が及ぼす力を信じており、自分は特に幸運だと考えていた。今では、皇帝たちがローマ帝国を数百年にわたって支配することができたのは、オクタウィアヌス――最近ではアウグストゥスと呼ばれることのほうが多かった――が創設したシステムを通じてであったことがわかっている。アウグストゥスによって完成されたシステムは、カエサルがローマを支配した時代にどの程度まで形成されたのか。それとも、この時代に始まったとみるのは誤りで、アウグストゥスに同じ轍《てつ》を踏まぬよう気をつけるべき前例のひとつを提供したにすぎないのか。この点で議論は激しく対立したままで、状況は変わりそうにない。おそらく真実は両極端な見解のあいだのどこかにあるのだろう。

本書の狙いはカエサルの生涯を彼自身の言葉に基づいて検証し、それを紀元前一世紀のローマ社会という文脈の中にしっかりと位置づけることにある。彼の死後に何が起こったかは本書の関心事ではないし、カエサルの政治体制と、アウグストゥスが権力を掌握した時代に展開した政治体制との相違点について、本質的な議論をするつもりもない。そのかわりに、カエサルが何を、なぜ、どのように行なったのかを理解しようとすることに焦点を当てている。後知恵であることは避けようもないが、内戦と共和政の崩壊とは必然的だったと推測すること、あるいは対極的に、共和政に悪いところは何もなかったと主張することは、どちらも本書では避けるよう努めている。これまでに刊行された本には、カエサルを政治家あるいは将軍のどちらか一方と見て考察する傾向があった。この区別は、近代西洋の民主主義社会とは対照的に、ローマにおいては無意味である。ローマの元老院議員は軍人と文民双方の責務を負い、生涯を通じてその責任を果たしたのであって、どちらも通常の公的な活動の一部にすぎなかった。どちらも片方だけでは完全に理解することはできないので、本書はその二つを均等かつ詳細に扱うつもりだ。本書は長大だが、それでもカエサルが生きた時代のローマの政治社会を完全に説明することはとてもできない。また、ガリアでの軍事行動と内戦との完全な分析を試みてもいない。本書の焦点は常にカエサルにある。彼が個人的に関係していない出来事について、要点を超えて説明することはない。学術的な議論がなされている争点の多くには少し触れるに留める。たとえば特定の法律の詳細な内容やローマにおける裁判、あるいは軍事作戦にかんするトポグラフィその他の問題点である。どんなに興味深かろうとそのような点は、カエサルを理解するうえで重要な役割を果たすのでない限り、余談になるだろう。それらに興味がある読者は、本書の巻末にまとめられた注で引用した著作から、もっと多くの事柄を知ることができるはずだ。同様に本文は、カエサルについて書いている多くの優れた研究者に直接言及したり、彼らの個別の解釈について議論したりすることを、可能な限り避けている。そのような事柄は学術研究における主要かつ本質的な関心事ではあっても、普通の読者にとっては退屈の極みだからだ。繰り返すが、関連する著作は巻末の注に引用されている。

彼の名声、そして彼が生きたのはローマ史のなかでおそらく最も多くの記録が残された時代だったという事実にもかかわらず、カエサルについてわからない事柄はまだまだ多い。我々に残された史料のほとんどはこれまでに利用され尽くしている。考古学的な発掘が、カエサルの生きた世界についてもっと多くの事柄を明らかにするために、本書を書いている現時点でも続けられている。たとえばフランスやエジプトでの作業は、カエサルの時代のガリアやクレオパトラの時代のアレクサンドリアについて、多くの事柄を我々に語ってくれそうだ。とはいえ、いかなる発見もカエサルの経歴と生涯とにかんして、我々の理解を劇的に変えることはないだろう。そういうわけで、我々は主としてラテン語とギリシア語で書かれた、古代世界から現存する文献史料に頼っているのである。場合によっては銅や石に刻まれた碑文によって補われることもある。カエサル自身の『戦記』は現存し、ガリア戦役と内戦の最初の二年間とにかんする詳細な説明を我々にもたらしている。それらの記録をさらに補うのが、カエサルの死後に部下によって書かれた四巻であり、それ以降の軍事作戦を対象としている。それに加えてキケロの手紙、演説、理論的著作があり、この時代の豊富かつ詳細な情報を伝えてくれる。キケロの往復書簡は、共和政の数多くの指導的人物から送られた書簡を含んでおり、彼の死後に公刊された。そこにはカエサルその人からの短いメッセージもわずかながら収められている。キケロとポンペイウスとの往復書簡からなる全集と同様に、キケロとカエサルの往復書簡の全集も公刊されたことがわかっているが、残念ながら現存していない。同じことはカエサルの他の著作や公刊された演説にも当てはまる。こんにち我々が利用できるのは古代世界の文献の一パーセントのさらに数分の一にすぎないということは、常に心に留めておくべきだ。キケロの公刊された書簡には意図的に削除されている部分がある。最も顕著なのは、前四四年の最初の三か月間にキケロが友人アッティクスへ宛てた書簡である。アッティクスは往復書簡の公刊に関わったが、それはアウグストゥスがローマの支配を確立したのちのことだった。失われた手紙は、アッティクスがカエサルに対する陰謀に関わっていたことを示す何かを含んでいたか、もっと言えばその陰謀について知っていた、あるいは事後に賛同したことを示唆していたので、自分の身を守るために意図的に削除された、という可能性が高い。ほぼ同時代のもうひとつの史料はサッルスティウスである。彼が書いたいくつかの史書にはカティリーナの陰謀の叙述も含まれている。内戦のあいだ、サッルスティウスはカエサルのために戦い、見返りとして元老院に議席を回復した。属州アフリカを統治するために派遣され、のちに財物強要の咎で告発されたが、カエサルによって赦免された。サッルスティウスは、キケロよりもカエサルに好意的で、後から得た知識を利用して作品を残しており、独裁官だったカエサルに対する彼の見解は、正確に言えば賛否が入り混じっているように思われる。彼自身の経歴を考えると皮肉なことに――もっとも自分はいかなる不法な行ないも犯していないと常に強調していたが――ローマの災難はすべて貴族層の道徳心の低下によって引き起こされている、というのが彼のテーマであって、これが彼の叙述に色を付けていることは否定しがたい。キケロ、サッルスティウス、カエサルは、いずれも政治活動へ積極的に参加した。カエサルが執筆したのはとりわけ自分の行ないを称賛し、自分の経歴が続くように支持を得るためだった。彼もその他の人々も、ありのままの事実を報告することだけに強いこだわりを持っている、冷静な観察者ではなかったのである。

　他の史料のほとんどはさらに後世の作である。リウィウスはアウグストゥス統治下で執筆したので、いくつかの出来事はまだ生き生きとした記憶の中にあった。しかしカエサルの時代を対象とする諸巻は失われ、簡単な要約が現存するにすぎない。ウェッレイウス・パテルクルスが執筆したのはもう少し後だが、この時代についての簡潔な叙述の中に、いくつか役に立つ素材がある。しかしながらカエサルにかんする十分な量の証言は、二世紀初頭すなわち独裁官の暗殺から百五十年以上が経つまで書かれなかった。ギリシア人の著述家アッピアノスはローマの壮大な歴史を描いた。そのうち二巻が前一三三年から四四年までの内戦と混乱の時代を扱っている。プルタルコスもギリシア人だったが、彼の著作『対比列伝』は先に述べた本書の狙いにとって最も重要だ。これは著名なギリシア人とローマ人とを組み合わせた伝記で、カエサルはアレクサンドロス大王と、あらゆる時代を通じて最も成功を収めた二人の将軍として対になっている。マリウス、スッラ、クラッスス、ポンペイウス、キケロ、カトー、ブルートゥス、それにマルクス・アントニウスの伝記も重要だ。スエトニウスは、カエサルから始まって、最初の一二人の皇帝たちの伝記を著したローマ人だった。カッシウス・ディオはギリシア出身だったが、ローマ市民であり元老院議員でもあって、三世紀初頭において政治活動に積極的に参加した。彼はカエサルの時代を最も詳細かつ連続的に叙述している。これらの著者はいずれも史料に当たっており、その多くはカエサルと同時代のもので、こんにちでは散逸してもはや手に入らない彼自身の著作をも含んでいた。しかし、いずれの著作もかなり後の時代に書かれたということは、常に心に留めておかなければならないし、著者が前一世紀の雰囲気を理解し、正確に反映したのか、我々には確かめようがない。現存する史料には明らかな欠落がある。奇妙な偶然で、スエトニウスとプルタルコスのカエサル伝はどちらも冒頭部分が失われているので、カエサルが何年に生まれたのか、絶対の確信を持って言うことはできない。それぞれの著者は自分自身の先入観、関心あるいは視点から史料を利用するが、その史料自体も先入観を有していて、しばしば誤った情報を受け入れているので、いかなる史料を扱う場合にも注意が払われるべきだ。もっと最近の歴史を研究している人々とは異なり、古代の歴史家は、明らかに矛盾する説明を調和させるのと同時に、限られた、信憑性《しんぴょうせい》に欠けるおそれのある史料を最大限に活用しなければならないことがしばしばだった。本書を通じて、私はこのプロセスについていくつかの私見を提示している。

カエサルの精神生活のいくつかの側面は依然としてわかっていない。彼の個人的かつ私的な関係、すなわち家族、妻、愛人や友人との関係についてもっと多くのことがわかればきっと興味深いし、知られざる一面を明らかにすることだろう。たとえば友人については、カエサルが自分の副官や助手と親密であり、彼らを好んでいたことは明らかであるにもかかわらず、人生の大半で、そして最後の数年間は確実に、いかなる意味でも自分と同等の友人を持たなかったようだ。彼の宗教的信念についてもほとんどわかっていないに等しい。儀式と信仰とは古代ローマにおける生活のあらゆる側面にいき渡っていた。カエサルはローマで最高位の神官のひとりであって、定期的に祈禱、供犠その他の儀式を執り行なうか主宰していた。女神ウェヌスの子孫と称する自分の家の伝統も最大限に活用した。けれども、このようなことが彼にとってどのような意味を持っていたのかまではわからない。彼が宗教的な躊躇《ちゅうちょ》のせいで何かを行なうのを思い止まったことは稀だったし、自分自身の利益のために信仰を利用することもためらわなかった。しかしそれが、彼が完全にひねくれていて信仰心を持っていなかったことの表れだとは限らない。結局のところ我々にはわからないだけなのだ。むしろカエサルの魅力は、正体を突き止めるのが非常に難しい人物であることや、その生涯の最後の数か月間に本当は何を意図していたのかといった謎が残されている点にある。彼は五十六年間の生涯の時々でいろいろな「役」を演じた。夫や父、愛人、姦通者だけでなく、逃亡者、捕虜、前途有望な政治家、将軍、弁護人、謀反人、独裁官も——おそらく神でさえも——そこには含

まれていた。架空の主人公でも、ガイウス・ユリウス・カエサルと同じくらい多くのことをこれまでにな
し遂げた人物は、そうそういるものではない。

第1部

執政官への道

［紀元前一〇〇年〜五九年］

第1章　カエサルが生きた世界

というのも、ローマがカルタゴの脅威から解放され、競争相手が帝国へと向かう道でローマに先を譲ると、人々は美徳という名の小道から堕落という名のそれに乗り換えた。それも徐々にではなく、大急ぎで。古くからの規律は打ち捨てられ、新しい規律に居場所を譲った。国家は警戒態勢から休眠状態へと、目的の追求から娯楽の追求へと、活動から無為へと移行した。

ウェッレイウス・パテルクルス、一世紀初頭＊1

共和政は終わった。姿も形もない、名ばかりである。

ユリウス・カエサル＊2

紀元前二世紀末までにローマ共和政は地中海世界における唯一の超大国となった。フェニキア人による植民市カルタゴは、通商帝国として地中海世界の西側を長きにわたって支配してきたが、前一四六年にローマ軍によって完全に破壊された。それと時を同じくして、アレクサンドロス大王の故郷であるマケドニアがローマの一属州となった。その他のおもだった諸王国は、アレクサンドロス大王の部将たちが彼の広大な、しかし短命に終わった帝国を分割した時に生まれたのだが、すでに弱体化し、かつての勢力は見る影もなく先細りしていた。地中海内部および周辺の多くの国々は――イタリア半島全域、ガリア南部、シチリア、サルディニア、コルシカ、マケドニア、イッリュリクムの一部、小アシア、ヒスパニアの大部分、北アフリカの一角——は直接的にローマ人の支配下にあった。他の場所でもローマの権力は認められていた。もっともそれは嫌々ながら、または少なくとも恐怖によってであった。ローマ人と接触した王国、部族、都市のいずれもローマの権力に太刀打ちできなかったし、それらがローマに対抗して団結する現実的な見込みもなかった。紀元前一〇〇年、ローマはきわめて強力で裕福であって、この状況が変わりそうな兆しは何もなかった。今だからわかることだが、実際にローマはより強力かつ裕福な国家へと成長し、一世紀も経たないうちに、五百年続くことになる帝国の大部分を征服するようになったのである。

たんなるイタリアの支配者から地中海世界の超大国へと、ローマは一気に上り詰めた。それはギリシア世界の人々にとっては非常に衝撃的だった。かつて彼らは、西方の異国人たちのなかでこの特定の集団にほとんど関心を払っていなかった。カルタゴとの闘争は一世紀以上続き、莫大な損失をともなった。これに対してヘレニズム諸勢力に対する勝利にはその半分の時間しか要しなかったし、払った犠牲もわずかだった。カエサルが生まれるひとつ前の世代、ギリシア人の歴史家ポリュビオスが『歴史』を著したのには、いかにしてローマの支配が達成されたかを説明するという明確な目的があった。彼自身、その過程の最終段階を目撃している。第三次マケドニア戦争（前一七二－一六七年）でローマと戦い、その後捕虜としてローマに行き、ローマの一貴族の家庭で暮らし、彼が参加した戦役に同行してカルタゴが破壊されるのを目撃したのである。ポリュビオスはローマ軍のシステムの機能性にも注目していたが、それ以上にローマの成功はその政治システムに基づいていると考えた。彼にとって共和政という政体は、いかなる一個人あるいは社会の一部も圧倒的な支配を獲得することのないように、注意深く均衡を保って、ギリシア都市国家のほとんどを悩ませてきた頻繁な革命や市民の抗争に煩わされない状態をローマにもたらしているのだった。内部が安定していることでローマ共和政は、他の競争相手が太刀打ちできない規模での、継続的

郵便はがき

おそれいりますが切手をおはりください。

101-0052

東京都千代田区神田小川町3-24

白水社 行

購読申込書

■ご注文の書籍はご指定の書店にお届けします．なお，直送をご希望の場合は冊数に関係なく送料300円をご負担願います．

書名	本体価格	部数

★価格は税抜きです

(ふりがな)

お名前 (Tel.)

ご住所 (〒)

ご指定書店名（必ずご記入ください）	取次	（この欄は小社で記入いたします）
Tel.		

『カエサル　上』について	(8229)

■その他小社出版物についてのご意見・ご感想もお書きください。

■あなたのコメントを広告やホームページ等で紹介してもよろしいですか？
1. はい（お名前は掲載しません。紹介させていただいた方には粗品を進呈します）　2. いいえ

ご住所	〒　　　　　電話（　　　　　）		
(ふりがな) お名前	（　　　歳） 1. 男　2. 女		
ご職業または学校名		お求めの書店名	

■この本を何でお知りになりましたか？
1. 新聞広告（朝日・毎日・読売・日経・他〈　　　　　〉）
2. 雑誌広告（雑誌名　　　　　）
3. 書評（新聞または雑誌名　　　　　）　4.《白水社の本棚》を見て
5. 店頭で見て　6. 白水社のホームページを見て　7. その他（　　　　　）

■お買い求めの動機は？
1. 著者・翻訳者に関心があるので　2. タイトルに引かれて　3. 帯の文章を読んで
4. 広告を見て　5. 装丁が良かったので　6. その他（　　　　　）

■出版案内ご入用の方はご希望のものに印をおつけください。
1. 白水社ブックカタログ　2. 新書カタログ　3. 辞典・語学書カタログ
4. パブリッシャーズ・レビュー《白水社の本棚》（新刊案内／1・4・7・10月刊）

※ご記入いただいた個人情報は、ご希望のあった目録などの送付、また今後の本作りの参考にさせていただく以外の目的で使用することはありません。なお書店を指定して書籍を注文された場合は、お名前・ご住所・お電話番号をご指定書店に連絡させていただきます。

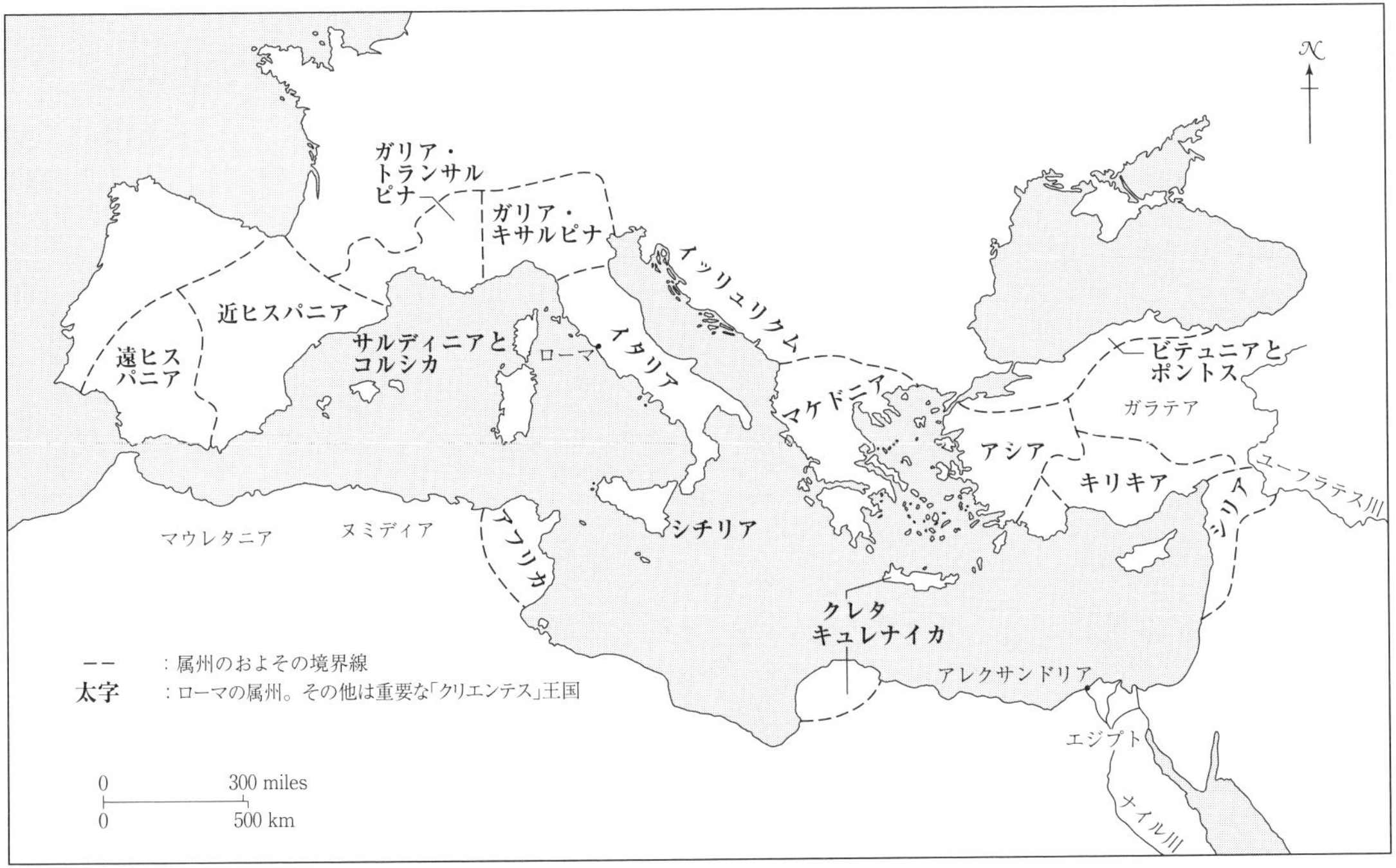
N
ガリア・
トランサル
ピナ
ガリア・
キサルピナ
近ヒスパニア
遠ヒス
パニア
サルディニアと
コルシカ
ローマ
イタリア
イッリュリクム
マケドニア
ビテュニアと
ポントス
ガラテア
アシア
キリキア
シリア
ユーフラテス川
マウレタニア
ヌミディア
アフリカ
シチリア
クレタ
キュレナイカ
アレクサンドリア
エジプト
ナイル川
－－　：属州のおよその境界線
太字　：ローマの属州。その他は重要な「クリエンテス」王国
0　300 miles
0　500 km

紀元前1世紀のローマ世界

な戦争遂行に専心することができた。同時代の他のいかなる国家も、ハンニバルによってもたらされた破滅的な損失と荒廃をくぐり抜けることはもちろん、その戦争に勝利することすらできたかどうか疑問である*3。

カエサルは共和政下のローマに生まれた。共和政はその時点で約四百年続き、ローマの着実な成長を証明していた。ローマそのものはさらに強大な国家への道を進むことになるが、共和政というシステムは終わりに近づいていた。カエサルはその生涯の間に、共和政が内戦によって引き裂かれるのを見、カエサル自身がその争いのなかで主導的な役割を果たした。共和政はカエサルより後まで生き残ることはなかった、と感じるローマ人もいた。彼らの多くは共和政殺しの主犯としてカエサルの名を挙げた。カエサルの養子であるアウグストゥスがローマの初代皇帝に就任した頃には、共和政はひとつの記憶にすぎないということを、誰も疑わなかった。それまでの長きにわたる成功にもかかわらず、すべてが正しく機能しているわけではないことを示すいくつかの兆しとともに、ローマ共和政は前二世紀末にその寿命の終わりに近づいていた。

前一〇五年、キンブリ族およびテウトネス族と呼ばれる移動中のゲルマン人部族の一団が、ローマ軍としては異例の大軍勢をアラウシオ（フランス南部の現オランジュ）において粉砕した。この戦闘の犠牲者数は前二一六年に行なわれたカンナエの戦いのそれに匹敵した。その時はハンニバルがおよそ五万人のローマおよび同盟市の兵士を一日で虐殺している。今回の敗北は蛮族によってもたらされた一連の敗北のうち、最近かつ最悪の敗北となった。彼らを戦いに駆り立てたのは、前一一三年に彼らに遭遇した最初のローマ軍司令官だった。キンブリ族とテウトネス族は、新しい土地を求めて移動中の人々で、本格的な戦争に従事する専門的な軍隊ではなかった。戦士たちは戦闘では外見で相手を恐れさせ、一人ひとりは勇猛だったが規律に欠けていた。戦略的なレベルでも両部族は確固とした方針に貫かれてはいなかった。アラウシオの戦いののち、彼らは進路を変えてヒスパニアへと向かい、数年間はイタリアに侵入するために戻ってくることはなかった。それでもこの一時的な安心ではローマに広がったパニックはほとんど沈静化せず、大柄の、肌の白い、野蛮な戦士たちによって前三九〇年に都市が襲撃された、という民族の記憶のせいでむしろ増幅された。この時はゲルマン人というよりはガリア人だったが、ローマ人は北方の蛮族すべてに対して根深い恐怖を抱いていたのである。近年の襲来に対処していた貴族出身の無能な将軍たちに対し、広範な批判が巻き起こった。ゲルマン諸部族との戦争はもはや、彼らではなくガイウス・マリウスに委ねるべきだというのである。マリウスはヌミディアでの戦争で勝利したばかりだった。その戦争も当初は社会上層の堕落と愚劣さばかりが際立っていた。マリウスはカエサルの叔母と結婚し、マリウス家で政界に進出した最初の人物だった。彼はすでに前一〇七年に二人の執政官《コーンスル》のうちの一人に選ばれるという偉業をなし遂げていた。執政官は共和政の上級執行役員で、その職にある十二か月の間、最も重要な内政上の職務と軍指揮権とを任されていた。本来ならば、ある者が二度目の執政官就任を認められるには、一度目から十年が経過していなければならないはずだったが、マリウスは前一〇四年から一〇〇年にかけて五年連続で執政官職に選出された。これは先例のないことで、しかもその合法性は疑わしかったが、期待された結果をもたらした。彼は前一〇二年にテウトネス族を、翌年にはキンブリ族を打ち破ったのである*4。

マリウスが執政官職に連続して就任したことはローマ政界の基本原理に違反していた。しかしこれは、危機の時代に国家を指導するための緊急手段として解釈される余地があった。過去にも共和政は同じような柔軟性を示し、ローマ人が他の緊急事態に対処するのに役立っている。むしろ気がかりなのは、政治的論争が暴力による闘争に移行するという最近の傾向だった。前一〇〇年の秋、メンミウスという元老院議員がちょうど翌年の執政官職に選出されたのだが、落選した候補者のうちのひとりの子分によってフォルムで撲殺された。この男、ガイウス・セルウィリウス・グラウキアは、同志であるルキウス・アップレイウス・サトゥルニヌスとともに、脅迫と暴徒を用いて法案を強行採決した。彼らは前年にもうひとりの対抗馬の殺害を手配していたと、広く信じられていた。メンミウスの私刑はあからさまであって、即座に反動を引き起こした。マリウスは、この時点まではサトゥルニヌスを自分自身の目的のために利用することに満足していたが、いまや彼と敵対し、共和政を守るようにとの元老院の要請に応えた。マリウスは自分の支持者を武装させて、サトゥルニヌスとグラウキアの一味をカピトリウムの丘に追い込み、間もなく降伏させた。マリウスは彼ら過激派に命を保証したかもしれないが、世論はそこまで寛大でなかった。逮捕者のほとんどは元老院議場に閉じ込められたが、群衆が建物を取り囲んだ。数人が屋根に上って屋根瓦をはがし始め、重たいそれを内部へと投げ落としていったので、ついには閉じ込められた者全員が殺された。共和政を守るために、通常の法は停止され、暴力はより大きな暴力によって粉砕された。それは、完全に均衡を保った政体という、ポリュビオスによって描かれた明らかに理想化された図式からはほど遠かった。もっとも彼でさえ、ローマ内部の安定はいつまでも続くことはないだろうことを示唆していた。カエサルの物語を理解するために、我々はまず、理論的および前二世紀の最後の数十年において変化した現実の両面で、ローマ共和政の本質について考察しよう*5。

共和政

伝承によればローマは前七五三年に建国された。ローマ人にとってはこの年が元年であって、以降の出来事は正式には「都市建設から」何年目として数えられた。ローマの起源にかんする考古学的な証拠はあまり明確でない。なぜなら、のちにローマとなる、丘の周囲に点在した小さな共同体がまとまってひとつの都市になったのはいつか、判断するのは困難だからだ。最初期以来保存されてきた史料はほとんどないし、ローマ人が歴史を叙述し始めた前二世紀初頭になると、彼らでさえ確実にはわからないことも多かった。都市ローマの創成期の物語にはいくらかの真実も含まれているだろう。しかし個人や特定の出来事を検証するのは不可能に近い。明らかなのは、当初ローマは王によって支配されたということである。もっとも、伝承に記録されている七人の王のいずれが実在の人物なのか、知るのは難しい。前六世紀末に――前五〇九年という伝承上の年代はおそらく正確だろう――国内の混乱が生じた結果、王政は共和政に取って代わられた。

ローマ共和政の政治システムは長い年月をかけて徐々に発展し、決して厳格に固定されることはなかった。アメリカ合衆国よりは近代のイギリスに似て、ローマは制定された憲法を持たず、法律・先例・慣習を継ぎ合わせて用いていた。レース・プーブリカ res publica という表現は、republic の語源であって、文字通りには「公の物」を意味するが、「国家」あるいは「国民」と翻訳されるのが最善だろう。そのような曖昧さのおかげで人によって異なる解釈の余地が残された。カエサルはのちにそれを意味のない言葉として片付けることになる[*6]。システムが緩いことから可能になった相当な柔軟性は、何百年ものあいだ力の源泉だった。同時に、まさにそのような性質によって、何か新しい先例や法律によって、良くも悪くも物事が為される方法をいつでもたやすく修正することが可能となった。そのシステムの中心にあったのは、いかなる個人も恒常的な権力を手にしすぎないようにという要請だった。王政の復活に対する恐怖は広くまた根底まで、高位の公職を独占する貴族層に定着していた。それゆえ共和政期には権力は多くの異なる機関に付与され、そのうち最も重要なのが公職者、元老院、それに民会である。

公職者は相当な権力をもっていた。最上級者が正式に有していたのが命令権《インペリウム》で、これは軍団を指揮し、裁判を主宰する権限だった。しかしその権限は本質的に一時的なもので、十二か月の在職期間中に存続するだけだった。同じ公職を務める同僚のもつ同等の権限によっても制限されていた。執政官は毎年二名、六名の法務官《プラエトル》がそれに次いで重要な公職を務めていた。ある者が同一の公職に再度選出されるには、十年という間隔を空けなければならなかったし、法務官については三十九歳、執政官については四十二歳に達していなければ、立候補することもできなかった。政治的な権力と軍事的なそれとの間に区別はなく、公職者は必要に応じて軍事および内政上の責務を果たした。最も重要な責務と軍の指揮権とは執政官に帰属し、それ以下のものが法務官に帰属した。最上級の公職者がその在任期間中に属州を統治するために派遣されることもあった。元老院は執政官あるいは法務官の命令権を公職者代行――それぞれ執政官代行《プロコンスル》あるいは法務官代行《プロプラエトル》――として一年単位で延長することができた。このやり方は、大帝国を統治するのに必要な数の属州総督を共和政に供給するために、たびたび必要となったが、その権力が本質的に一時的な性質であることに変わりはなかった。二年以上延長されることはごく稀だった。それゆえ、公職者自身が強大な権力を行使した一方で、個々の執政官および他の公職者は毎年入れ替わった。

　対照的に元老院の重要性は、公式な役割よりはむしろ完全な継続性にあった。元老院はおよそ三〇〇名の元老院議員からなっていて、公職者、通常は執政官のひとりの招集によって開催された。元老院議員は投票で選ばれるのではなく、二名の監察官《ケーンソル》によって元老院に登録された――そして追放されることはきわめて稀だった。監察官は五年ごとにローマ市民に対する戸口調査を実施した。前回の戸口調査以降に公職に選出された者は誰であれ監察官は登録することになっていた。もっとも、法的な義務ではなかった。しかしながら、公職のポストはどちらかといえば少なかったので、多くの元老院議員、おそらく半数は公職に就いたことがなかった。元老院議員は騎士階層に属している必要があり、これは財産額に応じて区分され、戸口調査に記載される等級のうち最も上位の層だった。その名称である騎士は、彼らがローマ軍において伝統的に騎兵としての役割を果たしてきたことに由来する。とはいえ、騎士階層の圧倒的多数は政界に進出しようとはしなかったので、元老院は騎士階層内部で非公式に選び抜かれた人々から構成されるようになった。裕福で、国家を指導するうえで卓越した役割を与えられた彼らは、それゆえ共和政を維持するうえで確固とした既得権益の保有者だった。元老院での議論は公職経験者によって主導された。というのも、最初に執政官経験者が意見を求められ、法務官経験者がそれに続き、同様に最下級の公職経験者にまで下っていく、ということが議事手続きに定められていたからである。ひときわ優れた地位で共和政に貢献した個人は絶大な影響力あるいはアウクトーリタースつまり権威（用語集参照）をもった。集団としての元老院が有する総体的な威信は大部分が、そのような人々が含まれている点に基づいていた。元老院には立法権限はなかったが、そこで議論した結果としての議決は非常に強力な提言として民会に送られ、承認された。元老院は、公職者がローマにいる場合には、その諮問機関としても活動し、毎年どの属州に総督を派遣するかを判断し、公職者代行としての命令権を付与することができた。さらに、外交使節を迎えたり派遣したりするのも、属州における行政措置を監督するための委員団を送るのも元老院だった。これらは外交関係を方向付ける決定的な役割を元老院に与えていた。

ローマ市民が投票を行なうさまざまな民会は共和政において相当な権力を有していたが、独自に行動する余地はほとんど、あるいはまったくなかった。民会ではすべての公職者が選出され、法律が制定された。また宣戦布告と平和条約は形式上民会で裁可されなければならなかった。民会に出席しさえすればローマ市民の成人男性は全員投票することができたが、一票の価値は平等ではなかった。ケントゥリア民会は執政官の選出に加えていくつかの重要な機能を有していたが、そこでは市民は直近の戸口調査で登録された財産額を基にした投票単位に配属された。ケントゥリア民会の構成は最初期のローマ軍の組織を起源とした。当時、目立つけれども危険な部署で戦うために必要とされる、高価な装備を調えられる者といえば、最も富裕な者だったのである。当然、最上位の投票単位すなわちケントゥリアの構成員は少数だった。富裕な者は貧しい者よりも少なかったからである。個々のケントゥリアの一票の価値は等しいとされていたが、より富裕な等級に属するケントゥリアが先に投票することになっていて、最も貧しいケントゥリアが投票する前に結果が出てしまうことはしばしばだった。それ以外の民会は、これも戸口調査によって決定されるが、トリブスという区分に基づいていて、性格は多少異なるとはいえ、その不公平さは同じように大きかった。個々のトリブスは出席しているトリブス構成員の多数決に従って投票した。しかし、農村トリブスでは富裕な構成員だけがローマへと集まることができたのに対して、多くの貧しいローマ市民を抱える市域トリブスは、いかなる投票に際しても常に農村トリブスに比べてはるかに多くの市民を含んでいた。ゆえにほとんどの場合には富裕な市民の意見が、数では勝る貧しい市民の意見に比べて、はるかに大きな影響を投票結果に対して与えたのである。どの民会でも討論の機会は与えられなかった。市民は候補者のリストからひとりを選ぶか、特定の提案に対して賛成あるいは反対の票を投じるだけだった。民会は公職者によって招集され、その公職者が集会を主宰し、案件を口述した。紀元前五世紀後半のアテナイにおける民会と比べ、ローマの民会では民主主義的要素は厳しく制限されていたように見えるかもしれないが、だからといって民主主義的要素が重要でなかったわけではない。投票結果は、特に選挙においては、予測不可能だった。

戸口調査において最上位の財産等級である騎士として登録された人々だけが、政治家としてのキャリアを積むことができた。公職者に選出されるかどうかは、有権者の支持を得られるかどうかにかかっていた。ローマでは近代の政党にわずかでも類似するものさえなかった——このことは抑圧的な印象を与えるかもしれないが、ローマは現代の多くの国々と比べて民主的でないどころか、より民主的だったとさえいえるのである——そして個々の立候補者は一個人として競い合った。候補者は、ごく稀に特定の政策について論じることもあったが、普通は目下重要な問題について言及した。多くの有権者が重視したのは、ひとたび選ばれたならば国家が必要とすることは何であれ行なうことができる、有能な人物であるかどうかだった。過去の経歴は能力の証明とされたが、そのような経歴がなければ、特にキャリアの初期には、候補者は自分の祖先の業績を並べ立てた。ローマ人は、家系は明確な特質を有していると固く信じていて、父や祖父がローマの敵対者との戦争に勝利した者は、自らも同じように有能であることを証明するものと考えられた。貴族の家系は、自分たちの名前を有権者によりいっそう知らしめるよう、構成員の過去と現在の業績を宣伝することに大いに力をそそいだ。貴族が名声と富とを兼ね備えることで、比較的少数の家系が各種の公職、特に執政官を独占することが可能になったのである。とはいえ、自分の家系で最初に元老院議員となった者であっても、執政官に就任することは決して不可能でなかった。そのような偉業をなし遂げた者は「新人《ノウス・ホモ》」と呼ばれた。マリウスは、前例がないほど連続して執政官に就任したことで、「新人」のなかでも最も偉大だったが、ほとんどの「新人」にとっては執政官を一期務めることでさえ、十分に困難な業績だった。政治の世界は競争が激しく、貴族の家系の構成員でさえその立場を維持し続ける努力が必要だった。各種の公職の定数は上位になればなるほど少なく、出世の階段《クルスス》を上れば上るほどその座をめぐる争いは激しくなった。単純計算で、毎年選ばれる六人の法務官のうち執政官に就任する可能性は三分の一しかなかった。このような苛酷な競争の結果、長期にわたって政治的な集団が形成されることは滅多になく、恒常的な党派など考えられなかった。というのも、公職を分け合うことなど誰にもできなかったからである。

多くの点で共和政の国家制度は効果的に機能し、毎年多くの公職経験者を供給した。誰もが十二か月の任期が切れるまでにローマのために大きな功績を挙げようと熱心に取り組んだ。命令権という公的な権力が存続するのはこの任期の間だけだったが、一個人の成功は彼自身の権威《アウクトーリタース》を大いに高めた。ローマ人の観念の多くがそうであるように、この言葉も一言で翻訳しづらい。というのも、その言葉は権威や名声、影響力に加えて、身分や地位の高さという意味を併せ持っているからである。権威《アウクトーリタース》は公職から退いたのちも続くが、その後のふるまいによって低下したり、他の元老院議員の権威《アウクトーリタース》によって失墜させられることもある。元老院の会議を主宰する公職者からどの議員にどれだけ頻繁にかつ早い順序で発言が求められるか、そしてその意見が他の議員にどれだけの影響力を及ぼすかが、権威《アウクトーリタース》によって決定されるのだ。権威《アウクトーリタース》は他の人々が認めるからこそ存続するのだが、元老院議員たちは自分の地位を自覚しており、時にはそれを露骨に用いることもある。紀元前九〇年、執政官および監察官経験者で、元老院の第一人者でもあった著名なマルクス・アエミリウス・スカウルスは、敵国の王から賄賂を受け取ったとして訴追された。訴追人は、ローマ市民ではあるがヒスパニアの都市スクロ出身で無名の、クィントゥス・ヴァリウス・セウェルスだった。スカウルスは、自分の弁論の鍵となる場面で、群集が見守る法廷に現れ、簡単な質問を投げかけたのである。「スクロ出身のヴァリウス・セウェルスが、アエミリウス・スカウルスは王の賄賂にそそのかされてローマ市民の命令権に背いた、と主張している。私、アエミリウス・スカウルスはその容疑を否認する。二人のうちどちらを諸君は信用するのか?」反対弁論でヴァリウスは群集から野次られ、訴追は撤回された*7。

執政官に当選しても競争は終わらなかった。自分以外の執政官と比較してどれだけうまく職責を果たすかに、その後の地位がかかっていた。軍を率いて共和政の敵に勝利することは大きな業績のひとつであり、ローマへの帰還を凱旋式で飾ることが認められた場合には格別だった。凱旋式の行列では凱旋将軍が戦車に乗って都市の中心部を通り、捕虜や戦利品その他勝利の象徴が連なり、兵士たちも最上の装備で行進した。凱旋将軍はローマで最高位の神であるユピテル・オプティムス・マクシムスを象徴する衣装に身を包み、古いテラコッタ製の神の像に似せるために顔を赤く塗ることまでした。背後に立つ奴隷は将軍の頭上に勝者の証である月桂冠を掲げていたが、同時に、あなたは死を免れ得ない人間ですよ、という忠告を囁き続けた。凱旋式は大きな名誉であり、月桂冠（もしくはその彫刻）を家の玄関に飾ることによって末永く称賛された。そのような業績は高く評価されたが、それもまた他の元老院議員が挙げた戦勝と比較された。より強く、より遠国の敵に対して、さらに上手に、大きな戦いで勝利することが重要だった。それによって、以前の将軍たちに比して、その人の権威《アウクトーリタース》を高めることになったからである。たいていの場合、四十代の半ばまでには最初の執政官に当選し、職務を果たして、その後の数十年を元老院で活動しつつ過ごすことが期待された。政界において名声を博し続けられるかどうかはその人の権威《アウクトーリタース》にかかっていたし、そうし続けることでやがてこれがさらに高まることもあった。競争こそがローマ政界の核心であり、元老院議員は生涯を通じて他の元老院議員に対する名声と影響力とを獲得すべく、そして他の元老院議員がそれらを獲得しすぎないように奮闘した。一年ごとに新たな公職者を選んだことと公職の独占を制限したことが、多くの元老院議員に卓越した能力を発揮して共和政に貢献する機会を与えるのに役立ち、誰であれ一個人が名声と影響力とを独占するのを妨げた。貴族の家系に属する者は誰でも他人より抜きん出ることを望んだが、誰かが圧倒的な大差ですべてのライバルを凌駕し、恒久的な優位を確立して、王政という恐怖を蘇らせることは、常に彼らの最も恐れるところだった。誰かが成功しすぎれば、誰もが争うことのできる名誉の総量を減らすことになったからである。

ローマ共和政は紀元前二世紀末までに地中海世界の強国となったが、都市ローマそのものはあらゆる面で政治活動の中心地であり続けた。唯一ローマでだけ元老院が招集され、裁判が行なわれ、公職者を選出し、法律を制定するために民会が開催されたのである。紀元前一〇〇年の時点でローマは知られている限り世界最大の都市であって、アレクサンドリアのような対抗馬でさえ霞んで見えるほどだった。紀元前一世紀の終わり頃にはローマの人口は一〇〇万人近くに達していたと思われ、紀元前一〇〇年でさえ数十万人、おそらく五〇万人かそれ以上が暮らしていたことは確実である。より正確なところを知らせる証拠はないが、少なくともこの数字は桁違いという印象を与える。人口は膨大だったが、徒歩や車馬に乗るよりも速い移動手段がない時代、都市ローマは近代の諸都市のように広がっていくことはなかった。おかげで住居は、特に貧しい地域では、ぎゅうぎゅう詰めの状態だった。しかしながら、あらゆる意味でローマの中心はフォルムと呼ばれる広場だった。そこは商いの場であり、巨大な建造物に隣接し大国にふさわしい贅沢品を提供する洒落た店舗から、大きな商社や穀物業者の代理店にいたるまでが軒を連ねたのである。そこは法と正義の場でもあり、すべてが公開されたなかで裁判が行なわれ、弁論家が論陣を張り、審判人が判決を下した。フォルムを横切って、聖道すなわち凱旋式の行進が通る道があった。何よりもフォルム一帯こそ、共和政の政治生活が営まれた場所だった。護民官、按察官《アエディーリス》、法務官といった公職者はフォルムに居場所を定め、そこに座って職務に励んだ。元老院は、ごく稀な例を除けば、フォルムの端にある建物、元老院議事堂（クーリア）か大きな神殿で開催された。元老院議事堂の外にはロストラと呼ばれる演壇があった。その名前はカルタゴとの戦争で獲得した敵の軍船の船首が飾られていたことに由来する。公職者や有力者が提案に賛成あるいは反対票を投じるよう、あるいは選挙において特定の候補者を選出するよう説得を試みる場合、演壇の上からローマ市民の非公式な集会に対して演説が行なわれた。同じ人々の集まりであっても、適切な公職者の指示があれば、トリブス民会（あるいはプレブス集会）として認められ、法律を制定することができた。選挙の場合を除いて、この集会はほとんど常にフォルムで開催された。このようにいろんな意味でフォルムはローマの心臓部だったのである*8。

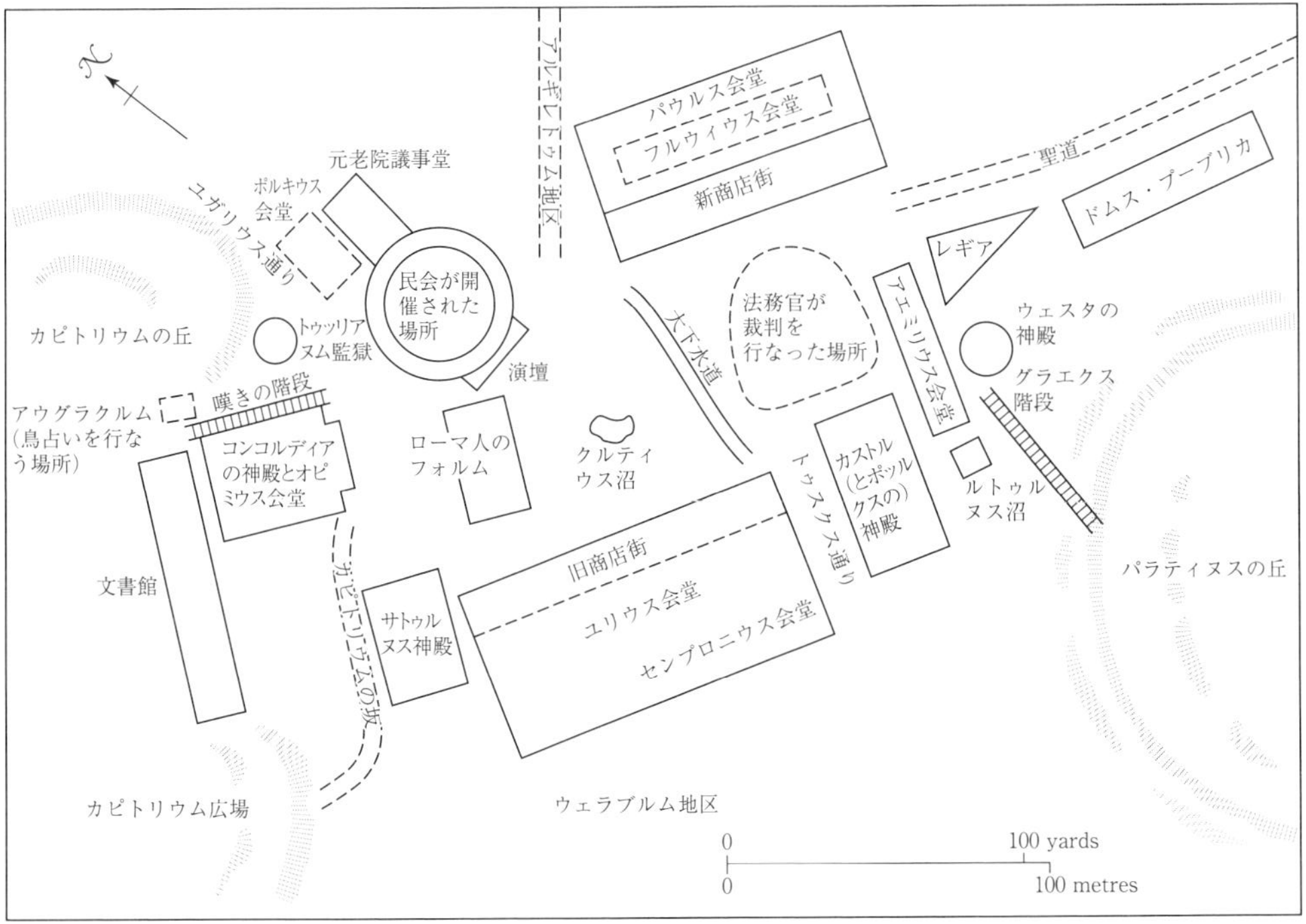

都市ローマ——中心部、フォルム等など(『ケンブリッジ古代史』第2版第9巻、1994年、370ページ)。いくつかの細かい点は憶測である

大国の利益と代償

ローマ共和政は長期間にわたって、ほとんど毎年と言っていいほど頻繁に戦争を繰り広げた。古代世界で戦争は珍しいことではなく、諸国家が隣国を攻撃するのに、相手が弱いという確信以上の理由を必要とすることは稀だった。芸術や文学、哲学が華開いた古代ギリシア文明の黄金時代が到来した時期、ギリシア諸都市国家の間には紛争が蔓延していた。とはいえ、ローマが行なった戦争はその歴史の初期段階から特徴的な性格をもっていた。というのも、たんに成功を収めただけでなく、たとえば打ち負かされた敵が同化され、信頼できる同盟者になったように、収めた成功を恒久的な基盤の上に揺るぎないものにする才能を通して成功を収めたからである。紀元前三世紀初頭の時点でイタリア半島のほとんどはローマの支配下にあった。この域内でいくつかの都市国家がローマ市民権を付与されたことで、征服地に植民市を建設したこととあいまって、他の都市国家の人口をはるかに超えてローマ市民の数を増加させることが可能になった。その他、ローマ市民には及ばないにしても重要な特権をもたらすラテン人の地位が付与された人々がいた一方で、残りの人々はたんなる同盟者《ソキイ》に留まった。比較的早い時期に、ローマ市民およびラテン人という地位は特定の民族的もしくは言語的集団との現実的な関係性を失い、まずもって法的な区分となった。そのうちに、そのような特権が付与されなかった都市国家にもそれを得る道が、ラテン人の権利から始まって投票権のないローマ市民権を経て、最終的に完全なローマ市民権にいたるまで、段階的に開かれていった。個々の都市国家は個別の条約によってローマと結び付けられ、その条約は都市国家ごとの権利と義務とを明確に規定していた。さらにはっきりしていたのは、条約の内容がどうであれローマが上位のパートナーであって、対等な当事者間の合意ではないという、基本的な事実だった。ラテン人を含め、あらゆる同盟者に共通していた最も一般的な義務は、戦争においてローマのために人員と物資とを提供することだった。ローマ軍の少なくとも半分は常に同盟者の兵士で構成されていた。かくして過去に打ち負かされた敵が現在の戦争に勝利する助けになった。このようにしてローマへの忠誠心を確認するほかに、同盟諸都市には少量ながら〔同盟の維持にとっては〕重要な、戦利品の分け前も与えられた。ローマはきわめて頻繁に戦争を行なったから――ローマ共和政は同盟者にその義務を思い起こさせるために戦争を起こす必要があった、と主張する学者もいる――ローマに貢献して利益を得る機会はたくさんあったのである*9。

紀元前二六四年にローマが初めてイタリアの外に派兵したことは、カルタゴ人との長きにわたる紛争を引き起こした。カルタゴ人はフェニキア人を祖先とし、それがポエニ人というローマでの呼び名の由来となった。第一次ポエニ戦争（紀元前二六四―二四一年）は初の海外属州となるシチリアをローマにもたらし、直後の紛争においてサルディニアが付け加えられた。第二次ポエニ戦争（紀元前二一八―二〇一年）の結果、ローマ人はヒスパニアに常駐し、マケドニアに関与することになった。ローマ共和政が市民と同盟者という巨大な人的資源を蓄積していたことと、莫大な損害に耐えるだけの余裕があったことが、カルタゴに対する勝利を確実にしたおもな要因である。これらの戦争によってローマ人はまた、遠方に軍を派遣し補給することに習熟していったが、それが可能になったのは、第一次ポエニ戦争の際に大規模な海軍を創設したからだった。ローマ共和政はいくつもの遠く隔てられた戦場で同時に戦争を遂行することに慣れていった。紀元前二世紀初めの数十年間に、ローマはマケドニアとセレウコス朝とを打ち負かした。これらは、プトレマイオス朝エジプトと並んで、アレクサンドロス大王の帝国が分裂してできた非常に強大なヘレニズム王国だった。紀元前一四六年にローマ軍の手によってカルタゴとコリントスとが破壊されたことは、ローマが地中海世界の旧勢力を凌駕したことを象徴していた。マケドニアとアフリカが新たな属州となる一方で、ポー川流域の征服が達成され、イッリュリクムへの進出が強化された。紀元前二世紀の終わり頃にはガリア・トランサルピナ（現代の南仏プロヴァンス地方）が征服され、ちょうどイッリュリクムがマケドニアとの連結をもたらしたように、ヒスパニアの属州までローマの支配地域が地続きになった。間もなく属州と属州とを結ぶローマ街道が、象徴的であると同時にきわめて実利的な仕方で敷設されることになる。同じ頃、豊かな属州アシアが獲得された。当時のローマと海外の属州との関係は、イタリアの人々との強い絆に比べればさほど親密ではなく、現地住民にラテン人もしくはローマ市民の地位を広範に付与することはまだ問題にもなっていない。属州の都市国家はローマ軍に貢献するためにしばしば兵員を提供したが、最も重要な義務は兵員ではなく、定期的な貢納あるいは租税という形式を取った。

ローマ人の多くは海外への勢力拡大によって大きな恩恵に浴した。貴族層にとっては公職に就いている間に戦争で勝利する、ありあまる機会がもたらされたのである。ヒスパニアやガリア、イッリュリクム、トラキアでは諸部族との戦いが繰り返された。それらに比べヘレニズム世界の有名な国家との戦争は、回数は少なかったが華々しい印象を与えた。戦争が盛んになるにつれて元老院議員同士の競争は、他の誰よりも大きく危険な戦いに勝利することに力点が置かれ、同様に、ある人々を最初に打ち負かした人物になることも名誉と考えられた。名誉とともに、戦利品や捕虜を奴隷として売ることから莫大な富が生じた。このような利益の一部は国庫に属し、一部は軍に勤務した人々に属した。しかし後者の分け前の多くは上級の者に与えられたので、誰よりも利益を得たのは将軍たちだった。地中海東部での勝利は特に実入りが良く、紀元前二世紀には東方での戦争から帰還した将軍たちがあいついで、これまで見たこともないほど豪華絢爛な凱旋式を挙行した。成功を収めた将軍たちが、得た利益の一部を使って巨大な神殿その他の公共建築物を建設し、自分たちの業績を末永く人々の記憶に留めようとした結果、都市ローマがより壮麗に再開発され始めたのもこの時代のことである。名誉と影響力とを獲得する競争は政界を支配し続けたが、何人かが勝利によって莫大な富を持ち帰ると、競争はますます金のかかる仕事となっていった。最も儲かる戦争で将軍になり損ねた家系から出た元老院議員は、政治的キャリアに必要な費用を賄うのがいっそう困難になった。元老院議員同士の貧富の差はしだいに拡大し、最高位の公職や将軍職を争うことのできる人の数は減少していったのである。

大国の形成によって利益を得たのは元老院議員だけではなかった。この新たな状況の下では富裕層一般が大きな利益を得た。ローマ共和政は属州統治のために大規模な官僚機構を創設しなかったので、総督には数少ない部下しかおらず、統治を補佐したのは彼ら自身の家の者たちだった。その結果、日常業務の多くが地元の自治体に委ねられたり、ローマ人富裕層が経営する会社によって実行された。彼らは通常、騎士であった。元老院議員自身はそのような取引を手がけるのを法律で禁じられていたからである（このことは、元老院議員が事業によって得る利益が、元老院で表明される意見に影響を及ぼすのを防ぐためだと考えられている。しかし、元老院議員の多くは密かに、表向きは騎士の経営する会社に投資していたと思われる）。騎士によって率いられる会社は、ある地域で税金を徴収する権利や捕虜その他の戦利品を売却する権利、軍に食糧や備品を納入する大口の仕事を引き受ける権利の競争入札に参加した。彼らは請負人《プーブリカーニー》——欽定訳聖書に言う収税吏である——と呼ばれ、共和政にとって必要とされるこれらの仕事を請け負った。ただし、彼らの主たる動機は公への奉仕ではなく、金だった。ある会社が、特定の地域あるいは属州において税金を徴収する権利と引き換えに、一定額を国庫に支払うことを合意したとすれば、それ以上の額を現地の住民から徴収するのが当たり前だった。その会社の従業員は上から下まで儲けの分け前を得ようとしたので、必然的に属州住民から実際に徴収される金額はしばしば、国庫の受け取る額に比べて相当に高くなっていた。もっとも、概して共和政はこのような措置に満足していて、属州側の不満が、必要とあれば、武力で押さえつけられる可能性もあった。請負人のほかにも、多くのローマ人とその手下が属州での取引活動に参加した。ローマ人だというだけで——そしてほとんどのイタリア人は他の民族からすればローマ人とみなされていた――商人は、覇権国家とのつながりから、相当に有利な地位にあった。有力者ともなれば――ここでも通常は富裕層かその代理人――多くの場合に属州総督からさらに直接的な援助を引き出すことが可能だった。古代の史料において商人の活動に十分な光が当てられることは稀だが、彼らの人数や活動範囲を過小評価しないことが肝要である。商人が共和政の外交方針にかんする意志決定過程に大きな影響を及ぼすことはまずないと思われるにしても、彼らはローマの覇権主義によって大いに利益を受けたのである*10。

何世代にもわたってローマ人男性の大部分が軍務を果たした。それ以降、フランス革命期の政府が大規模な徴兵制を導入するまで、同程度の国家がこれほどの割合の人員を一定の期間を超えて動員したことはなかった。紀元前二世紀の中頃までは、人々が動員に抵抗することはあまりなかったようで、ほとんどの男性が喜んで兵役義務を引き受けた。軍団兵にはきわめて厳しい規律が課されたにもかかわらず、彼らにとって軍団勤務はとても魅力的だった。というのも、戦利品や名誉を得る見込みがあったからである。ローマ人はたいへんな愛国主義者でもあって、共和政への献身をこのような形で表明することを重視していた。軍は財産額に応じて区分された等級ごとに兵士を採用した。なぜなら個々の兵士は、最も富裕な者は騎兵として、大多数は重装歩兵として、貧しい者や新兵は軽装歩兵として、従軍に必要な装備を自分で用意するよう求められたからである。土地が最も一般的な財産の形態だったので、軍団の中核を構成したのは農民であった。軍団が解散されるまで、多くの場合にはひとつの戦争が終わるまで勤務は続いた。共和政初期には、軍に勤務する期間はせいぜい数週間、最長でも数か月を超えることはなかったと思われる。普通は敵が近くにいて、戦闘の規模は小さく、期間は短かったからである。農民兵にとっては手早く勝ちを収めたら自分の畑の収穫に間に合うように帰還するのが理想的だった。ローマが拡大するにつれて、戦争はどんどん遠くで行なわれるようになり、長引くようになった。ポエニ戦争を通じて、数万人のローマ人が何年も自分の家を留守にした。いくつかの海外属州は常駐の守備隊を必要とした。その結果、不運にもヒスパニアのような遠隔地へと派遣された人は、多くの場合、五年あるいは十年と続く兵役に就かなければならなかった。その人が不在の間に小さな農場は荒廃の危険に、家族は貧困の危険にさらされた。さらに多くの人員を供給するために財産評価額の最低線が引き下げられた結果、状況は悪化した。というのも、そのような新兵は当然、貧困すれすれの線で生活していたからである。兵役が延長されたために、多くの小規模農民が没落した。彼らが土地を失ったということは、将来的に軍団に召集できるだけの十分な財産を失ったことを意味した。紀元前二世紀の中頃を過ぎると、兵役義務を負う市民の数が危機的なほど減りつつあるという懸念が高まった。

多くの小規模農民の困窮が生じたのと時を同じくして、別の要因がイタリアの農業を再編成した。ローマの勢力の拡大は多くの元老院議員や騎士に莫大な富をもたらしたが、彼らはその財産の大部分を広大な土地に投資し、もとは多くの小区画に分割されていた土地を吸収することもしばしばだった。頻繁な戦争は大量で安価な奴隷をもたらしたので、そのような不動産（ラティフンディア）は当然、奴隷労働力によって経営された。ある人が所有する土地の規模、そこで働く奴隷の人数、所有者の滞在用に建てられた別荘の豪華さが、莫大な富を誇示して競う新たな基準となった。もっと現実的な言い方をするなら、大規模な土地は商品作物農業に充てることが可能になり、確実で危険の少ない利益をもたらした。それは多くの点で悪循環であった。遠い属州で繰り返される戦争は農民である多くの市民をその農地から連れ去り、しばしば彼らとその家族とを貧困に陥らせた一方で、同じ戦争が社会のエリート層をますます裕福にし、さらに大きなラティフンディアを形成する手段を与えたのである。その時期のイタリアにおける農業方式の変動を数値化することは考古学的に見て非常に困難だとされているし、少なくともいくつかの地域では小規模農業が継続されたと思われる。とはいえやはり、広範な地域で重大な変化が生じたことは明らかであり、ローマ人自身がこれを深刻な問題と受け止めていたことも確実である[*11]。

政治と流血

紀元前一三三年、ティベリウス・センプロニウス・グラックスは、毎年一〇人選出される護民官のひとりだったが、このきわめて困難な問題の解決をめざした、野心的な改革プログラムの実現に乗り出した。護民官《トリブーヌス・プレービス》はその他の公職者とは異なり、都市ローマの外では何の役割も果たさない。元来この公職が創設されたのは、上級公職者による権力の濫用から人々を保護するためだったが、当時は本質的に言って通常の出世街道における通過点にすぎなくなっていた。ティベリウスは三十代の前半、高名な家系の出身であって――父は執政官を二回と監察官とを務めた――成功を期待されていた。護民官職に就いた彼は、かつてローマに敵対し打ち負かされたイタリアの人々から、何世紀にもわたって没収されていた公有地《アゲル・プープリクス》に注目した。法の上でも理屈から言っても、その公有地は小さめの区画に分けて多くの市民に与えられるべきだったが、実際には広大な土地がラティフンディアに取り込まれていた。ティベリウスは個人の占有が認められる公有地の面積を法的に制限することを定め、余った土地を貧しい市民に再分配し、軍務を果たすことが可能な財産等級へと彼らを引き上げるための法案を提出した。元老院議員のなかにはティベリウスを支持する者もいたが、不適切に利用されていた公有地の没収によって直接的に損害を蒙る者がほとんどで、騎士階層の有力者の多くも同様だった。元老院で法案への賛同がおぼつかなかったティベリウスは、伝統に反してそれを民会に直接提案した。護民官職の同僚のひとりが、拒否権を発動することで手続きを止めようとしたが、ティベリウスは投票を行なってその同僚を解任した。ティベリウスの行動が合法だったかどうかは議論が分かれる。なぜなら理論上、市民は何についてであれ法律を定めることができるが、ティベリウスは同格の公職者はすべて同等であるという前提に挑戦することによって、共和政という国家制度の核心を直撃したからである。

ティベリウスの立法目的には同調していたであろう元老院議員たちも、ティベリウスの狙いが利他的な改革というよりは独裁の実現にあるのではないかと、不安を抱くようになった。というのも、ティベリウスが大勢の市民の状況を改善するのに成功したならば、幅広い名声と権威《アウクトーリタース》とを得ることになるからだった。ティベリウスが、彼のような出自の人物にふさわしい最上のキャリアを超えて、さらに華々しい地位を望んでいるのではないか、という恐怖が広まっていった。ティベリウス、彼の義父、それに弟のガイウスの三名が公有地の再分配を監督する委員として指名されたことで、彼らに強力な権限が与えられることになり、さらに怒りをかき立てた。ティベリウスが王位を狙っていると訴え出る者が現れ始めた。最終的なきっかけは、自分の提案した法律がただちに廃止されないようにする必要があるとして、ティベリウスが紀元前一三二年の護民官職に立候補したことだった。当選するかどうかは不確実だった。というのも、まさに改革の結果として、最もティベリウスに恩義がある市民の多くが、ローマから遠く離れた農地に居住することになり、選挙に参加できなかったからである。しかし、元老院を主宰する執政官がティベリウスに対抗して行動を起こすのを拒否するにいたって、興奮は最高潮に達した。怒れる元老院議員の一団はティベリウスの従兄弟であるスキピオ・ナシカに率いられ、議場を飛び出してティベリウスと多くの支持者を殺害した。ティベリウスは椅子の足で頭部を殴打された。遺体は、多くの支持者のものとともに、ティベリス川に投げ込まれた。

政治的な闘争が広範で致命的な暴力に終わったのはこれが始めてであり、ローマはショック状態に陥った。(共和政初期の物語のいくつかは、民衆扇動家や国家を脅かした者がリンチにあったことを伝えている。しかしそれらはローマ人の心中で長いこと昔話とされてきた)。暴動の後でもティベリウスの立法の多くは効力を持ち続けたが、生き残ったティベリウスの支持者たちは攻撃の対象となった。弟のガイウスは当時ヒスパニアで軍に勤務していて、そのキャリアを継続することが認められたのは、最終的にローマに帰国してからだった。ティベリウスの最期に憤慨したものの、ガイウスはまだ二十代前半であり、自分自身の手による一連の改革に乗り出すには、紀元前一二三年に護民官に選出されるまで待たなければならなかったのだ。その改革は兄のそれよりもさらに急進的で広範囲に及んだ。ひとつの理由として、ガイウスにはより多くの時間があり、深刻な反対を引き起こすことなく、紀元前一二二年に二期目の護民官に就任することができたことが挙げられる。その改革の多くは帝国の略奪物をさらに広く配分することと関連していた。ガイウスは兄の立法を確固たるものとし、カルタゴの地に植民市を建設することで、土地を所有する市民の人数を回復させる意欲をも示した。彼はまた、属州総督赴任中に違法行為を行なったとの嫌疑で元老院議員を告発する法廷《クワエスティオ・デ・レープス・レペトゥンディス》を設立したこと、またこの法廷の審判人を騎士階層から採用したことで、騎士階層の間に多くの支持者を得た。というのも、それまで同僚の議員によって審理された元老院議員は一人しかいなかったのである。これに対して、市民権を多くのラテン人やイタリア人に拡大しようとしたガイウスの行動は、ローマ人にはあまり支持されず、三期目の護民官に就任する試みは失敗に終わった。ガイウスも対立候補も、十年前と比べれば、最初から脅しをかける用意はできていた。問題が決定的となったのは、小競り合いが原因で、執政官のひとりオピミウスの奴隷が死亡した時だった。元老院は決議を採択し――カエサルによって用いられた表現に倣って研究者は最終元老院議決《セナートウス・コンスルトウム・ウルティムム》と呼んでいるが、当時何と呼ばれていたかはわかっていない――必要であればいかなる手段を用いても共和政を防衛するよう執政官に命じた。平時の法律は停止され、双方の支持者たちは武装した。金で雇われ、都市ローマのすぐ外で待機していたクレタ人の弓兵部隊をオピミウスが手勢に加えたことは、彼の行為があらかじめ計画されていたことを示唆している。ガイウスと数で劣勢の支持者たちはアウェンティヌス丘にあるディアナ神殿に陣取ったが、オピミウスは交渉の申し出をすべて拒絶し、神殿に襲いかかった。ガイウスは戦闘で死亡し、その首級がオピミウスに届けられた。オピミウスは首級の重さと等しい金塊を報酬として約束していたのである*12。

グラックス兄弟が真の改革者であって、共和政の難題と考えたことを必死に解決しようとしたのか、それともたんに大多数の支持を得ようとしただけの野心的な人間だったのかはわからない。おそらく動機はその両方が混じったものだったのだろう。そもそも、あのように広範な立法を通じて個人的な利益を得ようとしていたとして、それにローマの元老院議員が誰ひとり気づかなかったとは考えられないからである。個人的な動機にかかわりなく、彼らは社会に内在する難題、とりわけ多くの貧しい市民の窮状や、騎士階層であれイタリアの住民であれ権力から排除された人々の要求、より多く権力の分け前に与りたいという要求に光を当てた。グラックス兄弟の行動が政界に対して与えた衝撃は直接的ではなかった——護民官の大多数は一期ずつしか選ばれないままで、政治的な暴力は稀だった——けれども、深刻なものだった。先例に大きく依存している国家制度において、多くの基本的な原理が破壊されてしまったのである。グラックス兄弟は、いくつかの社会集団間で高まりつつあった自覚に新たな仕方で訴えかけることによって、一時的で不安定であったにせよ、どれだけ大きな影響が与えられるかを示した。第一人者の威光と兄弟を模倣しようとする欲求の両方を誰かが手にするのは時間の問題だった。グラックス兄弟が光を当てた難題と取り組む気力が元老院にはなかったし、誰かが解決策を提示することで名声を博するのを許すよりは、何もしないことを望んだのだから、それも仕方のないことだろう。なによりも、紀元前二世紀末の数十年は、多くの公職者の幅広い力量と誠実さが目立った時期ではなかったのである。

北アフリカの同盟国ヌミディア王国で生じた王位継承問題は、元老院議員らが多額の賄賂につられてユグルタに有利な取り計らいをしている間に、一連のスキャンダルに発展した。都市キルタで数千人ものローマ人とイタリア人商人が虐殺されたことでローマ人は激怒し、元老院はユグルタに対して派兵せざるを得なくなった。しかし戦いは厭戦気分のうちに行なわれ、紀元前一一〇年に軍勢は打ち負かされて降伏した。偉大な能力を備えたある執政官が事態を収拾するために派遣されたが、この一件は元老院の指導力に対する世間の信頼を著しく損なうこととなったのである。ガイウス・マリウスはこの期に乗じて紀元前一〇七年の執政官選挙に立候補し、個人の資質のみによって成功を収めた頑強で経験豊富な戦士である自分と、自らの能力というよりは祖先の栄光に依存している名門家系の御曹司とを対比させた。マリウスは難なく当選し、護民官の助けを借りて元老院による属州の割り当てを無効にする法案を民会で可決させ、ヌミディアにおける軍指揮権を得た。元老院はマリウスを妨害しようと、アフリカへ派遣される新しい軍団の召集を拒否し、かわりに認めたのは志願兵を連れて行くことだけだったが、マリウスはその裏をかいて、通常は軍務を果たすことができない最も貧しい等級から志願兵を募集した。これは有産等級の代表から構成された市民軍から、圧倒的多数がきわめて貧しい人々から採用された職業軍への移行という、重要な段階だった。すぐに何かが変わったわけではなかったが、その意味するところは深刻であり、共和政の終焉に大きく寄与したのである*13。

結局、紀元前一〇五年の末までにマリウスはヌミディアでの戦争に勝利したが、その時点でキンブリ族とテウトネス族の脅威がイタリアに重くのしかかっていた。これらの部族と接触した当初も、一部の公職者のスキャンダルと無能力とが目についた。彼らの多くが古い名門家系の出身だった。蛮族の撃退を任せられるのはマリウスだけだというはっきりした意見が、貧しい人々だけでなく裕福な人々の間にも明らかに広がっていた。というのも、ケントゥリア民会において投票を支配していたのは後者だったからである。その結果、マリウスは慣例を破り連続して執政官職に就任した。それは、ガイウス・グラックスが連続して護民官職に就任したことなどくらべものにならないほどの、深刻な先例違反だった。マリウスへの支持を表明すると同時に、その成功につけこもうとしたのがサトゥルニヌスとグラウキアである。紀元前一〇三年、サトゥルニヌスは護民官として、ヌミディア戦争後退役したマリウスの軍団兵の多くに北アフリカの土地を与える法案を可決させた。カエサルの父は、この法律もしくはおそらく紀元前一〇〇年にサトゥルニヌスによって可決された類似の法律が、実施されているかどうかを監督するために任命された委員のひとりだった。社会の最下層からの採用に頼るということは、軍が解散されて市民生活に戻ったとしても、彼らには生活の糧がないことを意味した。紀元前一〇〇年のサトゥルニヌスによる立法には、キンブリ族との戦争に参加した退役兵を養うことを目的とした部分もあった。サトゥルニヌスはグラックス兄弟と同じように護民官職を利用した。土地、特に属州の土地を分配するという人気取り政策を推し進め、すべての市民が市場価格によらずに一定額で小麦を買えるようにする施策を延長した。後者はガイウス・グラックスによって導入されたが、彼の死後に中止されていたのである。けれども、サトゥルニヌスとグラウキアは当初からグラックス兄弟と比べて評判が悪く、はるかに暴力に頼りがちだった。最終的に行き過ぎた彼らはマリウスの支持を失い、マリウスは、紀元前一二二年にオピミウスがしたように最終元老院議決の下、彼らの鎮圧を指揮した。カエサルが生まれた頃の共和政は、直面するいくつもの難題にうまく対処できていなかったのである。

第2章 幼少期のカエサル

ユリウス氏族という最も高貴な家柄に生まれ、
祖先はアンキセスとウェヌスにまで遡る――古代を研究する者誰もがその主張を認めている――
その男は、容姿の素晴らしさにおいてすべての市民に勝っていた。
ウェッレイウス・パテルクルス、一世紀初頭*1

カエサルの中には大勢のマリウスがいるのだ。
スッラ*2

ガイウス・ユリウス・カエサルは現代の暦によれば紀元前一〇〇年七月十三日に生まれた。月日は確実だが、年のほうはいささか疑わしい。というのも、偶然にもスエトニウスによるカエサルの伝記もプルタルコスによるものも、冒頭部分が失われているのである。学者のなかにはカエサルの生年を一〇二年あるいは一〇一年としている者もいるが、その論証は説得力を欠いており、一〇〇年で一致した見解は揺らいでいない。ローマ人の暦によればカエサルが生まれたのは、イデスの日の三日前、クィンクティリスの月、ガイウス・マリウスとルキウス・ヴァレリウス・フラックスが執政官の年、言い換えれば「ローマ市建設から」六五四年目であった。クィンクティリス Quinctilis は――その名は五番目を表すクィントゥス Quintus と関連がある――三月 March（マルティウス Martius の月）から始まるローマ共和政の一年のうちで五番目の月であった。のちにカエサルが独裁官職に就いている間に、この月はカエサルの名声にちなんでユリウス Julius と改名されることになる。それが今日の七月 July である。クィンクティリスの月のイデスの日は、三月と同じく十五日に該当したが、ローマ人は何日前・後と日付を数える場合、その日を含めて数えていた。

　名前からはローマ社会におけるその人の立ち位置について多くのことがわかる。カエサルはローマ市民の「三つの名前《トリア・ノミナ》」をすべて有していた。第一の名であるプラエノーメンは、こんにちの英語圏のファーストネームとほぼ同じく、家族内の個々人をさし、個人的な会話で用いられた。ほとんどの家族は何世代にもわたって息子に同じプラエノーメンをつけた。カエサルの父も祖父も、おそらくはユリウス・カエサル一門の多くの長男と同じように、ガイウスと名付けられた。第二の、中心となる名あるいは本名であるノーメンは、その人の属する「氏族」あるいはいくつかの家族の集合体の名として、最も重要であった。第三の名であるコグノーメンはこの家族集合体に属する個々の分家を特定した。とはいっても貴族層においてさえすべての家族がこの仕方で区分されたわけではない。カエサルの強力なライバルであったグナエウス・ポンペイウスやカエサルの副将マルクス・アントニウスは、コグノーメンを持たない家族の出身であった。これらに加えて、なかば公的な渾名《あだな》を得る者もなかにはいたが、その名は、ローマ人の粗野なユーモアのセンスを反映して、しばしばその人の外見をからかったものであった。ポンペイウスの父はストラボすなわち「斜視」と呼ばれたし、カエサルの遠縁の親戚であるガイウス・ユリウス・カエサル・ストラボも同様であった。カエサルの名にはこうしたものがついたことはない。男子であるカエサルは三つの名前をすべてもらったが、女子として生まれていたら、そのノーメンの女性形のみによって呼ばれたことだろう。カエサルの叔母、姉妹、娘は誰でもたんにユリアと呼ばれたし、実際にはユリウス氏族の各家族に属する女性は誰でもそうだった。ある家族に二人以上の娘がいれば、正式な場では区別のために名前の後に数字が付けられた。このような男女間の不平等はローマ世界について多くのことを語っている。男性だけが政治活動に参加することができ、政治という競争社会では各々の個人が誰なのかを正確に知ることが重要だった。女性は何ら政治的な役割を果たさなかったので、男性のように明確な特定を必要としなかったのである*3。

ユリウス氏族はパトリキであった。それは彼らが、共和政初期に権力を独占して、自分たちに比べてはるかに多数のプレブスを支配していた、ローマで最も古い貴族層に属していたことを意味している。共和政の最初の二百年に高位の公職者に選出された十あまりの氏族構成員について、わかっていることは少ない。ファビウス氏族やマンリウス氏族のようにもっと成功したパトリキの氏族に比べて、ユリウス氏族は祖先の業績を保存して効果的に宣伝してこなかったらしい。これらの氏族のうちいくつかは影響力をもち続けた一方で、プレブスがもっと多くの権利を要求するにつれてパトリキの権力独占は徐々に崩され、裕福なプレブスの氏族が支配階層にのし上がっていった。紀元前三四二年以降、毎年選ばれる執政官のうち一人はプレブスでなければならないとされた。紀元前二世紀の末までには、元老院議員階層のなかで最も影響力を有する氏族の多くはプレブスとなっていた。依然としてパトリキのみに認められた名誉もいくつかあり、パトリキが護民官になることは逆に禁じられていたが、全体として両者の相違はほとんどなかった。ある氏族がパトリキであるからといって政治的成功が保証されるわけではなかったのである。新たなパトリキの氏族を創設する手続きは存在せず、数百年でパトリキの氏族のいくつかは完全に消滅するか、歴史の闇に消えていった。ユリウス氏族は生き延びたが、政界においてはごく目立たない存在だった。ユリウス・カエサルという人——そのコグノーメンを有する者として知られている最初の人物——が第二次ポエニ戦争の間に法務官職にまで達した。はるかに後世のある著作家が、この人物がカエサルと名乗っているのは戦闘で敵方の戦象を殺したからで、カエサルという名は象を意味するカルタゴ人の言葉に由来する、と主張した。ほかに、カエサルという名は「毛深い」を意味し、この家系は豊かな髪の毛で有名だったという説もあるが、これは創作だろう。ほぼ同時期にその家系は二つの異なる家族に分かれて、どちらもユリウス・カエサルと呼ばれたが、戸口調査では異なるトリブスに登録されたらしい。紀元前一五七年にルキウス・ユリウス・カエサルが執政官職に達したが、紀元前二世紀にそれをなし遂げたカエサルは彼のみであった。我らがガイウスの祖先ではなく、別の、おそらくはもっと成功を収めた家族の出身である。紀元前一世紀に入ると、何人かのユリウス・カエサルたちが公職選挙においてもっと大きな成功を収めるようになる。紀元前九一年にはセクストゥス・ユリウス・カエサルが、翌九〇年にはルキウス・ユリウス・カエサルも執政官に就任した。同じ年、後者の弟であるガイウス・ユリウス・カエサル・ストラボは按察官を務めた。按察官は下位の公職者で、公の祭りや娯楽の監督を担当する。ルキウスとガイウスは我らがカエサルの父とは別の家族の出身であり、遠縁の親類であった。ストラボは当時優れた弁論家のひとりとして広く尊敬を集めていた。セクストゥス・ユリウス・カエサルのほうは謎に包まれている。というのも、彼がどの家族の出身であったのかわからないからである。彼が、我らがカエサルのおじ、つまり父ガイウスの弟、というよりはむしろ兄（その可能性のほうが高い）であった可能性さえある。しかし、これについて積極的な証拠はなく、たんに親類のひとりにすぎなかったのかもしれない*4。

ユリウス氏族は他の氏族に比べて共和政の歴史にあまり影響を与えなかったにもかかわらず、その古さは広く知られていた。ユリウス氏族は、ローマ第三代の王トゥッルス・ホスティリウスによってローマの隣市アルバ・ロンガが占領され破壊されたのち、紀元前七世紀の半ばにローマに定住したと言われていた。けれども、最初期のローマとの関係はこれに始まるものではなかった。というのも、ユリウスという名は、亡命トロイア人の指導者でトロイアの陥落後イタリアに定住したアエネアスの子であるイウルスにまで遡る、とユリウス氏族は主張したからである。アエネアスその人は、人間であるアンキセスと女神ウェヌスの間に生まれた子だったから、ユリウス氏族の祖先は神ということになる。これら初期の神話は、アウグストゥスの時代に、詩人ウェルギリウスと歴史家リウィウスが物語をかなり詳細に再構築してできたもので、当時はまだそれほど具体化されていなかった。リウィウスでさえ、アエネアスとその子孫の物語にはいくつかの異なるバージョンがあったと認めていたようである。アルバ・ロンガを建設して最初の王となり、やがてレア・シルウィアつまりロムルスとレムスの母を生むことになった王朝を築いたのは、イウルスなのかアエネアスの別の子であったのか、リウィウスは確信するにいたらなかった。紀元前一世紀の初めの時点でローマ人の多くが、ユリウス氏族とロムルスとがそのような関係にあったかもしれないと認識していたことを示唆するものは、ほとんどない。これに対して、ウェヌスにまで遡るということの氏族の主張はかなり広く知られていて、おそらくは後世の創作ではないと思われる。紀元前六九年に行なわれた叔母の葬儀でカエサルが行なった演説の一部が、スエトニウスによって伝えられている。

私の叔母であるユリアの家族は、母方は諸王を、父方は不死の神々を祖先とする。というのも、母方のマルクス・レクス家はアンクス・マルキウス王にまで遡り、ユリウス氏族——当家もその一部である氏族——はウェヌスにまで遡るからである。ゆえに我らに流れる血は、人々に対して最高の権力を行使した諸王の尊厳と、その諸王をも超える権力を有する神々に対して払われるべき敬意とのつながりを有するのである*5。

カエサルは明らかに、聴衆がそのような演説内容に驚きはしないと考えていた。学者のなかには、レクス（王）という名は、王政との関係よりも共和政初期の宗教儀式における役目のひとつに由来する可能性がある、と指摘している者もいる。それが正しいことはほぼ確実だが、そのような区別が紀元前一世紀に明確に存在したとは考えにくい。

カエサルの祖父であるガイウス・ユリウス・カエサルについてはほとんど何も知られていないが、法務官職を務めた可能性はある。その妻マルキアの父クィントゥス・マルキウス・レクスは紀元前一四四年の法務官であった。祖父母には少なくとも二人の子がいた。カエサルの父ガイウスと、のちにガイウス・マリウスと結婚することになる叔母ユリアである。先ほど見たように紀元前九一年の執政官であったセクストゥスがもう一人の息子だった可能性もある。父ガイウスは政界に乗り出して、カエサルが生まれる前後に財務官職《クアエストル》を務めたことで、いくらか成功しつつあった。妻アウレリアはかなりの成功を収めたプレブスの名門家系の出身だった。アウレリアの祖父も父もそれぞれ紀元前一四四年と一一九年の執政官だったし、父方の従兄弟にあたる三人、ガイウス、マルクス、ルキウスもこの名誉に預かったと思われる。この家族との結婚は父ガイウス・カエサルの政界における将来の見通しに大いに役立っただろうが、それに拍車をかけたのは、妹がマリウスと結婚したことだった。すでに述べたように父ガイウスは、紀元前一〇三年あるいは一〇〇年にサトゥルニヌスによって立案された、マリウスの退役兵のための植民計画の一部を監督する任務を負った十人委員のひとりになった。やがて法務官に選ばれたはずだが、その年はわかっておらず、推定は紀元前九二年から八五年の間とさまざまで、早い時期の可能性が高いように思われる。というのも、公職を務めたのち属州アシアの総督になっているが、それは紀元前九一年頃のことだった可能性が最も高いからである。父ガイウスは紀元前八四年に早世しており、彼の人脈が執政官職への到達に十分だったかどうかは知るべくもない。紀元前九二年に彼がもし実際に法務官職に就いていれば、執政官職に立候補するのに十分な年齢には確実に達していたし、セクストゥス・カエサルが本当に彼の兄弟だとすれば、紀元前九一年の選挙でセクストゥスが当選したことは、間違いなく後押しになっただろう。とはいえ、ガイウスが執政官選挙に立候補していたとしても、落選したことは明らかである。結局、カエサルの家族にかんしてわかっていることはあまりに少なくまぎらわしいので、父親のキャリアはめざましいものでなかったにしろ、まずまずの成功を収めていたという総体的な結論のほかには、ほとんど言えることがない。父ガイウスの業績が本人や近しい家族にとって満足の行くものであったのか否かも知りえない。

父ガイウスとアウレリアには三人の子がいたことが知られている。カエサルと二人の妹たちで、もちろんどちらもユリアと呼ばれた。他にも生まれたが、大人になるまで生き延びることができなかった可能性は大いにある。というのも、ローマでは（実際は古代世界全体で）貴族層であっても、幼児の死亡率は驚くほど高かったからである。グラックス兄弟の母コルネリアは十二人の子を生んだといわれるが、そのうちで生き伸びたのはわずか三人――ティベリウス、ガイウス、妹のセンプロニア――であった。おそらくこれは例外だろうが、成人に達する子は二、三人というのがどの元老院議員階層の家族でもたいして変わらない平均値だったことだろう。例外もあって、メテッルス家は、かなり裕福で影響力を有するプレブスの名門家系だが、きわめて多産だったらしく、おかげで共和政末までの数百年に上級公職者を務めた階層の中でも重きをなしたのである*6。

幼少期と教育

カエサルの幼少期についてはほとんど記録がないが、同時代のローマにおける貴族層について一般に知られていることから、いくつか推測することはできる。比較的最近までほとんどの社会においてそうであったように、赤子は家で生まれるのが普通だった。子の誕生は元老院議員の家族にとって重要な出来事のひとつであり、伝統的に証人の立会いが求められた。出産が差し迫ったと思われると、親族や政界での仲間は派遣された使者からそれを知らされ、その家に駆けつけたことだろう。古来、彼らの役割はひとつには、その子が本当に貴族層の構成員であることを証明する証人の役目を果たすことで、このような意味合いはまだ残っていた。実際には、父もこれらの証人も産室に入ることはなく、母親は産婆とおそらくは親族の女性、奴隷に付き添われていたことだろう。場合によっては男性の医師が付き添ったかもしれないが、母親と同じ部屋にいる男性はそれだけだった。カエサルが帝王切開によって生まれたことを示唆する史料は、その手術自体は古代世界においてすでに知られていて、のちに彼の名を冠するようになるにもかかわらず、何もない。事実、その可能性はほとんどない。なにしろ通常その手術は母親にとって致命的だったのに、アウレリアは出産後、何十年も生きたからである（かなり後の時代の史料のひとつは、カエサルの祖先のひとりがこの方法で生まれたと述べている）。実際、カエサルの出生が普通と違ったことを示している史料はない——逆子その他の難産は縁起が悪いと考えられ、何人かについては記録されている。最も有名なのは皇帝ネロである。赤子が生まれると、産婆は床に寝かせて普通と違った点や疾患について検査し、最も基礎的なレベルでその子が生きられる可能性を評価した。その後ではじめて、両親はその子を引き取って育てるかどうか決めたのであろう。法律上、この決定は父親が行なうことになっていたが、母親が決定に関わらないことはまずあり得なかっただろうと思われる。特に母親がアウレリアのように手ごわい性格であった場合には*7。

　子が引き取られると、両親の家の祭壇に火が灯された。証人の多くも自宅に戻ると同じ儀式を行なったことだろう。ローマ人にとって誕生日は重要であって、一生を通して大いに祝福されたのである。男の子が生まれてから九日目に——理由はよくわからないが、女の子の場合は八日目に——その家族は清め《ルーストラー》の儀式《ティオ》を執り行なった。それは、出産の過程で取り付いたかもしれない悪霊や穢れから子を守るためだった。前日の夜に寝ずの番がなされ一連の儀式が執り行なわれたのち、当日は犠牲式と子の将来の道標としての鳥占いで幕を閉じた。男の子には、ブッラと呼ばれる通常は金製の特別なお守りが贈られた。これは革袋に入れられ、男の子の首にぶら下げられた。儀式の一環として子どもは名づけられ、しかるのちにそれが公式に登録された。すべてのローマ人、特に貴族は人生のあらゆる段階で儀礼と宗教とに取り囲まれていたのである*8。

一般に幼少期の子育てでは母親が主導的な役割を果たした。アウレリアが我が子に授乳したとは考えられない。というのも紀元前二世紀のかなり早い時期に大カトーの妻がそうしたことが珍しいと見なされたからである*9。種々の伝承は、貴族の家系に属する女性が自分の子どもに授乳するのはもはや一般的でなかったことを示している。よくあるやり方は、どこかの貴族に依存している裕福な奴隷の一家のなかから乳母を見つけることで、カエサル家のように比較的質素に暮らしている家族でさえそうだった。幼児の世話をする乳母その他の奴隷たちを選任するのは母親の重要な役目であって、彼女は乳母や奴隷たちを注意深く監督し、たいていの家事は自分ひとりでこなした。カトーのもうひとつの逸話は、父親としての役割をこなしていたことで、それが伝えるところでは、妻のリキニアが子どもたちを風呂に入れる時はいつでも注意を欠かさなかったという。逆にこのことは、そのような場合に母親がいるのは当たり前だったことを暗に示している。母親は、召使たちに世話をされる子どもたちにとって遠く離れた存在だとは思われていなかったが、それでもその権威は相当に強かった。紀元一世紀末から二世紀初頭にかけて執筆活動に従事したタキトゥスは、子育てにおける母親の役割について論じており、そこではアウレリアがひとつの理想として描かれている。

古き良き時代には、合法的な婚姻から生まれた息子は誰でも、雇われ乳母の部屋ではなく、母親の膝の上や足元で育てられたものである。そうした母親は、家計を遣り繰りし、子育てに専念することで何よりも高い称賛を受けたであろう。……そのような人物の前で卑しい言葉を口にしたり不作法にふるまうことは、重大な犯罪であった。誠実にそして勤勉に、母親は子どもの重要な務めだけでなく休息や遊びにいたるまでを取り仕切った。グラックス兄弟の母であるコルネリアやカエサルの母アウレリア、アウグウトゥスの母アティアは、このような方針で子どもを養育したと言われている。したがって彼らの母こそが息子たちを高貴な子に躾けたのである*10。

息子に対するアウレリアの影響力は明らかに非常に強く、しかも子ども時代を過ぎても続いた。カエサルが母を失ったのは四十六歳の時だったが、彼女はそれまでに三十年以上も未亡人として生きていた。貴族層にとってそれ自体は珍しいことではなかった。というのも夫は妻に比べてかなり年上であることが多く、とりわけ元老院議員が政治的な理由で二度目、三度目あるいは四度目の結婚をする際にはそうだった。だから、妻が出産の困難を乗り切ったとしても、夫に先立たれてしまう可能性が高く、元老院議員が重要な役職に就任し始める頃には、父親よりも母親が健在であることのほうがはるかに多かったのである。母親は、特にアウレリアのような理想の母親像とほぼ重なる人々は、ローマ人によって篤く称賛された。ローマ人のこよなく愛する物語のひとつがコリオラヌスの逸話である。彼は偉大な将軍だったが、政敵によって不当に扱われ、敵国に亡命してローマに刃向かった。祖国を滅ぼす直前になってコリオラヌスは軍勢を撤退させたのだが、それは愛国心によってというよりはむしろ、母親に直接訴えかけられて心動かされたからであった*11。

貴族層にとって子どもの教育の場はもっぱら家庭だった。ローマ人の多くがこれを誇りとしていたことは、古くから国家によってコントロールされた教育制度が一般的であった多くのギリシア諸都市とは対照的である。ローマでは子どもを無料の小学校に通わせるのは中産階級の傾向で、学校が子どもを受け入れるのはおよそ七歳からであった。貴族層は教育を家庭で行ない続け、少なくとも最初のうちは男女いっしょに、読み書きと基本的な算数の教育を受けた。カエサルの時代には、元老院議員の子どもはたいていラテン語とギリシア語のバイリンガルに育てられた。ギリシア語の初歩はおそらく子どもの世話をするギリシア人奴隷から手ほどきを受けた。家族の儀礼や伝統、ローマの歴史についても十分な指導がなされたことだろう。ローマの歴史については、その子の祖先が果たした業績が強調されたに違いない。ローマ人であるとはどういうことかを教える材料として、自分の祖先を含む過去の偉人たちが引き合いに出されたのである。子どもたちは威厳《ディグニタース》**dignitas**、敬虔《ピエタース》**pietas**、武勇《ウィルトゥス》**virtus**のように典型的なローマ人の性格を称賛することを学んでいった。ディグニタースは謹厳な態度で、その人の重要性と責任感とを明示して人々に尊敬を求めるものだった。これはローマ市民ならば誰にとっても大事だったが、特に貴族にとっては、そして公職者を経験した者にとってそうであった。ピエタースが意味する敬意は、たんに神だけでなく、家族、両親、そして共和政の法と伝統に対する敬虔さをも意味していた。ウィルトゥスは軍事的なニュアンスが濃く、身体的な勇敢さだけでなく、信頼性、道徳的な勇気、さらに兵士と指揮官の双方にとって必要とされる能力までも含んだ*12。

　ローマ人にとっては、まさに先人たちが他のいかなる国民も及ばないほどにこれらの性格を示してきたからこそ、ローマは偉大なのであった。紀元前一世紀の墓碑に彫られた厳しい顔だちは、生前のその人の気質や欠点をあますことなく細部にいたるまで表現しており、圧倒的な自負心と落ち着きとを放っている。その点でギリシア古典期の理想化された肖像と異なっている。ローマ人は自分自身を重要な存在であると考え、自分は特別であるということを、信じるだけでなく知るように、子どもを育てた。ローマ人の自尊心と共和政の一員であるという誇りは最も貧しい市民の間でさえ強烈であったが、富裕層や高貴な生まれの人々においてはそれ以上のものが発揮された。ローマの元老院議員は長きにわたって自分たちを諸外国の王よりも優れていると考えていた。若い貴族たちはそれを理解するように育てられ、さらに自分たちとその家族がローマの貴族のなかでも抜きん出ているとすら信じるように教えられた。高位の公職に達し共和政への偉大な貢献をした祖先の少ないカエサルの家族でさえ、間違いなく、数え挙げるべき業績と、もちろん、偉大な祖先たちと神にまでさかのぼる起源とを有していたのである。自分の重要性にかんする意識とともに、家族や共和政という大きな共同体が求める水準にまで到達しなければならないという、強烈な責任感と義務感が生じる。子どもは、自分が家族やローマの過去と緊密につながっていると考えるよう養育された。のちにキケロは次のように述べている。「ある人の人生が、ひとつの歴史観によって先人たちの人生と織り合わされていないとするならば、それは何のためにあるのだろうか[*13]」。

カエサルは自分自身を特別だと考えるよう育てられた。それ自体は珍しくもなんともないが、一族を担う唯一の男子として、また非常に強力で尊敬に値する母親の下で最初から、他に例を見ないというほどではないにしても、類稀なる自尊心を育んだことは間違いない。ローマ人の教育は、ひとりの大人としての役割を果たす準備を子どもにさせることを目的とする、本質的に実践的なものだった。貴族層に生まれた男子にとってこのことが意味したのは、政界におけるキャリアであり、家族にとって新たな栄光を獲得する機会であり、いつの日か自分が家父長《パーテル・ファミリアース》になって、次の世代を育てる責任を負うことであった。男子は七歳頃から父親と過ごす時間が増え、仕事に従事する父親について行った。同じ年頃の女子は、母親が奴隷を監督し、少なくとも伝統的な家では家族のために機を織って、家庭を取り仕切るのを観察したことだろう。男子は他の元老院議員と挨拶を交わす父親を見、開け放たれた元老院議場の扉の外に座って討論を聴くことを許された。そうして元老院において最も影響力を有しているのは誰か、それはなぜかをしだいに学んでいく。幼い頃から男子は共和政の偉大な事績が行なわれるのを見て、自然にその世界の一員であるとの感覚を抱き、成長した暁には参加することを待ち望むようになるのであった。恩恵と義務の非公式な絆がローマ社会全体を、保護・庇護関係として知られるひとつのシステムで結び付けていた。パトローヌス（保護者）は裕福で影響力を持った人物であり、彼のもとへ裕福でない者（クリエンテスつまり庇護民）が援助を求めてやってきた。援助は地位の保全、契約の締結、仕事や訴訟における助力、最も基本的な次元では食糧の施しという形だったと思われる。一方クリエンテスはさまざまな形で自分のパトローヌスを援助する義務を負った。多くの者が毎朝ご機嫌伺いにパトローヌスを訪ねただろう。クリエンテスの数は威信を高めることにつながり、特にクリエンテスが著名であったり外国人の場合にはそうであった。元老院議員は、イタリアや属州の諸都市を含めて共同体全体を自分のクリエンテスに取り込むとすらできた。パトローヌスは、有力ではないにせよ元老院議員であっても、もっと強力な人物のクリエンテスとなることも可能だった。もっともこの場合にはパトローヌス・クリエンテスという呼び方はされなかっただろうが。元老院議員の一日のかなりの時間は自分のクリエンテスに会うことに費やされ、クリエンテスとの継続的な関係を確かなものとするために、また自分の必要とする支援をクリエンテスが確実に提供するように、彼らに十分な時間を割いた。ローマにおける政治活動の多くは非公式に行なわれたのである[14]。

父親によるものと同時に正規の教育も続けられ、文法《グランマティカ》を教える二〇やそこらの学校のうちのひとつにかようか、多くの場合には家庭で、もしくは親戚の家で他の子どもといっしょに、同じような指導を受けた。カエサルは家庭で教育を受けており、その生涯の中でこの時期については、家庭教師がマルクス・アントニウス・グニフォという人物であったことがわかっている。東方のヘレニズム世界の出身でアレクサンドリアで教育を受けたグニフォは奴隷だったが、のちにアントニウス家によって解放されており、アントニウス家の子どもを教育した成果が認められたものとみられている。彼はギリシア語とラテン語の修辞学教師として高く評価されていた。この中等教育段階では、ギリシア語とラテン語の文学作品の詳細な研究と、修辞学における実践とが行なわれた。学習において文学作品は中心的な役割を果たし、印刷機が書物の複製をぐんとたやすくする以前の世界において、貴族層には手写本を入手することができるという利点があった。多くの元老院議員が自宅に大規模な図書室を維持し、若い親戚や友人はそれを利用できたのである。将来カエサルの義父となるカルプルニウス・ピソも、主としてエピクロス派の哲学を取り扱った膨大な書物のコレクションを所蔵しており、その名残がヘルクラネウム近郊にある彼の別荘の遺構で発見されている。訪れる研究者や哲学者をもてなすことも日常的で、貴族の若者の育つ文化的な環境を向上させた。カエサルも他の貴族の若者たちと同様に、偉大な文学作品を読むだけでは飽き足らず、触発されて自分自身の作品をものした。スエトニウスはヘラクレスを賛美する詩やオイディプスと名付けられた悲劇作品に言及している。これらの未熟な作品の質は特に高いわけではなかったと思われ、おそらくのちに大人物となった他の貴族によるものと大差なかったのだろうが、それらはカエサルの養子となったアウグストゥス帝によってもみ消されたと考えられる*15。

勉学のなかには丸暗記させられるものもあった。たとえば子どもはローマ法の基礎中の基礎である十二表法を暗記した。紀元前九二年にはラテン語で修辞学を教えていた学校を閉鎖させる告示が出されたが、そこには、ラテン語で演説する方法を教えるためであっても、ギリシア語で教えるほうが優れていると述べられていた。この施策はひとつには、政治生活に有用な弁論技術が一般的になりすぎるのを防ごうとする意図があったとみることもできる。そのような学校は元老院議員階層に属しない家族から子弟を集めていたと考えられるからである。公的な演説におけるいくつかの技術はローマの政治的な環境において不可欠であったから、純粋に学問的な知識を得ることよりは、有用と思われることが重視され続けた。カエサルより六歳年上のキケロは、紀元前九一年に自分が、いかにして「ほとんど毎日」最も優れた弁論家の民会や法廷での演説を聴きに行ったかを回想している。彼はまた、どれだけ「常に多大な労力を費やして書き、読み、演説しても、修辞学の訓練のみに専念することには満足せず」、じきに当時の優れた法律家たちのひとりの活動を観察し始めた、と述べている。カエサルは親戚であるカエサル・ストラボの演説スタイルにとりわけ大きな影響を受けていると思われる。だから、訴訟におけるその演説を聴いていたのかもしれない[*16]。

身体の鍛錬も同様に実用的な理由によって一般教養に取り入れられた。ヘレニズム世界では、身体能力の完成はそれ自体が目的として追求され、ひとりの成人としての義務を果たすことに直結する準備ではなかった。運動場《ギュムナシア》では訓練が裸で行なわれ、多くの都市ではこのような慣行が同性愛を称賛する傾向にあったが、そのどちらの側面もローマ人にとっては異質であった。ローマ人にとって訓練は肉体的な健康の促進を目的とし、はっきりと軍事的な性格を有していたのである。最も一般的にはカンプス・マルティウス――戦の神マルスの野、ローマがまだ小さな都市国家であった時代は、ここに軍勢が集結した――で、貴族の若者は走り方、ティベリス川での泳ぎ方、武器とりわけ剣と投げ槍を用いた戦い方を学んだ。さらに乗馬も教えられた。カエサルのほぼ同時代人であるウァッロは、カエサルは最初から鞍を用いずに馬の背にまたがった、と我々に伝えている。こうした技術の手ほどきの多くは、父親か他の親戚の男性によって行なわれたと考えられる。これらすべてが公衆の面前で行なわれた点は、きわめて重要である。やがて公職の争奪戦における競争者となるであろう同年代の男子は、互いに衆人環視の下で訓練に励み、人生の初期の段階においてさえ、ある種の名声を築き始めたかもしれない。カエサルはやや細身の体型で、特に頑健ではなかったが、偉大な決断力がこの点を埋め合わせていたと思われる。プルタルコスによれば、カエサルは乗馬に天賦の才があり、両腕を後ろ手に組んで騎乗し、駆けている馬を両膝で操るのに長けていた。後年、彼の武術の腕前もまた称賛されたが、優れた軍司令官は軍団の指揮と同様に、剣、投げ槍、楯を上手に扱えるべきであると、ローマ人は信じていた[*17]。

凪と嵐

紀元前一〇〇年の秋に起きたサトゥルニヌスとグラウキアの残酷な鎮圧ののち、ローマの政界はあたかも正常さを取り戻したかのようであった。マリウスは共和政の武力を率いて二人を打倒はしたものの、以前はその二人と協力関係にあったことで、その名声は傷ついた。彼がサトゥルニヌスに与するよう誘いを受けていたとの流言もあった。もっと突飛な噂によれば、最終的な対決の前夜にマリウスは自宅で、急進的な指導者と元老院からの使節の双方を同時に引見していたという。マリウスは下痢に苦しんでいるふりをして、一方の当事者と話したいと思うたびごとに、この言い訳を使って突然その部屋を飛び出し、他方の当事者を置き去りにしたという。しかしながら、この事件において果たした不可解な役割を別にしても、マリウスには、政治的駆け引きによって財力と軍事的栄光のほとんどを獲得できるような才能などなかった。友人や協力者と挨拶を交わし、できる限り多くの人々に便宜を図り、彼らに劣等感を抱かせることなくして義務を負わせるという日々の仕事が、元老院議員の一日の時間の大部分を占めていたのだが、その点でマリウスは他に抜きん出た存在ではなかったのである。プルタルコスが伝えるところでは、マリウスが新居をフォルムの近くに建て、自分に面会するのに遠くまで歩く必要はないと宣言した後でさえ、彼の助けを借りようとする人はあまりいなかった。紀元前九〇年代に若きカエサルが有名な叔父と接触する機会がどれだけあったのかわからないが、カエサルがマリウスから、いかにして元老院における影響力を獲得するかについて多くのことを学んだとは、ちょっと考えにくい[*18]。

グラックス兄弟とサトゥルニヌスの立法は多くの反対を招いたが、結局は、これらの急進的な護民官がその行動を通じて得ようとした権力と影響力に対する恐怖感が、彼らに暴力による死をもたらした一番の要因になった。つきつめればローマの貴族の大半は、共和政が直面しているいくつかの主要な問題が解決されずにいることを容認するほうが、誰かがこれらを解決して名声を得るのを目の当たりにするよりましだと考えていたのである。けれども課題は山積しており、その多くが、国家が手にした利益から恩恵を受けるのは誰であるべきかという、根本的な問題にかかわっていた。土地の再分配、都市の貧民に対する国家からの穀物支給、審判人という公的役割への騎士階層の進出を提案する公職者は、ただちに支持を得られると期待することができた。過去数十年における急進的な護民官の活躍はこのことを明確に示しており、と同時に暴力による彼らの死は、そのように性格を異にするさまざまな利益集団からの人気を長期間にわたって維持することが、いかに難しいかを明らかにした。

そうした、元老院議員にただちに利益をもたらすわけではない支持集団のひとつに、イタリアの同盟市がある。ティベリウス・グラックスは農地法によってイタリア人〔以下、イタリア半島に存在したローマの同盟市の市民〕の貴族層から敵視された。というのも彼らの多くが公有地の大部分を握っていたからである。そのような人々はローマにおいて直接的な権力を有してはいなかったが、護民官に対抗するため有力な元老院議員に影響力を行使することができた。ガイウス・グラックスはイタリア人にローマ市民権を付与することで支持を得ようとしたが、その過程でローマ市民の支持者の多くを敵に回してしまった。ローマの貴族はより裕福な新市民たちが公職をめぐる競争に参入することになる案に反発し、他方で貧民、特に都市の貧民は、イタリア人の群集が見世物や娯楽の時に自分たちを押しのけ、民会においては自分たちの票の価値が低下するのを恐れた。ガイウスの立法が失敗したことで、イタリアにおけるローマの同盟市は自分たちの扱いに対して抱き続けてきた不満をつのらせていったと思われる。これらの都市はローマ軍の全兵士のうち少なくとも半数を常に提供してきた——しかもその割合はここ数十年でいっそう高められた可能性さえある——そしてそれに応じて犠牲も払ってきた。しかしながら、彼らはそれまで勢力拡大にともなう利益をローマと同等に得てはこなかったように思われる。同盟市の取り扱いにおけるローマの公職者たちの横暴なふるまいは、さらに不満の種を提供した。植民市フレゲッラエは、ラテン人の地位を有し比較的特権を得ていたのだが、紀元前一二五年、ローマに対して反旗を翻し、容赦なく弾圧された。イタリア人の多くは、ローマの支配をもっと受け入れようのあるものにするには、自分たちがローマ市民となるしかないという結論に達したことだろう。なかにはローマへ流入し、なんとかしてローマ市民として登録されようと試みた人々もいた。しかし紀元前一世紀の初めには特に厳格な監察官が立て続けに就任し、彼らのように本来はローマ市民になる権利を持たない人々の名前を名簿から削除するのに最善の努力を尽くしたのだった*19。

紀元前九一年、護民官のマルクス・リウィウス・ドゥルススは同盟市に市民権を付与するよういま一度提案した。これはグラックス兄弟の改革を強く思い起こさせる一連の改革の目玉であった——皮肉なことに、ドゥルススの父はガイウス・グラックスのおもな敵対者のひとりであった。グラックス兄弟と同様にドゥルススもきわめて裕福かつ影響力のある家族の出身で、それが彼に立法に際して大胆な行動を取らせたのだが、他方で彼の長期的な野望は何かという懸念を高めることにもなった。この護民官に対して、特に市民権を拡大的に付与しようという計画に対しては、相当な抵抗があった。だが、民会において市民権法が投票にかけられることになる前に、ドゥルススは自宅の玄関で支持者たちと挨拶を交わしているさなか、皮革職人のナイフで刺し殺されたのである。犯人の身元は判明せずじまいだったが、いまやドゥルススの立法が決して可決されないであろうことは明らかであった。多勢のイタリア人貴族が、ドゥルススの親密な協力者も含めて、間もなく自分たちで物事を運ぶことを決心した。その結果がイタリア全土における反乱であり、それはのちに同盟市戦争として知られるようになった。反乱軍は自分たちの国家を創設し、首都をコルフィニウムに定め、国家体制はローマのそれに忠実に基づいていた。すなわち中心となる公職者として、毎年選挙される二人の執政官と十二人の法務官を置いたのである。鋳造された硬貨にはイタリアを象徴する牡牛がローマを象徴する狼を角で突く絵柄が刻印された。大規模な軍隊がただちに動員され、その装備、訓練、戦術はローマ軍のものとそっくりであった。この戦いにおける同盟関係は入り組んでおり、紀元前九一年の末までに激しい戦いが勃発し、双方に甚大な損害をもたらした。この戦いは多くの点で反乱というよりむしろ内戦に近かった。ほとんどすべてのラテン人都市を含むイタリアの都市の多くがローマに忠実であり続けた一方で、捕虜となったローマ兵のかなりが反乱軍に参加し、仲間であるローマ市民と戦うことを希望したのである*[20]。

同盟市戦争に参加するにはカエサルはまだ幼すぎたが、彼の物語において重要な役割を演じることになる人々の多く、とりわけキケロとポンペイウスは、この戦争のさなかに軍務というものを初めて味わった。カエサルの父が何らかの立場でこの戦争に参加した可能性はきわめて高いが、これについて史料は何も語っていない。実際に彼が紀元前九一年に属州アシアの総督だったとすれば、戦争が始まった時点では不在だっただろうが、終結までには帰国したと考えられる。紀元前九〇年の執政官で、反乱軍に対する作戦において平凡な指揮官であることが露呈したルキウス・ユリウス・カエサルは、別の家族の一員だった。セクストゥス・ユリウス・カエサルは、すでに述べたようにガイウスの兄弟であったかもしれないのだが、前年に執政官職を勤め、この戦争にも参加した。彼は執政官代行としてある軍勢の指揮を執っていた時に病死している。同盟市戦争における大規模な戦いによって、何人かの公職者が敵の手で殺され、無能さをさらけ出した公職者もいたが、多くの経験豊かな元老院議員に公職者代行として軍指揮権を与えることになった。マリウスは初年度の戦いで主要な役割を果たし、いくつかの小規模な勝利を収めたが、何より負けるのを避けた。いまや彼も六十代後半、ローマ人にとっては現役の将軍として非常に年老いていると思われた。そして彼の行動に対しては慎重すぎるという批判もあった。このためか、健康を損ったからか、紀元前九〇年以降、マリウスがこの戦争で積極的な役割を果たすことはなかったようである。他の二人の軍指揮官であるルキウス・コルネリウス・スッラとグナエウス・ポンペイウス・ストラボが、他の誰よりもローマの軍事的勝利を確実にしたと評価された。ただし同盟市戦争における勝利は、武力によると同時に外交と懐柔とによって獲得されたのであって、当初から元老院は、そもそもイタリア人が要求したが得られなかったものを付与し始めていた。ローマに忠実であり続けた同盟諸都市は市民権を与えられたし、ただちに降伏した諸都市や最初期に打ち負かされた諸都市も同様であった。ローマ人がポー川以南のイタリアにおけるほとんどすべての自由人に、市民権を即座に拡大したことは、この戦争の無意味さを明確に示していた。その方法もまた、ローマそのものにおける現行の政治的バランスを変更したくないという態度を表していた。というのも新たな市民はその影響力を最小限に抑えるため、少数の投票トリブスに集中して配属されたのである*21。

スッラは反乱軍の鎮圧に際して果たした役割によって名声を得て、紀元前八九年の末までにローマへと帰還し、一番の競争者であったガイウス・ユリウス・カエサル・ストラボを押さえて翌年の執政官選挙に当選した。多くの点でスッラのキャリアはカエサルのそれを先取りしていた。どちらもパトリキだったが、その家族は知名度を失って久しかったので、政界における彼ら自身の立身出世は「新人」とほとんど同様に厳しい戦いであった。スッラがキャリアを開始したのは通常よりは遅かったが、ヌミディアにおいてマリウスの財務官として仕え、内通とユグルタの逮捕をお膳立てするという重要な役割を果たした。スッラがたびたび挙げた軍功は、それが自分の名誉を低下させると感じたかつての指揮官の嫉妬心に火をつけた。キンブリ族との戦いにおいてスッラは当初マリウスに仕えたが、すぐにその同僚の軍に移り、二人の関係はこれ以降決して友好的ではなかったと思われる。元老院は紀元前八八年の執政官であるスッラに、ポントスの王ミトリダテス六世との戦争を担当させることにした。ミトリダテスは東方のヘレニズム諸王国のひとつを支配していたが、マケドニアとセレウコス朝シリアの衰退に伴って勢力を伸ばしていた。ローマ人がイタリアにおける戦争に忙殺されているのを尻目に、ミトリダテスはアシアのローマ属州を侵略し、その地域のローマ人とイタリア人の虐殺を命じ、この成功に乗じてギリシアに侵攻した。スッラにとってこの軍指揮権は東方の有名な、しかもきわめて裕福な諸都市のど真ん中に進撃する大きな機会であり、彼は一緒に連れて行く軍の編成に取りかかった。新兵が足りないということはまずなかっただろう。なにしろ、東方での戦争は楽な戦闘とたくさんの戦利品とで有名であった*22。

通常の状況であれば、スッラは戦争に向かい、自分の家名に新たな輝きを加えるために最善を尽くすだけだっただろう。だが、スルピキウスという名の護民官が民会を通じて、東方の軍指揮権をスッラではなくマリウスに与えるという法案を可決させた。その法案を含む一連の立法によってスルピキウスは、護民官職を広範な改革プログラムのために利用し、グラックス兄弟やサトゥルニヌスの通った道を辿ろうと試みたのである。もうひとつ、新たに市民権を付与された人々を各投票トリブスに、より均等に割り当てるための法案も策定された。マリウスは、かつてサトゥルニヌスを利用したように、進んでスルピキウスを利用したし、同じようにスルピキウスも、名高い戦争の英雄と協力して利益を得ることに満足していた。どちらも、より利益になるとあれば、特に目前の目標が達成されてしまえば、相手との決別をためらったとは考えられない。政治とは集団ではなく個人の成功に関わっているということは、常に念頭に置くべきである。この時点でマリウスは、ユグルタや北方の異民族を打ち負かした後に享受した称賛を取り戻すには、もう一度戦争を行なう必要があると確信していた。護民官として民会で大きな影響力を発揮していたスルピキウスは、もう一度戦争を行なう機会をマリウスに与えることができた。マリウスは六十九歳になっており、紀元前一〇〇年以降は公職者として選出されていなかったのに対して、スッラはその経歴で自分の能力を証明していたから、軍指揮権を割り当てる伝統的な手続きを破る理由は何もなかった。けれども、グラックス兄弟が確認したように、民会はいかなる事柄についても立法することができた。すべての先例と人々の同情はスッラに味方したが、この問題について理論的には何ら違法性はなかった。スルピキウスはそれが合法であることを群集の暴力によって確認した。ある逸話は、命からがら逃げだしたスッラが避難先に選んだのはマリウスの自宅であったと伝えている*23。

スッラの取り扱いは不公平であって、貴族の一員であり、元老院議員であり、執政官である彼の威厳《ディグニタース》は手ひどく傷つけられた。彼の痛みはわからないでもないが、その反応は衝撃的であった。ローマを離れると自分の軍勢のもとへ向かい、いまや自分は東方における軍指揮権を奪い取られた、マリウスは間違いなく自分自身の軍団を召集して戦いに向かうはずである、と兵士たちに語った。手をこまねいているのではなく、自分に従ってローマに進軍し、権力を掌握している一派から共和政を解放するよう軍団兵に呼びかけたのである。元老院議員階層の将校は、ひとりを除いて誰もスッラの呼びかけに応えようとはしなかったが、そのような消極性に他の兵士が同調することはなかった。戦利品を得る機会を奪われるのを恐れてか、それとも自分たちの指揮官の扱いが正義に反していると考えてか、軍団はスッラに従ってローマに進軍した。ローマ軍が首都に向かって行進したのは歴史上初めてのことであった。スッラの軍勢に対処すべく派遣された二人の法務官は手荒に扱われた。怒った軍団兵によって彼らの衣服は引き裂かれ、法務官の有する命令権の象徴として従者が運んでいたファスケースは打ち砕かれたのである。その後、行軍の停止と和平交渉を行なう猶予を求めてスッラのもとに派遣された、別の元老院議員による使節団は、手厚く歓待されたが要請は拒絶された。まず小部隊がローマに入城すると、マリウスとスルピキウスに忠実な急造の軍隊によって撃退されたので、スッラはさらに大部隊で反撃し、戦いながら通りを進み、そのさなかにたくさんの家屋を焼き払った。当初は抵抗も激しかったが武装はお粗末であり、間もなく壊滅した。スッラは反対派の指導者のうち、マリウスとその息子、スルピキウスを含む十二人を指名手配し、誰であれ彼らを殺害したのち報奨を求めることを合法とした。スルピキウスは自分の奴隷に裏切られて殺された（スッラはその奴隷を解放してから、かつての主人に対する不忠の咎でタルペイアの岩から投げ落として殺害した。そのような過酷な態度は法律と義務とを尊重するローマの伝統に十分沿うものであった）。その他の逃亡者は追跡を逃れて国外に脱出した。マリウスは一連の逃亡劇の末――後世の伝承によって多分に潤色されていることは間違いないが――最終的にアフリカに到着し、ヌミディア戦争の後に植民市を建設した元部下の退役兵たちに歓迎された。スッラは正常さを取り戻すためいくつかの措置を取ってから、ミトリダテスと戦うため自軍とともにローマを離れたが、イタリアに戻って来るまでにはおよそ五年を要した*24。

紀元前八七年の二人の執政官はすぐに仲違いし、そのうちのひとりルキウス・コルネリウス・キンナは、スッラの立法を廃止しようと試みたことで共和政の敵と宣告され、公職から追放された。スッラを見習って、キンナはまだイタリアの反乱軍の最後の生き残りを掃討する作戦に従事していたローマ軍の一部を頼って逃れ、自分を支持するよう兵士たちを説得した。間もなく、暴徒とさして違いのない多数の志願兵とともにアフリカから帰還したマリウスと合流した。なかでも一番悪名高かったのはバルドゥアイオイと呼ばれる解放奴隷〔以下、主人によって奴隷の身分から解放されて自由人の地位を得た者〕の一団で、彼らはマリウスの親衛隊を構成し、しばしば死刑執行人として行動した。その年の終わり頃にマリウスとキンナはローマに進軍したのに対して、執政官であったグナエウス・オクタウィウスは、志は高いが才能はごく平凡であり、抵抗したが無力であった。ポンペイウス・ストラボは依然として軍指揮官の地位にあり、数年にわたって二度目の執政官職を狙っていたが、彼のどっちつかずな行動は事態を悪化させただけであった。スッラは紀元前八八年の同僚執政官であったクィントゥス・ポンペイウスを派遣してストラボの軍団を手中に収めようとした。クィントゥスとストラボは遠縁だったが、そのことがストラボの軍団兵によるクィントゥス殺害の妨げにはならなかったし、ストラボの同意があったことはほぼ確実である。おそらくストラボはどちらの側につくか決めかねており、どちらとも交渉していたのであろう。結局オクタウィウスと合流したものの、彼を支援する役には立たず、両者の軍勢は打ち負かされた。ストラボは間もなく死亡した。おそらくは病気であろうが、雷に打たれたとも言われている。

オクタウィウスは、敵がローマに侵入した時も逃亡を拒絶し、ヤニクルムの丘にある執務室の椅子に座ったまま殺害された。切断された首はキンナに届けられ、彼はそれをフォルムの演壇に晒した。間もなく数多くの元老院議員の頭部がそれに加わった。史料によれば、その後に続く処刑の波について主たる非難を受けたのはマリウスだったが、キンナが大きな役割を果たした可能性は高いと思われる。高名な弁論家である――のちに孫がカエサルの部下となる――マルクス・アントニウスも殺害されたし、マルクス・リキニウス・クラッススの父と兄も、ルキウス・カエサルと兄弟のカエサル・ストラボも同様であった。わずかではあれ形式的な裁判が行なわれることもあったが、ほとんどの場合はただ逮捕されると同時に殺害された。スッラの自宅が焼き払われたことには象徴として重要な意味があった、というのも元老院議員の住居はほとんどの政治的活動の拠点であるだけでなく、その名声の目に見える象徴だったからである。スッラの妻と家族は追跡されたが、なんとか逮捕を免れて最終的にはギリシアでスッラと再会した。スッラによるローマの掌握も衝撃的であったが、この二度目の占領における蛮行ははるかにひどかった。マリウスとキンナは紀元前八六年の執政官職に選出されたが、マリウスは公職に就任した数週間後に急死した。齢七十であった[25]。

これらの出来事においてカエサルの父の果たした役割は、あったにせよ知られてはいない。ローマが騒乱状態にあった二度の機会のいずれかに、若きカエサルがローマにいたかどうか、あるいはティベリス川に浮かぶ死体や演壇につるされた生首を見たかどうかも何とも言えない。貴族の若者の教育はきわめて伝統的であって、彼らは本来、日常の仕事に取り組む年長者のふるまいを観察することによって多くを学ぶはずであった。しかし当時は政界は無秩序と化し、暴力がはびこっていたので、それ以前の世代とは非常に異なる共和政の印象をもたざるを得なかった。事態はさらに悪化することになる。

第3章 最初の独裁者

追放公示者の名簿はローマだけでなくイタリアのあらゆる都市に掲示された。神殿、友人宅の暖炉、自宅でさえ、流血で染められていない所などどこにもなかった。夫は妻に、子は母に抱かれたまま殺された。誰かを怒らせたとか敵に回したとかの理由で殺された人の数はごくわずかであり、大半はその財産のせいで殺されたのである。死刑執行人は、この者は大きな家のせいで、その者は庭のせいで、あの者は温泉のせいで殺されるのだ、と言うことさえあった。

プルタルコス、二世紀初頭＊1

カエサルの父は、ある朝、靴を履いている時に突然、崩れ落ちるようにして亡くなった。少年カエサルはもうすぐ十六歳であったが、すでに成人し、少年もしくは公職者だけが着る紫色の縁取りのトガ・プラエテクスタを脱ぎ捨てて、大人が着る無地のトガ・ウィリリスに着替えていただろう。成人式を迎えた男子はブッラと呼ばれる首から下げたお守りも外し、再びつけることはなかった。生まれて初めて髭をそり、髪も少年らしいやや長髪から、成人した市民にふさわしいよう短く切った。成人式を行なう年齢は決まっておらず、ローマ人の教育の多くの場面でそうであるように、それぞれの家族が決めることになっていた。通常は十四歳から十六歳までの間に行なわれたが、人によっては十二歳という例も十八歳という例も伝えられている。同様に、日付も法で定められてはいなかったが、三月十七日に行なわれるリベラリア祭に合わせて行なわれることが多かった。家族内での儀式とは別に、貴族の男子は父親やその友人たちとともに市内の中心部を練り歩く習慣があった。それは共和政というより大きな共同体が、男子を成人として受け入れることを意味していたのである。フォルムを通り過ぎると、一団はカピトリウムの丘を登ってユピテル神殿で犠牲をささげ、若さの神であるユウェントゥスにもお供えをしたことだろう*2。

父の死後、カエサルはたんに成人というだけでなく、家父長となった。将来のキャリアへと導いてくれる男性の近親者はほとんどいなかったが、この若者は最初からかなりの自信家であった。一年も経たないうちにカエサルは、だいぶ前から両親によって決められていた婚約を破棄した。相手はコッスティアという娘で、父親は騎士階層ではあったが元老院議員ではなかった。家族は非常に裕福で、多額の持参金をもたらすであろうことは間違いないが、その資金がカエサルが政界に打って出るのに大いに役立つはずであろうという以外に、利点はほとんどなかった。二人がたんに婚約していただけでなく、実際に結婚していた可能性はある。というのも、スエトニウスはしばしば実際の離婚を意味する言葉を使っているし、プルタルコスははっきりとコッスティアをカエサルの妻のひとりに数え入れているからである。二人の年齢を考えれば可能性は低いが、確かに不可能ではない。その関係は、本当のところはどうであったにせよ、終止符を打たれた。カエサルはキンナの娘コルネリアと結婚した。キンナはパトリキの仲間であり、紀元前八七年から八四年まで四年連続して執政官に就任した、ローマで最も有力な人物であった*3。

なぜキンナがこのような形でカエサルを高く買ったのか、正確にはわからない。明らかなのは、二人のユリウス・カエサルの処刑はカエサルにとって不利にならなかったということで、それ自体、二つのユリウス・カエサル家がいかに遠い縁だったかを物語っている。マリウスがカエサルの叔父であることが有利に働いたのは間違いないが、この関係は紀元前八六年の早くにマリウスが死亡したことで、いささか重要性を失っていた。マリウスが死去する数週間前に、彼とキンナがカエサルを、ローマで最も名誉ある神官であるフラーメン・ディアーリス職に推薦したことは事実である。現職のルキウス・コルネリウス・メルラは、追放されたキンナの代役としてオクタウィウスにより紀元前八七年に（臨時の）補欠執政官に任じられていたが、マリウスとキンナの勢力がローマを席巻すると、メルラは処刑を待つことなくみずから命を絶った。フラーメンに就任するのは、コンファルレアーティオと呼ばれる古い、当時は稀になっていた婚礼の儀式によって、パトリキの女性と結婚したパトリキの男性でなければならなかった。紀元前八六年の時点でカエサルがその職に就くにはまだ若すぎたが、八四年にパトリキの女性であるコルネリアと結婚することになったのは、ひとつにはその神官職に就任できるようにするためであった。しかし、フラーメン職につくために結婚が可能なパトリキの女性はキンナの娘だけであったとか、カエサルの就任資格を満たしてやりたいという願望が、義理の息子を探すひとりの元老院議員としては当然の優先事項をくつがえした、と考えるのは無理がある。実は本来カエサルがその神官職を務めるのは事実上不可能であった。というのも、フラーメンはコンファルレアーティオによって結婚したパトリキの両親の息子であるべしとされていたが、カエサルの母アウレリアはプレブスだったからである。キンナは若きカエサルを非常に高く評価していたに違いない。

もしそうであれば、カエサルをフラーメン・ディアーリスに推すという決断は、ちょっと珍しいどころの話ではなかった。フラーメン職はローマで最も古い神官職のひとつなのである。この職を務めるのは全部で十五人、それぞれが特定の神に対して祈りを捧げるのだが、そのうちの三人は他の者よりはるかに高い重要性と名誉とを有していた。クィーリーヌス、マルス、そしてユピテルに仕える神官（それぞれフラーメン・クィーリーヌス、フラーメン・マルティアーリス、フラーメン・ディアーリス）である。ユピテルはローマの最高神なので、フラーメン職でも彼に仕える者が最も上級とされた。フラーメン職が非常に古くから存在することの証が、その職に付随する数多くの奇妙なタブーであった。フラーメン・ディアーリスとその妻は神を宥める仕事に恒久的に従事していると見なされていたので、いかなる形であれ儀式を汚す危険を犯すことはできなかったからである。数多くのタブーのなかでも、フラーメン・ディアーリスは宣誓を行なうこと、市外で三夜以上過ごすこと、あるいは人間の死体、出征中の軍もしくは誰であれ祝祭日に働いている人を目にすることを禁じられていた。また馬に乗ること、自分の家の中あるいは衣服についてでさえどこかに結び目を作ることはできなかったし、食べ物の載っていない食卓に着くこともできなかった。というのも、何かを必要としていると思われてはならなかったからである。さらに髭をそるのも髪を切るのも奴隷が青銅製のナイフを用いるのでなければできなかったし――もちろんこれもまたその古さの証である――、切った髪は、切った爪などと同様に、秘密の場所に埋められなければならなかった。フラーメン・ディアーリスはアペックスと呼ばれる特別な帽子を着用し、これは毛皮製で、頭頂部が尖り、耳当てが付いていたと思われる。これらの制約によって、普通の元老院議員としてのキャリアを積むことは不可能になった*4。

フラーメン・ディアーリスの威光はきわめて高く、当時この役職に就任した者は元老院に同席し、ローマを離れる必要のない公職を務める権利を行使していた。通常はどの公職者であれ任期の初めに行なうことになっている宣誓も免除されたのである。しかし、フラーメン・ディアーリスが軍指揮権を持つことに対する制限はそう簡単には無視できなかった。メルラの執政官職は紀元前八七年のキンナ追放という特殊な状況なくしてはまずありえなかっただろう。のちに彼は立候補するつもりはなかったと主張したが、おそらくはケントゥリア民会によって通常の手続きでその職に当選したのだろう。この神官職に課されたタブーから、彼が実際には積極的な役割を果たせなかったことは確かだし、だからこそオクタウィウスはメルラを同僚にしようと望んだのだろう。キンナとマリウスがローマを掌握した時点で、メルラは自発的に執政官職から退いたが、それでは自分の命を守るのに十分でないことにただちに気づいた。彼はカピトリウムの丘にあるユピテル神殿に行き、そこでアペックスを外し、正式にフラーメン・ディアーリス職を辞してから、ナイフで両手首を切った。彼はキンナとその支持者を激しく罵りながら亡くなったが、自分がその神官職を汚すのを慎重に避けてきたことを説明したメモを用心深く残したのである*5。

カエサルとコルネリアはコンファルレアーティオという珍しい儀式によって結婚した。その名称は、ユピテル・ファレウスに供物として奉納するパンを作るのに用いられた、エンマー小麦――ラテン語でfar――に由来する。そのパンは新婦に先立って運ばれ、新郎新婦によって儀式の一部として食されたらしい。一〇人の証人の出席を必要とし、儀式はローマで最上級の神官である二人、ポンティフェクス・マクシムスとフラーメン・ディアーリスによって主宰されることになっていた。後者の地位はメルラの死後、空席のままになっていたので、この儀式を行なうことはできなかった。カエサルがこの役職に指名され、その結果として彼の妻がフラミニカになったとすれば、二人の結婚を祝福して羊が一頭犠牲に捧げられたことだろう。その後、新郎新婦はヴェールを被り、羊の革で覆われた座席に着いた*6。

空席の神官職に選ばれることはカエサルにとって相当な名誉であり、たいへん若くして共和政の重要人物のひとりとなり、元老院の構成員となったことだろう。しかし、この栄達は将来のキャリアの可能性をたいへんに狭めるという犠牲の上に成り立っていた。カエサルは父親のように法務官にでもなれればよいと思っていたかもしれないが、属州を統治するためにローマを離れることも、軍事的な成功を収める機会も得られなくなってしまった。カエサル家の過去の業績が比較的平凡であったことを考えれば、このようなキャリアも少年カエサルにとっては十分に有益であると思われたのかもしれない。のちに彼がなし遂げることを予想していた者など誰もいなかったからである。けれども、この少年が普通に出世していくのは難しいと思われるような印象、たとえば才能が欠如しているとか身体が弱いといった印象を与えていたという証拠はない。カエサルはまだ、のちに悩まされることになる癲癇《てんかん》の発作を患ってはいなかった。コルネリアとの結婚も、彼が全体として能力を欠いているとは見られていなかったことを物語っている。キンナとマリウスがそもそもカエサルの指名について合意したこと、キンナが合意の相手方の死後もその決定を変えなかったことは明らかだが、結局その理由を知ることはできないし、実のところ若きカエサルがそれについてどのような態度を示したのかもわからない。彼らが何を考えていたにせよ、それは喫緊の課題でなかったようだし、カエサルが実際にフラーメン・ディアーリスに就任したと伝えている史料もあるが、実現しなかったと述べていた著者のほうが正しいと考えるのがもっとも穏当である。第一、彼の若さが障害となったであろう。さらに重要なのは、キンナ自身が実際に指名できたわけではなく、これまたローマで重要な神官であるポンティフェクス・マクシムスが厳格な手続きに従って行なうものだったということである。現職のクィントゥス・ムキウス・スカエウォラは新体制の協力者ではなく、キンナの子分のひとりによる暗殺計画を切り抜けたばかりであった。執政官経験者であり有名な法学者でもある——ポンティフェクス・マクシムスはフラーメン・ディアーリスのような決まり事による制約がなかったので、積極的な政治的キャリアを積むことができたのである——スカエウォラは、たとえばアウレリアがプレブスであるといった規則上の理由から、カエサルの指名には反対しただろう。あるいは単純にキンナの圧力に屈するのを拒んだかもしれない。突き詰めればこれは些細な問題であり、他のより重要な問題にキンナが忙殺されたことで棚上げとなった[*7]。

スッラへの期待

キンナとその支持者がローマを席巻していた時期の詳細な記録は残っていない。だがたんに情報がないからといって、キンナが重要な改革を行なおうとしなかったことを意味するわけではないだろう。キンナは勝利を得るまでは、新たに市民権を得たイタリア人やその他の不満を抱えたグループに支持を訴えたが、勝利した後に彼らの要求を満足させる努力を怠った。ローマで起きた初期の内戦は――実はそれ以降の紛争も同様なのだが――イデオロギーや政策の衝突とはほとんど関係なく、個人同士の伝統的な競争が暴力を伴って拡大しただけであった。キンナは共和政を改革するという急進的な野望を持っていたわけではなく、既存の体制内で個人の権力と影響力とを欲したにすぎなかった。したがって、いったん力ずくでその欲望を満たしてしまうと、あとはそれを維持することが主たる目標となったのである。すでに紀元前八六年に執政官になっていた彼は、八五年と八四年にも執政官に選出されることを確実にした――自分と自分が選んだ同僚の名前だけが候補者名簿に記載されるようにしたことは間違いない。キンナは執政官として命令権を持っていたので、スッラやその他の政敵から自分の身を守るために必要な合法的な軍指揮権を備えていた。また公職者としては訴追を免れていた。というのも、何人かの優れた弁論家は出廷を差し控える道を選んだらしかったとはいえ、ローマでは法廷が開かれてはいたからである。キンナとマリウスは元老院議員も殺害したし、海外へ逃亡を余儀なくされた議員もいたが、大多数の議員はローマに留まり、元老院を開催し続けた。議員の多くはキンナやその協力者を強く支持していたわけではなかったが、同様にスッラに対しても特に好意を持ってはいなかったからである。元老院での討論は比較的自由に行なわれたようだし、スッラの時代と違って、キンナが喜ばないような法案を可決したこともあった。とはいえ元老院はキンナを押さえ付けることも、連続して執政官に就任するのを防ぐこともできなかった。結局のところ軍を掌握していたのは元老院ではなく、キンナだったからである。キンナが支配するローマでは元老院が開かれ、法廷が開催され、選挙が行なわれて、少なくとも平静さを装っていた。これら共和政の主要な国家制度は驚くほど融通がきき、暴動や流血によって一時的に中断されることはあっても、およそいかなる状況下においても基本的に一定の形式で機能し続けた。元老院議員の生活とはつまるところ、支持を得るために恩恵を施し、影響力を獲得し、公職に就任することであった。状況がどうであれ、彼らは可能な限りこの活動を続けたのである*8。

キンナの立場は共和政の適切な運営とは相いれないものだった。というのも、結局のところ彼は軍に依存し、これをやめる様子はなかったが、彼が連続して執政官に就任し続けたせいで他の者は高位の公職に就任する機会を奪われ、属州の統治に使える公職者の数が少なくなったからである。それでも、スッラが野放し状態で自分の軍団を指揮している限り、キンナは安心できなかった。マリウスは紀元前八六年に担当領域としてミトリダテス戦争を割り当てられたが、出発することもかなわずにこの世を去っていた。後任の執政官であるルキウス・ウァレリウス・フラックスはマリウスの任地をも継承し、ついに東方に向かって進軍を開始した。スッラに立場を譲るつもりのないことは間もなく明らかになったが、フラックスは、ミトリダテスに対して力を合わせて戦う目論見で、スッラとの交渉を試みたと思われる。けれども、フラックスは程なく配下の財務官であるガイウス・フラウィウス・フィンブリアによって暗殺され、フィンブリアがそのまま兵を率いて自らミトリダテスを討とうとした。戦いでは裏切りと謀殺ほどの才能を発揮できなかったフィンブリアは、最期は兵士の暴動によって自殺に追い込まれた。その後の数年間、元老院は、スッラがキンナと和解してこれ以上の内戦を避けることを望んで、何度か接触を試みたが、これについては両者ともさほどの関心を示さなかった。スッラは、自分が適切に選出された公職者であったこと、属州総督として共和政の敵に対する戦争を遂行すべく元老院によって派遣されたこと、これらを認めたうえで自分に任務をまかせるべきだと主張した。紀元前八五年までには、ミトリダテス戦争が成功裏に終結しつつあることが明らかになると、キンナと協力者はスッラとの衝突は避けがたいと考え、それに備えて兵士を募り物資を調達することに専念した*9。

ルキウス・コルネリウス・スッラは印象的な外見の持ち主であった。並外れて色白で、灰色がかった眼は鋭く、髪は赤みを帯びていた。後半生には、顔面にできた赤斑によってその外見も損なわれてしまった（何世紀ものちの、あまり知られていない兵士たちの間の伝承によれば、スッラには睾丸がひとつしかなかったが、スッラの業績を見れば、そのような欠陥が優秀な軍人になる妨げにならないことは明らかだという）。スッラはとても魅力的であり、兵士からも元老院議員からも支持されていたが、貴族の多くは彼に対して根強い不信感を持っていた。政治生活に入ったのが遅かったにもかかわらず、スッラはかなりの成功を収め、機会あるごとにその軍事的才能を発揮した。執政官職に就任したのは五十歳の時だったが、それは初めて就任するにしては普通よりも遅かった。それ以前にも、法務官職への就任に二度の挑戦を要していた。おそらく多くの元老院議員は、スッラが若い頃に貧しかったこと、没落した家の出であることを忘れることができなかったのであろう。どのような体制においても栄華を誇る人々は共通して、他人の不幸を当然の報いと感じるものである。かつてスッラは貧しく、役者や楽師といったきわめて評判の悪い職業の連中と騒ぎ回っていた。そのようなふるまいは若気のいたりとはいえ望ましいことではなく、元老院議員や公職者にとってはなおさらだったが、スッラは終生かつての仲間たちを大切にし続けたのであった。彼は大酒呑みで、宴会を好んだと同時に、きわめて性欲が強く、両刀遣いだと広く信じられていた。その生涯の大部分にわたって、スッラは公の場にメトロビウスという役者を伴っていた。メトロビウスは女形で、二人は性的関係にあると信じられていたのである。元老院の中核を成す指導者たちはしばしば、他の候補者より明らかに彼のほうを望ましいと見ていたが、スッラの政治的成功を受け入れるのにかなりの抵抗感を示していた。そのようなことを気にする彼ではなかっただろうが、自分の成功を公に認めさせ、業績を人に奪われないようにすることについては、スッラは揺るぎない信念を持っていた。紀元前八八年にはローマへと進軍し、自分は法に則った共和政の代表者であり、一党派の不法な専制からローマを解放する必要があると主張した。彼はそれ以降、自分がローマの属州総督であることを示し、自分を国家の敵であると宣言したマリウスとキンナの布告の有効性を否定し続けた。スッラは、自ら作らせた墓碑に、自分は友に対して善行を、敵に対して害悪を為すのを決して怠りはしなかった、と彫らせるような人物だったのである[*10]。

スッラについて言えば、彼の命令権と命令とは合法であって、共和政の敵として非合法に行動したのは敵対者たちのほうだった。だから必要とあればいかなる手段をもってしても敵対者たちを鎮圧するのはスッラの権利であり義務だった。自分自身の威厳を護ることもまたスッラにとっては重要だった。というのもスッラの業績は彼自身とその家族にとっても尊敬に値するものだったからである。ローマ人はあらゆる人間の行ない、特に戦争においては運の果たす役割が非常に大きいことを公然と強調したし、幸運であることは将軍にとって最も重要な美徳のひとつだと——ナポレオンに先駆けて——信じていた。指揮官は運だけに頼るべきではないと考えられており、成功を確実にするために可能な限りの準備を行なったが、戦いの混乱の中では最善を期した計画は崩れるものであり、勝敗は運次第であった。スッラは生涯を通じて幸運に恵まれ続けた。幸運であることは天の賜物、スッラの場合はウェヌスと、時にはアポロン等の加護を意味していた。自分はその生涯で大一番の前夜にはしばしば夢のお告げを得たが、その中で神々は自分の計画通りに行動を起こすよう勧め、成功を約束してくれた、とスッラは語った。マリウスも、自分の輝かしい将来を予言した神託から影響を受けており、最も有名なのは、彼が七度執政官に就任するであろうという予言だった。両者とも無慈悲な野心家だったが、神によって成功を約束されているのだから自分は正しいのだ、という彼らの信念は、ただでさえ相当に自信満々だった彼らの自負心をさらに高めた。このような神々のご加護を主張することが、多くの場合にきわめて効果的な宣伝となっていた事実を、近代の皮肉なまなざしで見てはならない[*11]。

スッラはすでに一度、自分の地位を守るために武力を行使していた。首都の占領に際してのキンナによる蛮行のために、穏健な対応をスッラに期待することはできなくなっていた。紀元前八五年、スッラはダルダノスの和約に署名し、ミトリダテスとの戦争を終結させた。ローマ人の基準では完全な勝利とは言えなかった。ミトリダテスは独立を維持したし、依然として相当の権力を保持していたからである。しかしローマの勢力圏からは追放され、その軍隊は屈辱的なまでに戦闘で打ち破られた。東方の属州を平定するために必要な事務的な仕事が数多く残っていたため、スッラはただちにイタリアに帰還することはできなかった。紀元前八四年にキンナはイタリアよりはギリシアで仇敵と雌雄を決することにしたが、アドリア海の天候が悪化し、船団のひとつがイタリアに吹き流されてしまった結果、深刻な遅れが生じた。それから間もなく兵士たちが暴動を起こし――この点についていくつかの史料は矛盾しているが、おそらくローマ人同士で戦うことに嫌気が差したのであろう――キンナは自分の部下によって殺されてしまったのである。キンナ派の指揮はグナエウス・パピリウス・カルボに引き継がれた。彼は前年からその年にかけてキンナの同僚執政官であった。紀元前八二年、カルボはマリウスの息子を同僚として三期目の執政官職に就任したと思われる。マリウスの息子はその職に就任するにはあまりにも若すぎたのだが。イタリアはもはや安全ではないと判断したか、どちらに追い風が吹いているか見極めて、スッラに合流するために東方へと脱出した元老院議員の数は増え続けた。スッラが最終的にイタリア南部のブルンディシウム（現ブリンディシ）に上陸したのは紀元前八三年の秋のことだったが、その時にはさらに多くの者が彼のもとに集まっただろう[12]。

スッラはきわめて不利だったが、敵対者たちは勢力を増やすのに失敗し続けたので、その軍は次々と打ち負かされ、時には説得されて大量に敵前逃亡する有様であった。敵対する指揮官のなかで軍事的才能を発揮した者はほとんどいなかった。冬季の数か月間の小休止ののち、戦闘は再開され、紀元前八二年にスッラはローマに到達した。コッリナ門の外側におけるキンナ派の突然の反撃は壮絶な戦闘となった。そのさなかにスッラ自身もすんでのところで討ち死にを免れ、軍勢の一翼は崩壊したが、最後は残りの軍勢が勝利をもたらした。武運が尽きると、キンナ派の指導者たちはいっそう復讐心を募らせた。若きマリウスはポンティフェクス・マクシムスであったスカエウォラの処刑を命じたが、その行為を母ユリアは非難したに違いない。マリウス自身はプラエネステで包囲され、その都市が陥落した際に殺されたとも自殺したとも言われている。その首級が自分の元に届けられるとスッラは、このような若者は「船を動かそうとする前に、まず櫂の漕ぎ方を学ぶ」べきであったのに、と述べたのであった。カルボはシチリアに逃亡して抵抗を続けようとしたが、スッラの部下のひとりによって打ち破られ、処刑された*13。

マリウス一派によるローマ占領が、それがもたらした殺戮と処刑の規模の点でスッラのローマ行軍をはるかに上回ったのと同様に、それらはいまやスッラの帰還に伴う残虐行為によって霞んでしまった。ローマの町外れにあるベッローナの神殿でスッラが元老院に宛てて行なった勝利演説は、捕虜となり——ほとんどがイタリア人で、ローマ人よりも過酷に扱われた——すぐ近くで処刑されている数千の兵士たちの悲鳴が伴奏だった。苦痛を与えられたのは兵卒だけではなかった。主要な指導者たちのほとんどは捕らえられるやいなや処刑されたか、このような結果を予想して自ら命を絶った。スッラに敵対していたと見られたさらに多くの元老院議員や騎士階層の人々が、戦勝の直後にスッラの配下によって殺害された*14。

当初、処刑は警告なしに行なわれたが、誰が処刑されることになっているのかだけでも知りたいという不安にかられた元老院議員の訴えに応えて、手続きがより規則的になった。スッラは、追放公示——これによってあらゆる法律上の保護を喪失した人の名簿——をフォルムに掲示するよう命じ、その写しは、のちにイタリア各地に送付された。誰であれ追放公示者を殺すことが許され、首級をスッラのところへ持って行けば報奨を請求できたのである。その首級をスッラは演壇の上やまわりに晒した。通常、処刑された者の財産は差し押さえられ、競売にかけられて、スッラの協力者に格安の金額で買い叩かれた。処刑されたのは主として元老院議員か騎士階層の者であった。いくつもの名簿が掲示され、正確な数は不明だが、数百人にのぼった。ほとんどはスッラの敵対者だったが、たんに財産目当てに他の名前も付け加えられた。政治活動にはほとんど関心がなかったある騎士階層の者は、名簿のひとつに自分の名前を見つけ、アルバの地所は自分の死を望んでいるのだと断言したと言われている。彼は間もなく殺された*15。私怨に基づく処刑が数多く行なわれ、ある人が殺害された後で、殺人を正当化するために後から名前が名簿に加えられた事例も少なくなかった。スッラはこの手続きを逐一監督していた様子はなく、追放公示者の奴隷であった者を大勢解放して身辺警護団を結成した。彼らは各所で、新たに得た権力を濫用したとして訴追された。追放公示が正式に終了したのは紀元前八一年の六月一日だったが、人々の恐怖は続き、その世紀の終わりまでローマ人の集合意識に傷跡を残したのである*16。

スッラの権力の源泉は、あらゆる敵対者を打倒してきた軍を指揮していることであった。しかし、自分こそが正当な属州総督であると主張するために多くのことを行なってきた彼は、国家の支配を正当化すべく、より公的な立場を自らに与えた。厳しい危機の時代を迎え、共和政はひとりの人間に支配される恐怖をとりあえず脇に置いて、最高の命令権を有する単独の公職者である独裁官を指名した。それは一時的な役職であって、六か月後には辞職するのが常だったが、スッラはそのような制約を廃棄し、独裁官職に任期を定めなかった。彼は民会での投票によって、「法律を制定し国家を再建するための独裁官」と名付けられた。敵対者たちを粉砕するためにスッラが行使した暴力と同じように、それは前例のない役職であった。時には自分の上級将校を、独裁官の命令を公然と無視して執政官選挙に立候補することに固執したとの理由で、フォルムで処刑するよう平然と命じたこともあった*17。

逃亡者

スッラの軍勢が二度目のローマ占領を果たした時、カエサルは十八歳くらいだったが、内戦には関与していなかった。義父キンナは死亡したし、若きマリウスとの特に親密な関係を示唆する証拠は何もなかった。もっと重要なのは、カエサルは公的にはまだその聖職に任命されていなかったとしても、おそらくすでにフラーメン・ディアーリスについて定められた規則に従うよう期待されていたことである。この規則によってカエサルが戦争に参加できなかったということは、都市ローマが占領されコッリナ門の外側で激しい戦いが行なわれた時に彼はローマにおり、追放公示の血の海を目撃したことを意味していた。フラーメンは死体を見てはならないとされていたが、当時それに従うことは困難であったに違いない。実際に見たかどうかはともかく、数多くの著名なローマ人の首級が都市の中心に晒されているのを意識せざるを得なかったはずである。一時はカエサル自身もその中に加わるかもしれないと思われていたのだった。

カエサルは追放公示名簿に登録されるのが確実なほど重要人物でも裕福でもなかった。しかしキンナの娘であるコルネリアと結婚していて、それは新体制に気に入られるような関係ではなかった。スッラはカエサルに妻と離婚するよう指示した。同様の命令を他の人々にも与えており、時には自分の女性親族も含めた、もっと望ましい配偶者をあてがうこともあった。ポンペイウス・ストラボの息子でスッラ配下の将軍のうち最も優秀だった、グナエウス・ポンペイウスの事例はとてもよく知られている。彼は妻と離婚するよう命じられ、そのかわりに独裁官の継娘と結婚した。継娘のほうもすでに結婚していて出産も間近だったが、だからといって急な離婚と、同じくらい速やかなポンペイウスとの結婚の妨げにはならなかった。少なくとももうひとり、スッラの命令に従って離婚した人物がわかっている。脅しと、独裁官の家族との婚姻関係を含む可能性も十分にある利益供与にもかかわらず、そのような指示を拒絶し、それを貫いたのはカエサルだけであった。当時の出来事を考えれば、そして何より、容易に殺せるだけでなく、実際に反対勢力との関係があるこの若者にしては、これは驚くべき大胆さであった。その理由はわからない。コルネリアとは幸福な結婚生活を送っていたようだが、たんに生来の頑固さか自負心が原因だったのかもしれない。

スッラの脅しはますます強くなった。コルネリアの嫁資は罰として共和政の国庫に没収された。いつしかフラーメンの職もカエサルから取り上げられた。マリウスとキンナによって与えられた職だったから、いずれはそうなる可能性が高かったのではあるが、現存する史料はこれをコルネリアにかんする争いと関連づける傾向にある。あるいは、カエサルはそもそも理論上その資格がなかったと指摘する、慎重な意見の持ち主もいるだろう。紀元前八七年以降ローマはフラーメン・ディアーリスを置かなかったが、後任を指名する緊急性がなかったのははっきりしている。実際その職は紀元前一一二年まで空席のままだったからである。貴族層にはそのように制約の多い名誉に対する熱意はほとんどなかったのだろう。プルタルコスが伝えるところでは、カエサルはそれでも何らかの聖職に立候補しようとしたものの、スッラによって秘密裏に反対され失敗に終わったという。フラーメン職は選挙で任じられるものではないが、これはたんにフラーメン職にかんする伝承のうち混乱したバージョンか、あるいは強力な独裁官に対して若きカエサルが発揮した自負心を強調するための創作かもしれない*18。スッラに対する公然の抵抗がどの程度であったにせよ、それは危険な綱渡りであり、間もなくカエサルを逮捕するよう命令が出された。通常それは処刑の前奏曲だった。スッラ自身がこの命令を発したかどうかは定かでないが、主導権を握っていたのは彼の部下あたりが実際のところだろう。そうだとすれば、独裁官はすぐにそれを知ったが、さしあたり部下を抑えることは何もしなかったものと思われる*19。

カエサルはローマから脱出し、北東のサビニ人の支配地に身を隠した。独裁官の権力はイタリア中に行き渡っていた——スッラはこの少し後におよそ一二万人の退役兵に軍の解散と入植を命じるのだが、これは彼の軍勢の純然たる規模を暗に示している。カエサルはたんに隠棲するわけにはいかず、小さな共同体のひとつに紛れ込んだ。実際彼は追っ手を避けるためにほとんど毎晩移動しなければならなかったし、裏切られる危険性も常にあった。追放公示期間中に逃亡者を連行した者に対して与えられる報奨金は、おそらく依然として請求可能だったからである。ここ数年は、厳密に規定されたフラーメン職の日課に従わされていたであろう若き貴族は、いまや苛酷な生活を送らざるを得なかった。何人かの奴隷や、もしかしたら友人たちまで付き従っていたかもしれないが、それはそれまでの数年間とは対照的な生活習慣であった。さらに悪いことにカエサルはマラリアに罹ってしまった。その症状に悩まされている間に、彼は夜間にある隠れ家から別の避難場所に移動しなければならなかったのだが、スッラの兵士の一団によって行く手を遮られ、捕えられてしまった。彼らは、百人隊長とおぼしきコルネリウス・ファギテスなる人物の指揮の下、独裁官の敵を探してその地域を掃討しており、スエトニウスによれば、何日間もカエサルを追跡していたという。カエサルは彼らに金を払って自分を見逃してくれるよう頼み、結局デナリウス銀貨一万二千枚で自由を買い取った——それは一般の兵士にとってほぼ百年分の給金であった。もちろん百人隊長はそれよりもかなり多くの金額を受け取っていたであろうが*20。

最終的にカエサルは母親によって命を救われた。アウレリアは、彼女の親戚——最も著名なのは従兄弟のガイウス・アウレリウス・コッタとマメルクス・アエミリウス・レピドゥスである——と協力してウェスタの処女を説得し、独裁官に息子の助命を嘆願させた。コッタとレピドゥスはどちらも内戦に際してはスッラに味方し、それぞれその数年後に執政官職に就任することになる。このような影響力のある人物の働きかけの結果、カエサルが現実には重要人物でなかったこともあって、恩赦が与えられた。カエサルは命を救われただけでなく、政治活動を始めることも許された。これは相当の特例であった。というのも、追放公示者の息子や男孫はいかなる公職に就任することも、元老院に入ることも禁じられたからである。伝承によれば、スッラは最終的に態度を軟化させた際、次のように述べている。「好きなようにさせ、彼を連れて行かせるがよい。しかし彼らは理解すべきだ、彼らが命を救おうとしている者はいつの日か、私と彼らとが守った最良の人士たち《オプティマーテース》を滅ぼすであろう。このカエサルの中には大勢のマリウスがいるのだ」。これは後世の伝説以上のものではないが、独裁官が自分に刃向った自信満々の若者のあり余る野心——そしてもしかすると才能にも——に気づいたとしても、あり得ないことではまったくない*21。

紀元前八〇年の末か七九年の初めにスッラは独裁官職から退いた。彼は元老院を拡張し、新たな構成員として騎士階層から三〇〇人を追加した。また共和政において元老院が果たしてきた指導的な役割を回復するために多くのことを行なった。護民官職は、かつてスルピキウスがマリウスに東方での軍指揮権を付与するために利用したポストだったが、手足を縛られ、もはや民会に法案を提案することができなくなった。さらに重要なのは、護民官職についた者はそれ以降いかなる公職にも就任を禁じられたことである。おかげで事実上、その職に就任しようとするのは野心のない者だけであることが確実になった。公職就任にかんする伝統的な年齢制限を確認する法律ができ、同一の公職に連年就任することを明確に禁止した一方で、属州総督の活動は規制された。スッラは、自分は適切に任命された共和政の僕であると常に主張していたので、共和政のきわめて保守的な理想像を再構築するためにその最高権力を行使したのであった。これまた決定的であったのは、スッラが元老院を自分の配下で満たしたことだった。その体制が機能するかどうかは、彼らが、スッラの立法が回復させようとした伝統的な枠組みの範囲内で、自分の役割を果たし、行動するかどうかにかかっていた。その体制は監督する独裁官を必要としなかった、だからスッラは引退したのである。しばらくの間、スッラは他の元老院議員と同様に、警護団によって守られることなく、友人を伴ってローマの通りを歩いた。少しも暴行を受けることなくこれをなし得たのは、彼に対する尊敬と恐怖の表れであった。けれども、ある逸話が伝えるところでは、スッラはいつまでも罵声を浴びせる若者に付きまとわれたので、この愚かな若者のせいで今後独裁官は自分の権力を手放すことは決してないであろう、と語ったという。これもまた創作であろう。のちになってカエサルは、「独裁官職から退くとは、スッラは政治のイロハを知らなかったのだ」と述べている*22。

それから間もなくしてスッラは荘園に隠棲した。その少し前に彼は再婚したのだが、前の妻は双子を出産したことによる後遺症で死亡していた。スッラはアウグルという神官職の一員だったので、生真面目にも慣習上の定めに従い、死に瀕している妻と離婚した。というのも彼の家は祭儀の期間に死によって汚染されてはならなかったからである。その期間に彼は妻に会うことさえ拒否したが、他方で義務に対する頑ななまでの固執と個人的な愛情との発露として、盛大な葬儀を執り行なった。その後、彼は競技場で離婚経験のある若い女性と出会った。女性側のリードによって一時的な戯れとして始まった恋は、間もなく貴族層にふさわしい交際に進展し、虜になったスッラは彼女の家族について慎重に調査したうえで、結婚に踏み切った。引退後、スッラは妻のほかに、若い頃からの付き合いである多くの役者友達と一緒に田舎で暮らし、放埒な宴会を行なっているという噂が数多く聞こえてきた。紀元前七八年の初めにスッラは急死した*23。

ローマ人は内戦と独裁の味を初めて知った。若きカエサルは――以上のすべての出来事が起きたのは彼が十代の時だったことを覚えておくことは重要であろう――元老院の指導者たちの個人的な敵対関係が残忍な流血の事態にまでいたったのを目の当たりにした。執政官やその他の優れた人物が処刑されたり自害を余儀なくされたりしたことは、共和政において最高の人物でさえそのキャリアを暴力によって突然絶たれることがあることを示していた。カエサル自身もすんでのところで死を免れたのであった。それでも彼は独裁官の圧倒的な権力に立ち向かい、非を認めるのを拒み、その体験を経て生き残った。元老院議員の息子たちは自分自身を非常に高く評価するよう育てられるもので、カエサルも例外ではなかった。この数年間の経験も、自分は特別な人間なのだという感覚を強化したにすぎなかった。誰もが屈服させられた時に、彼は圧政に抵抗した。もしかしたら世のなかの常識が彼にだけは通用しなかったのだろうか?

第4章　若きカエサル

私が弁論家に望むのは次のことである。

彼が話す番であることが伝えられると、法廷の座席はすべて埋まり、審判人の席は満員になる。

書記は愛想よく座席を割り当てたり空けさせたりして忙しく、法廷のまわりにも聴衆が群がる。

審判人は直立し、あちこちに気を配る。

話者が立ち上がると、聴衆は全員、静かにするよう合図し、それから頷き、頻繁に拍手する。

話者が望めば笑い、また涙する。

そうして、遠くから眺めているたんなる通りすがりの者も、
問題の事件については何も知らないくせに、話者が受けていることに、
そしてロスキウス［当時の有名な役者］のような人物が舞台に上がっていることに気づくであろう。

キケロ、紀元前四六年＊1

カエサルの肖像はその多くがこんにち胸像や古銭の図柄として残されており、彼の存命中に作られた物もあれば、かつて存在したオリジナルからの複製品もあるが、いずれも中年のカエサル像を描いている。それは偉大な将軍か独裁官の姿であって、容貌に強くまたいかめしく、顔には皺が刻まれており——少なくともいくらか写実的な肖像では——髪は薄い。これらの肖像は力量、経験、そして堂々とした自負心を発しており、少なくともその人の人間的魅力の強さをうかがわせてはいるが、本当にそれを捉えることはいかなる肖像も、彫刻であれ、絵画であれ、写真ですら、決してできない。古代の肖像画は特に形式的で

あり、現代人の目からすればどちらかというと生気がないように思われることが多いので、その多くが本来は彩色されていたことを簡単に忘れてしまいがちである。というのも、古典世界はむき出しの石と大理石の世界であるという見方が深く定着してしまっているからだ。彩色によって強められていたとはいえ――偉大な彫像彩色者は偉大な彫刻家と同じくらい尊敬された――胸像が明らかにするのはその性格の一部分にすぎない。カエサルの場合、肖像は鋭敏な知性を示唆しているが、同時代の人々が繰り返し述べているような彼の快活さ、機知、魅力をうかがわせてはくれない。

成熟したカエサルの肖像を見ていると、若い頃はその容貌も柔らかかったとは想像しがたい。もっとも彼の外見にかんする認識のいくつかは、今に残る文書史料に基づいているのではあるが。スエトニウスによれば、カエサルは「長身で、肌は白く、均整のとれた体格で、顔はややふっくらしすぎていたが、とても黒く鋭い眼をしていたという」。プルタルコスはこれらの特徴のいくつかを認めているが、カエサルは線が細く青白かったと指摘し、それだけにのちの戦役における優れた身体的耐久力は注目に値する、と述べている。これらのほとんどはきわめて主観的な見解であり、たとえば彼の身長がどのくらいであったかさえ、知ることは難しい。スエトニウスの記述も、たとえその身体の均整がとれていたとしても、特に身長が低くて人々の記憶に残ったりはしなかった、ぐらいの意味でしかないだろう。紀元前一世紀のローマ人がどのくらいの身長を高いとか平均的だと考えていたのか、本当のところ我々にはわからないのである。カエサルの身体的外見について言えば、ほとんどの点で特に異常な箇所はなかった。というのも、貴族のなかには黒い眼、茶褐色あるいは黒い髪（おそらくはの話で、その色について明確な記述はない）、青白い顔の者が他にも多くいたことは確実だからである。若者を並外れた者として最も目立たせたのは彼の態度であった。我々はすでに、誰もが怯えて屈服したように思われた時、カエサルがスッラに対して抵抗した際に見せた尋常でない大胆さを知っている。彼は人々のなかで目立つことを喜び、服装はとても独サルが着たのは型破りな独自の服だった。これは手首まで届くような長袖で、先端には房飾りが付いていた。このトゥニカにカエサルは、一般にはつけないベルトやガードルを巻き、しかもひねくれたことにかなり弛めにしていたのだった。スッラは他の元老院議員に、あの「ベルトを弛めた少年」から目を離すなと警告したと言われている。このようなスタイルは彼の早すぎるフラーメンへの任命を想起させるものとして役立つよう意図されていた可能性はある。というのも、フラーメンは衣服に結び目を作ることが許されておらず、そのように見せかけることしかできなかったからである。その目的が何であれ、結果は同じことだった。カエサルは着飾ることで元老院議員階層の家族の一員であると認識させたが、同時に仲間と同じではないものとして自分を目立たせたのである*2。

特だった。普通の元老院議員が着る半袖のトゥニカは、白地に紫の縞が入っていたが――この縞が中心に垂直に入っていたのか、それとも縁に沿って平行に入っていたのかについて、確かな証拠はない――カエ

外見と身だしなみはローマ人にとって、とりわけ貴族層にとってはきわめて重要であった。浴場は、市民の快適かつ清潔な生活に役立つ複合施設だったが、ローマ人がそれまでに考案した、最も洗練された工学技術のいくつかが用いられているのは偶然ではない。元老院議員は頻繁に訪問し、あるいは盟友となる可能性のある者やクリエンテスによって訪問され、公的な行事に出席するために通りを歩く、という点に政治活動の本質的な部分があったのだが、それは、着こなしとふるまいとが常に監視されていることを意味していた。カエサルはとても男前で、着こなしはいささか突飛だったにしても申し分なかった。同じことはローマにいる他の、高価な外来の品を容易に買えるほど裕福な、大勢の若い貴族にも当てはまった。同じ元老院議員階層の家族に属する若者たちはそのような品物に費やす金や、自分の欲望を満たすための大勢の奴隷を所有していた。そういった贅沢な暮らしに必要な財産を欠く者は、豪勢な暮らしができる人々についていくために借金することがしばしばだった。ローマの「流行に敏感なグループ」の中でさえ、カエ

サルの外見に対する細かい気の遣いぶりは度を越していると思われた。念入りに髭をそり、短く、きちんと整えられた髪はとても上品だったが、カエサルは全身脱毛しているという噂が飛び交った。多くの点で彼の特徴が本質的に矛盾していることが、おそらく見ている者を当惑させたのだろう。ローマのおしゃれな貴族の若者たちのほとんどは、自分の外見に対すると同様に、放恣な生活に対しても惜しみなく金を浪費した。これに対してカエサルは食べるのは控えめで飲むのもわずか、決して度を越すことはなかったが、彼の客はいつも十分なもてなしを受けた。彼は伝統的な質素倹約と当世風の自己耽溺とが奇妙に混ざり合ったありさまだったのである*3。

カエサルの家族は貴族層の標準に照らしてとりたてて裕福ではなかったから、コルネリアの嫁資を失ったことが手痛い打撃だったのは間違いない。元老院議員の名声と富とを示すのは通常その家の立地で、共和政の指導者たちは、都市の中心を貫き人々が行き交う聖道に沿ったパラティヌスの丘に居を構えていた。マリウスはこのあたりのフォルムに近い所に家を買うことで、異民族に対する自分の勝利を人々に知らしめた。大きい屋敷のなかには非常に古いものもあったが、同じ家族が何世代もひとつの家に住み続けることは滅多になかったらしい。というのもひとつには、ローマの貴族層には長子相続という考え方がなく、むしろ子どもたちの間で財産を分け合う傾向があったし、遺贈によって面目を施すことが重要だと思われる場合には、そこに政界での盟友が加わることもよくあった。これを容易にするために、家その他の財産はきわめて頻繁に売買されたようである。弁論家であったキケロがキャリアの絶頂期に所有していたと思われる家は、もともとマルクス・リウィウス・ドゥルススが紀元前九一年に殺されるまで所有していた家であった。キケロはそれを別の元老院議員であるマルクス・リキニウス・クラッススから買ったのだが、彼はスッラ派の有力者で、追放公示期間中にたくさんの不動産を買い叩いたことで知られている。紀元前四三年にキケロが死亡した後の数十年間に、その家は少なくともあと二人、血縁でない所有者の手に渡った。これは巨大な建造物で、所有者が偉大な人物であることを示す場所に建っていた。これに対して若きカエサルは、スブラと呼ばれる上品でない地区にある小さな家に住んでいた。エスクィリヌス丘とウィミナリス丘の谷間にあって、主要なフォルムからはやや離れているスブラは、広範囲にわたってスラム街が広がっていて、そこでは極貧層の多くが狭い路地にある安普請のアパートに暮らしていた。常に喧騒に包まれ人々がひしめき合う地域で、売春に代表される多くのいかがわしい活動に携わる不良連中がたむろしていた。その住民はおそらく主として市民であり、多くの解放奴隷も含まれていたであろうが、相当数の外国人共同体も存在していたと思われる。のちの時代にはこの地域にシナゴーグがあったことの痕跡もあり、カエサルの時代にそのうちのひとつがすでに存在していた可能性もなくはない[*4]。

元老院議員の業務の多くは自宅で行なわれ、それは家の造りにも反映されていた。玄関は、毎朝パトローヌスに挨拶するのが礼儀とされていた、クリエンテスを含む訪問者と面会するために、そして先祖の胸像や、彼らあるいは現在の主が獲得した名誉と業績の象徴を展示するために不可欠だった。同様に重要なのが、もっと私的な話し合いのための部屋や、招待客を歓待するための宴会場である。中央に中庭がある通常のレイアウトは十分なプライヴァシーを提供していたが、野心的な人々は外界から閉ざされていることに満足しなかった。建築家は、外部からの視線を完全に遮断するような家を建てることをドゥルススに提案したが、返ってきたのは、もし可能ならば、自分の一挙手一投足が見えるような家のほうがいい、という答えだった[*5]、と伝えられている。政界に身を置く者は、どれだけ財産、地位、影響力があっても、広い都市の生活と仕事から自分を切り離すことなどできなかったのである。ゆえに、カエサルがスブラの外れに住んでいたことは間違いなく、その地域の最も貧しい場所に家を持っていたとはおよそ似つかわしくないのだが、カエサルという人物は周囲で起きたことと切り離せない存在なのである。のちに群衆や軍団兵たちに話しかける時にカエサルが発揮したさまざまな技術は、あまり裕福でない人々との日常的な付き合いから学んだのだとさえ言えるかもしれない。

スブラに住んでいたことには、お洒落な貴族の男が多様な人々についてよりよく理解できるという利点があったが、そこに住んでいた理由はほかでもない、彼自身の資産がそれほど多くなかったからだろう。若い頃のスッラはもっとひどく、一軒家をもつことさえできなかったので、ある集合住宅の一部屋を賃借していたが、その家賃は上階に住んでいた解放奴隷よりわずかに多いだけだった。カエサルの家は、彼に資産がなかったことと、共和政においてそれほど重要な人物ではなかったことを示唆している。そのこと と、目立ちたいという彼の欲求とはある程度矛盾していたが、同じように、彼は自分の財力以上に金を使いたがった。たいていそれはカエサルのキャリアを高めることになったのだが、場合によってはたんなる思いつきの域を出なかったように思われる。スエトニウスが伝えるところでは、あるときカエサルは自分の所領のひとつに別荘を建設しようとした。しかし、基礎工事が済んで建築が進行中だったのに、彼は設計に不満を抱いた。そこでただちに建物を取り壊すよう命じ、その場所に新しい建物を建てたのだった。この出来事がいつのことかは不明で、もしかしたらカエサルの人生でもう少し後の出来事かもしれない。しかしそれは、少なくともいくつかの物事についてカエサルが完璧主義者であったことを教えてくれる。その生涯の大半にわたってカエサルは芸術品、宝石や真珠の熱狂的な収集家だったが、それは彼を取り巻く状況からすればかなり贅沢な趣味であった*6。

王冠と王

スッラの追っ手を逃れて間もなく、カエサルは海外に脱出し、独裁官が亡くなるまでローマには戻らなかった。その間に彼は軍務を開始したが、それは政治生活のために法的に義務づけられた準備段階であった。カエサルが最初に仕えたのはアシアの属州総督マルクス・ミヌキウス・テルムスである。カエサルの父も十年ほど前に同じ属州を統治していたので、属州民にとってカエサルという名前はすでに馴染み深かったし、その地域の指導者層との重要な人的関係の多くを引き継ぐことができた。テルムスはスッラ派の主要な人物だったが、カエサルは彼のコントゥベルナーレス(「同じ幕屋で食事を共にする者」の意)のひとりになった。彼らは指揮官と食事を共にし、指揮官が割り当てた職務は何であれ実行する若者たちだった。理念上、この制度は軽度の補佐機能を果たす有用な部下の集団を属州総督に供給すると同時に、軍務と指揮について若者を教育した。コントゥベルナーレスは観察することで学ぶものとされていた。ちょうど少年たちが、いかにして共和政が機能するかを、ローマで日常の職務に従事する優れた元老院議員たちに付き添いながら学んだのと同じことである。幼少期の貴族が他の多くの場面でもそうであるように、その人がどこで誰に仕えるかといった詳細は国家が集権的に管理したのではなく、個々の家族によって調整されていた。カエサルとテルムスとの関係ははっきりしないが、両者と政治的な友好関係を有していた何者かを介した、間接的な関係であったと思われる*7。

平時であればアシアは平和で豊かな属州であって、ローマの属州総督とその部下にとっては任期中に相当の利益が見込める配属先だった。だが、ポントス王ミトリダテスがその地域全体を侵略し、当該地域に居住するローマ市民全員を虐殺するよう諸都市に命じてから、七年しか経っていなかった。ミトリダテスはスッラによって打ち破られ、さしあたりはローマとの友好関係を回復していたが、彼と新たに同盟を結んだ都市のいくつかはまだ懲らしめる必要があった。テルムスの主たる任務のひとつはミュティレネ市を攻略することで、攻囲ののち最終的には強襲によって占領した。戦いの中で十九歳のカエサルは勇敢さに対するローマで最高の栄誉である、市民冠《コロナ・キウィカ》を獲得した。この冠は伝統的に、他の市民の命を守るために自分の命を危険にさらした者にのみ与えられた。救助された者は——ユピテル神に奉げられた木である

——オークの葉で編んだ素朴な冠を命の恩人に贈り、恩義を公に知らせたと言われている。もっともカエサルの時代には軍を指揮する公職者によって表彰されるのが一般的だった。冠は閲兵の際に着用されたが、獲得者はローマでの祝祭の期間中もそれをつけることが許された。カエサルがその冠を授与されるにいたった功績の詳細について伝える史料は何もないが、市民冠は決して軽々しく授与されるものではなく、きわめて深い尊敬に値するものであった。第二次ポエニ戦争の危機の際、ローマの元老院が甚大な被害を蒙り、構成員を補充する必要に迫られた時、採用されたおもなグループのひとつが、市民冠を獲得した人々だった。スッラが同様の法令を定めた結果、冠を獲得した貴族がただちに元老院に登録された可能性もあるが、そうでなかったとしても、冠が有権者に好印象を与え、その人のキャリアを支えたことは確実であった*8。

カエサルの最初の海外勤務はそのすべてが称賛に値したわけではない。ミュティレネ市を攻略する前に、属州総督はカエサルをビテュニア（現トルコの北岸）の王ニコメデスの宮廷に送り、ローマ軍の戦役を支援するために軍船の一団を派遣する手筈を整えさせた。ビテュニアはローマの庇護下にある王国であり、同盟上そうした貢献を行なう義務を負っていた。ニコメデスは年配で、カエサルの父と面識があったことは間違いないから、その息子がとりわけ厚遇されたことはまず確実である。若きカエサルは贅沢な品々に囲まれて享楽の限りを尽くしたとみられ、任務の達成に必要な期間をはるかに超えて長居したために責任を追及された。カエサルは若く、フラーメンという職責のせいで相当に過保護な生活を送っていたが、初めてより広い世界を知ったと同時に、王侯の生活をも味わったのである。彼はまた、ローマの貴族層によって高く評価されていたヘレニズム文化に浸った人々のもとを訪ね歩いた。カエサルは王の宮廷に長期間逗留したことをそのように釈明したのかもしれないが、本当の理由はニコメデス王が若きカエサルを誑かしたのだ、という噂が間もなく広がった。カエサルが自分から愛人になったとする作り話が出回り始め、それによれば、大勢のローマ人商人が参加した大宴会で彼は王のお酌係としてふるまったという。彼が王の従者によって王宮の寝室へと招き入れられ、美しい紫色の羽織を着て、金色のソファに横たわってニコメデス王を待っていたという話もあった。カエサルが、自分の解放奴隷の仕事を監督する必要があるとして、その地を離れて間もないのにビテュニアに戻ると、噂話は急速に広まり、煽られた*9。

　これは生涯にわたってカエサルを悩ませることになる醜聞であった。ローマの貴族層はギリシア文化のほとんどを尊敬したが、表向きは決して受け入れられなかったのが、ギリシア諸都市の支配階層が支持していた同性愛の賛美だった。男性の愛人をもっている元老院議員は慎重にふるまう傾向にあったが、それでも政敵によっておおっぴらに冷やかされることがしばしばであった。ローマでは、同性愛の嫌悪はほとんどの社会階層において相当広範に行き渡っていたようで、男性を軟弱にさせるものとみなされていた。軍では、野営地での同性愛は少なくとも紀元前二世紀以降は極刑に相当する犯罪であった。キンブリ族との戦役のさなか、マリウスは、しつこく情交を迫ってきた将校を殺害したある兵士に市民冠を授与している。その軍団兵の行ないは有徳と勇気の例として支持され、その将校の死は行き過ぎた情欲と権威の濫用に見合った処罰として理解された。彼が執政官の縁者であったにもかかわらず、である。元老院議員は一兵卒のように厳格な規則に服してはいなかったが、男性の愛人に対する好意をあらわにするようなことがあれば、最低でも批判と嘲笑には晒された。監察官の任期中、大カトーはひとりの元老院議員を追放した。というのも、その元老院議員は晩餐の場で、当時彼が寵愛していた少年を喜ばせるためだけに、ある捕虜の処刑を命じたからである。彼の過ちは命令権の濫用だったが、彼の動機がその罪を重く感じさせたのであった。情欲の対象となり性交において受け身の役割を果たした少年や若者は、特に軽蔑された。そのような役割は非常に男らしくないことを意味し、どちらかといえば、年長者の愛人の能動的な行為よりいっそう悪いことと感じられた。その意味でカエサルが従順だったと言われたことは、その噂をますます不利にした。なにしろそれは、この若い貴族が奴隷にさえふさわしくないと考えられる行為をしたことを意味したからである。噂が伝えるようにカエサルがその役割を進んで果たしたとすれば、犯罪にすらなったのである*10。

結局のところそれは、ローマ人に定着していた固定観念を刺激する、実によくできた噂話であった。ローマ人は東方の人々を疑いの目で見ており、アジアのギリシア人を堕落した退廃的な人々であるとみなし、古典時代の尊敬すべきギリシア人とは似ても似つかないと考えていた。とりわけ諸王は嫌われ、王宮は政治的陰謀と性的堕落の温床であると考えられていた。したがって、老齢の好色な支配者が、初めての海外旅行に出た初心な貴族の若者の花を摘んだという筋書きは、広く受け入れられたのである。これがカエサルの話であるということも、それを助長した。奇抜な服装と過剰な自負心によって彼が心底嫌われていたことは間違いない。というのも、今のところは彼も彼の家族もそのようなうぬぼれを正当化するだけの功績を誇ることができなかったからである。自信過剰な若者が老いぼれた愛人を喜ばせるために従順にふるまった、と考えることで大いに満足する者もいた。のちにそのキャリアにおいてカエサルはますます政敵を増やしていくが、ニコメデス王との一件は政敵に攻撃材料をたっぷり提供することになった。生涯を通じてこの話題は何度も繰り返され、時には「ビテュニアの女王」というあだ名で呼ばれることもあった。別の政敵は彼を「すべての女性の夫にしてすべての男性の妻」と呼んだ。嬉々として非難を繰り返したキケロのような人々が、実際にその話が真実だと信じていたかどうかはわからない。何を信じていたにせよ彼らは疑惑が真実であることを望み、多くの人々に嫌われ、なかには死ぬほど嫌悪する人もいた者に対して、その疑惑を投げかけるのを楽しんだのである。ローマでは政敵に対する非難はとんでもなく下品なことがしばしばだったが、過剰なあるいは歪んだ欲望についての生々しい話が真実であることはごく稀だった。ただし、この逸話を取り上げてカエサルを嘲笑したのは政敵だけではなかった。というのは後年、彼自身の軍団兵もそれを冗談として繰り返して楽しんだからである。興味深いことに、だからといって軍司令官に対する敬意を決して損ないはしなかったようだ。彼らの笑いには、特徴としては下品であったかもしれないが、愛情が込められていたのである*11。

カエサルがニコメデスの愛人になったという噂話は尾を引いたが、それが事実か否かを言うことはいまや不可能である。カエサル自身は猛烈にこれを否定し、ある時など公衆の面前で、その噂話には一片の真実もないという宣誓を行なったほどだったが、すべてさらなる冷笑を招いただけであった。後年、彼はその話題について極度に神経質になり、公の場でかっとなる数少ない原因のひとつとなった。当時、彼がすぐさま王宮に戻ったことが風聞を煽り立てた。それは彼が夢中になっていたことの証だったのか、その行為がどう解釈されることになるかわからないほど無邪気だった証拠なのか、それとも自分にかんする噂話は真実ではないのだからと無視した意図的な決断だったのか？　世の中の常識には縛られたくないというカエサルの本能を考えれば、三番目の可能性が注目に値する。とはいえ真相は知りようがないのだが。ひょっとしたら十九歳の少年は年上の男性に魅力を感じ、それに圧倒された――「自分の性的関心を検証した」、当世風の婉曲的な表現はこんなところか。もしそうだったとしても、このような出来事は一度きりだった。というのも、その後のカエサルの人生に同性愛がかかわってこなかったことは間違いなく確実だからである。ローマにおける政治的な論争のあり方を考えた時に特筆すべきなのは、ビテュニアでの情事が、他の者がカエサルに対して浴びせた、ほとんど唯一の侮辱的発言だったことである。似たような類の噂話は、詩人カトゥッルスの下品な作品も含めて、確かにカエサル自身を悩ませはしたが、ここまで広く信じられることはなかった。カエサルの性生活は噂話と醜聞の宝庫であって、彼にきわめて怪しげな評判をもたらしたが、その頻繁な情事の相手は常に女性であった。女性の愛人との関係において示した節操の無さからすれば、彼が男性または少年ともベッドを共にしたのに同時代の人々がそれについて言及しないとはますます考えられない。女性に対するカエサルの色欲はほとんど止まるところを知らず、征服された女性は――多くは、最上流の家族の出身だった――数知れない。このような情報が人々をさらに楽しませたことは間違いなく、偉大な女たらしはかつてニコメデス王のために自ら女性を演じた、という非難がたびたびなされた。もう一度言うが、その筋書きが真実かどうかよりも、それがカエサルの痛い所を突き、苛立たせたことのほうがはるかに重要であった。結局のところ、その噂話に真実は含まれていなかった可能性が高い。もちろん、絶対に確実とは言えないが[*12]。

カエサルがコルネリアと結婚したのはもうすぐ十六歳という時だったが、それが最初の性体験であったとはまず考えられない。彼の妻のほうはその可能性が非常に高いとしても。婚約した少女が、現実に結婚できる年齢になるまで将来の夫の家に住むことはよくあったから、コッスティアも（カエサルはコルネリアと結婚するために彼女と別れているが）一、二年はカエサルの家族の一員だったことだろう。ただし、この二人が結婚を楽しみに待っていたとしたら、きわめて異例なことだったろうし、コッスティアはおそらくカエサルよりも数歳若かったであろう。忘れてはならないのは、ローマ人は生活の一部分としてあたりまえに奴隷を受け入れており、どの貴族層の家にも数多くの奴隷が、文字通り主人の財産として存在したということである。家内奴隷は仕事柄、主人やその友人の目に頻繁に触れることが確実だったので、しばしば身体的外見で選ばれた。見栄えの良い家内奴隷は競売では常に高値で売れた。奴隷の少女あるいは女性は――もしくは少年でさえ――主人の関心を引いたら、抵抗する法的な権利をもたなかった。なぜなら結局彼らは財産であって人間ではなかったからである。貴族層のローマ人は奴隷で性的欲求を満たすことを至極当然と考えており、特に言及するほどのことではなかった。古風な人徳の鑑であった大カトーは、妻が亡くなってからは普段から奴隷の少女とベッドを共にした。内戦の最中、マルクス・リキニウス・クラッススはヒスパニアに逃れ、父親のクリエンテスのひとりに匿われていた。マリウスの手下による追跡を免れようとある洞窟に住んでいた際、世話人は定期的に飲食物を彼に送り届けたが、間もなく、二十代後半であった「客人」の若さを考えればそのようなもてなしでは不十分だと判断した。それで世話人は二人の可愛い奴隷の少女をクラッススのもとへ送り、一緒に洞窟で暮らし、精力がありあまる若者の生理的欲求を満たさせた。紀元前一世紀の終わり頃に書を残したある歴史家が、これらの奴隷のうちひとりに会って話を聞いたところ、彼女は年老いてなお、当時のことを懐かしく思い出していたという。そのような場合、奴隷に選択権はなかった。主人はその気になれば暴力を振るって奴隷を罰したり、気まぐれで売り飛ばしたりできたからである。けれども女奴隷のなかには主人やその息子の関心を期待し、もっと特別な地位から利益を得ようとする者もいた。だがそうなったとしても、それは危険な賭けであった。なぜなら、他の奴隷の、あるいは主人が既婚者ならおそらくその妻の、妬みを買う可能性があったからである。主人がその奴隷と性的関係を持つことはよくあったので、カエサルの最初の性体験が、家族の所有する女奴隷とであった可能性は大いにある。他の数多くの若者と同様に、カエサルもまたもっと高級な娼館を訪れたであろうし、ローマにはそのような所がたくさん存在した。というのも、これまたかなり広く一般に受け入れられていたからである。『ガリア戦記』の中でカエサルが、ゲルマンの部族民は二十歳になる前に女性と性交渉を持つことは最も恥ずべきことのひとつであると考えていた点について、信じがたいと注記しているのは興味深い[*13]。

学生と海賊

ミュティレネ市の陥落からしばらくして、カエサルはキリキアの属州総督であったプブリウス・セルウィリウス・ウァティア・イサウリクスの部下に転属した。イサウリクスはその地域に跋扈していた海賊の掃討を主たる任務としていた。ところが、紀元前七八年にスッラが亡くなったとの知らせが東方の諸属州に届き、カエサルはローマに帰る計画を立てた。執政官のマルクス・アエミリウス・レピドゥスは元老院の有力者たちと衝突するようになり、ローマは再び内戦の危機に瀕していた。レピドゥスは間もなく軍隊を組織し、スッラやキンナ、マリウスがしたように、暴力によって権力を掌握しようと試みた。スエトニウスによれば、カエサルはその反乱に参加することを検討し、レピドゥスからは相当な報酬までもが提案されていたという。けれどもこの執政官の能力と野心とに疑問を抱いたので、すぐに彼とは敵対する側に立つことを決断した。これは、カエサルが常に革命を狙っていたという想定の下で後年になって創作された、数多くの逸話のひとつにすぎないだろう。もっとも、この件自体は筋が通っていなくもない。カエサルはスッラのせいで痛手を被っており、処刑を免れて最終的に赦免されたとはいえ、独裁官の支持者たちで占められていた元老院にさしたる愛着を感じる理由がなかったからである。また、カエサルが育ったのは、ローマが野心的な元老院議員を支持する軍団によって三度も蹂躙された時代だったことも念頭におくべきである。再びくり返される可能性は現実味を帯び、もしそうなれば、負け犬よりも勝ち馬に乗るほうがよいし、レピドゥスに加勢するほうが有利かどうかを決めるのは、単純に日和見主義的な問題だったかもしれない[14]。

　最終的にカエサルは伝統的な政治の道を選び、ローマの法廷に初めて弁論家として登場した。それまでの慣行を法制度化したスッラによって設立された七つの法廷は、それぞれ法務官によって主宰され、元老院から選ばれた審判人が判決を下した。裁判はきわめて公的な行事で、フォルムの一段高い場所か、時には大きな会堂《バシリカ》のひとつで開廷され、いずれの場合も傍聴は自由だった。ローマ法は国家が個人を訴追するという概念を持たないので、訴追は常に個人によって提起された。ただし訴追者は他の人々ないし共同体全体にかわって行動することもあった。公職者は任期中は訴追の対象とはならなかったが、ひとたび命令権を手放せば法廷で攻撃されやすいことは、誰もが認識していた。理論上は、退職後の訴追は公職者の職権濫用を防ぐ意図があったのである。専門職としての法律家は存在せず、訴追人という分類は存在したが、彼らは貴族層の出身ではなく、あまり尊敬されていなかった。そのかわりに、当事者は通常一人または複数の弁論家によって代弁してもらうもので、こちらは政界でのキャリアを追い求める人々であることが一般的だった。彼らの地位と権威《アウクトーリタース》が、担当する裁判の行方に大きな影響を与えたのである。誰かのために法廷に立つことは政治的な友好関係を固めたり、他人に恩を着せたり、潜在的な支持者に見てもらう重要な機会であった。

紀元前七七年、カエサルはグナエウス・コルネリウス・ドラベッラを、マケドニア属州総督の任期中に財物を強要した咎で訴追した。ドラベッラは紀元前八一年の執政官職を務めたのちにその属州に赴任し、軍事的業績をあげて凱旋式を挙行した。彼は、独裁官の下で選挙に当選したことが示すように、スッラの支持者ではあったが、この訴追がそのような動機で引き起こされたとみるのは間違いだろう。カエサルはスッラ体制を攻撃しようとしたのではなく、たんに著名な人物を訴追の対象に選んだにすぎなかったのである。執政官経験者で、凱旋将軍でもある人物の裁判は、ささいな人物の裁判に比べれば人々の関心を引かずにはおかなかったし、若き訴追者が短期間であれ脚光を浴びることができる。訴訟は、ドラベッラの支配下で被害を蒙った属州マケドニアの諸都市から申し立てられた、不平不満がきっかけとなった可能性がきわめて高い。ローマ市民権を持たない彼らは自分ではドラベッラの責任を追及できないので、かわりにローマに赴いて、自分たちのために訴えを起こしてくれるようローマ人を説得するしかなかった。なぜカエサルが選ばれたのかは不明だが、おそらくは父あるいは祖父以前の代から受け継がれてきた、マケドニア諸都市の指導者層との友好関係の結果であったと思われる。ドラベッラが私腹を肥やすために権力を濫用した可能性は高い。というのも、そのようなふるまいは当時ローマの公職者の間ではごく当たり前だったからである。彼らはローマで公職に当選するために莫大な費用を投じ、属州に赴任して巨額の負債を必死に返済するのがしばしばであった。属州総督は、ささやかな額の経費を手にするだけで無給だったが、属州における最高権力者であり、属州民や商人たちを優遇も冷遇もできた。収賄の誘惑は、望む物を何でも不法占有物として没収できるという衝動とともに、強烈であった。詩人カトゥッルスはのちに、友人が属州総督を補佐する下位の職務を果たして帰国し、自分を訪ねてきた際に最初の質問として「いくら儲けたんだい？」とたずねたものであった。属州民が支配者に法律で対抗することは、ローマに赴いて弁論家を探さなければならず困難だったから、汚職はさらに大々的に助長された。紀元前七〇年に弁論家キケロが訴追したとりわけ悪名高いシチリアの属州総督は、次のように述べたと言われている。人は属州総督の地位に三年間留まる必要がある、一年目は私腹を肥やす金をかすめ取るために、二年目は稼いだ金で最高の弁護団を雇うために、三年目は裁判で有罪判決を確実に免れるよう裁判主宰者や審判人に与える賄賂のために、と*15。

ただでさえ属州民に不利な勝算がどれほどかは、ドラベッラの裁判においては明白であった。訴追人は弱冠二十三歳、さしたる業績もなくコネも乏しい家族出身のカエサルである。属州総督を弁護したのは、ローマで最高の弁論家であるクィントゥス・ホルテンシウスと、非常に優れた弁論家であるガイウス・アウレリウス・コッタであった。後者はカエサルの母の従兄弟だったが、親戚同士が法廷で両当事者を代弁することは珍しくなかった。これはまったく適切なことと考えられており、互いに相手の元老院議員を尊敬し、新たな友好関係を創り出すきっかけにはなっても、両者の不和を示すものではなかった。ガイウスはスッラを説得してカエサルを赦免させた人々のひとりで、紀元前七五年の執政官職に就任することになっていた。キケロはのちに、この裁判その他で活躍するホルテンシウスとコッタを観察したことを思い返している。

当時、他に抜きん出た二人の弁論家がいて、私は彼らのようになりたいものだと思った――それがコッタとホルテンシウスである。一方は温厚かつ寛大で、自分の主張をためらうことなく流暢に言い表した……他方は情熱的で修辞技法を凝らしていた……私は二人が同じ当事者、たとえばマルクス・カヌレイウスや執政官経験者であるグナエウス・ドラベッラを弁護した事件も見たが、コッタが主任弁護人であったにもかかわらず、ホルテンシウスのほうが大きな役割を果たしていることさえあった。フォルムの喧騒は力強い弁論家、情熱と技術を兼ね備え、人々に届く声をもった話し手を必要としたのである[*16]。

したがってカエサルは当時法廷で活躍していた最も手ごわいチームのひとつを相手にしたのだった。弁護人を担当することは訴追人よりも名誉な役割だと考えられていたから、これは驚くべきことではなかった。訴追人は法制度を機能させるために必要不可欠だったが、その成功はしばしば相手の元老院議員のキャリアの終わりを意味した。理論上、財物の強要について有罪とされた属州総督は死刑を言い渡された。というのも、ローマには監獄がほとんどなく、すべての重大犯罪は極刑で処罰される傾向にあったからである。現実には、有罪判決を受けた者はすべての動産を持って都市から逃れ、快適な亡命生活に入ることが許された。マッシリア（現マルセイユ）は、ガリア沿岸部の古いギリシア人植民市で、いまやガリア・トランサルピナというローマの属州の一部となっていて、亡命先として好まれる場所のひとつだった。しかし、そのような慰めがあろうと亡命生活には終わりがなく、ローマに帰還することは決して許されなかった。ゆえに訴追は攻撃的な行為であり、弁護はいっそう名誉な行為だと考えられたのである。元老院を構成する貴族層の基準では、訴追を受けている友人がたとえ有罪だろうと応援することのほうが、他人のキャリアを終わらせようとするよりも良いことだった。たいてい弁護団のほうが年上で、法廷で長きにわたってその能力を証明してきた経験豊かな人々であった。そのような人々が政治的な盟友に自分の誠実さを示すことはいっそう価値が高いと考えられた。訴追は通常、政界の階段を駆け上がるのに役立つはずの名声を得たい、野心的な若者に委ねられたのである。

裁判が始まると、カエサルの弁論は聴衆を大いに引き付けた。彼はのちにこの弁論を出版した――これはよくあったことで、キケロは生涯を通じて自分の弁論を出版していくことになる。カエサルのものは現存しないが、広く称賛されたことを古代の評論家たちは伝えている。カエサルが、カエサル・ストラボの修辞技法に大きな影響を受けていたことを示していたのが、この演説だったかもしれない――出版されたもうひとつの演説においては実際にカエサル・ストラボの弁論のひとつをかなりの程度に模倣していた。演説とは――その言葉はパフォーマンスの一部にすぎず――キケロが才能ある弁論家を著名な役者と比較した際に認めているように(第四章冒頭の引用参照)、パフォーマンスそのものであった。弁論家の立ち姿、服装、身構え方、正しい仕方でトガを垂れ下がらせておくこと、表情、声の強弱と抑揚といったすべてが、弁論家の仕事にとって不可欠の要素だったのである。裁判の間、カエサルは傍聴する群衆にも当事者にも強い印象を与え、出版された演説は彼が得た名声を高めるのに役立った。彼の声はやや高音だったが、明らかにその話しぶりは演説に力強さを与えていた。弁論家としての初舞台は上出来であった。ただし訴追はドラベッラの無罪判決で失敗に終わった。その結果はおそらく予期せぬものではなかっただろう。財物強要の咎で訴追された属州総督のほとんどは無罪放免されたからである。一般に弁護側は訴追側に比べて経験でも権威《アウクトーリタース》でもはるかに上回る人々によって構成されていたから、そのような結果はほとんど避けられなかった。カエサルが得た名声は、訴訟を提起するよう彼を説得したマケドニアの人々にとってはおそらく大した慰めにはならなかったであろうが、たとえ相手が有罪判決を免れたとしても、少なくとも彼らはかつての支配者を訴える力があることを示したのであった[*17]。

　カエサルは次に同じ法廷に登場した際は前回よりも少しだけうまく戦ったが、またもや被告人は処罰を免れた。これはミトリダテス戦争に従軍した際の略奪の咎で紀元前七六年に訴追された、ガイウス・アントニウスの裁判であった。この法廷を主宰したのは法務官マルクス・リキニウス・ルクッルス、紀元前八八年にスッラがローマに進軍した際に同行した唯一の元老院議員ルキウスの兄弟である。カエサルは非常に上手に主張を立証し、被告人の有罪は明らかであるように思われたのだが、アントニウスは護民官に上申し、訴訟手続を拒否するよう彼らの何人かを唆した。結果として裁判は判決の言い渡しがないまま中止され、アントニウスは逃亡した。もっとも彼のその後の人生は実に波乱万丈であった——紀元前七〇年には監察官によって元老院から追放されたが、六八年には復帰し、六三年には執政官職にまで上りつめ、キケロとともに職務に従事した。またもや属州民は堕落したローマの公職者が処罰をまぬがれるのを目の当たりにしたわけだが、カエサルの名声はさらに高まることになった。ただしスエトニウスによると、彼の行動は有力者たち、とりわけドラベッラの支持者の反発を招いた。そこで紀元前七五年にカエサルは、表向きは勉学という理由で、海外に行くことを決意した[*18]。

　カエサルは最初にロードス島へ向けて旅立った。そこで彼は、当時最も優れた弁論術の教師であったアポッロニオス・モロンに師事する予定であった。アポッロニオスは数年前に使節団の一員としてロードス人によってローマへ派遣され、その際に元老院でギリシア語の演説を行なうことを許可された——そのような特権を与えられたのは彼が初めてであった。紀元前一世紀の初頭までには、ローマの若い貴族は教育の仕上げとして、ギリシア的東方にある哲学と修辞学の有名な学校に留学するのが一般的だった。カエサルとかなり似た状況で、キケロも数年間法廷で活躍した後でさらに勉学のためにローマを離れている。彼の場合はアテネで過ごしたのち、紀元前七八年から七七年にかけて小アシアの諸都市を訪れ、それからアポッロニオスに師事するためにロードス島に赴いた。キケロは彼についてこう述べている。

……重要な裁判における弁護人としても、他人のための演説作家としても知られており、間違いを発見し修正する能力があり、教えることにかけても非常に賢い人物であった。彼は特に、当時は若さゆえに落ち着きがなく熱くなりすぎる点が目についた私の弁論術から、可能なかぎり過剰さとごてごてした面をそぎ落とすことに集中した。それはあたかも川を堤の内側に閉じ込めるかのようであった[*19]。

カエサルがどのような点について有名な教師から教えを受けたのかは知られていない。

カエサルがロードスに到着する前に、船は小アシアの沖合にあるファルマクッサという島の近くで海賊に襲われた。紀元前一世紀の前半において、海賊行為は地中海全体にかかわる主要な問題であったが、これはローマ人自身が成功を収めた結果でもあった。つまりローマはマケドニア王国を滅亡させ、セレウコス朝を機能不全にし、プトレマイオス朝エジプトの没落を促進した。これら強大なヘレニズム王権はいずれもかつては強力な海軍力を有していたが、その衰退とともに海賊行為がエーゲ海で盛んになり、最終的に地中海全体に広まったのである。さらにこれを助長し直接的に支援していたのがポントス王ミトリダテスであり、海賊のような略奪者たちをローマに対抗する有用な同盟者と見ていた。小アシアのキリキアにある険しい海岸線には海賊の巣窟が数多くあり、カエサルが仕えたセルウィリウス・イサウリクスらによる戦役は、問題の解決に貢献しているとは言えなかった。海賊たちは膨大な人数で、時には大船団で行動し、イタリア本土の沿岸諸都市に略奪を仕掛けることさえあった。彼らは単一の指導者のもとに集うのではなく、複数の首領がいたが、異なる海賊集団の間でもかなり高度な協調行動を取ることができたようである。紀元前七〇年代後半にその勢力は最高潮に達し、オスティアを襲撃することさえあったし、ローマの法務官二名を従者もろとも誘拐したこともあった。彼らはローマ人の捕虜を殺害することもあったが、——とある高慢な貴族が海上で船から降ろされた話が伝えられているが、これはのちの時代の海賊たちを扱った小説でおなじみの、板の上歩きを想起させなくもない——主たる目的は身代金を得ることであった[*20]。

この若きパトリキは貴重な獲物だったので、捕獲者は解放と引き換えにタラントン銀貨二〇枚を支払うよう要求するつもりであった。カエサルはその金額を笑い飛ばすと、自分の価値はそんなものではないと言って、タラントン銀貨五〇枚を支払うことを約束したと言われている。それからカエサルは旅のお供のほとんどを、金を借りて必要な金額を集めるために、属州内のもよりのいくつかの都市に派遣した。カエサルは医師と二人の奴隷とともに海賊の野営地に残された。プルタルコスによれば、彼は荒々しい海賊たちにまったく威圧されなかった、それどころか、

……カエサルは海賊たちを見下し続け、眠りにつくときにはいつも彼らの所に人を遣って、話すのを止めるように命じたものだった。三十八日間、あたかも海賊たちが監視者ではなく忠実な護衛であるかのように、彼はまったく無頓着に彼らとともに運動や鍛錬を行なった。また詩やさまざまな演説文を書いては海賊たちに向かって読み上げ、称賛しない者を面と向かって、無教養の野蛮人と呼んだり、全員磔にしてやるぞと笑いながら脅かしたりすることもしばしばであった。これを海賊たちは面白がり、このような物言いの大胆さを、ある種の無邪気さと少年らしい陽気さのせいであると考えた[*21]。

やがて友人たちが、ローマとの有益なコネになりそうな者に恩を着せたい同盟諸都市が忠実に提供してくれた身代金とともに戻ってくると、カエサルは解放された。アシアの西岸にあるミレトス市が多額の金銭を提供してくれたようだったので、カエサルはただちに急行した。弱冠二十五歳の、公職に就いていない一私人だったが、そのことが属州民を説得して多数の軍船と乗組員を集める妨げにはならなかった。この軍勢を率いたカエサルは、ファルマクッサに直行してかつての捕獲者を攻撃した。海賊たちはのん気にもまだ岸辺の野営地におり、彼らの船は浜に上げられていて、抵抗する体勢にはなかった。カエサルの即席の船団は彼らを捕虜とし、自分自身の身代金を含め、集められた略奪品を獲得した。タラントン銀貨五〇枚はおそらく出資した諸都市に返済された一方、カエサルは捕虜をペルガモンに連行し投獄した。その後、海賊の処刑を準備するためにアシアの属州総督の所に赴いた。けれども、属州総督のマルクス・ユンクスは、カエサルが彼らに科すと繰り返し誓っていた処罰を下すことに、さして関心を示さなかった。目下ユンクスはローマの属州にビテュニアを取り込むことに忙殺されていた。というのも、ニコメデス王が少し前に亡くなり、王国をローマに遺贈したからである。ユンクスは海賊たちを奴隷として売ることで利益を上げられると考え、さらに彼らが集めた略奪品のいくつかを我が物にしようとした。彼が若きパトリキの要請に応えて迅速に行動するつもりがないことが明らかとなるや、カエサルはペルガモンに舞い戻って捕虜を磔にするよう命じた。そのような法的権限を彼は持っていなかったが、海賊一味を処刑するのに疑問を差し挟むような者は誰もいなかった。こうしてカエサルは誓約を果たしたのである。ただし自分とともに過ごした人々に対して明らかに何らかの好意は生まれていたようで、いずれにせよその慈悲深い性分を見せたいと考えた。そこでカエサルは、彼らが死ぬ前に長いこと極度の苦痛を味わわずにすむよう、磔にかけられる前に海賊一人ひとりの咽喉をかき切ったのであった[*22]。

こんな調子で物語は進む。カエサルの伝説のさまざまな要素がつまったこの物語で、いかなる状況においても常に主導権を握っているのは彼である。ここでは若き貴族は捕獲者をからかい、彼らが要求した身代金を嘲笑し、冷静さを失うことは決してなかった。独裁官であったスッラに対して示したのと同じ自負心がここにも見られる。その時もこのパトリキは圧倒的な権力によっても服従させられはしなかったのであった。彼の魅力もここにある。それはローマ市民や兵士たちと同じくらい簡単に、ならず者連中をも虜にした。解放されるとただちにカエサルは行動を起こし、命令を下す権力を有していないにもかかわらず、その性格の魅力で従わせて、結果として完全な勝利を手にしたのである。カエサルは海賊たちを捕まえて処刑すると誓い、実際に属州を統治する総督がなかなか行動を起こさなかったにもかかわらず、ちゃんとやってのけた。それはカエサルの恐れを知らぬ度胸、決断力、迅速な行動、冷酷さのオンパレードである。その一方で最後の行為は彼の慈悲深さの例で、のちにそれを自分の最も偉大な特性として披露することになる。とてもよくできた筋書きで、繰り返し語られるたびに脚色が加えられていったに違いない。カエサルの旅のお供が彼を置いていき、奴隷たちと医師だけが残って海賊たちとともに時を過ごしたなら、誰が最初にこの話を伝えたのか、という疑問は興味深い。これもカエサルが自身の業績を自画自賛する能力を示す初期の事例のひとつなのだろうか？　おそらく違うだろうが、たとえその逸話が、解放後に諸都市で噂され始めたか彼の友人たちが広めたかだとしても、事件をこのように伝えるのをカエサルが止めさせようとしなかったことは間違いない。どこまでが真実で、どこからが空想による創作なのかは断言しがたい。

大冒険の末に、カエサルはようやくロードスへ到着し、アポッロニオスに師事した。カエサルは優れた学生であり、その弁論は流れるような、一見すると単純なスタイルだった。キケロらはカエサルを当代最高の弁論家のひとりとして評価し、もし他の仕事を止めて弁論一本に専念したら、第一人者にさえなったであろうに、と述べた。けれどもカエサルにとって言葉を操る技術は政治的成功という、より広い目的を実現するための手段にすぎなかったのである。彼は弁論にかんして抜きん出ていたが、さらに他の事柄についても、とりわけ軍務において自らの才能を証明した。ロードスでの学生時代に、これを披露する機会がもう一度訪れた。紀元前七四年に再びミトリダテスとの戦端が開かれ、ポントス軍の一部がアシアに侵入して、ローマと同盟関係にある人々の領土を占拠したのである。カエサルは勉学を脇に置いて、その属州へ向かう船に乗り、そこで現地の諸都市から兵士を集め、急ごしらえの軍勢で侵略者を打ち破った。その行動は――またもや迅速かつ大胆、さらに効果的であった――ローマ人が自分たちを守ってくれないと考えた同盟諸都市がミトリダテスに鞍替えしようとしたのを押し止めたと考えられた。このたびも強調に値するのは、カエサルがそのような行動を取る法的権限を持たない一私人だったことである。もし彼がロードスでただおとなしく座っていても、アシアがこうむった損害について彼の責任を追及する者は誰もいなかっただろう。それでもカエサルにとってその行動は彼の義務であった。そこには有能なローマの公職者が適切に配置されていなかったからである。また、彼にとって名を挙げるまたとない機会でもあった。共和政に貢献し、その過程で個人的な栄誉を獲得することは、元老院議員階層の人々にとって至極当然のことであった*23。

再びローマへ

紀元前七四年の末から七三年の初めにかけて、カエサルはある神官職に任命された。これはフラーメン・ディアーリスに比べてはるかに制約が少ない職だった。ポンティフェクス団は、総勢十五名でポンティフェクス・マクシムスを長とするが、その構成員のひとりが死亡したことで生じた欠員にカエサルを充てることを投票によって承認した。亡くなったのはアウレリアの縁者であるガイウス・アウレリウス・

コッタだった。かつてスッラに対してカエサルの助命を嘆願し、その後ドラベッラの裁判ではカエサルの相手方に立った人物である。ポンティフェクス団はその宗教的知識を口伝で伝えることとされていたので、構成員は通常幅広い年齢層にわたっていた。カエサルの選出は、家族関係が理由のひとつになった可能性が高いが、同時にこの若者がすでにその才能を披露していたことも示している。ポンティフェクス団には、カエサルが市民冠を得たのちに仕えたセルウィリウス・イサウリクスもいた。ポンティフェクス団の多数がスッラによって任命されていたことを考えれば、カエサルが危険な急進的分子とは見られていなかったこともわかる。ポンティフェクス職への任命は大きな名誉であり、就任した者は前途有望な人物として政界での成功が期待された。十五名のポンティフェクス団は、他の重要な役職であるアウグーレースと十五人委員に所属するそれぞれ同数の人々と並んで、元老院議員階層のなかでもエリート集団となっていた。一般的に、祖先に執政官就任者をもつ貴顕の家門の構成員だけがこれらの地位を与えられ、それ以外の者が任じられることは大きな栄誉であった。早死にさえしなければ、大多数は執政官職に就任したのである*24。

任命の知らせを聞くと、カエサルは学業を中断し、正式にその神官職に就任するためただちにローマへ帰還した。二人の友人と一〇人の奴隷だけを連れた小さな船での旅で、彼は再び海賊たちが跋扈する海域を通過しなければならなかった。少し前に大胆なまねをしたせいで、海賊たちがカエサルに好意をもつ理由はほとんどなくなっていた。航海の途中で、ローマ人一行は海賊船を目にしたと思った。カエサルは上等の外套を脱ぎ捨てると、短剣を腿に紐で結わえつけた。思うに彼は従者たちや乗組員に紛れ込んで、よい機会があれば逃げようとしたのだろう。結局、その必要はなかった。すぐに彼は、樹木が生い茂った海岸線を船影と見間違えたことに気付いたのだった。ローマへ戻るとすぐに、カエサルは法廷での活動を再開し、財物強要を審理する法廷でマルクス・ユンクスを訴追したようである。おそらくこれはビテュニアの人々のために活動した可能性がきわめて高い。というのも、特にかの地の王族との関係が続いていたからである。少し後の話だが、カエサルはある法的紛争でニコメデスの娘ナイサを弁護し、強力な演説の中でビテュニア王への恩義を詳しく語った。これは次のようなキケロの反論を招いたと言われている。「彼が何を君に与え、君が何を彼に与えたかを皆が知るならば、これに勝る喜びはない」。その醜聞はカエサルにまとわりついて離れなかったが、彼に政治的な痛手を負わせた様子はない。ユンクスの裁判の結果は知られていないが、無罪放免となった可能性は高い。どう見ても有罪な総督経験者たちの多くがなんとか処罰を免れていたからである。それまでに法廷に登場した時と同様に、彼自身のキャリアにとって裁判の結果はある意味で、個人的なパフォーマンスという以上の重要性はなかった*25。

七〇年代の終わり頃、カエサルは最初の公職選挙に立候補し、二四名の軍団副官《トリブーヌス・ミリトゥム》のひとりに当選した。おそらく紀元前七二年か七一年のことと思われるが、史料ははっきりしない。軍団副官〔軍団トリブーヌス〕職は護民官〔プレブスのトリブーヌス〕職とはまったく異なり、その役割はもっぱら軍事面に限定された。各軍団には約六名の軍団副官が所属し、そのころは常時四個以上の軍団が存在していたから、二四名よりも多くの軍団副官たちが任命された。ただし選挙で選ばれた地位には相当の名誉が与えられたので、この職はしばしば若い貴族に対する有権者の人気を測る最初の機会とされた。どの史料にもこの時に属州へ派遣されたとの記述はなく、カエサルがイタリア本土で勤務したことを示唆している。というのも、当時は大きな奴隷反乱が起きていたからである。紀元前七三年、トラキア人スパルタクスに率いられた剣闘士の小集団が、カプア郊外にある訓練場を脱出し、イタリア半島全土に広がった巨大な奴隷反乱の口火を切ったのであった。スパルタクスはローマ軍を次々と破り、あざやかに一連の戦いに勝利したが、ついに紀元前七一年、マルクス・リキニウス・クラッススによって打ち負かされた。カエサルはクラッススに仕えたかもしれず、そうだとすればこれが二人の最初の出会いだったことになる*26。

クラッススは紀元前七三年の法務官に当選しており、翌年に執政官が二人とも戦闘に敗れたのち、反乱鎮圧の指揮権を付与された。彼は四十歳くらいであったが、内戦の間に将軍として相当の経験を積んでいた。マリウス一派によって父と兄弟とを殺害されイタリアからの逃亡を余儀なくされたクラッススは、当初ヒスパニアに避難先を求めた。彼が洞窟に隠れていたとされるのはこの時のことで、家族のクリエンテスのひとりが食事とともに二人の奴隷の少女を世話役として差し出したのであった。のちに彼はスッラと合流し、彼のために目覚ましい戦いぶりを見せ、紀元前八二年にはローマ城外のコッリナ門での戦闘で土壇場での勝利を挙げた。クラッススは、スッラが自分の功績にみあう称賛をまるで与えてくれないと考えて、苦々しい思いであったが、追放公示の犠牲者から莫大な規模の財産を獲得することで、それ以外の点ではスッラの支配から十分な利益を得ていた。抜け目のない、きわめて冷徹な商売人であった彼は、間もなくローマで最も裕福な者のひとりとなった。奴隷反乱に対する戦役での処置もまた同様に効率的だった。それまでの大敗で意気消沈した軍隊の規律を回復させるために、彼はデキマティオと呼ばれる処罰方法を命じた。一〇人ごとにくじで選ばれた一人が、仲間によって死ぬ寸前まで鞭打たれ、それから小麦ではなく大麦を食べさせられ、軍勢の宿営地の壁の外にテントを張らされるという象徴的な屈辱を与えられたのである。イタリア半島のつま先に奴隷たちを追い詰めると、クラッススは彼らを罠にはめるための長大な要塞を築いた。スパルタクスはこれを打ち破ろうとして、またもや真に驚くべき能力と人徳とを示したが、それこそ彼が烏合の衆だった逃亡奴隷たちを非常に優秀な軍勢へと変えることができた秘訣であった。ローマ軍は彼らを追撃し、最終的に奴隷たちを戦いに追い込み、撃破した。クラッススは六千人の男性の捕虜をアッピア街道に沿ってローマからカプアまで等間隔で磔にするよう命じた。「慈悲深く」彼らの咽喉をかき切ったという話は伝えられていない。なにしろ、奴隷反乱はローマ人を恐怖に陥れたから、この不気味な見世物でもって、すべての奴隷にさらなる反乱の愚かさを示す意図があったのである*27。

カエサルが軍団副官であった時期についてはほとんど知られていないので、実際に奴隷反乱の鎮圧に参加したかどうか、参加していたならどのような役割を演じたかはわからない。後年、自分の軍団を率いて初めてゲルマン諸部族と対峙した時カエサルは、かつて打ち負かされた奴隷の反乱軍には多くのゲルマン人がいたことを思い出させて、軍団兵を勇気づけたと言われているが、彼自身の記述には、反乱時にどのような勤務をしていたかの説明はされていない。どのみちこれは必ずしも有力な証拠とは言えない。というのも、『ガリア戦記』は自伝的な細かい情報をあまり含んでいないからである。結局、彼が奴隷反乱の鎮圧に参加した可能性はかなり高く、思うに彼はこれまで示してきたような能力を示したものの、おそらく史料で特筆するほどの何かを行なったわけではなかったのだろう。知られているのは、軍団副官であった時期、スッラによって奪われていた護民官の権力をある程度回復するための提案に賛同したことである。この案は有権者の間で広く熱狂的に支持されていたことは明らかで、カエサルがこの件に自ら取り組むことで人気を得ようとしたのはほぼ確実である。そのような日和見主義は、政界の階段を駆け上がろうとする者にとっては当然であり、スッラ体制あるいはスッラの支持者たちによって占められていた元老院に対する、深い敵愾心のしるしとして考える必要はないのである。カエサルの縁者であるガイウス・アウレリウス・コッタも紀元前七五年、執政官職の任期中に、護民官経験者が他の公職に就任することを可能にする法案を提出したが、それはこの職についたことで、スッラが意図したように政治家としてのキャリアを断たれることを避けるためであった[*28]。

カエサルが若いうちにクラッススと接点を持った可能性があったことは興味深い。なぜならクラッススは、自分の財産を使って、野心に資産が追いつかない者を助けて政治的な影響力を得ることに長けていたからである。紀元前六〇年代にカエサルがクラッススから相当な額の金を借りて利益を得たことは確かだが、それ以前にも同様の援助を受けていた可能性はある。ただしカエサルの重要性を誇張すべきではない。彼はクラッススがそうやって援助していた数多くの元老院議員のひとりにすぎず、彼がのちに成功すると予測できた者はほとんどいなかったからである。カエサルは大胆不敵で、――軍功と法廷での活動が示すように――有能であり、自分を売り込む才能があった、それが有権者の関心を引き付けることに役立ったのである。その一方で彼を取り巻くスキャンダルは少なくとも確実に彼の名前を広く知らしめた。それらは政界での立身出世をめざす者にとっては利点であって、程度の差こそあれカエサルの同時代人の多くもまた持っていたのである。また、彼らは自動的に成功を約束されていたわけではなかった。個人の資質は有権者の関心を引いたが、それは彼らの人気を得るための唯一の要因でもなければ最も重要な要因ですらなかった。カエサルは奇抜な服を着たり、自分自身の価値を高く評価していることを示したりしたけれども、そのキャリアはこれまでのところ、最も重要ないくつかの点では伝統に沿っていた。海賊やアシアに侵入したポントス軍に対する自発的な行動は際立っていたが、責任感のある市民なら当然のことであって、それこそより重要なのは、それが成功したということである。そのような行動は、ローマの貴族層の自己像の中核を成す資質である武勇をよく示していた。三十歳になるまでに、カエサルは――ポンティフェクス職に任命されたことからもわかるように――かなりの才能を披露し、決して革命分子とはみなされていなかった。依然として、政界の階段をどこまで昇るかは未知数であって、その才能は、比較的貧しい家柄および直近の祖先の可もなく不可もない業績と、釣り合いが取れていると見られていたのである。

第5章 候補者

カエサルは……まるで惜しみなしに金を使ったので、
彼のことを莫大な犠牲を払ってつまらない物を買い、名声を売り渡しているだけだと考える者もいた。
しかし実際は、彼はその時、たいへん価値のある物を破格の値段で手に入れていたのであった。
……このようにして人々は彼に対して非常に好感を抱くようになり、
彼の気前の良さに対する恩返しとして、彼に新しい公職や名誉を与えようとした。
プルタルコス、二世紀初頭＊1

紀元前七〇年、カエサルは三十歳になった。ローマの貴族層の基準から見てもずば抜けて優れた教育を受けていて、才能ある弁論家であり、戦士としての勇気は証明済みだった。私生活も順調で、コルネリアとの結婚生活はすでにおよそ十五年に及んでいた。カエサルが教育と軍務で海外にいたため、二人はそのうち三分の一を離れて過ごしていたが、その結婚はローマの貴族層の基準から見れば確かに成功例で、幸福でもあったはずだ。その間にコルネリアは娘を出産し、名前はもちろんユリアになった。彼女はカエサルの唯一の嫡出子だったが、その重要性にもかかわらず、生年月日はわかっていない。推定年代は早くて紀元前八三年、遅くて七六年とさまざまだが、その範囲の終わり頃のいつかと考えるのが最も妥当だと思われる。ユリアは紀元前五九年に結婚しており、その時点でおそらく十代の中盤から後半であっただろう。カエサルが海外にいて不在であった時期を考えると、彼が東方から帰ってきた紀元前七八年から、再びローマを離れる七五年までの間に娘を授かった可能性が最も高い*2。

カエサルはコルネリアをとても大切に扱った。最も有名なのは、彼女と離婚するよう命じたスッラに反抗した事件である。ローマ人の伝統では妻は尊重されたが、必ずしも激しい愛情の対象ではなかった。そのような感情は非合理的であって恥ずべきものだとさえ考えられたからである。夫婦の寝室は家名を受け継ぐ次世代のローマ人となる子を生み出す場であって、肉体的な快楽自体はどこか他の場所に求められるべきとされた。夫婦は——おそらくは大多数がそうだっただろうが——程度の差こそあれ、深く愛し合い積極的な性生活を楽しんでいたとは言えず、ローマ貴族社会の理想からすると、それは結婚の特に重要な側面とは考えられていなかったのである。貴族層の夫は性的な快楽をどこか他の所で得るべきであって、恥ずべき欲望を満たすよう自分の妻に要求すべきでないということが、広く受け入れられていた。それは特に若い男性に当てはまり、ローマ人は彼らを adulescens と呼んだ。これは我々の言葉である adolescent〔若者〕の語源ではあるが、ローマ人にとってはまだ成熟していない男性一般を意味し、三十代後半を含むこともあった。そのような「若者」は、共和政の指導者としてより責任ある行動を求められた成人男性には許されない、自由なふるまいが認められていた。女奴隷か娼婦によって控えめに悦びを得たからといって批判されることはほとんどなかった*3。

若い貴族男性の多くは結婚後も愛人をもち続けた。高級娼婦という独特の集団が存在し、愛人から与えられる一軒家や集合住宅の一室、召使や金品に依存していた。たいてい教養が高く、気が利いて、魅力的で、おそらく歌ったり踊ったり楽器を演奏したりする技能があったので、愛人たちに性的な満足を与えるだけでなく、交際相手となることができた。そのような交際は永続的な関係を意図したものではまったくなく、売れっ子の高級娼婦はあちらの愛人からこちらの愛人へと乗り換えていった。そのことが情事の味をさらに引き立てた。というのも、男性側は娼婦の好意を得るために奮闘し、維持するために十分な関心と贈り物を与え続けなければならなかったからである。人気のある高級娼婦はローマで最も重要な人物たちと交際することがしばしばであった。愛人との関係を続けようとしたのは若い元老院議員だけではなかったからである。男性と高級娼婦との関係の本質は、女性側が相当な影響力を及ぼすことができた点にあった。紀元前七四年の執政官ルキウス・リキニウス・ルクッルスが、重要な属州の命令権を獲得したのは、ある有力な元老院議員の愛人であったプラエキアを贈り物とお世辞とで口説き落としたからだというのが、もっぱらの評判であった。その元老院議員、プブリウス・コルネリウス・ケテグスは、公職に就任していないにもかかわらず、自身の権威《アウクトーリタース》と元老院のやり方を熟知し利用することを組み合わせて、元老院に対して一時的にしろ大きな影響力を行使した、お手本のような人物であった。内縁関係も別の形で政治的な役割を果たすことがあった。その例がもうひとりのよく知られた人物、フローラである。ある時、若きポンペイウスは彼女と激しい恋に落ちた。二人が愛し合った後にはいつも彼女の背中にポンペイウスの爪痕が残っていたことを、後年になって彼女はたびたび自慢したと言われている。しかし、友人のゲミニウスという者が何度もフローラを口説こうとしているのを知ったポンペイウスは、自らフローラを彼に譲った。友人に対する彼の寛大さは徹底しており、ポンペイウスは二度とフローラに会うことはなかったので、ゲミニウスは恩義を感じて彼の有力な政治的支援者になったという。ポンペイウスはまだ彼女に未練があったから、これは彼にとってきわめて大きな代償となったと考えられていた。フローラのほうも依然としてポンペイウスのことを愛していたと言われており、それから長いこと体調がすぐれないと言っていた。内縁女性の地位は実際のところ不安定だった。一時的には大きな影響力を得ることができたとしても、法的な地位を持たず、うまくいくのは愛人の感情を意のままにできる間だけだからである*4。

高級娼婦や女奴隷が貴族男性の愛情の対象として一般に認められていたのは、それがいずれにしろ確立された社会秩序や家族関係の整合性を脅かすことがなかったからである。ほとんどの高級娼婦の社会的地位は低く、売春婦は自分自身のためにその仕事に就いていた。彼らはたいてい、かつてさまざまな形で楽芸などに従事していた奴隷か解放奴隷だった。紀元前四〇年代の中盤のいつ頃か、マルクス・アントニウスはパントミムス女優のキュテリスを深く愛していたが、彼女は元奴隷で、主人に解放されてウォルムニアという名前を与えられたのだった。アントニウスは彼女を公の場に連れて現れ、晩さん会では名誉ある席を与えるなど妻同様に扱ったので、キケロを個人的にうろたえさせた。この女性はのちにカエサルを暗殺したブルートゥスや、その他の主要な元老院議員たちの愛人になった。貴族男性とその愛人という関係から生まれた子はいずれも非嫡出子とされ、父の名前を受け継ぐこともなく、父の援助を受けるための法的な権利も持たなかった――女奴隷が生んだ子の場合は、文字通りその主人の財産となった。このようにして貴族男性は愛人を作ることができたが、妻に対して社会は同じ権利を認めることはなかった。なぜなら、子の父親が誰なのか疑問の余地がないことが重要だったからである。夫に、そして夫だけに対して忠実であり続けるという意味での貞操は、理想的なローマの既婚婦人の中心的な属性のひとつであった。かつて、女性はその一生を自分の父親か夫の権力の下で――文字通り「手の下で」――過ごし、彼ら男性たちは望めば彼女を処刑する権力を有していた。紀元前一世紀になると、女性に対し父親が持っていた権利を夫がすべて得るという、伝統的で厳格な形式の結婚はほとんど行なわれなくなった。結婚はもっと緩やかになり、離婚も一般的となったが、たとえ夫が頻繁に愛人を作っていたとしても、依然として妻は絶対的に夫に忠実であり続けることを求められていたのである[*5]。

カエサルも二十代から三十代にかけては、高級娼婦や女奴隷その他の手近な女性との関係を楽しんでいたことだろう。現存する史料ははっきりそうとは述べてはいないが、そのようなふるまいは普通で、わざわざ書くほどのことでもなかったのだろう。スエトニウスが伝えているところでは、カエサルは身体的な魅力のある奴隷を購入するために高額の、法外とさえ言える代金を頻繁に支払っていたが、その費用を恥ずかしいとさえ思っており、それを帳簿上誤魔化していたという。そのような奴隷がまったくの観賞用か、それとも主人に性的快楽を提供するためだったかまでは述べられていない。けれども、スエトニウスによれば、カエサルの情熱は「止まるところを知らず、法外」であって、「優れた家柄の女性を何人も」誘惑したことは、「一致した見解」であった。スエトニウスが名前を挙げているのは、主要な元老院議員の妻五人だが、その他にもいることがほのめかされている。名前の挙がった女性のひとりテルトゥッラの夫は、奴隷反乱の際に上司だったかもしれないクラッススである。彼女はもともとクラッススの兄のひとりと結婚していたが、その人が内戦で殺害されると、クラッススは未亡人との結婚を決めた。彼女はおそらくカエサルに比べて何歳か年長で、子を儲けたことで、貴族層の基準からすればクラッススとの結婚は成功であった。その情事がいつのことであったとか、どのくらい続いたのかを明らかにする史料はなく、カエサルの私生活については曖昧さが付き物である。クラッスス自身がその密通に気付いたかどうかも我々にはわからないが、カエサルの愛人という評判から嫌でもわかったはずだ。クラッススが妻の愛人に対して何の行動も取らなかったこと、そしてためらうことなく彼を政治的同盟者として選んだことは確かである*6。

カエサルと既婚女性との情事は数知れないが、普通は彼が新しい相手を見つけ出すまでにさほど長い時間はかからなかったようである。このようなパターンにまったく当てはまらなかったのがセルウィリアとの関係で、カエサルの生涯の大部分にわたって続いたと思われる。スエトニウスによれば、彼は「他の誰よりも彼女を愛していた」。セルウィリアの最初の夫はマルクス・ユニウス・ブルートゥスであったが、紀元前七八年にレピドゥスの反乱を支持し、失敗に終わった時に処刑された。未亡人となったセルウィリアはすでに紀元前八五年には息子を産んでいて、彼もまたマルクス・ユニウス・ブルートゥスと名付けられた。彼こそが紀元前四四年にカエサルを暗殺することになる陰謀の主導者のひとり、シェイクスピアの言う「一味のなかでもっとも高潔なローマ人」であった。皮肉はこれに止まらない、というのもセルウィリアの異父弟小カトーは、二〇年以上にわたってカエサルの最も手ごわい敵対者だったからである。カエサルはブルートゥスをたいへんかわいがっていて、その愛情は、紀元前四九年から四八年にかけてブルートゥスがカエサルを相手に戦った後でさえ変わらなかった。そのせいで、カエサルはブルートゥスの実の父親なのだという噂は後を絶たず、プルタルコスは、カエサル自身がそう信じていたとさえ示唆している。ブルートゥスが生まれた時、カエサルは十五歳にすぎなかったことを考えれば、これが神話の類にすぎないことは確かなのだが、そのような逸話が存在すること自体、カエサルとセルウィリアの関係が早い時期、おそらくは紀元前七〇年代から始まっていたことを示している。セルウィリアが再婚したにもかかわらずその関係は続き、カエサルが他の女性と数多くの浮名を流す妨げにもならなかった。セルウィリアとカエサルの情事はどちらも熱心であって長く続いたことは、たとえその激しさは時とともに移り変わったとしても、明らかである。それはセルウィリアがたんなる身体的な魅力以上のものを持ち合わせていたことを意味している。きわめて知的な女性で、政治にも造詣が深く、夫や息子を出世させることに熱心だった。娘たちは三人とも有力な元老院議員に嫁いだ。カエサルの死後、暗殺者たちが次に何をすべきかを決めるためにブルートゥスが開いた会議では、彼女も席を与えられ、その意見はキケロを含む優れた元老院議員たちのそれを圧倒した。この弁論家は、政治という男の世界に口出しする女性には相当にうんざりしていたが、より女性の領域に属していると思われる問題については、彼女の意見を熱心に求めたこともある。キケロとその家族が、娘であるトゥッリアにふさわしい夫を探す際に相談したのがセルウィリアであった。トゥッリアが出産の際に死亡した時、彼女は気も狂わんばかりのキケロに同情の手紙を書き送っている。ひとりの女性としてセルウィリアは公職にも就けず公的な権力も持たなかったが、多くの有力な家族との友好関係の維持に気を配ったのであった[*7]。

魅力的、知的、高い教養、洗練、野心的――これらの表現はカエサルとセルウィリアの双方に容易に当てはまるが、後者の場合、その野心は間接的であり、自分自身ではなく身内の男性の名声を守ることを目的としていた。二人が多くの点で非常に良く似ていたらしいことは、二人の深く長い結び付きの一端を明らかにしているかもしれない。二人の関係そのものの長さは、カエサルが他の愛人たちに比べていっそう深くセルウィリアを愛していたことをうかがわせる。カエサルとの情事を別にすれば、セルウィリアは二人目の夫デキムス・ユニウス・シラヌスに忠実であり続けたようである。それと対照的だったのが――通常、紛らわしいことにやはりセルウィリアと呼ばれている――彼女の妹で、夫と離婚したのも頻繁な不倫関係のせいだった。カエサルは立て続けに既婚女性を誘惑していた。もしカエサルがこれらの愛人の誰かと、あるいは全員と激しい恋に落ちていたならば、情熱はたいていすぐに冷めたか、少なくとも他の女性が目に入らないほどではなかっただろう。その交際の規模は、当時密通者や道楽者に事欠かなかったローマ社会においても飛び抜けていた。そこで重要なのは、彼がこのように並外れたまねをした理由を理解しようとすることである。カエサルが多くの魅力的な女性との逢瀬を楽しんでいたという、一見して明白な答えは、あまりにも当たり前であるが、だからといってまったく無視していいものではない。けれどもこの答えそのものは不適切である。というのも、性的快楽は奴隷や社会的地位の低い愛人によって大した問題もなく得ることができたからである。より品のある高級娼婦なら、さらなる肉体的満足に加えて、知的な交際をも提供できた。元老院議員階層出身の既婚女性を誘惑することは、政敵が攻撃材料として使うかもしれない悪評をはじめとして、多くの危険を伴った。当時はまだ法ではなかったが、慣習として、現場を押さえれば夫は自分の妻の愛人を殺すことが認められていた。そのような直接的暴力が振るわれることはあまりなかったが、寝取られた夫が手ごわい政敵になる可能性は十分にあったのである[*8]。

面倒に巻き込まれる危険はスリルを高めただろう。カエサルの女遊びを政治的競争の延長として考えることももちろん可能である。つまり、他の元老院議員の妻とベッドを共にすることは、自分のほうが寝室でもフォルムでも優れた男であることの証明だというわけである。あるいは、心底女性に目がない寝取り男の火遊びという悪評を立てることで、ニコメデスへの服従という噂話を打ち消すことを意図的に狙ってさえいたのではないか？　しかし、これらの理由付けのいずれも、カエサルが満足を求めた相手が主として貴族層の女性だったのはなぜか、十分に説明しきれていないように思われる。そのような愛人が一般に既婚女性であることはほとんど必然的だった。というのも、元老院議員階層の家の娘たちは、結婚によって政治的な結び付きを作り出したり強めたりするという、重要な役割を担っていたからである。少女は若くして結婚し、離縁されたり未亡人となった女性は、まだ若いか中年くらいであれば、ただちに新しい相手と再婚させられる傾向にあった。普通は、子どもがいる年配の女性だけが再婚せずに未亡人として暮らすことを許された。カエサルの母アウレリアもこの道を辿ったし、セルウィリアも二人目の夫を亡くした後は同様であった、しかしほとんどの場合、カエサルが愛人を探せるような、貴族層の女性で独身者の集まりなどローマには存在しなかったのである。それに引きかえ、元老院議員が就任する一連の役職の多くが何年にもわたる海外勤務を必要とするローマの政界の性質上、既婚女性は長期間ひとりで取り残されることになるのであった。

紀元前一世紀のローマにおいて貴族の妻たちはかなりの自由を謳歌していた。その多くが夫とは別に、結婚時の持参金を含む相当の財産を有していた。持参金は通常、夫の家の収入とは区別されていたが、これに補塡されることもあった。すでに見たように、この時代までに娘は、少なくとも子どもの頃は、そして学問的な意味では、その兄弟たちと同じような教育を受けていた。だから彼女たちもラテン語とギリシア語のバイリンガルになるよう学び、文学と芸術について深い審美眼を養った。ただし男兄弟とは違って、娘が教養を深めるために海外に旅行し、ギリシアの学問の中心地で勉強する機会を持つことは稀だった。しかし多くの哲学者や教師たちが長期間ローマを訪れていたから、そのせいで不利になることはあまりなかったし、文化的遺産を広範囲にわたって教える学校はいくつもあった。サッルスティウスの叙述はある元老院議員の妻に光を当てている。

男性のような大胆さでしばしば多くの狼藉を働いた女性のひとりがセンプロニアである。彼女は幸運にも、生まれた環境と外見の美しさに恵まれ、夫と子どもをも授かった。ギリシア語とラテン語の文学をたしなみ、リラを弾き、どんな高貴な女性よりも上手に舞い踊り、そして他にも多くの才能を備えていたが、それらが豪奢な暮らしを助長したのであった。しかし、自身の名誉と貞操ほど彼女が軽んじたことは他になかった。彼女が自分の財産と美徳のどちらを惜しんだかは何とも言いがたい。欲望の激しさは、男たちに追いかけられることよりも追いかけることのほうが多かったほどだ……彼女はしばしば約束を破り、借金の支払いを滞らせ、殺人にまで加担した。金がないにもかかわらず贅沢病であったことは、彼女を荒れた道に進ませた。それでもなお、彼女は並外れた女性であった。詩を書き、冗談を飛ばし、しとやかに、丁寧にあるいは下品に会話することができた。全体として見れば彼女は多くの才能に恵まれ、非常に魅力的な女性であった*9。

センプロニアは、セルウィリアの最初の夫の従兄弟であるデキムス・ユニウス・ブルートゥスと結婚した。息子はガリア遠征と内戦においてカエサルの副将のひとりであったが、のちに彼に反旗を翻し、暗殺者のひとりとなった。カエサルが彼女を知っていたことは間違いないが、彼女の好意を得ようとした――あるいは彼女によって求められた――男性のひとりだったかどうかはわからない。

サッルスティウスの伝えるセンプロニアは、狼藉という言葉によって不道徳で無謀な女性として描かれているが、彼女の多くの才能自体は悪く見られてはいない。プルタルコスは、若くして未亡人となり、その後再婚したもうひとりの貴族女性を称賛の眼差しで書き記している。

その美しさを抜きにしても、この若い女性は数多くの魅力的な特性を備えていた、つまり読書をたしなみ、リラを上手に弾き、幾何学を習得し、定期的に参加していた哲学の講義から多くを学び取ることができた。これらの特性とともに、そのような知的関心が若い女性にもたらすことがよくある、好ましくない好奇心とは無縁であるという品性を兼ね備えていた*10……

洗練、学識、機知に音楽や舞踊の技術でさえ、それ自体が女性にとって悪いことだとは考えられていなかった。それらが、夫に対して忠実であるという意味での貞操と結び付いている限りは。けれどもカエサルの時代、この美徳を示していない女性は多かった。女性たちは母親の世代に比べて、そして確実に祖母の世代に比べて教養を備えていたが、依然として家庭を切り盛りする以上のことにあまり関わらないよう求められていた。まだ子どものうちから決められた結婚に従い、その後も死別したり政治的な同盟関係が変わるたびにこの夫からあの夫へと回されたことを考えれば、このなりゆきの中で幸福と充足とを見出した女性は幸運であった。投票することも公職に立候補することもできない女性は、セルウィリアのように、政治に対する深い関心を男性親族の出世を助けることに向けるしかなかった。国中から吸い上げられたあらゆる品物が売られていたローマで、際立って裕福であった多くの女性たちは、贅沢な暮らしを競い合う誘惑に駆られていた。なかには一人または複数の愛人を得ることで生活に刺激を与える女性もいたのである。

結局、カエサルが少なくともある程度の交際関係と洗練され機知に富んだ会話を愛人たちに求めた可能性はある。一流の高級娼婦たちのなかにはそれを提供できる者もいたが、この点でローマの高貴な家柄の娘たちと競うことができる者はほとんどいなかった。カエサルの情事は性的な満足だけでなく、別の形の刺激をもたらしたのであった。すでに述べたように——既婚女性との情事をなし遂げるという危険、寝取られた夫と公の場で日常的に顔をあわせて競うことでさらに増す喜びといった——その他のスリルもカエサルの娯楽に貢献したことは間違いない。彼が愛した女性にとって彼は魅力的であり、交際してその魅力に抵抗できる人はほとんどいなかった。彼はカエサル、その独特な服装で多くの若者たちが模倣する流行をつくり出す者、立ち居ふるまいにいたるまでお洒落で、常に自分自身を特別であると位置づける者であった。一時であっても彼の関心を独占するのは間違いなくとてもうれしいことで、そのことをもっと望ましいことのようにすら思わせたのが、彼の恋愛の対象であるという悪評だった。理由が何であれ、非常に多くの女性を次々に手に入れたことは、彼が誘惑の達人であったことを物語っている。ある情事から次の情事へと移ろうとする衝動は、ある程度、彼がその生涯のあらゆる場面で示した偉大な活力と野心の現れにすぎない。彼は常に、いつまでも自分の関心を引き付けられる対等の相手を探し続けていたのかもしれない。セルウィリアは、多くの点でカエサルと似ていたから、他のローマ人女性と比べて明らかに彼の理想像に最も近く、だからこそ二人の関係は長続きしたのである。もっとも、両想いであったにもかかわらず、二人はある程度の距離を保ち、独立した関係を続けた。セルウィリアは三月のイデスの日以降、愛人の死を悼んだであろうが、そのことが、それ以降彼女が息子の理想を実現する手助けをしようとする妨げにはならなかった。同様にカエサルのほうも、女遊びにかける情熱と努力が公職や地位を求める野心の邪魔になることは決してなかったように思われる。彼に関する逸話のいくつかは間違っている可能性もある。ひとたびこのような悪名を得てしまうと、ある女性と会っているだけでも、二人が愛人関係にあるという噂が立つには十分だっただろう。

時代の変化―ポンペイウスの台頭

スッラの死後数年間カエサルは順調に政界に進出していたから、全体として見れば好調な時期であった。独裁官の怒りを身に受けていたにもかかわらず、カエサルは元の位置に納まっており、スッラや彼が作りあげた体制に反抗していまだに戦うことを選んでいる人々に合流する理由はなかった。紀元前七八年のレピドゥスの蜂起には加わらなかったし、マリウスやキンナの支持者たちの多くが依然として内戦を続けている、ヒスパニアに行こうと思い立つこともなかった。反スッラ派を率いていたクィントゥス・セルトリウスは、おそらくこれまでローマが輩出した最も偉大な将軍のひとりで、ヒスパニアの諸部族を味方に引き入れた才能によって、この十年近く元老院が送り込んできた軍勢に抵抗し続けてきた。セルトリウスとその支持者たちは追放公示によって国外追放されたり亡命した者であって、ローマへの帰国や政界でのキャリアを再開することを、スッラの指令により禁じられていた。彼らには戦い続ける以外に選択肢はほとんどなかったが、機会あるごとにセルトリウスは、一私人として生きるのであっても、ローマに帰国することを深く切望していた。スッラにたてついたにもかかわらず、カエサルは家族関係のおかげで、同じような政治活動の禁止に直面せずにすんだ。おかげで、国家に対して公然と反旗を翻すという絶望的な道に進む必要はなかったのである*11。

ここ数年、スッラの長い影が共和政を覆っていた。元老院はほとんど彼の創造物であって、当時彼に鞍替えしなかった敵対者はすべて追放され、スッラを熱心に支持する者たちによって占められていた。全体として彼は元老院の地位を強化し、法廷の審判人を元老院議員が独占する状態を復活させ、護民官の職権を厳しく制限した。それ以外の立法、たとえば属州総督の行動を制限する法律は、誰であれ他の将軍が自分の先例を踏襲して軍団を国家に差し向けることのないように意図されていた。そのような行為を正式に違法としたところで、ヒスパニアで続いている戦闘とレピドゥスの反乱が示しているように、現実的な効果があるかは明らかに疑問であった。スッラは自分が定めた先例も、自分の行為の帰結も取り消すことができなかったのである。イタリアは同盟市戦争と内乱のせいで依然として大混乱の状況にあった。広大な地域が敵対する軍勢によって破壊され、新たに市民権を与えられたイタリア人たちはまだ十全にローマ市民に統合されていなかった。スッラは退役した古参の軍団兵に農地を与えるために、広大な土地を差し押さえ、数多くの農民を立ちのかせた。イタリアの農村部が直面した問題は、スパルタクスの奴隷軍が暴れ回った数年の間に悪化する一方だった[*12]。

スッラ派の元老院は、独裁官の引退後に直面した一連の危機にうまく対処していなかった。奴隷反乱は、正規の手続きで選出された公職者たちの率いる軍勢という軍勢が敗北を喫し、全滅させられるという事態を招いた。最終的に勝利を得たのは例外的な措置によるものだった。二人の執政官が指揮権を明け渡し、法務官という下位の公職に選出されていたにすぎなかったクラッススによって取って代わられたのである。これはいささか先例に反していたが、グナエウス・ポンペイウスの急速な台頭と比べればたいしたことはなかった。ポンペイウス・ストラボの息子であるポンペイウスは紀元前一〇六年に生まれ、父の指揮下で同盟市戦争に参加した。ストラボの死後、しばらくはキンナの陣営で過ごしたが、疑惑の目を向けられ、結局はピケヌムに一族が所有する広大な所領に隠棲した。スッラが紀元前八三年にイタリアに上陸すると、現政権で重用されなくなった者や、戦いの趨勢を推測した者が続々とそうしたように、ポンペイウスも彼の陣営に加わることを決めた。そのような他の逃亡者とは異なり、二十三歳のポンペイウスはスッラに助けを乞うのではなく、彼の有力な同盟者となることを選んだ。私財を投じ、主としてピケヌムの人々を動員すると最初の軍団を立ち上げ、次いでさらに二個軍団を召集したのである。ポンペイウスは軍の召集や指揮に必要な命令権を有する公職に就いたことのない、一私人にすぎなかったから、あらゆる意味でこれは違法であった。元老院議員ですらなかったが、一族の財産と影響力と彼自身の個人的な魅力によって、その障害を乗り越えることができたのであった。その世代で最も不人気な人物のひとりであった父親とは異なり、ポンペイウスは兵士たちに尊敬されていたので、彼らはポンペイウスが自分たちを率いる権限を欠いていることについてまったく不安を抱いていなかったと思われる。スッラと合流するために南方へ進軍する道すがら、若き将軍とその私兵たちはすぐに巧妙で残忍な戦いぶりを披露した。

スッラは良心の呵責を感じることなくポンペイウスの参戦を利用し、彼を自分のかわりに戦うようイタリア、シチリア、さらにアフリカへと立て続けに送り込んだ。それぞれの戦場でこの威勢の良い若き軍司令官は敵軍をやすやすと打ち破った。スッラは――その複雑な性格について語るのは難しいが、おそらくは皮肉も込めてか――彼をポンペイウス・マグヌス（「偉大な者」）と称賛し、凱旋式の挙行を許可したが、それは法的に命令権を持たない者については聞いたこともない名誉であった。この数年間に手にした栄光と並んで、彼は残酷だという評判も得ることになった。いくつかの伝承は、捕えた有力な元老院議員たちを処刑することでいかにサディスティックな喜びを得ていたかを伝えている。人によっては、ポンペイウスは「偉大な者」ではなく「若き死刑執行人」であった。カエサルとはまったく対照的に、ポンペイウスは唯々諾々と、独裁官の継娘と結婚するために妻と離婚した。継娘もすでに結婚していて出産を間近に控えており、ポンペイウスとの婚礼のすぐ後に亡くなった。それでもこれは大きな好意のしるしだった。独裁官によって数々の名誉を与えられはしたものの、ポンペイウスは元老院に登録されず、自らの私兵軍を招集することはできたが、一私人に留まっていた。それでも政治に強烈な関心を示し、紀元前七八年の執政官に立候補したレピドゥスの選挙運動を応援し、当選に大いに貢献した。しかしレピドゥスが元老院に反抗すると、ポンペイウスはすぐさま彼と距離を置いた。レピドゥスの反乱に直面して、対抗するための十分な戦力を欠いていたスッラ派の元老院は、ポンペイウスとその軍団を差し向けた。それまでの戦役で示してきた全精力を注いで、二十八歳の将軍はレピドゥスと彼の軍勢をたちまち壊滅させた。彼おなじみの残酷さはここでも発揮された。最もよく知られているのはセルウィリアの最初の夫、マルクス・ブルートゥスを処刑した時のことである*13。

この成功に続いて、ポンペイウスはセルトリウスと対峙すべく、伝統的な方法で任命された属州総督の下、すでに現地で活動している軍勢を支援するため自分をヒスパニアへ派遣するよう元老院に促した。紀元前七七年の両執政官が当地に派遣されるのを嫌がったことも彼の目的を後押しした。今回ポンペイウスは執政官代行の命令権を付与され、地位を合法化された。彼を支持したある元老院議員は、彼は執政官代行 proconsul としてではなく、「両執政官の代行として pro consulibus」赴くのである、と冗談を飛ばした。ヒスパニアにおいてセルトリウスは、ポンペイウスがこれまで対戦してきた軍事的才能のない者と比べて、大いに歯ごたえのある敵であることを証明し、初めてポンペイウスは何度かの敗北を余儀なくされた。勝つことに慣れすぎていた者にとってこの経験は屈辱的だったが、若き将軍は自分の過ちから学ぶ能力を備えていたので、敵に対して敬意を払いつつ、臆病になることは決してなかった。ヒスパニアでの戦いは厳しく長引いたが、年を経るにつれてポンペイウスとその他の元老院側の軍は、徐々にマリウス派の勢力に対して優勢となった。それでもなお、もしセルトリウスが紀元前七二年に自分の部下のひとりに殺害されなかったら、この戦いは少なくともさらに数年間は続いたことだろう。実際には、反乱軍はセルトリウスの才能を奪われ、かわりに自分の才能をはるかに上回る野心と自尊心の持ち主であった暗殺者によって率いられた結果、この問題は数か月で片付いた。ポンペイウスは翌年にイタリアに帰還したが、ちょうど到着した時に、スパルタクスの敗戦を免れた数千人の奴隷と遭遇し、殲滅した。このささやかな勝利にあおられた彼は、奴隷反乱を終わらせたのはクラッススでなく自分であると世間に宣言したのであった。

ポンペイウスとクラッススの不和は、両者がスッラのために戦った内戦にまでさかのぼる。クラッススのほうが六、七歳年上で、これ見よがしな若者に対して与えられた数々の名誉と関心に憤慨した。スパルタクスに対する勝利は彼の功績であったにもかかわらず、それを横取りしようとしたことに彼が憤ったのは無理もない。その出来事はポンペイウスが相当器の小さな人間であることをも露わにした。彼は他の場面でも他人の栄誉を盗もうとしたことがあった。ヒスパニアでの戦いがスパルタクスの反乱の鎮圧に比べてはるかに名誉ある働きであって、二度目の凱旋式をもたらしたのに対し、クラッススに与えられたのは略式凱旋式という控えめな栄誉であったことを考えると、ポンペイウスがそのようなことをする必要はなかったのである。しかしポンペイウスは元老院と市民たちの称賛に大喜びし、一瞬でも自分に向けられた関心を奪う者には嫉妬した。人々はポンペイウスのことが好きで、彼の丸顔は、古典的な美男子ではなかったとはいえ、心が広く魅力的な人物だと思わせた。彼をよく知る人ほど慎重であった。彼の人前での発言がしばしばその行動と矛盾し、常に信頼に足る友人ではないことを知っていたからである。これに対してクラッススは好かれていたというよりは尊敬されていたが、他人に対する自分の義務を生真面目に履行する一方で、他人が自分に対して負っている負債や恩義を決して忘れなかった。いくつかの点でポンペイウスはまだまだ未熟であって、それが最も明白に表れていたのが最初の凱旋式の時だった。彼は象によって引かれた戦車に乗ることを計画していたのである。行進の通り道にあるアーチをそのような巨大な乗り物では通れないかもしれないという発見だけが、その風変わりな見世物を彼に思い止まらせたのだった。ポンペイウスは「偉大な者」という名前を気に入っていたし、おべっか使いが自分をアレクサンドロス大王と比較することを喜んでいた。時として彼は極度に疑り深くなることもあった。これは戦場における将軍としては欠点ではなかったが、ローマでの政治的な競争で特に優れた選手となることはできなかった。それはおもに、人生の大部分をほとんど常に戦場で過ごしてきたことからくる、経験のなさのせいだった。二十三歳の時から彼は自分の軍勢を率いて、ほとんどの場合は上官を持たずに独立した作戦に従事してきた。ポンペイウスは操ったり説得したりするよりも、命令することに慣れていたのである。他の貴族の若者とは異なり、彼は元老院やフォルムでの日常的なやり取りを観察し、いかにして政界が動いているかを年長の元老院議員から学び取る機会がほとんどなかった。それなのにヒスパニアからの帰路で、彼は今こそ正式に政界入りする時だと決意したのであった。

紀元前七一年、ポンペイウスは三十五歳だったが、いかなる公職にも就いたことがなく、依然として騎士階層のひとりに数えられていた。というのも、まだ元老院に登録されていなかったからである。そこで彼は、翌年の執政官選挙に立候補したいと宣言した。これは政界でのキャリアにかんして、それまでの立法を確認したスッラの規制に真っ向から反していた。それによれば、男性は少なくとも四十二歳になり、すでに財務官職と法務官職の経験がなければ、執政官職の選挙に立候補ができなかった。クラッススもまた、時を同じくして立候補を表明し、年齢制限に抵触していた、しかしポンペイウスのそれまでのキャリアはスッラの立法の文言にも精神にも違反していた。両者はローマの郊外に互いの軍勢を駐留させており、それ自体はまったく合法的だった。というのも、彼らはそれぞれ略式凱旋式と凱旋式を挙行するために待機していたからである。どちらもあからさまな脅しをかけることはなかったが、スッラが政敵を排除するために市内へ軍団を差し向けてからというもの、誰かが同じことをするかもしれないという恐怖はまさに現実的であった。ポンペイウスとクラッススが個人的な恩讐を捨てて執政官選挙への共同戦線を張ると、それに反対しようとする者はいなかった。クラッススは奴隷反乱に対する勝利によってその職を得たことは明らかだったし、ポンペイウスは人々の大部分から英雄視されていた。元老院議員以外の人間が、これに加入するのと執政官への就任とを同時に求めることは異例だったが、上級公職者に与えられる一連の命令権をすでに行使した者が、今さら下級の公職を経験しなければならないということなど、馬鹿げているように見えたのだろう。元老院によって年齢制限とその他の要件——二人とも実際に市内に入らないままで立候補を認められる必要があった。命令権を放棄しなければ市内に入れず、放棄すれば凱旋行進を行なう前に軍団を解散することを意味しただろう——は適用除外とされ、ポンペイウスとクラッススは正規の手続きで地滑り的勝利によって選出された。

もともとスッラはポンペイウスに、政界でのキャリアについて自分が定めた規則からすればやや異例な地位を認めていたが、元老院はその後数年にわたってこれに異議を唱えようとか、それが可能だとは考えなかった。ある程度の柔軟性は、共和政的システムの範囲内である限り、特に軍事的な危機に際しては常に重要だった。ポンペイウスに与えられた例外的な名誉や適用除外は個人的なもので、諸規則が放棄されたり、誰でも踏襲できる先例になったわけではなかった。けれども、執政官に選出される前からすでにポンペイウスとクラッススは、スッラ体制の重要な諸要素を取り払おうとしていることを公言していた。彼らが在任中に最初に行なったのは、護民官の伝統的な権利と権力とを回復することであった。それは大衆に支持された法案だったから、カエサルは軍団副官の任期中に自らこの件に参画しようとしたのだった。もうひとつの法案は、間違いなくポンペイウスとクラッススの同意の下で、紀元前七〇年に可決された。実際に施行したのはアウレリアの一族のひとりであるルキウス・アウレリウス・コッタで、彼は審判人の構成という議論の多い問題に解決策をもたらした。それ以降共和政の終わりまで、審判人は元老院議員、騎士、それらのすぐ下に登録された有産者層であるトリブーニー・アエラリイーから同数ずつ選ばれるようになった。この法案もまた大衆からかなりの支持を受けていて、賢明な妥協策と考えられたのである。もうひとつの長年の懸案も、この年に二人の監察官が選出されたことでほとんど解決された。彼らは紀元前七二年の執政官であり、どちらもスパルタクスによって打ち負かされたが、そのことがその後の彼らのキャリアにさしたる不利にはならなかった。この戸口調査は一年以上かかっても終わらなかったが、結果として、適切に登録され投票が可能になった男性市民の数は劇的に増加したのである。部分的にせよ完了した戸口調査が最後に行なわれたのは紀元前八五年で、四六万三〇〇〇人の名前しか登録されなかったが、新しい一覧には合計で九一万人と、ほぼ二倍になった。その過程で、監察官は元老院議員名簿を点検し改訂して、新しい名前を追加するとともに、品行や道徳観念が共和政を指導するのにふさわしくない者を元老院から追放するよう求められた*14。

ポンペイウスとクラッススは公職に就任するために共闘し、護民官職を復活させるために協力したが、二人が互いを嫌い、妬んでいることはすぐに表面化した。若いポンペイウスの在任期間は目を見張るようなやり方で始まった。彼は執政官への就任、元老院への加入、そして凱旋式の挙行をすべて一日のうちになし遂げたのである。それから、新しい監察官たちは——ポンペイウスに強く促されたことは間違いないが——古式ゆかしい式典を復活すると決定した。そこでは、騎士階層の人々が馬に乗り武器を携えて、軍団における伝統的な役割である騎兵として喜んで働くことを示すために行進した。そのさなかにポンペイウスが、十二名の先導吏を露払いに登場した。先導吏たちは執政官であるポンペイウスが監察官たちのところに赴くことができるよう、観客をかき分けて道を作った。式典の正式な文言で、共和政に対して自らの義務を果たすかどうか尋ねられると、彼は大声で、自分はローマが求めるならばどこへでも行く、常に自分自身の命令に基づいて、と答えた。群衆の歓呼の中、監察官たちは彼を自宅に送り届けた。それは大規模な政治劇の一コマであって、この式典や凱旋式とそれを祝う競技会に、クラッススが対抗するのは無理だった。かわりにクラッススは自分の財産の一〇分の一をヘラクレスに奉げることにし、料理を満載した一万台のテーブルを用意して、誰でも参加できる盛大な宴会を催したり、全市民に三か月分の穀物を配給したりした。偉大な英雄ヘラクレスは勝利や凱旋式と密接に結び付いており、彼以前にこのような方法で自分の軍事的勝利を祝った人物がスッラであった。どちらも相手から人気を奪おうと試みたので、同僚である二人の執政官の関係はきわめて寒々しくなり、その状況は任期の終わりに、無名に近いガイウス・アウレリウスという人物の提案に応えて公に和解したふりをするまで続いた。その後はどちらも私人としての生活に戻り、上級公職のひとつを務め終えた者の通例である、海外で属州を統治することも望まなかった[*15]。

財務官在任中のカエサル

紀元前七一年から七〇年にかけてのカエサルの行動はほとんど知られていない。ポンペイウスとクラッススが執政官職を務めていた間、護民官だったプロティウス（あるいはプラウティウス）の提出した法案をカエサルが支持したことはわかっている。それは追放されたセルトリウスやレピドゥスの支持者たちにローマへの帰還を認める内容であった。カエサルはこの法案に賛成する演説を行なったが、それは義理の兄弟であるルキウス・コルネリウス・キンナの帰国を認めることになるという、個人的な側面をもっていた。この演説はその一節だけが現存していて、カエサルは「私が思うに、我々の関係については苦労も、行動も、勤勉さも私は欠いたことがない」と述べている。結婚相手の家族に対して負う義務は、友人やクリエンテスに対するそれと同様に、きわめて重要だった。研究者のなかには、カエサルはこの舞台裏でより大きな役割を果たしており、どちらも執政官職を熱望しているポンペイウスとクラッススに、共闘するよう促したのだろうと推測する者もいる。アウレリウスという人物を母親の一族と仮定して、カエサルが二人の和解を取り持ったとさえ示唆する者もいる。どちらもあり得ない話ではないが、彼の関わりを証明する史料が何もない以上、推測の域を出ない*16。

わかっているのは、おおよそこの頃にカエサル自身が財務官職に立候補したことと、その職に就くことが彼の一番の関心事だったことである。彼は紀元前七〇年の時点で三十歳、スッラが定めたこの公職に選出されるための最低年齢であった。貴族男性の誇りにかけて「自分の年」に、つまり立候補の資格を得たその年に公職に就くことが重要な点だった。その他の要因もあろうが、この点から、カエサルが紀元前七〇年の秋に二〇名の財務官のひとりに選ばれ、紀元前六九年の初めにその任期が始まったことはほぼ確実である。執政官選挙は通常七月の終わり頃に開催されたが、日付が厳格に定められているわけではなかった。民会の開催が許されている日は一年のうちおよそ百五十日であったが、祝祭が追加されたり公的な感謝祭の期間が定められたりすると、その間は国家の行事を行なうことができないため、減る可能性があった。財務官のようにもっと下位の公職は、執政官選挙のすぐ後に招集される別の民会で選出された。選挙運動は選挙の一年前くらいから始まることもあったが、投票日の二十四日前からは特に激しくなった。この期間に、候補者たちは選挙を監督する公職者に正式に届け出たのち、フォルムの周囲で活動する場合に目立つように特に白いトガ——toga candidus、ここから candidate〔候補者〕という言葉が生まれた——を着用した。候補者たちは人々で込み合う市内の中心部を歩きながら、仲間の市民たちに、とりわけその地位と財産が投票に最も大きな影響を与える人々に挨拶した。ノーメンクラートルとして知られる特別に訓練された奴隷が通常は候補者の背後に立ち、誰であれ出会った者の名前を囁くよう待機していたので、主人はそれぞれに適切に挨拶することができた。このような奴隷に頼るのはごく一般的なことだったが、優れた政治家は、このような手段に頼っていることが決して目立たないよう気を配っていた。見られることは候補者にとって重要だったが、多くの点でより重要であったのは、誰と一緒にいるところを見られるかだった。立候補者を支援する他の元老院議員はその選挙運動に役立つ人を同伴するよう期待され、その権威《アウクトーリタース》は有権者に影響した。そこまで巧妙ではないが、支持を表明するしるしを建物の壁面に描くという宣伝方法もあった。ローマへ通ずる主要道路の両側に立っていた墓の多くには、そのような支持のしるしを墓石に張り付けたり描いたりするのを禁じる銘文が彫られていたのである*17。

財務官はトリブス民会、ローマ市民が所属する三五のトリブスを構成単位とする民会で選出された。この民会が法案に賛成あるいは反対票を投じる目的よりも公職者を選出するために開催される場合、マルスの野で行なわれるのが普通だった。これは公園と訓練場になっている、ほぼ野外の地域で、ローマ市の中心部から北西の方角、正式な都市の境界線の外側にあった。その理由は、選挙のために普段よりも多くの参加者が予想され、それほど多くの有権者をフォルムの域内に押し込めることは不可能だったからだと思われる。民会を主宰する公職者が「分かれよ、市民たち」と命じる前に、候補者は集会で演説する機会を与えられた可能性が高いが、確実ではない。それから個々のトリブスの構成員はサエプタと呼ばれる、一時的に柵で囲まれた所定の場所に移動した。投票するために、トリブス構成員はトリブスごとの囲いを離れると、「橋」と呼ばれる狭く盛り上がった通路を渡って、個々のトリブスの手続きを監督するために任命された役人である、ロガートルの所へ向かった。ここで投票者が投票内容を記した用紙を籠の中に入れるのを、「監視人《クストーデース》」と呼ばれる別の役人が見守り、後で票数を数えて、選挙を主宰する公職者に結果を報告することになっていた。個々のトリブスは集団として投票し、その意思決定は事前にくじで決められていた順序に従って告知された。トリブスごとの投票者の数は相当に差があったが、四つの市域トリブスを構成する最も貧しい人々でさえ、さしたる困難もなく選挙に参加することができたのである。ローマ市民の大多数がいまやローマから遠く離れて住んでいたことを考えると、市域トリブス以外のトリブス構成員のうち、ローマまではるばる投票に行くことが可能だったのも、そうする意志があったのも、裕福な者に限られたことだろう。彼らの投票は、今はローマに住んでいるが、依然として農村トリブスのひとつに登録されている貧しい人々の投票と同様、たいへん重要だった。投票に参加した人数が異なるにもかかわらず、個々のトリブスの投票は等しく扱われた。貴族にとっては自分の所属するトリブス――カエサルの場合はファビアという名前のトリブス――の票を制することが重要であって、同じトリブスの仲間に知ってもらい、彼らのために便宜を図ることに多大な努力が傾けられた。当選は全投票数のうちの多数によってではなく、就任可能な人数を満たすだけの候補者がそれぞれ十八トリブスの投票を獲得した時点で決定された。それは文字通り「早い者勝ち」な制度であった*18。

カエサルの当選は有力視されていた。法廷で称賛されていたし、東方では際立った戦いぶりを見せていたからである。ニコメデスやスキャンダラスな女遊びにかんする噂話でさえ、奇抜な服装と同様に、少なくとも彼の名前を広く知らしめるのには役立った。カエサルの家族は元老院内部の有力なグループには含まれていなかったが、ユリウス・カエサル家は近年多くの公職者を輩出していた。そのなかには別の家系の出身者もいたが、そのこと自体は、その名前が人々の目に留まっていたことを意味していた。母方の親戚は大いに活躍していて、過去五年間に二人が執政官に就任し、紀元前七〇年には法務官職に就任した者もいた。毎年二〇名が財務官職に就任できたから、これは最も選ばれやすい公職ではあった。イタリア半島の人々に市民権を付与したことで、地方の裕福な家族の子弟の多くがキャリアを求めてローマに流れ込んできたが、地位が確立されているローマ人の家族とパトリキの構成員はそのような競争に脅かされる心配はなかったのである。カエサルは正式に選出された。これは重要な転機だった。というのも、スッラの政治改革によって、すべての財務官は自動的に元老院に登録されることになっていたからである。財務官は財政的および行政的な範囲の事務も遂行したが、大多数は、執政官か法務官の経験者である属州総督の補佐官として仕えた。カエサルはこのようにして遠ヒスパニアへと派遣された。そこはイベリア半島の最西端の属州であった*19。

カエサルはローマを離れる前、紀元前六九年のいつかの時点で、たて続けに叔母ユリアと妻コルネリアの死去という打撃にみまわれた。貴族層に属する家はその一員のために公的な葬儀を執り行ない、その機会を利用して一族全体の業績を称賛し、有権者に自分たちが行なってきたことを思い出させ、将来に向けての約束をちらつかせた。役者たちは公職の式服を着用し、優れた祖先の顔に似せて作られた仮面が葬列の一部を成した。葬列はまずフォルムに向かい、そこで演壇から葬送演説が行なわれた。ポリュビオスは次のように伝えている。

……埋葬されようとしている男性［もしくはこの場合、女性］について演説する者は、本人について話し終わると、その場に仮面として参列している人々の成功と業績を最も古い時代から数え上げる。こうして、勇敢な人々の素晴らしい言い伝えを絶えず更新することによって、高貴な行ないをなし遂げた人々の名声は不滅のもとなり、同時に祖国に貢献した人々の栄誉は聴衆に知られて子々孫々にとって遺産となる*20。

ユリアの葬儀でカエサルは演壇から叔母の優れた祖先について、つまり女神ウェヌスにさかのぼるユリウス氏族の系譜と母方の家族が王の末裔であることについて演説した。これらは聴衆にカエサル自身の血統を思い起こさせるのに役立った。それより論議を巻き起こしたのは、彼が行列にマリウスの勝利を象徴する品々と、おそらくはマリウスに扮した役者をも加えたことだった。マリウスに公の場で敬意を払うことは、敵対したスッラによって禁止されていたが、聴衆の何人かが抗議の声を挙げただけで、彼らもすぐに他の人々によって沈黙させられた。スッラは内戦に勝利したけれども、自分の決定のすべてを受け入れさせることは、多くの人々に対してはもちろん、ローマの指導者層に対してさえできなかった。それを示していたのが、護民官職の復権が大衆の広範な支持を得たことであった。ローマ人の多くにとってマリウスはいまだに偉大な英雄であり、アフリカで傷ついたローマの誇りを回復し、北方の脅威からイタリアを守った男だったのである。キケロは演説で、内戦におけるマリウスの役割を厳しく批判したが、ユグルタとキンブリ族に対する勝利をたびたび、そして熱狂的に称賛した。聴衆が心から賛同するだろうと知っていたからである。カエサルのふるまいはおおむね歓迎され、偉大な英雄と自分自身の密接な関係を強調したことは彼自身の人気にとっては大成功であった*21。

貴族の家系に生まれた年配の女性のために、公式に大々的な葬儀が営まれることは珍しくなかった。カエサルが同様の名誉をコルネリアにも与えようと決断したのは、きわめて異例なことで、プルタルコスは、若い女性のためにそのようなことを行なった最初のローマ人がカエサルであった、と述べている。その意思表示は人々に受けが良かった。多くの人々はそれを心優しい男が心底悲しんでいるしるしと受け止めたからである。ローマ人は一般に厳しく冷静だというイメージをもたれているが、実際にはとても感傷的になることもよくあった。葬儀は、貴族の暮らしのほとんどがそうであるように、公の場で行なわれ、政治に対して影響を及ぼした。近縁の男性親族がカエサルの青年時代に亡くなることはなかったので、ある意味で叔母と妻の葬儀は自分を売り込む絶好の機会を提供した。カエサルはその機会を逃さずに最大限の能力を発揮してこれを利用した。それは必ずしも彼の悲しみが本物でなかったことを意味しない。というのも、ローマでは感情と政治とがしばしばうまく共存したからである。コルネリアとの結婚は成功であって、おそらく幸福で愛情に満ちたものでもあった。けれども、妻を失ったことが彼の女遊びに火をつけたと示唆する史料は何もないし、彼女と結婚していた時からすでにいくつかの情事に耽っていたことは確実である。カエサルが妻の父であるキンナを象徴する品々を、少し前にその盟友であったマリウスにつけてしたと同様に、葬列に加えたかどうかはわからない。マリウスは民衆一般に対してはるかに強く感情的に訴えかける存在だったから、彼とのつながりのほうがカエサルにとっては大いに重要であった。

カエサルが遠ヒスパニアに出発したのは紀元前六九年の春または初夏で、仕えることになっている属州総督アンティスティウス・ウェトゥスと一緒に出発したのはほぼ確実である。属州総督は通常、部下の財務官を選出された者のなかから選ぶ。カエサルの場合もそうだったので、二人はすでに知り合いだった可能性がある。確かに彼らはよい関係を築いたようで、カエサル自身が七年後に法務官職を務めたのち遠ヒスパニアを統治すべく派遣された際には、ウェトゥスの息子を自らの財務官に任命することになる。財務官の最も重要な任務のひとつが属州の会計監査だったが、カエサルは属州総督の代理として広範な活動に従事するよう要請された可能性がある。属州総督の時間の大半は領域内の主要な都市を巡察し、請願を聴取し、問題を解決し、正義を行使することに費やされた。ウェトゥスはこの役割を果たすようさまざまな場所にカエサルを派遣した。カエサルは彼の任務をすべてそつなくこなしたので、二十年以上後になっても地元の人々は彼の尽力を記憶していた。財務官職は属州住民のなかでも重要な人々の間にクリエンテスを獲得する機会となったのであった。

カエサルはヒスパニアで勤務している時に初めて癲癇の発作に襲われたと言われているが、それが紀元前六九年と、紀元前六一年から六〇年にかけて属州総督として過ごした時期の、どちらのことだったのかは定かでない。おそらく財務官だった時期のもうひとつの出来事は、カエサルが法廷を主宰するためにガデス（現カディス）を訪れた時のことである。ただしプルタルコスはそれを後の時代の出来事と考えている。カエサルはヘラクレス神殿でアレクサンドロス大王の立像を見て、公然と嘆いていたという。というのも、マケドニア王が世界の半分を征服した年齢になっても自分はほとんど何もなし遂げていなかったからである。さらに心の平穏をかき乱したのは、自分が母であるアウレリアを犯している夢を見たことだった。カエサルが動揺したのは無理もないが、夢占い師に相談したところ、その解釈は、「貴方は世界を支配するよう運命付けられている、なぜなら貴方が犯した母というのは、万物の生みの親である母なる大地を象徴しているからである」というものであった。スエトニウスは、この解釈を聞いたカエサルは、ローマへ戻ってキャリアを続けることを熱望し、早めに属州を引き上げたと述べている。これが事実だったとしても、カエサルはウェトゥスの許可を得て行動したと考えられる。その職務を放棄したという批判や示唆はまったくなかったようだからである。属州の会計監査はすでに完了し、おもな任務は達成されていたのだろう。全体としてカエサルはその仕事を順調にこなしたが、財務官の活動がローマに戻った時に有権者を魅了することはまずなかった[22]。

記念碑と剣闘士──按察官としてのカエサル

イタリアに戻る途中でカエサルはポー川以北のガリアに逗留した。ここは属州ガリア・キサルピナの一部で、イタリア半島の一角をなす唯一の属州である。住民はローマ人およびイタリア人植民者の子孫とガリアの部族民の混血によって構成されていたが、指導者層の家系はいまや文化的にはローマ人そのものであった。同盟市戦争の直後に行なわれた市民権の付与はポー川を境に止まっていたので、それより北側の諸都市はラテン人の地位しか有していなかった。これに深く憤っていたのが、完全な市民権から得るものが最も大きい、特に裕福で有力な人々であった。カエサルは彼らの感情を後押しした。というのも、将来有権者になる裕福な新市民は味方につける価値があったからである。彼の扇動は非常に強力だったのでポー川以北のガリアの住民を暴動寸前にまで追い込んだとか、その暴動は偶然近くにローマ軍が駐留していたことでからくも防げた、という説はまずありえないと思われる。これはカエサルが常に革命をめざしていたという推測に基づいた、後世の創作である可能性が高い。レピドゥスにもセルトリウスにも加担するのを拒否した者が、自分から反乱を起こそうとしたとは考えにくい。キャリアのこの段階でそのような危険を冒す必要はまったくなかったのである*23。

ローマに戻ったカエサルが最初に取った行動のひとつが再婚であった。新婦の名はポンペイア、母方としてはスッラの孫であり、父方としては紀元前八八年にスッラとともに執政官を務めたクィントゥス・ポンペイウスの孫になる。ゆえに、マリウスとの関係を見せびらかし、スッラ体制を廃棄することを目的とした立法を支持していたからといって、カエサルを確固としたマリウス派で反スッラ派であるとみなすのは、あまりに単純化しすぎだろう。ローマの政治が党派に分かれることは、分かれたとしても真っ二つになることは、内戦が猛威をふるっていた時でさえ、ほとんどなかった。元老院議員が結婚する場合まず決まって、縁組の結果として有益なつながりを得るためだった。この結婚をカエサルが、自分のキャリアを発展させるのにどう役立つと考えていたのかを正確に理解するには、ポンペイアの縁者にかんする情報が不足している——貴族層の家族間に張り巡らされた関係の網の目はとてつもなく複雑なのである。コルネリアとの結婚とは異なり、今回はコンファルレアーティオという儀式を経ることはなかったことだろう。紀元前六七年にカエサルが結婚した際にどこまでこの通り行なわれたかはわからないが、ローマでの伝統的な結婚につきものの儀式についてはかなり判明している。ローマでは私生活であれ公的な生活であれほとんどの場面でそうであるように、犠牲が捧げられ、前兆が占われた。新婦は伝統的にオレンジ色のスリッパを履き、花婿が新婚初夜にほどく複雑な「ヘラクレスの」結び目で縛られた腰帯で固定された、家で織った衣服を着ることとされていた。ポンペイアが慣例に従ったとしたら、髪は六束の三つ編みにして、明るいオレンジ色のヴェールで覆われていただろう——コルネリアを彷彿とさせるように。もしカエサルが本当にフラーメン・ディアーリスを務めたとしたら、コルネリアは外出するときはいつでもそのようなヴェールを着けなければならなかっただろうからである。松明で照らされた行列で、新婦は実家から新郎が待つ彼の家へと送り届けられる。目的地では家の門の扉が木製の平縁で飾られ、オリーブ油か動物の脂が塗られていただろう。新婦は敷居をまたぐことなく運び込まれたが、その儀式はサビニ族の女性の略奪にまでさかのぼると信じられていた。当時、初期のローマ人は近隣の諸都市の娘たちを誘拐することでしか妻を得られなかった。だからローマで最初の新婦たちは不承不承新しい家に入ったのだった。この儀式は――それが起源だと一般に意識されることはないが――現代世界にまで生き残っている。ただしローマ人の風習は、実際に新婦を運び込むのは新郎ではなく新婦の付添人であった点で異なっている。

待ちうける新郎は松明と水で満たされた器を持っており、それは生活に不可欠な物を新妻に与える用意があることを象徴していた。結婚を正式にする特に長い儀式が行なわれることはほとんどなかったようである。伝統的な方式は単純そのもので、新婦が「あなた、ガイウスが居るところ、私ガイアはおります」と宣言するだけだった。ひとつの共通の名前の男性形と女性形が夫婦になることを象徴していた。家の大広間には象徴的な新婚のベッドが据え付けられ、華美に飾り付けられたが、夫婦が実際にそれを使ったわけではなく、最終的にはしかるべき寝室で床についたであろうことは明らかである（ギリシア人のなかには、ローマの新郎は、しかるべき結婚初夜のベッドに妻と入る前に、すべての灯りを消して部屋を真っ暗にしたと信じる者もいた。これは、性的快楽のためだけに求められる売春婦のように見られることが決してないよう、名誉ある女性を尊重したしるしだとされた。これは風変わりなローマ人にかんする物語の域を超えるものではないだろう）。翌朝、新婦は初めて新しい家の竈の神々（ラーレースとペナーテース）に犠牲を捧げた。彼女と夫は特別な饗宴で客人たちをもてなしたことだろう*24。

ポンペイアはポンペイウス・マグヌスとは遠縁の親戚でしかなく、両家の親密さはいまやほとんど失われていたから、カエサルはこの結婚で、ローマの最も偉大で最も人気のある現役の将軍と親しい関係を得たわけではなかった。執政官職を終えた後の最初の二年間は、たとえ元老院でのパフォーマンスが冴えなかったとしても、ポンペイウスは満足そうであった。紀元前六七年になると、かつて自分の勝利がもたらした賛美を懐かしく思うようになったことは明らかで、新しい軍指揮権を手に入れるために行動を開始した。これまでの彼のキャリアは華々しい性格のものだったから、たんに執政官が属州で保持する標準的な軍指揮権ではなく、もっと立派な軍指揮権でなければならなかった。海賊はいまだ地中海を脅かしていたので、護民官のひとりアウルス・ガビニウスは、この問題を処理するため今回限りの特例的な軍指揮権を設ける法案を提出した。これにはまったく先例がないわけではなく、元老院は紀元前七四年の執政官のひとりマルクス・アントニウス——カエサルの腹心マルクス・アントニウスの父——を、海賊討伐という曖昧な指示内容とともに派遣している。ただし彼がなし遂げたことはわずかで、紀元前七二年には深刻な敗北を喫し、その後すぐに亡くなった。状況はこれまでになく悪化していて、ローマが依存している外国からの穀物供給をも脅かしていた。法案の意図に目新しいものはなかったが、ガビニウスの立法の詳細はきわめて急進的で、新しい将軍に膨大な数の船と部隊の指揮権を付与し、命令権を地中海全域および海岸から五〇マイル離れた陸地に拡大するものだった。その権力は、この地域の陸地を含む属州の総督たち全員の権力とほぼ等しいか、もしかしたらそれを上回っていたかもしれない。ガビニウスは当初の提案でははっきりとポンペイウスについて言及してはいなかったが、言うまでもなく彼を意図しており、実際これが唯一の選択肢であることは誰にとっても明らかだった。主要な元老院議員の多くは法案に反対し、それほど強大な権力を誰であれひとりの人物に付与することは、自由な共和政においては間違いであると公言した。例によって元老院内部の無気力症候群のために、多くの者が深刻な問題を解決する名声を誰かに与えるよりは、問題をそのままにしておくほうを望んでいたのは確実だった[*25]。

カエサルはその法案に賛成する演説を行なった唯一の元老院議員だったと言われており、護民官であったガビニウスが自分の法案を支持するようフォルムで群衆を説得しようとした際に、演壇から演説するようガビニウスに招かれたのは間違いない。トリブス民会を再招集する命令が下されると、人々は熱狂的にその法案を可決した。他の元老院議員が誰もその法律を支持しなかったとは考えられないが、カエサルはよりはっきり主張した支持者のひとりだったのだろう。過去にもそうだったように、彼は民衆の理想と自分を結び付けることに熱心だった一方、海賊たちと接触した実体験から、彼らがもたらす脅威について個人的な知見をもっていた。法律が制定されると、ローマでの穀物価格は通常の水準にまで急落したと言われているが、それは、市場がポンペイウスに対する信頼を表明したからだった。多くの優れた元老院議員たちが彼の任務を手助けする用意があったから、法律によって彼に与えられた二四名の副将は選り抜きの集団だった。これ自体、ガビニウスを支持したのがおそらくカエサルだけではなかったことをうかがわせる。ポンペイウスに対する信頼は、彼がこの問題に対して組織的な才能を発揮したことで、完全に正当化された。地中海をいくつかの部分に分割すると、イタリアより西側の海域では数週間で海賊が一掃された。地中海の東半分に跋扈していた海賊たちを打ち負かすには、それよりわずかに長い期間を要しただけだった。この勝利が迅速だったひとつの理由は、ポンペイウスが海賊たちとその家族の降伏を積極的に受け入れ、彼らを豊かな農地や新しい植民市に定住させ、そこで暴力に頼ることなく自活できるようにしたからだった。再びポンペイウスは敬愛すべき共和政の英雄となったが、クレタ島の属州総督に、その島の海賊たちを打ち負かしたという名声を譲るのを拒絶しようとした時は、人間の器の小ささが表に出た。成功はさらなる栄光を求める彼の欲望を刺激しただけであった[*26]。

紀元前六六年、別の護民官であるガイウス・マニリウスは、ポンペイウスとクラッススがこの公職のために回復した権力を利用して、ある法案を民会に提出した。紀元前七四年以来、ミトリダテスとの長きにわたる紛争の指揮権はルキウス・リキニウス・ルクッルスが保持しており、すでに述べたように彼はその地位をプラエキアという高級娼婦の助けを借りて手にしたと言われていた（一二三ページ参照）。ルクッルスはスッラの部下のひとりで、紀元前八八年にスッラが最初にローマに向けて進軍した時に行動を共にした、おそらくただひとりの元老院議員であった。ルクッルスは大胆かつ有能な将軍だったが、軍事面での戦略的および戦術的才能と比べて、指導者としてのそうした能力はそこまでではなかった。戦役においてルクッルスは、ミトリダテスやその盟友であるアルメニア王ティグラネスに対して勝利に次ぐ勝利を重ねた。しかし彼は、マリウスやスッラ、ポンペイウスのような将軍たちと違い、自分の将校や軍団兵の親愛を勝ち取ることは決してできなかった。さらに危険なことに、彼はアシアにおけるローマの商人やプーブリカーニーと呼ばれた徴税請負人の行動を厳しく規制した。これら影響力のあるグループは憤慨した。彼らはわずかな分け前だけを要求する属州総督たちの下で、地元民を搾取することに慣れ切っていたのである。ルクッルスは、地元民がミトリダテスをローマ人による圧政からの潜在的な解放者として見るようになるのを案じて、属州民との不和を避けたいと考えていた。しかし、多くの裕福な商人にとって利益はそのような心配に勝ったので、紀元前六九年以降はルクッルスの軍指揮権は徐々に制限され、その地域は取り上げられて別の属州総督に与えられた。彼の勢力は削がれ、かつて戦いで得た基盤の多くが失われて、最終的な勝利は遠のきつつあるように思われた。そのような状況下で、実権を持たせて一挙に問題を解決するためにポンペイウスを派遣するという案は、非常に魅力的であった。カエサルはまたもや賛成の演説を行ない、法案はあっさり可決された。ポンペイウスはルクッルスと交代したが、ここでも、すでにほとんど勝利しかけている戦争を自分の手柄にするために、最後の場面で登場したという印象を与えたのである*27。

紀元前六七年と六六年に、例外的な軍指揮権をポンペイウスに与える法律をカエサルが支持したことが、投票の結果に大きな影響を与えた可能性は非常に低い。財務官経験者なら周りに大勢いたし、服装とふるまいにおいて伝統を鼻で笑うような若い元老院議員も数人はいた。カエサルは生涯のうちこの段階ではまだ重要な人物ではなかったことを、我々はもう一度思い返すべきである。ここまでの彼の記録は、彼が前途有望な人物で悪くないキャリアを送る可能性があることを示唆しているが、何度も言うように、その点で彼が珍しいわけではない。ガビニウス法とマニリウス法のための演説によって、カエサルがポンペイウスから深く感謝されたかと言えば、彼の果たした役割はささいなものだったから、その可能性は低い。もっともどちらの法律も論議を巻き起こし、大きな関心を集めたので、主要な元老院議員の多くは元老院やフォルムでそれらの法律に反対する演説を行なった。カエサルのほうは、それらの法律とポンペイウスとに貢献し、名を知らしめる機会をつかんだ。ポンペイウスの人気の一片なりとかすめ取って自分のものにする機会だったのである。重要なのは、カエサルは広範な市民の意見を集めて声にしたが、そこには多くの騎士階層の人々やその他のほどほどに裕福なローマ人も含まれ、民会において彼らの投票の価値はきわめて高かったことである。このようにして民衆の目標を支持するのが、民衆派《ポプラーリス》であった。従来の研究ではほとんど完全に限定された政治的党派あるいは集団として描かれることがよくあったが、これは民衆の支持を得ることに依拠した政治活動の一流儀にすぎない。グラックス兄弟は民衆派だったが、マリウスも時にはそうであり、サトゥルニヌスやスルピキウスも同様だった。彼らは数多くの同じ問題をそれぞれに提起したが、一定の共通した見解に達したことはなかった。カエサルはそのキャリアの早くから民衆派の道を進む傾向にあったが、だからといって自動的に、誰であれ同じ方向に向かう者と彼が手を結んだことを意味するわけではなく、それは他の多くの者も同じだった。政治活動は依然として本質的には個人的な闘争であった。なぜなら誰もが競争相手だからである。ただ人々の喝采を得たかどうかではなく、他の誰よりも多く得たかどうかという問題なのである*28。

カエサルが有権者の支持を得るために取ったもうひとつの方法は、惜しみなく金を使うことだった。アッピア街道の管理委員に任命されると、修理や改善の費用として相当な額の私財を費やし、道路や関連する建造物を作った。将来的にこの投資で大きな利益をもたらした。というのも、アッピア街道は依然としてローマへと続く最も重要な道路のひとつであり、ここを通ってローマへ旅する有権者は、カエサルが自分たちのために何をしてくれたか、思い起こさずにはいられなかったからである。仲間である市民のために進んで財産から支出したことが、紀元前六五年に高級按察官職に立候補した際に役立ったことは言うまでもない。按察官は全部で四名だが、うち二名はプレブス独自の職であって、カエサルのようなパトリキは就任できなかった。高級按察官はパトリキでもプレブスでも就任可能で、法務官や執政官と同様に、公職者専用の椅子に座る権利を有していた。スッラは、より上級の公職をめざす者に対し、按察官職への就任を条件とはしなかった。定員が少なかったからである。ただし最低年齢を三十七歳に設定した。カエサルが高級按察官に就任した時はまだ三十五歳だったが、通常に比べて二年早い立候補を認める特例が元老院によって付与された可能性が高い。そのような特別扱いはかなりよくあることだったようで、紀元前六七年にはある護民官が、元老院の出席議員が定足数である二〇〇人に満たない状態でそのような特例を認めるのを禁止する法案を可決させたほどだった。特例が認められた理由は、母方の親戚の影響力と、市民冠の保有者でありポンティフェクスであるという、カエサル自身の功績から説明がつくだろう（ところで、彼が按察官に就任した年代が、カエサルが生まれたのは紀元前一〇二年だと主張する研究者たちによって利用されてきた。しかし、この主張は我々のもつわずかな証拠と整合しない。たとえば彼が二年遅れて財務官になったとしたら、それはおかしなことだっただろう*29）。

按察官はローマの運営そのものをほぼ独占的に担当し、神殿の維持管理を指揮し、道路や上下水道を清掃し整備し、穀物供給、市場、そして市内の売春宿まで監督した。加えて時には司法上の役割をも果たしたが、野心的な政治家にとって主要な魅力のひとつは、按察官が公的な娯楽や祭礼を担当していることだった。二人の高級按察官は特に、四月に母神キュベレに奉げる七日間の娯楽や見世物（ルーディ・メガレンセス）と、九月に「ローマの競技会（ルーディ・ローマーニ）」と呼ばれる十五日間のお祭りを担当していた。国庫は担当者にこれらの行事の費用に充てるための手当を支給してはいたが、按察官が自分の財産から補塡するのが長らく慣例となっていた。名を広めたい按察官によって開催された豪華な見世物のひとつひとつが、後任者にとっては匹敵するか上回るべき新たな基準となった。カエサルは生まれながらにして興行主にうってつけで、費用を惜しんではならないという指示を出してその娯楽の準備に没頭した。個人的に所蔵していた美術品がいくつもフォルムやそれを取り巻く会堂、さらにはそのために建てられた仮設の柱廊に展示された。ヘレニズム諸都市の特徴であった堂々とした劇場は当時のローマにはまだ存在せず、仮設の観客席を急造する必要があった。カエサルとともに費用を負担したもうひとりの高級按察官であるマルクス・カルプルニウス・ビブルスは、自分たちは一緒になって猛獣ショーや演劇作品を公演したのに、名声はすべて同僚のほうへ行ってしまったようだと不満を述べた。ビブルスはこうも語ったと言われている。ちょうど天界の双子であるカストルとポッルクスの神殿が、決まって省略されてカストル神殿として知られているようなものだ。同様に、人々はカエサルの按察官職について語ることはあっても、カエサルとビブルスのそれについて語ることは決してないであろう、と[*30]。

カエサルは按察官職にある間に、二十数年前に亡くなった自分の父を記念して剣闘士大会を開催することを決定した。剣闘士興行の起源は葬儀での競技会にあった。当初それは私的な、家族内部の催しだったが、紀元前三世紀末には公に行なわれる見世物となり、規模と豪華さの点で急速に拡大した。そのような戦いが家族構成員の死を追悼するためにのみ行なわれるという伝統は、カエサルの時代にも続いていて、さまざまなお祝いの一部として行なわれた猛獣ショーとは対照的であった。ただし、それはすでにこの種の暴力的な娯楽のための言い訳にすぎなくなっていたことは、ローマでもイタリア中でも大人気だったことからもわかる。そうであっても、カエサルがこれほど長い時間がたったのちに葬送競技会の開催を宣言したのは、ほとんど前例のない行動だったことは確かである。けれども、彼が計画している規模のほうが多くの点でもっと例外的であった。カエサルはイタリア中の剣闘士養成所から数多くの剣闘士を集め始めたので、元老院は神経をとがらせた。スパルタクスの反乱はいまだ誰の記憶にも生々しく残っていたし、一方でカエサルのような野心的な人物が、まさにローマ市内で多勢の武装した連中を命令下に置いたら何をするかわからない、という恐怖も存在しただろう。おそらく同じくらい重要なのは、他の元老院議員たちがそのような贅沢な見世物を認めるのを嫌がったことである。というのも、そのせいで観客の期待水準が上がり、将来人々の支持を得るのは金がかかって誰にとっても難しくなるだろうからである。その結果、一個人が企画する競技会はどのようなものであれ、出場できる剣闘士の数を制限する法律が成立した。それでも史料によれば、カエサルの競技会では三二〇組の剣闘士たちが登場し、全員が銀で精巧に飾られた鎧をつけていたと伝えられている。ビブルスと一緒に企画した見世物でも闘獣士が豪華な武器を使用した*31。

按察官職の在任中に、カエサルは私財から莫大な額を支出し、共同企画の際には足りない分をビブルスの資金で補塡した。ローマの人々は無料で開催された見世物や競技に夢中になった。人々はこのような競技の企画に際して少しでも金を出し惜しみするのを嫌ったから、そんなことがあればその後のキャリアの中でそれを持ち出して非難したことだろう。同じように、彼らは本当に印象的な見世物を担当した者のことは感謝の念とともに記憶していた。しかしそれは、たんに計画に金をかければよいという問題ではなかった。どんなに金のかかった競技会でも演出がまずければ、単調になることがあったからである。カエサルは何をするにしても決して趣向を凝らすことを忘れず、彼の競技会はいつも大成功であった。彼に言わせれば、金というものは活かすも殺すも使い方次第なのである。それは彼が借りた金という意味では、彼の個人的な金であった。選挙で当選して公職に就く以前でさえ、一三〇〇タラントン以上の――ローマの通貨で言えば総額で三一〇〇万セステルティウスを超える——負債を抱えていると言われていたと、プルタルコスは伝えている（比較のために言うと、騎士階層の基準となる最低財産額は四〇万セステルティウスであった。これは少し後の時代のことだが、おそらく当時も同様だったと思われる）。これは信じがたい額だが、それ以降も、アッピア街道の管理委員として、また按察官として支出したことで、どんどんと増えていったのである。カエサルは政界での自分の将来を、負債を埋め合わせるのに十分なくらい明るくかつ儲かるというほうに賭けていた。彼の債権者たちも同じリスクを背負っていたが、おそらくカエサルなら大丈夫と信じていたのだろう。この金の大部分はおそらくクラッススから借りていた。クラッススがそのようにして融資した前途有望な元老院議員は、カエサルだけではなかった。しかし、次々と借り続けられるだけの余裕を他の者にも与えていたとは考えられない[32]。

最後にもうひとつ、按察官在任中にカエサルがしてみせたジェスチャーがあった。その年のいつだったか、おそらく何度か行なわれた競技会のひとつの直前だったと思われるが、キンブリ族とテウトネス族に対するマリウスの勝利を記念した石碑をフォルムに再建立させる命令を発したのである。スッラはそれを引き倒すよう命じており、おそらく破壊したと思われるが、カエサルがその複製品を建てさせたことはほぼ確実である。ユリアの葬儀の時と同様に、民衆の大部分はこのふるまいに好意的な反応を示した。多くの人々がいまだに、北方の異民族がイタリアになだれ込んできて再びローマを蹂躙するのではないかという恐怖を覚えていたのである。マリウスがそのような破滅からローマを救ったのは、最も称賛に値すると思われる行為だった。ひとりだけ異を唱えたのがクィントゥス・ルタティウス・カトゥルス、彼は紀元前七八年の執政官であり、カエサルと同じくポンティフェクスであった。その父は紀元前一〇二年にマリウスとともに執政官を務め、紀元前一〇一年には属州総督だったが、協力して勝利を収めたにもかかわらず名声のほとんどを一身に受けた民衆の英雄を、深く恨んでいた。カトゥルスは、正式には元老院の第一人者《プリンケプス・セナートウス》、すなわち元老院議員名簿の最上位に名前が登録される人物ではなかったとしても、当時おそらく元老院でも最も尊敬される議員だった。マリウスを重要視することはカトゥルス自身の家族の栄光を傷つけることであった。彼はこの件に憤った。しかし、もしこの話が事実ならば、カエサルのことを向こう見ずで将来危険となりうる政治家と見はじめていたことになる。元老院でカトゥルスは、「カエサルよ、これ以上共和政の砦を破壊するな――いまやお前はその根幹を揺るがしつつあるのだ」と述べた。けれども、年上の政治家の権威《アウクトーリタース》をものともせず、カエサルは演説で反論した。それはまったく合理的であり、多くの元老院議員は彼に罪はないと考えた。おそらく彼らは正しかった。というのも、カエサルのキャリアは、たとえ華やかであったとしても、ほとんどの点で依然として伝統に則っていたからである。しかし革命の気配が漂っていた*33。

第6章 陰謀

金持ちが尊敬されるようになり、栄誉、命令権、権力が彼らにもたらされるようになると、人徳は輝きを失っていった。

倹約は恥辱として、純真さは悪意として見られるようになった。

その結果財産のせいで、我々の青年時代は贅沢、強欲、高慢で占められていた。

人々は盗み、浪費した。自分の財産では足りないと考えて、他人の物を欲しがった。

良く考えもせず、我慢することもなく、つつましさや貞操を、神の物であれ人の物であれすべてを軽蔑した。

元老院議員で歴史家のサッルスティウス、紀元前四〇年代後半＊1

紀元前六六年の後半に行なわれた翌年の執政官選挙に勝利したのは、プブリウス・コルネリウス・スッラとプブリウス・アウトロニウス・パエトゥスだった。スッラはかの独裁官の甥であり、追放公示の間に財を成した。ポンペイウスの義理の兄弟だったから、偉大な軍司令官との関係によってある程度の人気を博したのかもしれないが、スッラの勝利は選挙における彼の資金力に負うところが大であって、これは大規模な買収と脅迫が行なわれたことを意味していた。それ自体は珍しいことではなかった。

この期間を通じて、選挙における不正にかんする一連の多くの法が制定されたが、立法が頻繁であることからその効果がなかったことがはっきりしている。直近の法案は、そのような犯罪について有罪を宣告された候補者は、手に入れた公職を失うだけでなく、元老院から追放され、何であれ公職を象徴するあらゆる物を掲げる権利をはく奪され、政界への復帰を禁じられると規定していた。その選挙で次点だった二人、ルキウス・アウレリウス・コッタとルキウス・マンリウス・トルクアトゥスは、ただちにこの買収禁止法の下で当選者を訴追した。コッタは紀元前七〇年の法務官として、法廷における審判人の構成を変更する法律を制定した人物だった。この時点で彼は執政官職を求めて一年か二年は浪人していたので、今回の敗北は彼をよけいに苛立たせていたのかもしれない。マンリウスのほうは、兄弟が二人ともすでに執政官に就任していて、選挙で当選した二人とは対照的に、非常に高貴なパトリキの氏族の出身だった。アウトロニウスは自分の地位を守るために、支持者の一団を使って法廷の構成員を脅迫しようとし、それに失敗すると、訴訟手続を中断させようとした。スッラも同様の戦術を使ったかもしれないし、使わなかったかもしれない――数年後、キケロは別の訴訟で彼を弁護し、かつての暴力沙汰をすべてアウトロニウスのせいにした。それにもかかわらずコッタらの訴追は成功し、両者は公職をはく奪され、政界から追放された。コッタとトルクアトゥスが紀元前六五年の執政官となったのは、スッラとアウトロニウスの次に得票数が多かったからか、あるいはおそらく二度目の選挙が行なわれたからだった。

問題はこれで終わらなかったようである。アウトロニウスとスッラは政界からの永久追放を受け入れようとしなかった。コッタとトルクアトゥスを暗殺する計画が話し合われたのは、二人が執政官職を引き受けた紀元前六五年一月一日であった。他の主要な元老院議員たちも暗殺されることになっていて、首謀者たちが最高公職に就任する予定だった。計画について事前に警告されたので、新しい執政官たちは武装した護衛を付けることを元老院から認められ、何の暴力もないままその日は過ぎた。すべての事柄について沈黙が守られたので、キケロは、紀元前六六年の法務官だったにもかかわらず、数年後に、自分は当時それについて何も知らなかったと主張する羽目になった。事実が明らかにならないまま噂だけが広がって、特に数年が経過すると、この怪しい事件との関わりを主張して敵対者の名前に傷をつけることに利用されるようになった。のちに、アウトロニウスの一番の盟友としてルキウス・セルギウス・カティリーナの名が挙げられたが、彼にはいずれこの章の中で出会うことになる。彼はちょうど属州総督として統治していたアフリカから帰還したところで、スッラとアウトロニウスの免職の後に執政官の候補者になりたがっていた。選挙を主宰する公職者がこれを認めるのを拒否したことで、カティリーナはアウトロニウスに加担して、暴力で権力を掌握する計画に参加したと言われている。もうひとり名前が取り沙汰されたのがグナエウス・カルプルニウス・ピソで、紀元前六五年の財務官職に選ばれていたが、気の短い、乱暴な人物と見られていた。発覚後すぐに元老院が彼を法務官格属州総督として――彼のように若く下位の公職者にとってはきわめて例外的な任命だった――ヒスパニアに派遣すると決定したことは、ローマに留まることを許したら何をするかわからないと彼らが恐れていた証拠だと思われた。話が噂の中でふくれ上がっていったのは間違いない。とりわけピソが属州で自分の部下であるヒスパニア人の兵士たちに殺害された後には。彼ら補助兵は属州総督の圧制のせいでそうしたのだと主張する者もいた。その可能性は十分にあるが、忘れてはならないのは、多くの専制的なローマ人の属州総督のうち、暗殺されるまでにいたったのは片手で数えるほどだったことである。他には、ポンペイウスの下でセルトリウスと戦ったヒスパニア人の兵士たちはポンペイウスに忠誠を誓っていて、将来の対抗馬を始末するよう指示された――あるいは彼ら自身で判断した――とほのめかす者もいた。そのような突飛な話が出回っていたことは、この時代の緊張した雰囲気をよく表している*2。

スエトニウスが伝えている、クラッススとカエサルはアウトロニウスやスッラと結託していたという説は、この文脈に位置づける必要がある。計画では元老院内の敵対者を虐殺し、有罪判決を受けた二人に執政官職を与え、クラッススは独裁官に、カエサルは騎兵長官《マギステル・エクイトウム》という古風な名前が付けられた副官になる予定であった。カエサルは自分のトガを肩から落とすことで襲撃の合図を出すことになっていたが、クラッススが「良心の呵責か恐怖」によって動揺し、姿を現さなかったためにそうしなかった、と言われた。スエトニウスがこの事件にかんする史料として挙げているものはすべて、カエサルに敵意を持った著者によってのちの時代に書かれている。スエトニウスが言及している別の逸話にも同じことが当てはまる。それは、カエサルがどのようにしてピソと連携して武装蜂起を計画していたか説明し、しかしこの計画はピソの暗殺によって挫折した、と述べている。カエサルが最初期から暴力によって共和政の支配権を握ろうと計画していたという、その他の主張についてもそうなのだが、これらはおそらく後世の宣伝工作以上のものではない。カエサルは紀元前六五年の按察官に選出されたばかりで、革命を望む理由がなかった。彼が自分の親類であるルキウス・アウレリウス・コッタの暗殺計画に参加したというのは、およそありえない話である。同様に、クラッススはカトゥルスを同僚として監察官に就任することになったばかりで、武装蜂起から得るものはほとんどなかった。執政官選挙の最中や直後には政治的な動機の暴動が起こったことがあり、そのような計画があったのかもしれないが、カエサルやクラッススの関与が後世の創作なのは確実である*3。

古代でも現代でも歴史家のなかには、この数年をクラッススとポンペイウスの対抗関係によって支配されていたと見る傾向がある。紀元前六七年にカトゥルスは、海賊に対する指揮権は誰であれひとりの人物に大きすぎる権力を与えることになる、と批判した。ポンペイウスはミトリダテスとの戦いの指揮権をも与えられた時、さらに大きな権力を掌握することになり、内戦が始まった時点でのスッラと比べてもはるかに広大な地域の資源を利用することができた。皇帝たちの支配下で著作を残した人々は、ポンペイウスが最終的には紀元前六二年の終わり頃にイタリアへ帰還した際に、この巨大な権力を手放すことを選んだのに驚きを表明した。ローマにおいて唯一の支配者になれるだけの権力を手にすれば誰でも、支配したくなるのは避けられないだろうと考えられていたのである。後知恵ではあるが、この考え方が間違っていたことを我々は知っている。ポンペイウスは自分の野望をもっと伝統に則った方法で追求することを選んでいたからである。この時代のキケロの書簡には、偉大な将軍がスッラの先例を踏襲するのではないかという不安をうかがわせる兆しは、何ひとつない。他の多くの元老院議員も新たな内戦を予想していた可能性は低いと思われるが、その可能性がまったくないと考えていたとまでは言えない。この時代に政界で活動していた人はみな、紀元前八〇年代の恐るべき暴力を、著名な人々を死に追いやった追放公示の一覧を、そして切断された頭部が飾られた演壇を思い出せる年齢だった。これらはみなローマのど真ん中で起きたことで、それが二度と起こらないと誰が言えるだろうか？　ポンペイウスはスッラの血に飢えた部下たちのひとりであり、「若き死刑執行人」であった。彼も成長するにつれて丸くなったようではあるが、そのキャリアのうちローマで過ごし、政界の日常的な付き合いに参加した時間はいまだわずかだった。誰もが威勢のよい軍司令官としての姿を知っており、彼はすでにアフリカ、ヒスパニア、シチリア、イタリアで挙げた勝利に加えて、アシアでも勝利を重ねていたが、どれだけの人がその真の姿を知っていたであろうか、そして知っていたとしても彼がどのようにふるまうか確信していたであろうか？　状況はスッラが直面し、彼を事実上追いつめていた事態とは、まったく異なっていた。しかし、執政官でありながら不満を抱いていたキンナがしたように、誰かが暴力によってローマで権力を掌握した場合、それがポンペイウスにとって、自軍の先頭に立って再び剣を手に取る理由に、あるいは言い訳にはならないと、誰が言えるのか？　選挙や裁判が中断され、優れた元老院議員同士の競争がそれまでよりもさらに死に物狂いになったと見られた時代に、そのような筋書きを想像するのはたやすかった*4。

ポンペイウスとは対照的に、ローマではるかに長い時間を過ごし、政界できわめて積極的に活動していたクラッススのことを、人々はよく知っていた。共和政において最も裕福な人物のひとりだった――おそらく彼の財産はポンペイウスに次いで二番目だった——自分自身の軍隊を召集するだけの財産がなければ金持ちと称することはできない、というのがクラッススの口癖だった。その財産にもかかわらず、暮らしぶりはこの贅沢と放縦の時代に驚くほど質素だった。ルクッルスや、キケロの手ごわいライバルだった弁論家のホルテンシウスのような人々は、壮麗な屋敷、別荘、庭園によって、または外国産の食べ物が載った豪華な食卓で、その豊かさを見せびらかした。よく知られているのは、彼らが塩水の池を造ることに熱心に取り組み、食用であると同時にしばしばペットとして海水魚を飼育していたことである。クラッススはそのような気まぐれに自分の金を浪費することはなく、かわりにすでに莫大な財産をさらに増やすことに努力を傾けた。多くの商売に出資しており、属州で活動する請負人その他の会社と密接な関係を維持していた。最も目に見える形でクラッススが投資したのは不動産に対してで、建物を建て、その価値を高めるために何百人もの熟練した奴隷たちを抱えていた。奴隷たちのなかには消防隊として訓練された一団が含まれていたが、そのようなものは当時のローマには他に存在しなかった。都市の大部分は、狭い路地で区切られた高層の、ひしめき合うインスラからなっていて、インスラは賃料からできるだけ多くの利益を上げようとする地主たちによる、急ごしらえの安普請であることがしばしばだった。火災は容易に生じ、あっという間に広がったし、イタリアの夏の暑さの中では特にひどかった。クラッススは火災が発生するのを待ち、それから火の通り道にある不動産を購入することで、ローマの広範囲の土地を格安で買い上げることができた。ひとたび取引が成立すると、彼は消防隊を呼んで、通常は建物を破壊して火除け地を作ることで火を消し止めさせた。新しく買った不動産のいくつかは残された一方で、奴隷身分の職人たちは取り壊された建物の敷地にまた建てなおす準備を整えた。彼が特に扱ったのはもっと儲かる大きい家であったようだが、他の有名なローマ人と同様に、貧民街にある何区画もの集合住宅をも所有していた。その財産の多くを手に入れたやり方は、彼の決断力と抜け目のなさを示している。おそらく紀元前七三年のある時点で、彼がリキニアという名のウェスタの処女と多くの時間を費やしたことはよく知られている。彼女は不貞の咎で公的に訴追されたが、その罰はウェスタの処女の場合、生き埋めであった。クラッススが、自分はリキニアから家を買おうとしていたのだと発表すると、訴えは棄却された。その名前が示しているように、彼女はクラッススの親戚であったと思われる。新しい不動産を手に入れようとする彼の熱意を誰もが知っていたので、彼らが肉体関係にあるという話よりはるかに信憑性があると受け取られた。リキニアは有罪判決を免れたが、クラッススは最終的に彼女がその家を彼に売るまで付きまとい続けたと言われている[*5]。

クラッススはたんなる不動産王ではなく、住宅と並んで巨大な地所や銀山を所有しており、その資産は自分のためだけにあるのではなく、政治的な野望を実現するためのものだった。すでに見たように、カエサルは民衆の支持を得るために行なった大規模な試みの数々の資金源として、おそらく貸付を受けている。クラッススは政界での出世をめざす大勢の人々に快く金を貸した。借り手に利子を課すことは稀だったが、返済期日が到来するや否や、容赦なく貸付金を回収した。そのかわりに、政治資金を蓄え、他人の便宜を図ることで、彼らに恩を売ることに専念した。この当時数年間に、六〇〇人かそこらの元老院議員の多く、おそらくは大多数が、クラッススから金を出してもらうか、過去に無利子の貸付金の恩恵を受けたことがあった。彼らのうち最も高貴な家柄の出身者が少なかったのは、たいてい彼ら自身も十分裕福だったからである。多くはカエサルと同様、野心的ではあるが元老院の中枢からは外れた位置にいる家族の出身で、いまだ公職に就任したこともない非力な元老院議員も多かったが、元老院の構成員ではあるから、たとえ演説するよう求められることは稀であったにせよ、投票することはできた。彼らに対してクラッススは、自分の財産から利益を得るのを許す寛大さによって、大きな影響力を持っていた。彼はそれ以外の方法でも、他人に恩を売ることになるのなら、同じように喜んで便宜を図った。クラッススは法廷でも、キケロのように主として弁論家としての能力によってキャリアを築いている人々と比較しても、際立った活躍を見せた。そのキケロは次のように述べている。

修辞学の訓練は二流で、生来の才能もそれほどないが、やはり努力と勤勉とによって、そして特に依頼人のために思慮深く便宜を図り、恩を着せることで、［クラッススは］長年にわたって第一線の弁論家のひとりであった。彼の弁論の特徴として、明確なラテン語、注意深く選ばれ構成された言葉、ごてごてした修飾語もなく、その思考は賢明だったが、話しぶりと声が平凡だったので、彼の話はすべて一本調子であった*6。

プルタルコスも、クラッススが毎回法廷に登場する前にいかに注意深く演説を準備していたかを強調している。その場合、生来の才能というよりはむしろ努力という言葉のほうが彼の弁論をうまく言い表しているが、それでも彼の弁論は非常に強力だったし、他人が断った事件を快く引き受けたことで、多くの者が彼に借りを作ったのである。同様に、彼が選挙に立候補した者のために進んで投票を依頼して回る姿勢を示したのは、いつの日か報われるかもしれない恩恵を与える、もうひとつのやり方だった。新しいつながりを作ろうとする彼の熱意は、法廷またはフォルムで誰かのために働いたと思えば、そのすぐ後には反対陣営の誰かの味方をするというように、時としてうさんくさく見られることになった。クラッススが政界でも一生懸命活動したのに対し、ポンペイウスは、ローマにいる時でさえフォルムに現れることは滅多になかった。ポンペイウスの財産と権威《アウクトーリタース》は他の者のそれを上回っていたが、それを用いるのを嫌がっているように見られており、人ごみを嫌い、弁論家として姿を現すこともほとんどなかった。クラッススは常に人目についた。誰かのために演説したり、誰かを助けたり、取るに足りない者にさえ出会えば必ず名前を呼んで挨拶し、気遣っていた。民衆の親愛の情を得ることは決してなかったが、その影響力によって彼が敬意を払われていたことは確かだった。有力者の訴追は政界では日常茶飯事であったが、クラッススがそのような目に遭うことはなかった。プルタルコスは、有力者を激しく攻撃することで悪名高いある護民官に言及している。彼は、なぜクラッススを標的にしないのかと尋ねられた時、危険な雄牛の角に麦わらを結びつけて人々に近づかないよう警告したというイタリアの風習に引っ掛けて、「あの人の角には麦わらが結び付けてある」から、と答えたそうである。これはおそらく言葉遊びだろう。というのも、麦わらに当たるラテン語は、金貸しを意味する言葉と語源を同じくしていたからである*7。

クラッススは明らかに、紀元前六五年の監察官職のために大掛かりな計画を立てていた。彼はガリア・キサルピナの住民の多くをローマ市民として登録する計画を発表した。カエサルはすでにその地域でそれを煽り立てる動きに関わっていたし、クラッススは数多くの新市民から感謝の念と将来的な支持を得ることに乗り気だった。それがクラッススに与えることになるはずの影響力を他の元老院議員たちは恐れ、同僚のカトゥルスは新市民を受け入れることを断固として拒絶した。クラッススはエジプトを一属州として併合して税金を課すことも試みた——それは通常監察官によって取り扱われるような事柄ではなかったから、どのようにするつもりだったのかはわからない。この国は混乱状態にあり、退廃したプトレマイオス家の人々による跡目争いと国内の反乱に悩まされていた。スエトニウスが伝えるところでは、カエサルは、按察官時代に得た民衆の支持に後押しされ、何人かの人気のある護民官たちを説得して、エジプトの属州総督という特別な命令権を自分に与えることに賛成票を投じさせようと試みた。カエサルとクラッススがこの問題について協力した可能性はある。その一方で、彼らはどちらも、この豊かなことで知られる地域を担当することで利益を得ようという、同じ動機を持っていただけだったかもしれない。いずれにせよ、どちらの計画も激しい反対に遭ったために、実現することはなかった。クラッススとカトゥルスは厳しく対立した結果、その職に就いてから数か月後に、どちらも監察官職を辞任することで合意した。彼らは、市民とその財産にかんする戸口調査という主要な職務を達成できなかった。最後に戸口調査が適切に行なわれたのは何十年も前のことであった。重要な制度のひとつが、変わり続ける政界の状況に対処できていなかったのである*8。

カトー、カティリーナ、法廷

紀元前六四年、カエサルは初めて公職者として裁判を主宰した。これは按察官や按察官経験者にとってはよくある仕事だった。法務官が扱う事件の数が多すぎる場合、按察官は定期的に法廷で裁判主宰者として働くよう求められた。この年、殺人罪を裁く法廷（刺殺にかんする査問所）は事件で溢れかえった。それは、財務官のひとりであったマルクス・ポルキウス・カトーの活動による部分が大きかった。彼は自分の義務を、この出世の階段における最初のポストに就いたほとんどの若者たちに比べて、はるかに真面目に受け止めていたと言われている。カトーは、慣例に従って日常の業務を、そのために雇われていた常勤職員たちに任せることに満足しなかった。かわりに彼は仕事のあらゆるところに細かく口出ししたので、おそらく専門の職員たちは彼の厳しさと知識とに驚いたことだろう。職員たちは頑強に抵抗し、その年の他の財務官たちのうち何人かを使ってカトーを妨害しようとした。カトーは職員のうち最年長の者を解雇し、もうひとりを詐欺の咎で訴追することで応酬した。在任中、カトーは独裁官時代に由来するいくつかの例外についても調査した。スッラは気に入った支持者たちに共和政の国庫から「融資」を受けることを許可していた。カトーは彼らを追及し、すぐにその金が間違いなく返済されるようにした。彼が特に目をつけて槍玉に挙げたのは、追放公示者を殺害するよう依頼され、一万二千デナリウス（四万八千セステルティウスに相当）の報酬を得ていたグループである。彼らは実名を公表され、この「血塗れの金」を返還させられた。この財務官の行動は広く支持された。なにしろ追放公示の恐怖は人々の心の中でいまだ生々しかったからである。時代の雰囲気を察知して、訴追人たちはそのような者たちを全員、殺人の咎で訴追するようになった。これが合法的であったかどうかは疑わしい。なぜなら、スッラの追放公示法は、彼のために共和政の敵と宣言された者を捜索した者に、法的保護を与えていたからである。これらの裁判は独裁官職そのものの根拠と正当性とを問題にしていたが、同様に、護民官の地位と権限とを回復することに対する広範な盛り上がりは、「正常な」共和政が存在していたスッラ以前の時代に物事を戻そうとする要請を反映していた。ローマ人は近年の暴力と混乱と、なんとか折り合いをつけようとしていたのである*9。

これらの裁判を主宰することが、カエサルにとって歓迎すべき任務であったのは間違いない。彼は独裁官時代の経験から、追放公示に手を貸してそこから利益を得た人々に対して、情けをかけようとは思わなかったし、政治的にも、民衆が望むことにまた関わっておくのは悪いことではなかった。裁判主宰者が法廷で審判人を操ることはできなかったが、事件の一方に肩入れできたのは確かであり、カエサルは、公的な国庫の記録から罪が証明された者に対して有罪判決を下すことに熱心だったと思われる。有罪判決を受けた者のなかにルキウス・ルスキウスがいた。彼はスッラの百人隊長のひとりで、追放公示期間中に一千万セステルティウスという莫大な財産を手にしていた。もうひとりはカティリーナの叔父ルキウス・アンニウス・ベッリエヌスで、彼によって被害を受けた者のなかには、スッラの特別な命令に逆らって執政官選挙に立候補しようとした、クィントゥス・ルクレティウス・オフェッラも含まれていた。カティリーナ自身も訴追され、のちにキケロの行なった非難は誇張しすぎではあるが、明らかに有罪だった。それによればカティリーナは、マリウスの近い親戚にあたる自分の義兄弟の首級を振り回しながら通りを練り歩いたというのである。にもかかわらず彼は無罪放免とされた。これが裁判主宰者のカエサルと結託していた結果だったのかは不明だが、カティリーナはこの裁判で有罪判決を受けた他の者に比べて、はるかに重要な、またはるかに影響力のある友人だった。彼の人脈は審判人を惑わすのに十分だったと思われ、買収や口利きによって補強されていればなおさらだった。カティリーナがカエサルの助けを必要とすることはなかっただろうが、カエサルは、特にこの事件についてはさほど熱心に取り組まないことが自分の利益につながると考えたことだろう。二人がその後数年間にわたって政治的に協力関係にあったという事実は、この裁判が個人的な恨みをもたらさなかったことを示しているが、それをどこまで深読みしてよいかは難しい問題である。マリウスとつながっていたにもかかわらず、カエサルは、追放公示の間に行なわれた個人による不正に対し復讐者として行動することを避けていたように思われる。スエトニウスによればカエサルは、スッラの怒りから逃げていた際に自分を逮捕しながら（八八ページ参照）、多額の賄賂を支払うことでようやく解放してくれた将校であった、コルネリウス・ファギテスの訴追をはっきりと拒絶している。コルネリウスは取引に応じて解放してくれたし、助けてくれた人のことを自分は決して忘れないと強調したカエサルは、それは逮捕されたことより重要だと考えたのかもしれない[*10]。

カティリーナが有罪判決を免れた訴追はこれが初めてではなかった。元老院の中心人物たちとの人脈によって彼は、アフリカで属州総督を務めた時代の悪政と汚職にかんする裁判でも、すでに有罪判決を免れていた。その時も彼が罪を犯した可能性は高かったが、法廷で彼を弁護したカトゥルスのような人々の存在によって彼は、その他数多くの属州総督たちと同様に、処罰を免れた。この事件ではカティリーナを訴追した者でさえ弁護人にたいへん気を遣っていた。スッラやカエサルと同様、カティリーナの家も古くからのパトリキながら数世紀の間に徐々に衰え、いまや政界の片隅でより裕福な新興の競争相手と争っていた。内戦によって彼は財産をとり戻せたので、最終的にスッラの熱心な支持者となったのだった。続く数年間は醜聞が彼のキャリアに傷をつけた。たとえば彼は多くの女性と浮き名を流したが、なかでもウェスタの処女を誘惑した咎で訴追された。その後カティリーナが結婚したアウレリア・オレスティッラ——わかっている限りではカエサルの母とは関係がない——は、裕福だがいかがわしい評判のある女性だった。サッルスティウスは、「まっとうな人間で、外見以外に彼女のことを少しでも称賛した者はいなかった」と辛辣な発言をしている。彼女を愛するあまりカティリーナは十代の我が子を殺害した、なぜなら彼女がほとんど成人した相続人と同じ家に住むのを嫌がったからだ、という突飛な噂話も出回った。カティリーナは悪評高く、女たらしだと見られていて、友人たちは男も女も、貴族のなかでも奔放な連中が多かった。もっとも彼は素晴らしい魅力も備えていて、自分の協力者に徹底した服従を求めるコツをつかんでいた。この印象はカエサルによく似ているので、カティリーナを、あと一歩でカエサルもそうなっていたかもしれない人物として見たい誘惑にかられる。醜聞にもかかわらず、ここまでのカティリーナのキャリアは大体において、平時のルールが通用しない内戦の数年間を除けば、伝統に則っていた。成功したいというカティリーナの熱意と必死さもまたカエサルを思い起こさせる。紀元前六六年の執政官選挙に立候補するのを禁じられたのち、カティリーナは翌年の選挙には立候補していないが、おそらくは属州での財物強要にかんする裁判がまだ続いていたからだろう。彼が候補者となったのは紀元前六四年の終わり頃で、クラッススとカエサルがその選挙運動を応援したようである[11]。

カティリーナとは対照的に、マルクス・ポルキウス・カトーは見るからにあらゆる面でカエサルとは正反対の人物だったようである。曾祖父である大カトーは、第二次ポエニ戦争での目覚しい活躍によって元老院議員に上りつめた「新人」で、執政官と監察官を務めた。大カトーは自分を名高い家系出身の女々しい貴族たちと常に比較し、ギリシア語とその文化に対する彼らの愛好心を蔑み、日々の行動に義務を課す厳しい原則に従って質素な暮らしを送った。大カトーは初めてラテン語散文でローマの歴史を著した人物だったが、彼が望んだのはローマ人の行ないを称賛することであって、貴族の業績を記念することではなかったから、個別の公職者の名前を記すのをはっきり拒否した。この曾孫が著名な祖先のふるまいや生活態度を模倣することで有名になり、大いに尊敬されたことは、元老院議員階層に属する者が自分を売り込む方法の興味深い例である。カトーは、ローマ人の伝統的な価値観を体現すること——それが実際に祖先たちの歴史的現実をいくらかでも反映していたか否かはともかく、模倣されはしないにしても広く称賛された——と、ストア哲学をきわめて厳格に遵守することとを結びつけた。この哲学は何よりもまず人徳の追求を強調していたが、彼の場合にはほとんど強迫観念といってもいいほど極端に解釈されていた。カトーは決して醜聞にかかわらず、贅沢な暮らしを非難されることもなかった。カエサルが服装に気を配り伝統を無視した身なりだったのと対照的に、カトーは自分の外見にほとんど関心を持たなかった。彼はよく裸足でローマの通りを歩いたし、公職者として職務に従事する時はトガを着ていたが、通常はその下に着けるトゥニカを着ていなかったとさえ言われている。旅をする時もカトーは決して馬に乗らず、徒歩で行くことを好んだし、騎乗した同行者たちにたやすく付いて行くことができたという。またもやカエサルとは対照的に、カトーは新婚初夜まで一度も女性と交わったことがなかったとプルタルコスは伝えている。この点で彼の自制心は配偶者と釣り合わず、のちに彼は不貞を理由として妻を離縁した。そんな自制心は、カトーの異父姉で、長い間カエサルの愛人だったセルウィリアも持ちあわせていなかった[*12]。

ふるまいの点ではカエサルとカトーはしばしば両極端だったようだが、いくつかの点で二人はほぼ同じ目標を追求していた。野心的な政治家は、同じ公職をめざすすべての人々の集団の中で頭角を現すことができるよう、認知される必要がある。この点でカトーは、カエサルに比べて有力な家族関係を有していたから、有利だった。公職に当選したとしても、同じポストに就いている他の人々より優れていなければならない。能力は重要だが、その人の行動に関心が集まることが重要なのだった。財務官の任期中にカトーは、その仕事に才能だけでなく彼の代名詞である厳格な人徳を持ち込むことで、自分が他人と違うやり方で行なっていることをすべての人に知らしめた。追放公示期間中に殺人を犯して利益を得た人々を追及することは評判のよい活動であり、関心を集め賛同を得ることができた。正反対の方向から――カエサルは小ぎれいさと流行仕掛け人としての地位によって、カトーは外見上の無頓着なみすぼらしさによって――彼ら二人は自分を同輩とは異なる者として売り込んだ。同じことは、贅沢を好み、気前良く催し物に金をつぎ込むカエサルと、倹約するカトーという姿にも当てはまる。カトーとカエサルはどちらも早くから、すでに広い認知と名声を得、出世するであろう人物として認識されていた。その生き方は正反対だったが、彼らは同じ土俵で戦っていたのである。

昔の罪と新たな陰謀

紀元前六四年の終わり頃、またもや激しい選挙戦が争われていた。カエサルは候補者としては関与していなかった。翌年まで法務官職に立候補する資格を持たなかったからである、しかし彼が他の者の選挙運動を支援していたことは確実である。それは将来支持を得るための重要な方法だったし、次期の公職者に貸しができるのは常に歓迎すべきことであった。執政官選挙は特に接戦だった。カティリーナはようやくこの公職に立候補を果たし、悪評は似たようながら才能では劣るガイウス・アントニウスと協調していた。有力な対抗馬が著名な弁論家のマルクス・トゥッリウス・キケロである。キケロは「新人」だったから、その成功は自身の才能の賜物だった。彼は法廷弁論家として、特に有名な事件に登場することで名声を得てきた。たとえば紀元前八〇年にはスッラのお気に入りのひとりと相対したし、紀元前七〇年には汚職で悪名高いが、裕福で広い人脈を有していた属州総督を訴追した。カエサルと同様にキケロも、ポンペイウスに東方での軍指揮権を付与するマニリウス法を支持し、この有名な英雄の支持者たちと継続的に協力した。彼とポンペイウスは同盟市戦争の時に、ポンペイウス・ストラボの指揮下で一時的にせよ一緒に働いたことがあった、そして皮肉なことにカティリーナもそうだった。キケロはまた騎士階層の代表者として自らを売り込み、按察官の在任中には素晴らしい娯楽を開催することも忘れなかった。ただし、「善き人士たち《ボニイ》」と自称したがる元老院の有力な貴族たちは、このように民衆派としてふるまうキケロを気に入ることはなかったし、「新人」が一世代で執政官職に到達した例はなかった。結局、カティリーナには疑わしい点が多々あったので、キケロのほうがましと考えられた。キケロは難なく勝利し、アントニウスが第二位に滑り込んだ*13。

紀元前六三年一月一日、キケロとアントニウスは正式に公職に就任するとただちに、護民官であるプブリウス・セルウィリウス・ルッルスが提出した急進的な農地法案に直面した。その内容は、貧しい市民に対して小区画の農地を割り当てるという大規模な計画で、カンパーニアに国家が所有する領域を手始めとしていた――そのほとんどは、グラックス兄弟によって始められた再分配の後でも公有地として放置されていた。この土地は対象となる人々の数に釣り合っていないと思われたので、その場合は国家が必要な土地をさらに買うことになっていた。その法は売主にまずまずの価格を保証し、すべての売買は自発的であるべきこと、そして内戦後に没収された土地に割り当てられたスッラの退役兵の農場を適用除外とすることを明確に定めていた。必要とされる資金を集めるには、属州の資産までも売られるだろうことは明らかであった。三五ではなく一七のトリブスで構成される小集会が投票で選出する十人委員が、五年間の法務官格の命令権を保持して、この計画の実施を監督することになっていた。その計画は大規模であり、それに応じて十人委員会の権力も強大だったが、それが直面している問題はまさに切実だった。イタリアの農村部はこの数十年で深刻な打撃を被り、どうしようもなく絶望的な状況にある貧しい市民が数多くいることは明らかだった。土地を持たない人々の多くはローマに流れつき、そこで自分と家族を養うだけの給料が支払われる仕事を見つけようと争った。ローマにはチャンスと仕事はあったが、来た人誰もが成功したわけではなかった。家賃は高く、密集したインスラでの生活条件は非常に劣悪だったし、貧しい者の多くにとって負債は恐ろしく重かった。彼らは貴族とは異なり、公職を通じて裕福になることは望むべくもなかったのである。

ルッルス農地法案はこれらの問題のすべてを自然に解決することはなかっただろうが、軽減はしたことだろう。当初、その年の十人の護民官全員がこれを支持した。クラッススとカエサルがルッルスを熱心に支援し、十人委員会に当選したがっていた可能性も大いにある。ポンペイウスの態度を判断するのは困難である。なるほどこの法案は、彼がいまやほとんど終わりかけている戦役から軍団兵を連れ帰った時には、退役した彼らに農地を与えることになっただろう。だが、クラッススがその計画で重要な役割を果たしているなら、退役兵だけでなく多くの市民たちが、自分の手ごわい競争相手に借りを作ることにもなる。護民官たちのうち何人かはポンペイウスの熱心な支持者だったから、彼がその法案に積極的に反対したとは考えられないが、おそらく考えをまとめるだけの時間がなかったのだろう。というのも、彼はまだローマから遠く離れていたからである。キケロは当初からその提案には反対していたし、生涯一貫して同様の立法を嫌った。主要な元老院議員の多くもルッルスに反対だったから、新任の執政官は、これまで自分に対してせいぜい生ぬるい関心しか持たなかった彼らに気に入られる、いい機会でもあると考えたかもしれない。元老院およびフォルムでの民会における一連の演説で、キケロはその法案を猛烈に攻撃した。十人委員会はその権力が並外れていたことから「王たち」として悪者扱いされ、実は法案の背後には、邪悪な動機をもった正体不明の人々が隠れていると疑われた。彼ら邪悪な人々は――決して名指しされなかったが、それはクラッススと、おそらくカエサルも意味していると一般に受け止められた――ポンペイウスの競争相手としてのし上がることを望んでいるとされた。護民官たちの少なくともひとりがすでに合意を破棄して、法案に対して拒否権を行使すると宣言した。キケロの弁論が勝利を収め、農地法は廃案となった[*14]。

それからの数か月間、カエサルは最近ガリア・キサルピナの統治から帰国した、執政官経験者のガイウス・カルプルニウス・ピソを訴追した。財物強要と悪政の咎に加えて、ピソがポー川流域出身のあるガリア人を不当に処刑したというのが訴追理由であった。またもやカエサルはこの地域の住民の要求を代弁したが、これまで以上の成功は得られなかった。ピソは、手ごわい弁論術に加えて現職の権威《アウクトーリタース》をも備えていたキケロの弁護によって、無罪放免を勝ち取った。しかし、カエサルが訴訟を提起し、間違いなく能力と熱意を傾けてこれを推し進めたという事実は、長らくピソの恨みを買うこととなった。その年の後半にカエサルは、ヌミディア人のクリエンテスで、ヒエンプサル王からの独立を主張しようとしていた若き貴族のために法廷に立った。王の息子ユバが介入したことでやり取りはますます白熱した。カエサルがユバの顎髭をつかむこともあった。それは、ほとんどのローマ人が潜在的に外国人嫌いであることを利用しようとした、弁論家の意図的なふるまいであったとも思われるが、本当に怒りが爆発した可能性が高い。カエサルは申し分のない作法と貴族的な立ち居ふるまいを身に着けてはいたが――招待されれば、粗末なもてなしであっても快く受け入れ、不満を漏らした同行者を叱責した――生涯を通じて時々感情を爆発させる傾向があった。彼の動機が何であったにせよ、その紛争は王に有利な形で決着した。カエサルは自分のクリエンテスを見捨てず、彼をローマから連れ出すことができるまで、自分の家にかくまい続けた[*15]。

紀元前六三年に何度かカエサルは、その年の護民官のひとりティトゥス・ラビエヌスと協力した。二人はおそらく古い知り合いであり、年齢も近く、どちらも七〇年代にはキリキアとアシアでセルウィリウス・イサウリクスに仕えた。ラビエヌスはピケヌムの出身であると思われるが、その地域はほとんどがポンペイウスの家族の所領だったから、何らかのつながりがあったのだろう。ラビエヌスは護民官として、ポンペイウスに特別の名誉を与える法案を可決させている。この偉大な軍司令官は、競技会に足を運ぶ時はいつでも凱旋将軍の月桂冠と紫のマントを、戦車競争に臨席する場合には凱旋将軍としての式服を着用する権利を付与された。これらの法案の火付け役かつ一番の支持者はカエサルだったと言われている。スエトニウスは、ラビエヌスが高齢でさほど有力でない元老院議員ガイウス・ラビリウスを相手どって起こした訴追についても、それを促した者としてカエサルの名を挙げている。嫌疑は古来のペルドゥエッリオ――大逆罪のようなもの――で、カエサルが生まれて間もなく、つまり三十七年も前に生じた事件に関わっていた。ラビリウスは執政官に追随してサトゥルニヌスとグラウキアの支持者たちを虐殺した人々のひとりで、亡くなった者のなかにラビエヌスの叔父が含まれていたのである。かなり後の時代の、したがってほとんど信頼性のない史料が伝えるところでは、ラビリウスは実際に事件のすぐ後に開かれた晩餐でサトゥルニヌスの首級を晒しものにしたという。この訴追は、法律によってその身体が神聖不可侵とされていた護民官を殺害した咎をラビリウスに問うものだったかもしれないが、この行為についてはひとりの奴隷が報酬を与えられていたから、可能性はほとんどない。紀元前一〇〇年、元老院は最終元老院議決を発し、マリウスと同僚の執政官に、必要ならばいかなる手段をもってしても共和政を守るように命じている。カエサルとラビエヌスは、この議決を発する元老院の権利とか、それに従う公職者の権利とかを問題にしようとしたようではなく、いかにしてそれが実行されるべきであったかに関心を寄せたのである。マリウスが急進派の降伏を受諾したにもかかわらず、彼らはその後、元老院の屋根に上った暴徒によって殺害されたのだという考えが、この訴訟の一部を構成していたようである。最終元老院議決は公職者に、共和政を脅かす市民に対して暴力を行使する権限を付与したが、ひとたびそのような市民が降伏し、もはや害を及ぼすような立場にない場合、彼らがあらゆる法的保護を失ったままなのかどうかは明確でなかったのである*16。

裁判の詳細はその多くが曖昧である。この訴追事件の場合は特にそうで、それを伝えるおもな史料というのが、ラビリウスを弁護するためにキケロが行なった演説なのである。ルッルス農地法についても、これまたほとんどがキケロの詳細で激しく敵対する弁論を通じて知られている。この訴追事件は何もかもが実に奇妙だった。そもそもあまりに長い時間が経過している。特に内戦でローマの指導者層に属する多くの人命が失われたことを考えると、どれだけ目撃者が生き残っていたかは疑わしい。大逆罪《ペルドゥエッリオ》を嫌疑とする裁判を進める近代的な手続も存在しなかった。スッラは同様の事件を取り扱う常設の法廷を設置したが、それはマイエスタースという比較的軽度の犯罪——実際は、むしろ今日のスポーツのいくつかに見られる「非紳士的行為」という考え方のように、ローマ人の威厳を損なう行為——についてであった。ところがカエサルとラビエヌスが敢えて選択したのは、それを定めた立法が五百年以上前の王政期にまでさかのぼると信じられた、古い罪だった。その古拙な手続は磔による死刑を含んでいたが、当時いかなる法律によっても市民に対して科されなくなっていたこの罰は、有罪判決を受けた者に通常の自発的な亡命を許さなかったと思われる。この事件を担当する二人の審判人《ドゥムウィリ》がくじによって選任された。ひとりはカエサル、もうひとりは前年の執政官で、カエサルの遠縁の親戚であるルキウス・ユリウス・カエサルだった。これは疑わしく見えるが、選任の過程を監督した法務官との結託を想定する特別な理由は何もなく、たんなる偶然と思われる。

ラビリウスは二人の審判人によって有罪とされ、死刑を宣告された。彼は、ローマ国民を代表するケントゥリア民会に上訴することが認められた。キケロだけでなく、ローマで最も偉大な弁論家の地位をすでにキケロに譲っていたクィントゥス・ホルテンシウスも、ラビエヌスに対抗して老いたラビリウスを弁護した。キケロがのちに出版したのはこの時に行なわれた演説であった可能性がきわめて高い。その中でキケロは、サトゥルニヌスの最期は至極当然のことだったと強調し、ラビリウスは彼を殺害した人物ではないと指摘しつつ、もっとも自分は、ラビリウスはその行為を誇りにしてもよいと考えている、と繰り返し主張した。そして、これほど長きにわたって忘れられていた法律を復活させたことに内在する残酷さを攻撃し、ローマの法廷ではいつものことだったが、ラビエヌスの「有名な」不品行をあいまいにほのめかすことで彼の名前を貶めた。さらなる正当化のためにこの執政官は、演説のために自分に与えられた時間はかつてないほど短い、と不平を述べた。審判人のカエサルがあからさまに敵対的だったせいで、何人かは被告人に対する同情から心動かされたものの、キケロの努力も民会に集まった有権者たちを納得させなかったようである。投票によってラビリウスに有罪判決が下されるであろうことはまもなく明らかになったが、例外ずくめなこの事件は、それにふさわしく奇妙な結末を迎えた。その原因となったのは、ケントゥリア民会がいつもローマ市の正式な境界線の外であるマルスの野で行なわれていた、初期のローマ軍に由来するある制度だった。当時ローマはまだ小さく、敵は近くにいたので、従軍の義務を負っている全員を投票のために集めれば、必然的にローマ市を敵の急襲から無防備にした。ゆえに、この脅威を防ぐためヤニクルムの丘に設けられた見張り台に見張りを常駐させる習わしがあった。彼らがその場で監視を続ける限り、丘の上には赤い旗が翻っており、ケントゥリア民会は議事を進めることができた。その旗が降ろされた場合、それはローマに危険が迫ったことの合図であって、市民たちはただちに集会を中断して武器を取らなければならなかった。カエサルの時代にもその習慣は続いており、その機能はとっくに廃れても、さらに数世紀は残ることになる。民会でラビリウスの運命を決める投票が完了する前に、法務官のクィントゥス・カエキリウス・メテッルス・ケレルはその旗を降ろすよう命令を下した。民会は判決を下すことなく解散した。その裁判を再開しようとする者は誰もいなかった*17。

なぜメテッルスがそうしたのか、説明している史料はない。ラビリウスを守ろうとしたのか、それともさして重要な人物でない年老いた元老院議員に有罪判決を下し処刑することはせず、なおかつラビエヌスとカエサルの面目が立つように終わらせたのか？　二人がその後もこの事件を中途半端なままにしておいたことから明らかなのは、ラビリウスの処罰が一番の目的だったわけではなかったということである。問題としたかったのは、最終元老院議決が他のすべての法律と市民の権利とに優先するのか否かだったが、明確な答えを得ることも、その法律に何らかの変更を加えることもできなかった。現実的に言って一番の成果は、そのような元老院議決に応じて将来の公職者がとる行動に但し書きをつけたことである。この裁判はラビエヌスとカエサルにとって個人的には成功と言えた。ラビリウスに対する判決を下すために開催された民会は、ほとんどが彼らの支持者およびその事件と広範な問題によって目覚めた人々で埋め尽くされたはずなので、その構成員がいつもと同じであったと考えるべきではない。市民の多くは参加する時間も、関心も、機会もなかった——実際、参加資格を持つすべての市民がケントゥリア民会の会場に参集するのは、物理的に不可能だったと思われる。そのうえ、この民会はその他の民会以上に裕福な人々に有利に仕組まれていたのである。その民会が明らかにラビリウスを有罪と宣告しようとしたことが示しているのは、そのような市民の多くがこの訴追事件に関心を寄せていたことである。またもやカエサルは、自分が政界において目立っていること、そして民衆の要求と結びついていることを確認した。その年の後半にもう一度ケントゥリア民会が開催され、そこで紀元前六二年の法務官に、立候補の資格を得たばかりのカエサルが選ばれたことで、彼の人気は証明された。

法務官は重要な公職であり、任期終了後に本人が希望すれば、どこかの属州の命令権を得られるのは確実だった。この職をめぐる競争は激しく、その前段階にある財務官職就任者の半分以上がその上の法務官職を得られなかったのである。けれども、結果的にこの成功は、紀元前六三年の最後の数か月間にカエサルがもうひとつの選挙で得た勝利ほど劇的ではなかった。ポンティフェクス・マクシムスは、カエサルもその一員である十五名のポンティフェクス団の長で、現職者のクィントゥス・カエキリウス・メテッルス・ピウス――多産のメテッルス家を代表するもうひとりの人物で、もともとかなり有力だったメテッルス家は、スッラを支持したことでさらに勢力を増していた――の死去に伴って空席となった。かの独裁官はこの職と他の上級の神官職の選任を元老院の手に委ねていたが、その年のある時点でラビエヌスは、民会での選挙によって任命するという、従前の慣行を復活させる法案を可決させていた。三五のトリブスでなく、くじで選ばれた十七のトリブスによって構成される、縮小版のトリブス民会がこの任に当たった。この法律がいつ通過したのか、そしてメテッルスの死が予期されていたのか、あるいはその法案が死後に慌てて提出されたのか、は定かでない。法案が提出されてから集会での投票にかけられるまでには三度の開市期間が、実際は合計二十四日間が、経っている必要があった。カエサルは法案に賛成する演説を行ない、法律が制定された後間もなく、立候補を表明した*18。

ポンティフェクス・マクシムスは絶大な権威を伴う公職であって、多くの点であらゆるローマの神官職のなかで最も重要であった。だから共和政の指導者の多くがこの職に就きたがった。カトゥルスが立候補し、かつてキリキアでカエサルの上司であったプブリウス・セルウィリウス・イサウリクスもそれに続いた。どちらも年配であり、それまで得てきた公職と名誉においてカエサルをはるかに凌駕していた。指名が依然として元老院の手に握られていたなら、カトゥルスが指名されるであろうことはほぼ確実だった。選挙となると結果はそれほど確実ではない。というのも、有権者はカエサルが按察官として気前よく散財したことと、常に民衆の要望を支持してきたことを覚えていたからである。カエサルは選挙戦でも惜しみなく金を使い、それぞれのトリブスの有力者に取り入るために贈り物をし、便宜を図ったと思われる。カエサルの対抗馬も同じことをしたたし、投票がすべてのトリブスではなくたった十七に左右されたことで、ある意味買収が簡単になった。選挙戦が進むにつれてカトゥルスは、成り上がり者のカエサルが本格的な挑戦者となったことを深刻に受け止めるようになった。カトゥルスの権威《アウクトーリタース》は強大だったが、選挙に敗れれば傷がつくのは確実だったし、特にはるかに年下の若造に敗れたとあってはなおさらであった。選挙戦が始まる前でさえカエサルの負債が巨額だったことを知ったカトゥルスは彼に手紙を書き、この神官職の選挙戦から撤退することを条件に、相当額の金銭の供与を提案した。カエサルはこれを弱気になったしるしと解釈し、トリブスの人々を懐柔するのにもっと多くの金をつぎこむため、ただちに新たな借り入れを申し込んだ。それは捨て身の賭けであった。債権者たちは彼の将来性、おもに上級の公職と利益をもたらすであろう機会とに期待していた。ポンティフェクス・マクシムスという公職そのものは具体的な経済的利益をもたらさなかったが、カエサルは選挙で敗北することは許されなかった。もし彼がもはや有権者の支持を得られないとなれば、債権者たちにとってはリスクの高い投資対象と見られるようになる。彼らは、カエサルの財産が完全に破たんし、まったくの一文無しとなる前に、債務の弁済を迫ることだろう。

　選挙当日――その日付の記録はないが、紀元前六三年の終わり頃だったことは間違いない――カエサルには、その結果が彼にとってたんにその職を得るか否かを超える決定的な意味を持つことがわかっていた。アウレリアがそこにいて、出発の間際に彼に口づけした。カエサルは母に、自分はポンティフェクス・マクシムスとして戻るつもりです、さもなければ二度と帰ってこないでしょう、と語った。これはこの数年間でアウレリアに言及した珍しい例のひとつだが、またもや彼女が息子の人生において果たしたきわめて重要な役割を示している。注目に値するのは、この物語のなかでカエサルがこのように話しかけている相手が、妻であるポンペイアまたは愛人たちではなく母親だという点である。断言はできないが、アウレリアは息子と同じ家に住んでいたのではないかと思われる。おそらくいくつかの点で彼女は、カエサルが家族に対して背負っている責任の象徴であり、すべての成功は彼にとって重要というだけでなく、家族の地位と名声を回復することでもあった。この神官職への立候補はひとつの賭けであって、失敗の代償はきわめて重く、彼の政界でのキャリアを遅らせるのに十分なうえ、とどめをさす可能性もあった。けれども賽を振る前に、カエサルは勝利を引き寄せるためにできることはすべて行なっていたのである。勝負から降りることは、カトゥルスがそのための説得を試みたけれども、カエサルの本能に反していた。というのも、彼は根っからの勝負師で、しかも決して無茶はしなかったからである。それまで以上に散財することで賭け金を上げたが、自分が勝つ見込みはあること、ゆえに危険を冒す価値はあることを冷静に判断していたのでもある。現に失敗する可能性はあったが、カエサルは勝ち目があると見積もっていたのだろう。カトゥルスがこれまでカエサルに敵対的であって、つい最近もマリウスの記念碑建立の一件が起こったばかりだったことを考えれば、カエサルのおもな競争相手であったカトゥルスも同様の結論に達していたことを彼の提案は示していた[*19]。

最終的にカエサルは当選した。プルタルコスは接戦だったと述べているが、スエトニウスは地滑り的勝利であったことを示唆していて、カトゥルスとセルウィリウス自身が属するトリブスでカエサルに投じられた票数は、二人が集会全体で得た票数よりも多かったと言っている。彼にとっては会心の勝利であった。なにしろこれほど強力な対抗馬を打ち負かしたのである。ポンティフェクス・マクシムスとしてカエサルは、このさき国家の宗教と儀式にかんする多くの場面で中心的な役割を果たすことになる。ポンティフェクス団の多数意見はポンティフェクス・マクシムスより強かったので、命令はできなかったが、それでもその威信と権威は絶大であった。フラーメン・ディアーリス職とは異なり、政治的および軍事的キャリアを妨げる制約もない。物理的にも重要な変化があった。この職に伴って聖道の端にある一軒の公邸、ドムス・プーブリカが与えられたことである。カエサルはさほど人目につかないスブラから共和政の心臓部のすぐ近くへと引っ越した。ドムス・プーブリカはフォルムの東端に位置し、ウェスタの神殿と、レギアつまり神官たちの記録と文書が保管され彼らの集会が行なわれる場所に隣接していた。「王宮」を意味するレギアという名前はローマの王政との関係を示唆しており、確かにごく初期の時代からその場所には建物が存在していたこと、そしてそれ以降の増改築も大体において同一の、他にはない設計を踏襲したことが、発掘作業によって判明している。初期の建物が正確には何なのか、王の住まいあるいは宮殿のたぐいだったことがあるかにかんしては激しい論争があるが、ここで関わる必要はない。共和政後期においてもドムス・プーブリカとレギアは、それが非常に古いこと、そして長らく神官職と関係があることから神聖視されていた*20。

この神官職の選挙はカエサルにとっては重要だったが、その驚くべき結果にもかかわらず、その意義は執政官選挙に比べればはるかに低かった。カティリーナはまたもや立候補し、セルウィリアの夫であったデキムス・ユニウス・シラヌスも名乗りを上げた。シラヌスにとっては二度目の挑戦であった——数年前にキケロは彼を取るに足りない者として片付けていた。執政官として、キケロは今や選挙を監視する責任を負っていた。他の候補者たちのうちのひとりによって促されたキケロは、選挙中の贈収賄に対する新たな、これまでよりも厳しい法律を自ら起草し、その可決を確実にしたが、その内容は罰として十年間の追放処分を科すものであった。これはすでに蔓延していた、おそらくカティリーナを皮切りに間もなく他の候補者全員が追随した、贈収賄を止めさせることにはならなかった。このような選挙戦を正直に戦って勝つ者などいないのだから、自分は誰が選挙に勝っても訴追するつもりである、とカトーは発表した。彼は自分の義理の兄弟であるシラヌスを例外扱いとした。これは現代人の目から見れば偽善的に思われるかもしれないが、ローマの貴族層は家族関係にきわめて重きを置いており、至極当然のことであった。カティリーナの財産は急激に減りつつあり、明らかに自暴自棄になって、貧しい者の代表者と自称していたが、自分自身の貧しさゆえに彼らの窮状がよく理解できた。彼は公然と、自分自身の利益しか考えていない無価値で成金の連中によって共和政が支配されていると述べた。元老院で執政官から詰問されると、二つの共和政について語った――大多数の民衆は強力な身体であるが、彼らを導く頭を欠いている、一方、自分の敵対者たちは身体を欠いた頭である、なぜなら彼らを支える実体は現実には存在しないからである、と。そして、自分は大多数の民衆がすぐにでも必要としている頭になろう、と宣言した。カティリーナに追随するものが大勢いるのは明らかで、手下たちは特に農村地域で活動していた。彼はしだいに、かつて法廷で彼を支援してくれた多くの指導者との友情を失いつつあったようである。クラッススとカエサルはおそらく選挙運動を通じて彼を後援し続けただろう。キケロはいったんすべての選挙期日を延期し、それらが最終的に九月の後半に開催された際には、元老院によって許可された騎士の護衛を伴って現れた。また、「秘かに」トガの下に胸当てを着けているのを、誰にでもはっきり見えるようにしていた。当選したのはシラヌスとルキウス・リキニウス・ムレナ、かつてミトリダテス戦争においてルクッルスに上級将校のひとりとして仕えた者だった[*21]。

カティリーナは選挙の前にも明らかに暴力を行使しようと考えていたが、おそらくは伝統に則った勝利を望んでいたのだろう。敗北によって彼の選択肢は政治的な死と追放を直視する以外には残っていなかった。カエサルと同じく巨額の負債をかかえ、その多くが十一月十三日を期日としていたから、彼は破産の危機に瀕していたのである。カエサルと違って、カティリーナの賭けは大穴狙いであり、いかにして自分の計画を実行に移すか考えがまとまっていなかったように思われる。支持者のひとりガイウス・マンリウスはエトルリアで軍勢をかき集めるのに忙しかったが、カティリーナはローマに留まり、何事もないかのように元老院に登院した。マンリウスはスッラに仕えた元百人隊長であり、独裁官時代が終わると、内戦で儲けた財産を失った。優秀な人物であったようだが、元老院議員階層の出身ではなかったので、下士官以上には決してなれなかった。カティリーナには貴族層出身の支持者も何人かいたものの、たいていは怪しい評判の持ち主か、どう見ても才能に欠けた人々だった。そのような無能な連中の言うことを真剣にとりあうことは多くの者にとって難しく、それが、カティリーナが引き続きローマに留まっていることとあいまって、元老院内部にいっそう疑念を抱かせた。陰謀と反乱の噂はあったが、噂の背後に具体的な何かが存在することを示唆する出来事は、まだ何も起きていなかった。キケロは情報に通じていた。というのも、彼は共謀者たちを監視するスパイの網の目を作り上げていたからである。最も重要な情報源のひとりがクィントゥス・クリウスで、愛人であるフルウィアの歓心を買うために計画を自慢げに話していたのだった。フルウィアは貴族層に属する家族の一員で、ある元老院議員と結婚していたが、キケロは彼女を説き伏せて、仲間の共謀者たちを裏切るよう愛人を説得させた。結果としてこの執政官は何が行なわれようとしているかをほとんど知っていたので、自分を暗殺する企みを免れることができた。共謀者たちの計画を阻止することは十分可能だったが、それでもこの執政官が元老院で立ち上がって、ある計画が進行中であることを公に証明するまでにはいたらなかった。実のところ彼らはまだ、キケロが対抗して動けるような行動を起こしていなかったのである。カティリーナがこの表向きの不確実な状況を利用していたことは明らかだったが、彼自身もまた、いつそしていかにして行動するか、まったくと言っていいほど決めていなかったのだろう[*22]。

十月十八日の夜、クラッススと他の数名の元老院議員は匿名の書状を受け取った。その書状は彼らに逃げるよう警告していた。二十八日に有力者たちは皆殺しにされる予定だというのである。彼らはキケロの所へ直行してその書状を届け、キケロはそれを元老院で読み上げた。エトルリアでのマンリウスの活動にかんしてさらなる知らせがローマに届いていたので、二十一日にキケロはこの情報を元老院に提出し、元老院は最終元老院議決を可決した。反乱軍が公に蜂起するのは十月二十七日であろうと彼は主張した。蜂起は起こったが、警告されていた虐殺は起こらなかった。いくつかの軍勢は、軍司令官が凱旋式の挙行を許されるまでローマ市外で待機していたが、それらを含む数多くの部隊が反乱軍を鎮圧するために派遣された。十一月八日には再び元老院が開催され、キケロはカティリーナに面と向かって熱弁をふるい、彼の過去の罪状を非難し、彼の現在の計画についてはすべてお見通しであると述べた。その時はカティリーナも罵詈雑言を浴びせ返し、パトリキが「新人」に対して示すことができるあらゆる侮辱に加えて、この執政官を「帰化した外国人」として片付けたが、最終的にこの会合がカティリーナを行動に駆り立てた。カティリーナはその夜にローマを離れると、共和政を内輪の争いから救うため自発的に亡命することにしたと主張した。カトゥルスに書き送った手紙のなかでは、敵対者の自分に対する非道な行ないと、自分の努力と能力に対するしかるべき報酬をいかにして奪われてきたかについて、不満を述べた。ローマ人のしきたりに則って、彼は妻と娘をカトゥルスの保護下に委ねた。間もなく、カティリーナが実は海外に逃亡したのではなく、マンリウスおよびその軍勢と合流したことが発覚した。二人は国家の敵と宣告された。カティリーナがローマに残してきた数人の支持者は、ローマに滞在していたガリア人のアッロブロゲス族の使節団と交渉を開始した。彼らは自分たちの絶望的な窮状を訴えるためにローマをを訪れていたのである。共謀者たちは反乱を起こすようこの部族を説得し、第二の戦線を開いて元老院に忠実な部隊を分散させようとした。ガリア人たちはそうするどころかキケロを訪ねて彼らを裏切った。彼らのひとりをアッロブロゲス族は待ち伏せして捕らえ、残った四名の首謀者たちも間もなく逮捕された。動かぬ証拠を突きつけられて、最初は無実を主張していた者たちもすぐに罪を認める態度に変わった。いまや問題は彼らをどのように扱うかであった*[23]。

第7章　醜聞

市民諸君、共和政は、諸君の命、財産、富そして妻子は、我らが栄光ある我が国の中心である、この最も神に祝福された美しい都市は、諸君もご存じのように、今日この日、火と剣から救われたのである。不死の神々が諸君に抱いている偉大なる愛が、私が引き受けた苦労と用心、そして私が被った危険が、これらを破滅の入り口から連れ出し、安全かつ正常な状態で諸君の手に戻したのである。

キケロ、紀元前六三年十二月三日＊1

この数か月というもの、カエサルの態度は非常に曖昧だと多くの者が感じていた。クラッススとともにカエサルはカティリーナの立候補を後押ししてきた。おそらくカティリーナのことをとてもよくわかっていたのだろう。もっともローマの貴族社会の世界はたいへん狭かったから、ほとんどの元老院議員はお互いに知り合いだった。紀元前六三年以降のキケロの演説はカティリーナを救いがたい怪物として描いているが、キケロは彼のことを常にそのように考えていたわけではなかった。紀元前六五年には法廷で彼を弁護しようと考えていたが、それは六三年の執政官選挙の「選挙運動に協力してもらうのに役立つと考えて」のことだった＊2。カエサルはもっと長い間カティリーナを公然と支持し続けたし、前述のように、彼らは驚くほど似た者同士だった。どちらも「民衆の」要望を支持する傾向にあり、自分とマリウスとの関係を強調した。カティリーナはマンリウスの軍勢と合流した際、マリウスの軍団のひとつが掲げていた、鷲を形取った軍旗を誇示していた。カエサルも生活態度が多くの点で似ていたから、債務者たちの陰謀に加担する可能性があると思われていた。キケロがフォルムに集まった群衆に対して演説を行なった際、多くの共謀者たちを次のように表現した。「彼らは髪を入念に櫛でとかし、油をしたたらせ、少女のようにすべすべした者もいれば、もじゃもじゃの顎髭の者もいて、トゥニカを手首と足首までおろし、トガではなく上っ張りを羽織っている[*3]」。これはほぼカエサル自身を誇張したイメージであり、カエサルであって腰帯をゆるめに巻いたトゥニカを低く垂れ下がらせる流行を仕掛けたのは、おそらくカエサルであったと言われている。後年、キケロはカエサルの行ないをほとんどすべて疑いの目で見ていたが、その時も次のように語った。「これに対して、とても上品に整えられた彼の髪を見、彼が一本指でその頭を掻いているのを目にすると、この男がローマの国家体制をひっくり返すような重大犯罪をこれまで心に描いてきたとはとても思えないのである[*4]」。共謀者たちの多くと同様にカエサルはお洒落な男で、その女遊びと巨額の負債とは等しく悪名高かったが、彼らと異なるのは、大いに成功を収めてもいた点だった。出世の階段における各公職には資格を得るとすぐに就任し、ポンティフェクス・マクシムス職をめぐる競争ではあっと言わせる勝利を手にしたばかりであった。カエサルは革命を求める必要がなかった。しかし彼らが成功する可能性があると考えた場合にも、反乱軍に参加はしなかっただろうとは言い切れない。

クラッススも似たような状況にあった。というのも選挙戦では公然とカティリーナを応援していたからである。おそらくカエサルと同様に、クラッススは確実に勝者の側に、それがどちらであれ付くようにしていただろうが、状況の不確実さから、誰であれこの計画に関与していると疑われていた者は落ち着かない時を過ごしていた。手下たちが公然と軍勢を集めていた時でさえ、カティリーナはローマにいたのである。彼がローマを発った後で、他の共謀者たちが一波乱起こそうと市内に潜んでいることが判明した。執政官はほとんど毎日のように、新たな暗殺と放火の計画を暴いたと発表したので、元老院議員たちが仲間の多くを疑いの目で見ていたことは驚くに値しない。カエサルもクラッススもそのふるまいに十分注意しなければならなかった。それゆえクラッススは匿名の書状を受け取るとただちにキケロに届けたのだった。それでも、共謀者たちの逮捕に続いてひとりの密告者が元老院に連れて来られ、逮捕のことは心配せず計画を推し進めるようカティリーナに伝言するため、クラッススから派遣された、と述べた。サッルスティウスによると、

しかしタルクィニウスが、莫大な財産と強大な影響力を有する人物であるクラッススの名前を挙げると、その告発は信用できないと考える者もいれば、真実でも危機に際してそのような有力者を敵に回すよりは味方にしておくほうがよかろうと考える者もいた。彼らの多くは個人的な取引でクラッススに借りがあって、誰もが、その告発は間違いだと大声で叫んだ[*5]。

投票の結果、密告者の供述は間違いであり、彼を拘束し、調査を保留にするという宣言が出された。歴史家サッルスティウスは彼自身、のちにクラッススが、密告者はキケロの指示に従って行動したのであって、キケロはクラッススとカティリーナおよび反乱軍との間に亀裂を生じさせて、曖昧な態度を取らせないつもりだったのだ、と言ったのを耳にした。確かに、すべての出来事はすでに疎遠になっていた二人の関係をさらに悪化させたように思われる[*6]。

キケロはこの数週間たいへんなプレッシャーにさらされていた。そのような時でさえ、これは自分の見せ場であり、アルピヌム出身の「新人」が共和政を守る機会なのだと考えていた。生涯を通じてこの偉大な勝利について詳しく語るのを楽しみとすることになったが、勝利までの道のりは容易ではなかった。最

初から、実際に反乱のおそれがあるとすべての元老院議員に納得させるのは困難だった。というのも特に、公に報告できるような厳然たる事実はしばらくの間ほとんどなかったからである。結局は、ローマで主要な共謀者たちを逮捕し尋問したことで元老院全体が、脅威は現実かつ深刻であると納得したのであった。いまや問題はそれをどのように処理するかだったが、キケロは自分の執政官としての任期があと数週間しか残っていないことに悩まされていた。ローマのあらゆる公職者と同様に、彼もまたその期間内に重大な脅威が確実に解消されるよう努めたが、それは、問題が確かに適切に処理されるようにするとともに、解決したのは彼だという名声を得ようとしたためでもあった。非常に迷惑だったのは、カトーが公約を果たして、紀元前六二年の執政官就任予定者であったムレナを訴追したことである。ムレナが選挙における贈収賄で有罪なのは明らかだったが、カトーは彼の特徴でもある間の悪さを発揮したのである。危機が迫っている折に、あと数週間で共和政の指揮を引きつぐことになっている二人の上級公職者のうち一人を失うというのは、明らかに危険だった。それゆえキケロは時間を割いてムレナを弁護し、元老院が切迫した脅威に直面していること、そして自分の依頼人が、軍事的経験の豊富な人物として、脅かされている共和政のために貴重な貢献をなすだろうことを強調した。彼の演説はのちに公刊されたが、当時は疲労のためにその話しぶりがいつもより完璧さで劣ると言われたにもかかわらず、ムレナは無罪放免となった。キケロは嫌疑についてはほとんど無視して、訴追人の動機を嘲笑し、カトーを役に立たない哲学的な理論を現実の世界に持ち込もうとする初心な理想主義者とこき下ろした。カトーはこれに対して顔を歪めて「我らの執政官はおかしなやつだ!」と述べたと言われている。キケロはいつも弁護団の他の構成員の後で、つまりこの事件ではホルテンシウスとクラッススを先にし、最後に演説するのを好んだ。ローマの政界における恩義と友情の複雑な網の目を示しているのが、クラッススとキケロがこれだけでなく他の事件でも法廷で一緒に活動した点である。どちらも弁護するのを好み、それによって依頼人や家族、近しい友人たちからの感謝を得ていた*7。

その裁判はこの絶望的な数週間における執政官の責務に、さらなる負担を強いることとなった。クラッススに対する告発の後間もなく、カエサルがこの陰謀に関与しているとキケロを焚き付ける試みがあった。その人々の背後にいたのは、上級神官職の選挙に敗れたことにいまだに立腹していたカトゥルスと、カエサルがこの年の前半に訴追したが有罪を勝ち取ることができなかった相手方のガイウス・カルプルニウス・ピソだった。キケロはこの話に乗るのを断った。彼はたんにその話を信用しなかっただけかもしれない。コッタ兄弟と親しくしていた紀元前七〇年代に何度もカエサルと会っていた可能性が高く、カエサルのことをよく知っていたからである。あるいは、カエサルのような人物を窮地に追い込んで急進派と結託させるのは危険だと考え、急場をしのいだのかもしれない。のちにキケロは、クラッススとカエサル双方の死後に刊行した著作で、どちらもカティリーナと密接につながっていたが、当時は自分がそう思い込んでいるだけなのか、それとも自分が正しいのか、まったくわからなかったのだと書くことになる。紀元前六三年も終わろうとしていた頃、キケロはとにかく、個人的な見解がどうであれ、二人の共和政に対する忠誠心を思い切って信用しようと決断した。元老院で五名の主要な共謀者の尋問が終わると、彼ら一人ひとりが有力な元老院議員の手に委ねられ、元老院が運命を決定するまで拘禁されることになった。クラッススとカエサルにもこの任務を担当させることで、キケロはきわめて意図的に彼らに対する信頼を表明した。にもかかわらず、ピソとカトゥルスは、個人的な敵であるカエサルにかんする噂を撒き散らすのをやめなかった*8。

逮捕者たちは雑多な集団だった。プブリウス・コルネリウス・レントゥルス・スラとガイウス・コルネリウス・ケテグスの二名は、紀元前七〇年に監察官によって元老院から追放された六四名の元老院議員に含まれていた。レントゥルスは紀元前七一年の執政官であり、追放後も政界でのキャリアを着実に回復しつつあった。紀元前六三年には二度目の法務官職に当選したが、逮捕の結果その職を剝奪された。再度選挙に立候補することで名声を取り戻した人物は彼だけではなかった。キケロの同僚執政官であるアントニウスも同じ監察官らによって追放されている。愛人のフルウィアに密告者として寝返るよう説得されたクリウスもそうだった。レントゥルスは自分の運命を固く信じていて、ある占い師の予言をいつも引き合いに出していた。それによると、三人のコルネリウスがローマを支配することになっていた——スッラ、キンナ、そして間もなく彼自身が、である。彼の妻は、紀元前六四年の執政官であったルキウス・ユリウス・カエサルの姉妹であるユリアだった。彼女の連れ子がマルクス・アントニウスで、当時十歳前後だった。カティリーナは反乱に際しても奴隷を兵士として採用するのを一貫して拒み、市民たちを当てにすることを選んだ。レントゥルスはこれに反論しただけでなく、書状にも書き綴ったが、のちにその手紙は奪われて元老院で読み上げられた。共謀者たちは全員、自分を不利な立場に追い込むために最善を尽くしたように思われる。尋問を受けたほとんどの者が、最初は否定するだけだった——ケテグスは、自宅から大量の武器が発見されると、古い武具のコレクションにすぎないと主張した——が、自分自身の印章で封印された自筆の書状を動かしがたい証拠として突き付けられるとすぐに自白した。彼らの有罪が確固として立証されたのは、彼らが元老院に連行された十二月三日であった。二日後の十二月五日、彼らの運命を決するため、再び元老院が開催された*9。

大論争

元老院が開催されたのは元老院議事堂ではなくコンコルディアの神殿だった。元老院は議事堂そのもので開かれることもあれば、さまざまな神殿で開かれることもあったので、これは珍しいことではなかった。この状況では調和の女神コンコルディアを選ぶのが、いささか皮肉ではあるがふさわしいと感じられたのかもしれないし、フォルムの西端にあってカピトリウム丘の坂道に近いその場所が理由だったのかもしれない。その場所は武装した大勢の人々によって防御するのに適していて、おもに騎士階層の若者が、執政官に付き添って集会を守るように配置されていた。キケロは主宰公職者として正式な祈禱で会議を開始し、元老院に対して、囚人たちをどうすべきかを決定するよう諮問した。かつては、最終元老院議決に基づいて行動する執政官は、共和政の敵とみなされた者を元老院に諮問することなく、自らの判断で処刑していた。しかしだいたいにおいてそのような殺人が行なわれたのは戦闘の最中であって、「叛徒」が積極的に脅威を与えていると見なされる場合だった。五名の共謀者たちはすでに監視下にあり、この元老院議決が可決された時とは状況が異なっていた。ケテグスが自分の奴隷と連絡をとり、武装集団を仕立てて囚人たちを解放しようとしているという噂があったが、それでもこの機会に私的な暴力という形で処刑が行なわれることはなかった。さきのラビリウスの裁判はまさに、最終元老院議決によっていかなる行為が正当化されるのかを問題にしていたから、キケロは特に慎重だったのだろう。元老院は法廷ではないが、その構成員の明確な合意のもとに対応策が決められるならば、これは執政官の行動の道徳的な後ろ楯となっただろう。キケロは、何であれ元老院の決定に自分は従うと宣言したが、囚人たちは処刑に値するし、そうする必要がある、と信じていたことは明らかである。

元老院での演説に決められた順番はなかったが、慣例として、最初に発言を求められるのは執政官、次に法務官そして下位の公職者へという意味での序列は存在した。各グループに属する個々人が演説する順番は主宰公職者によって決められ、名前で呼び出された。元老院のなかでも若手、特に一度も公職に就任したことのない人々が発言を求められるのは稀だった。しかし、すべての元老院議員は投票することができたし、ローマの投票制度としては珍しく、一票の価値は等しかった。採決が宣告されると、元老院議員たちは議事堂の両端に歩いていき、自分が動議に賛成か反対かを知らせた。討論の最中にはその演説者を支持する者が移動して彼の隣に座るのが一般的であった。投票はできても演説することは稀な平議員たちは、しばしばペダリイと呼ばれたが、これはおおよそ「歩く者たち」という意味だった。十一月八日の会議で非常に目立ったのは、カティリーナが席に着くと元老院議員たちは急いでその傍を離れて、政治的にのみならず見た目にも彼を孤立させたことだった*10。

十二月五日、キケロはセルウィリアの夫であるシラヌスを指名して意見を求めることで討論を開始した。「執政官級」と呼ばれるかつての執政官たちよりも先に、執政官就任予定者に意見を求めるのが慣わしだった。彼らは元老院によって決定された政策を実行に移さなければならなかったからである。シラヌスは、囚人たちは「極刑」に処されるべきであると断言したが、その言葉は死刑と解釈され——また明らかにそう意図されていた。次に指名されたムレナがこれに賛同し、当日出席していた十四名の執政官経験者も全員同様だった。クラッススは欠席したことで注目を浴びたが、いささか曖昧な態度を続けていたのである。対照的にカエサルは出席し、法務官就任予定者として指名されると自分の意見を正々堂々と主張した。それまですべての演説者が死刑を選択し、残りの元老院議員からも賛同する呟き声が——元老院の会議がどれほど騒々しかったのか、あるいは重々しく冷静だったのかは知りようがないが、おそらくもっと大きな叫び声が——聞こえたことは、これがほぼ統一的な見解であることを示唆していた。カエサルは、ここ最近彼について表明された疑惑の声を考えれば、共和政に対する忠誠心の証として積極的に賛同することを期待されていた。けれども、ローマ市民の違法な殺害についてラビリウスを攻撃したのはついこの間であり、そのキャリアを通じて民衆の要望を代弁し、元老院あるいは公職者による権力の濫用を批判してきた。ここでそれに反する見解を表明すれば一貫性を欠くことになっただろうし、そもそもカエサルがそうしようと考えること自体ありそうになかった。孤立することは、スッラに刃向かって以来このかた、彼にとっては何でもなかった。貴族層は、独力で元老院を説得してその考えを変えさせた者を称賛してきた。なかでも最も有名なのは、紀元前二七八年のアッピウス・クラウディウス・カエクスで、彼は勝利したピュロスと和平交渉することなく戦い続けるよう、元老院を説得したと言われていた。群衆に紛れるか人目につく役割を果たすか、どちらか一方を選択することになった場合、カエサルは常に後者を選んだ。この場合も、重要なのは善悪の判断力と確固たる信念だったことだろう。名声を得ることと、自分が正しいと信じた道を進むことは、相容れないことではなかったのである[*11]。

カエサルの演説の文面は現存していないが、サッルスティウスがそれを、彼の文体でおそらく分量的にやや短いとしても、重要な論点を反映していると思われる形で伝えている。他の書かれた演説と同様に、聴衆の面前でこれらの言葉を話す演説者の影響力を完全に呼び起こすことはこんにち困難である。カエサルが称賛されたのは、その身ぶり、姿勢や態度の優雅さと力強さ、そしてやや高音の声調といった点だった。サッルスティウス版ではその偉大なパフォーマンスは次の言葉で始まっている。

選ばれし元老院の父たちよ、難解な問題を判断する者は誰でも、憎しみ、友情、怒り、哀れみといった感情の影響から自らを解き放つべきである。というのも、感情が介入すれば、知性はたちまち真実を見定めることができなくなるし、自分の感情と自分の最上の知性とを同時に御した者はこれまでひとりもいないからである。もし諸君が知性をその任に当てるなら、知性が勝利する。もし感情が幅を利かせるならば、感情が諸君を消耗させ、知性はどうすることもできないのである[*12]。

演説の最初から最後までカエサルは冷静で、笑顔を交えるほど理性的だった。カティリーナの勝利に続いて起こったはずの虐殺、強姦、略奪を写実的に表現することで互いに張り合おうとしたそれまでの演説者たちを、穏やかにからかった。そこには怒りに任せてユバの顎髭をつかんだ男の姿はかけらもなかった。被告人の有罪に疑問の余地はなく、いかなる罰も彼らにとって厳しすぎるとは考えられなかった。しかしながら、冒頭のテーマに戻って、元老院は議員が感情によって行動しないようにする責任を負う立場にあった。元老院議員たちは、自分たちが今日ひとつの先例を定めることになると理解したうえで、共和政の将来にとって何が最善かを判断しなければならない。カエサルは、現在の執政官に対し地位の濫用を疑った者はいないと断言し、キケロに注意深く敬意を払った。しかし、将来の公職者が常にそのような自制心を備えているとは誰にも保証できない。カエサルはいかにしてスッラの追放公示が、一般に有罪であると考えられた数人の死によって始まったかを思い起こさせた。じきに虐殺は恐ろしい血の海にまで発展し、犠牲者たちは「彼らの家や別荘」のために殺されたのであった[13]。

カエサルによれば死刑は非ローマ的であった（もっとも、さきの古拙な手続を伴う大逆罪裁判はそれを適用するおそれがあったことは言うまでもない）。彼は穏やかにシラヌスをたしなめて、その愛国心を称賛しつつ、囚人たちによる犯罪の極悪さに我を忘れていた、とそれとなく言った。通常の状況であれば、ローマ市民――少なくとも裕福な市民は――重大犯罪について有罪を宣告された場合には常に亡命が許され、死刑は事実上、理論的には存在するが現実に適用された例がない刑罰とされていたのである。カエサルは、なぜシラヌスは囚人たちが殺害される前に鞭打たれることをも提案しなかったのか、と疑問を提起しておいて、そのようなことはもちろん違法だからであると答えた。市民の視点から制度上死刑その他残酷な刑罰を廃止した祖先たち、すなわち過去の世代の元老院議員の知恵を称賛した。とにかく、死は「罰というよりは苦痛からの解放」であって、「人生の悪しき運命に終わりをもたらし、心配や楽しみの余地を残さない[14]」のである。カエサルの答えは違っていた。囚人たちを解放してカティリーナと合流させるのが馬鹿げていることは明らかであろう。ローマは長期間囚人たちを拘禁するための監獄を現実に持っていなかった。ほとんどの法律は罰として罰金か追放を定めていたからである。カエサルは、囚人たちがそれぞれ異なるイタリアの都市の手に委ねられ、各都市は彼らをその命が尽きるまで捕らえておく義務を負うものとする、という提案を行なった。その責任を怠った都市はどこであれ重い処罰を受けることになる。囚人たちの財産は国庫に没収され、その子弟は事実上政界に入って復讐を企むことはできなくなる。そしてカエサル自身がレピドゥスの支持者たちの帰還を認める運動を起こしていたのと違い、共謀者たちが呼び戻されることを元老院も市民も認めようとしてはならないとも定められるべきである。彼によれば、これは死よりもはるかに厳しい罰である。なぜなら、それによって共謀者たちはその罪の結果とともに生きることになるからである*15。

演説の間、カエサルは過去の世代の先例に訴えた。これは伝統に則っていた。ローマの貴族層は祖先を非常に尊敬していたからで、子どもたちは幼いうちから、共和政に貢献した祖先の偉大な業績の物語を聴いて成長するものだった。もっとも彼の提案は急進的かつ革新的だった。それまでローマ人は市民を終身禁固に処したことは一度もなかった——だから、そうするには新しい方法を作り出す必要があった。誰であれ、有罪判決を受けた者を解放したり取り返そうとするのは違法であると彼は定めたが、そのような規定が拘束力を有するかどうかは疑わしかった。かつてグラックス兄弟や他の護民官たちは、いかなる問題についても民会で投票を行なう権利を繰り返し主張した。この共謀者たちの理念を支持する者がいるかは疑問だが、あり得ないと言えないのも確かだった。元老院が直面しているのは新しい問題だった。というのも、最終元老院議決の歴史の中で、すでに拘禁されている者に対して権力を控えめに行使することが問題とされたことは一度もなかったからである。カエサルは演説で、元老院が決定によって定めることになる先例について述べ、そのうえで提案したのはいろいろな意味で新しい問題に対する、新たな解決だった。それはかつてグラックス兄弟とサトゥルニヌスの圧殺につながった非難の応酬を避けることを目的としていた。共謀者たちは恐ろしい犯罪を計画した点で有罪だったが、それでも彼らから市民としての権利がすべて剝奪されるべきではなかった。彼らはもはや共和政に害を及ぼす立場にはなく、拘禁は、彼らから将来にわたって確実にその可能性を奪うはずであった*16。

演説の間、終始カエサルは穏やかで冷静であり、感情に支配されて共和政に対する義務を怠ることのないよう元老院議員たちに求めた時も常に理性的だった。ローマを自分自身の感情に優先させようという呼びかけは、偉大な家族の一員に固有の、強い義務感とともに育った人々の心を揺さぶったに違いなかった。会議の冒頭に際立っていた確信にはひびが入り始め、しまいには砕け散った。執政官の弟であるクィントゥス・トゥッリウス・キケロは、翌年の法務官就任予定者としてカエサルの後に演説したが、その観点に完全に賛成した。そのことを示すように、彼は元老院の慣行に従って移動し、カエサルの隣に座った。もう一人の紀元前六二年の法務官であるティベリウス・クラウディウス・ネロ――ティベリウス帝の祖父――はやや異なる進路を取り、カティリーナが依然として軍勢とともに野放しになっている以上、囚人たちの運命を決定するには早すぎるとし、かわりに囚人を拘禁状態に置き、彼らの運命を決することになる議論は別の日を設けてなされるべきであるとした*17。多くの者の心は揺れ動いていた。そのなかでシラヌスは、自分の発言は誤解されていて、決して死刑を主張したつもりはないが、「極刑」は法によって認められているいると断言した。このような動揺は、意見が分かれる問題について責任を負うことを明らかに望まない種類の人間に、典型的だと思われる。

キケロは当初の意見の一致が崩れたのを見て行動を起こすことを決意し、ここで長大な演説を行なった。そのテキストはのちにカティリーナ弾劾第四演説として公刊された。その原稿は、少なくとも一部は演説の最中に構想されたに違いないことを考えれば、今日我々が手にしている形に比べると荒削りであったと思われる。それでも、この偉大な弁論家のレトリック面での鍛錬と技術とを過小評価するのは誤りだろうし、即興で話したとしても、キケロの選ぶ言葉、リズム、構文は際立って高度な次元に達していた可能性が高い。彼が最初から全員に確実に思い起こさせたのは、彼が執政官であり、この危機に際して共和政を指導している人物である、そして究極的には自分たちが取ると決めたいかなる行動についても責任を負うことになる人物である、ということだった。カエサルが理性的で落ち着いた意見を述べる前までの討論の空気が戻ってきたところで、キケロは虐殺、強姦、そして神殿の略奪について次のように述べた。

したがって、諸君は自分自身のことを考えたまえ。先祖代々の地を失わないようにし、諸君自身、妻子、財産を守り、ローマ人の名声とその存在そのものを防衛せよ。私を守ることも、私を気遣うことも止めよ。まずはこの都市を見守っているすべての神々が、私が受けるに値する報いを私にもたらすであろうことを期待するしかない。それでも私に何かが起こるのであれば、観念しておとなしく死を迎えよう*18。

キケロは二つの提案、すなわちまだ死刑を意味していると彼が理解していたシラヌスの提案と、カエサルの提案に話を転じた。前者の処罰は伝統に適っている——キケロが言及したのはグラックス兄弟とサトゥルニヌスで、キケロによれば彼らは非常に軽い罪でありながら処刑された——が、後者の処罰は先例がなく非現実的である。キケロは問う。囚人たちを拘禁する義務を負わされる都市をどのようにして選び出すというのか。元老院が選ぶのは公平性を欠くように思われるが、かといって諸都市が自由意思で手を上げるのを期待することができるだろうか？　しかしキケロはカエサルの提案の過酷さについては異議を唱えず、終身刑と全財産の没収は多くの点で、速やかな死に比べてはるかに過酷な処罰であると強調した。

キケロもカエサルその人については、その演説と行動によって「共和政への忠誠」を示していたから、注意深く丁寧に遇した。群衆を熱狂させる扇動政治家と対比して、カエサルを「心から民衆の利益を考えている真の民衆派」であると評した。これはクラッススに対する巧妙な当てこすりで、キケロは、「民衆派のふりをしている人物」はここにいないが、「そうすればローマ市民を死に追いやるか否かを決める投票をしなくて済むからであろう」と述べた。クラッススは――名前を挙げられてはいなかったが、彼を指しているのは疑いようがなかった――最後の二日間だけ囚人たちのひとりを引き受け、キケロに対する公的な感謝決議に賛成し、内通者に報奨を与えることに同意していた。そうしてキケロは、カエサルの主張を突き崩すために彼の出席そのものを利用しようとした。すなわち、〔センプロニウス法が市民の権利と生命にかんしては、元老院でさえ、民会の決議なしに決定することはできない、と定めているにもかかわらず、〕元老院が共謀者たちに裁きを下すことは適切だとカエサルが受け入れるなら、〔最終元老院議決の効力によって〕共謀者たちは事実上市民権を喪失し、法の保護をすべて失うことも彼は容認しなければならない、というのである。元老院がカエサルの提案を選択したならば、彼の個人的な人気によって、フォルムに集まった群衆にこの提案が正しいと納得させるのはいっそう容易になることを、キケロはわかっていた。それでもキケロは、思慮深い民衆は囚人たちを処刑する必要があることを受け入れると自分は確信している、と主張した。そこからキケロは共謀者たちの犯罪の非道さに立ち返り、「母たちが泣き叫び、少年少女たちが逃げ惑い、ウェスタの処女が犯されることを想像すると自分は身震いする」と述べた*19。彼は、この集会を保護し、この都市を防衛するために予防措置を取ったのは自分であることを聴衆に思い起こさせ、自分たちが正しいと考えることを行なう自由があることを保証した。執政官として、キケロは元老院の決定の結果と、処刑がこの先もたらすことになるであろう烙印または憎悪とを一身に背負うことを望んだ。共和政に貢献するためならば個人としていかなる犠牲も払う覚悟だったのである。

執政官の演説で感情に再び火が点いた元老院議員もいたが、意見は分かれて衆議は決しなかった。さらに意見が求められた後、護民官就任予定者のひとりとしてカトーに発言の機会が回ってきた。ここでも我々は主としてサッルスティウスの解説に頼らなければならないが、プルタルコスが伝えるところでは、キケロのために働き、討論全体を把握していた書記たちによって、演説そのものが書き留められ、のちに公刊された。それによれば三十二歳のカトーは、カティリーナが依然として健在であり、共謀者たちはいまだ潜在的に共和政を脅かす存在であることを、元老院議員の同輩たちは忘れているのではないかと述べることから始めた。国家の存続そのものが疑わしい状態であり、「数人の悪党どもの命のために、すべての善き人士を破滅に追いやるならば[20]」、彼らは愚か者である。死は苦痛に比べて慈悲深い終わり方だというカエサルの見解を退け、かわりに、悪事を働いた者に対してあの世で与えられる罰にかんする伝承を思い起こさせた。異なる都市に囚人たちを送って拘禁するという提案にも批判的だった。ローマにいるよりも、そこに置いておくほうが安全だとされるのはなぜか、彼らがカティリーナの反乱軍によって解放されるのを何が防げると言うのか？　カトーは、その生涯を通じてそうであったようにここでも、容赦なく、ゆるぎなく、そして手厳しく弁論を展開した。共和政に対する脅威が回避されるまでは、慈悲など場違いであり、危険でもあると。

肝に銘じよ……諸君がプブリウス・レントゥルスらの運命を決定する時、同時にカティリーナの軍

勢と共謀者全員に対する裁きを下すことになることを。諸君の行動が積極的であればあるほど、共謀

者たちの気勢はそがれることになる。しかし共謀者たちが諸君にいささかなりとも気弱さを見出せ

ば、彼らはただちに無謀な勇気で満たされることになるであろう……

高貴な身分の市民たちが自らの生まれ育った都市を焼き払い、ローマ人の宿敵であるガリア人を戦

いに巻き込もうと企んだ。敵の指導者はその軍勢とともにすぐそこに迫っている。それでもなお諸君は、市壁の内側に連行された敵兵に対して何をなすべきかをためらい、疑り深く自問自答するのか[*21]?

カエサルとまったく同様にカトーもローマの歴史上の先例について語り、自分の見解を――個別の事例についてはむしろ虚偽の――伝承によって補強しようとした。反対意見を述べようとする者が、ローマの長きにわたる慣習が自分の見解を支持しているのだと主張するのは珍しくなかった。ローマでは、革新はほとんど常に伝統の名に隠れて到来したのである。サッルスティウスはこの討論を、本質的にカエサルとカトーの闘いとして描いている。したがってそれは、カトーが最も手ごわく執念深いカエサルの敵となった内戦の前哨戦であった。この見方は、とりわけ時が経つにつれて一般的となった。キケロは、ブルートゥスがキケロの役割を矮小化し、カトーのそれを強調する説明を記したことにひどく苛立った。この演説は大いに関心を集め、ひとりの人物が元老院全体を揺り動かし、本来進むべき道を指し示した事件のうちのひとつとなったのだった。カトーが、カエサルがそうしたように、ここで意識的にそのような役割を演じたことは明らかであり、この討論に確実に相当な影響を及ぼした。カトーが演説を終えて席に着くや否や、執政官経験者全員とその他多くの元老院議員がカトーの提案を称賛した。カエサルはひるまずに自らの提案の論拠を主張し続けた。両者はお互いにそれほど遠くない位置に座っており、カトーの応答はいっそう激しくなったが、相手を怒らせることはできなかった。キケロとは異なり、カトーは遠慮なくこ数か月のカエサルのふるまいを非難するとともに悪者扱いし、死刑を支持しようとしないのはカエサルが陰謀に共感し、そしておそらくは加担している証拠であると主張した。こうしたなか、おそらくカエサルの奴隷のひとりによって紙片が持ち込まれ、そっと彼の所に届けられた。カトーはこれを好機とばかりに、カエサルが敵方と密かに通じていることは明らかだと断言した。カエサルは、素早く紙片に目を通したが、返事はせず、その知らせを大声で読み上げるようカトーが要求すると、これに難色を示した。カトーは罪の意識があることを直感し、両陣営からの賛同の声に後押しされて、ますます強硬な態度を取った。ようやく、カエサルはその紙片をカトーに手渡したが、それが実はセルウィリアからのたいそう情熱的なラブレターであることに気づいたカトーは愕然とした。「引っ込めやがれ、この酔っ払いめ！」という落胆の叫び声とともに、カトーはその紙片をカエサルに投げ返した。カエサルのパトリキらしい威厳と、落ち着いて自信に満ちた態度は、そのやり取りのあいだ中揺らぐことはなかった。この罵りの言葉はいささか奇妙だった。というのも、カトー自身は大酒飲みだったのに対し、カエサルは節度をわきまえた酒量で知られていたからである*[22]。

　この事件はカエサルとセルウィリアの関係について興味深い裏話を提供している。これが二人の強い愛情と、離れている時でも連絡とコミュニケーションを求めていたことを示しているのははっきりしている。カエサルが自分の夫と異父弟のすぐそばに座っているであろう、元老院の会議中にラブレターを送ることは、セルウィリアにとって相当に大胆な行動だった。おそらく彼女は、いや二人とも、そのような危険な行為にスリルを感じていたのだろう。シラヌスの態度を窺い知ることはきわめて困難で、妻がカエサルと懇ろな関係にあったことを知っていたかどうかは定かでない。知っていたとしても、ライバルに対して行動を起こした形跡はない。カエサルとの政治的な友好関係は維持する価値があり、とりわけ二度目の立候補でようやく執政官職を手にしただけで、能力について大きな名声を得られなかった人物にとってはなおさらである。シラヌスがカエサルの支持を得るために自分の妻を唆したという憶測さえなされた。二人の愛情が深かったのは明らかだが、どちらも個人的な利益を得る機会を逃したとは思われない。

　最終的に――文言が優れているとされたことを理由に、義兄であるシラヌスの提案ではなくカトーの提案について行なわれた——投票では、囚人たちを処刑することに賛成する票が圧倒的多数を占めた。レントゥルスの義兄弟であるルキウス・カエサルはこの結論を支持し、ケテグスの実の兄弟で自らも元老院議員だった者も同様と思われる。カエサルは自分の意見を変えなかったので、コンコルディアの神殿を離れる時には怒った群衆によってもみくちゃにされてしまった。いつもどおり、討論のあいだ議事堂の扉は開け放たれていたから、中で何が行なわれているかはだいたい、扉の外やフォルム周辺に集まった多くの人々につつ抜けだった。陰謀の恐怖、特にローマに火を放つという計画の筋書きは——ひしめき合い、人で溢れていて非常に燃えやすいインスラに住んでいた多くの者にとって切迫した脅威であり——きわめて険悪な雰囲気が生まれていたのである。キケロは、カエサルに危害が及ばないよう、明確な支援を与え続けた。最後の舞台はトゥッリアヌムと呼ばれる、囚人たちが処刑を待つつかの間の時を過ごす小さな洞窟状の監獄の近くだった。そこに共謀者たちは連行された。レントゥルスは法務官職を剥奪されていたが、それでも執政官本人に先導されるという特別な配慮がなされた。五名は中に入れられ、しかるのち公衆の目を避けて絞殺されたのであった。その直後にキケロは姿を現し、一言「彼らは生きた《ウィクセールント》」とだけ発表した。元老院による投票があったにせよ、この行為について説明責任を負うことができたのはキケロだけだった[23]。

後遺症——紀元前六二年、法務官在任中のカエサル

この問題にからみ、キケロに対して最初の攻撃が行なわれるまでにはそれほど時を要さなかった。紀元前六三年の十二月十日に就任した新任の護民官のなかに、クィントゥス・メテッルス・ネポスがいた。無鉄砲なことで悪名高い彼が、その年の護民官選挙に立候補すると発表されるや否や、カトーも立候補を

決めたと言われている。ネポスは間もなく、キケロによる共謀者たちの「違法な」処罰を非難し始めた。十二月の最後の日、執政官両名は正式に退任する際に、自分たちの業績を振り返る演説を行なうのが慣例だった。ネポスと同僚のひとりルキウス・ベスティアは、護民官の拒否権を行使して、キケロの演説を止めさせた。これは前代未聞の侮辱だった。ネポスは退任する執政官の慣行である宣誓までは止められなかったので、キケロはこの機会を利用して、自分は共和政を防衛したと述べたのだった。ネポスはポンペイウスの義兄弟で、しばらくの間は東方で彼の総督代理のひとりとして仕えたのち、ローマに帰還してからはこの将軍の利益を代表する人物と見られていた。戦争は終結し、ポンペイウスの帰還は目前だったが、問題はどのようにして彼が帰還するのかだった。カティリーナの反乱軍を粉砕するために、共和政の最も高名で優秀な軍司令官を呼び戻そうという話がすでに出ていたのである[24]。

一月一日、カエサルは法務官に就任し、ただちにカトゥルスに対する攻撃を開始した。カピトリウムの丘に建つユピテル神殿は紀元前八三年に焼け落ち、五年後にカトゥルスが執政官としてその再建を監督する任務を割り当てられていた。事業はまだ完成していなかったので、法務官であるカエサルはフォルムでの民会にカトゥルスを召喚して、この職務怠慢を説明するよう求め、元老院によって割り当てられた資金を横領した咎で彼を訴追した。明らかに侮辱する意図で、カエサルはこの執政官経験者を演壇に登らせず、地面の上で演説させた。カエサルはその任務を誰か他の者、おそらくポンペイウスに任せるという法案を提出しようとした。というのも、カエサルは偉大な英雄を声高に支持することで人気を得ようとし続けたからである。しかし、十分な数のカトゥルス支持者が到着して圧力をかけ、この法務官を引き下がらせた。これまでのカエサルのキャリアにはよくあることであったが、彼の計画において実際に成功することとは、要望に公の場で応えることに比べればさほど重要ではなかったのである[25]。

その後カエサルは積極的にネポスを支援し、ネポスはポンペイウスとその軍勢を呼び戻してイタリアに秩序を回復する任務を与える法案を提出した。同僚護民官であるカトーは彼らに真っ向から対立し、元老院でこき下ろし、自分が生きている限り、ポンペイウスが指揮する軍団兵とともにローマに入場することは決してないであろう、と誓いを立てた。この法案を投票に付するその日、ネポスはいつものようにローマ市民の非公式な集会を開催し、カストルとポッルクスの神殿にある高段に着座した。この高段は演壇のかわりにしばしば用いられた。このフォルムの東端には群衆が集まるための余地があったからである。カエサルは法務官職の椅子をこの護民官の脇に置いて支持を示した。群衆のなかには剣闘士など身体の大きい連中がいて、騒ぎが起きた場合には護民官たちを守るために配置されていた。そこに間もなくカトーと同僚護民官のクィントゥス・ミヌキウス・テルムスが姿を現したが、彼らが来たのは議事に拒否権を行使するためで、支持者たちに後押しされていた。カトーはミヌキウスとともに高段へ大またで駆け上がり、ネポスとカエサルの間に席を占めると、持ち前の豪胆さで一時的に彼らを動揺させた。群衆のうち相当数はいまやカトーを応援していたが、依然としてネポスに忠実な者もいて、緊張感が高まった。立ち直ったネポスは書記に命じて法案を大声で読み上げさせた。カトーは拒否権を行使してこれを禁じ、ネポスが自ら文書を取り上げて読み始めると、これをその手から奪い取った。文面を暗記していたネポスは暗誦し始めたが、それもテルムスが慌ててネポスの口を手でふさいで止めさせるまでのことだった。そこでネポスは武装した自分の支持者たちに合図して暴動を起こした。棒切れと石で始まった乱闘は、刃物による戦いに発展した。カトーとテルムスはどちらも手荒に扱われたが、カトーの身柄はつい最近訴追した相手方である執政官のムレナによって守られた。最終的にネポスの支持者たちは追い払われた。その日の午後に元老院が開催され、最終元老院議決が可決された。ネポスから護民官職を剝奪する提案がなされたが、カトー自身の忠告に基づいて断念された。しかし、ネポスはフォルムで別の民会を招集し、ポンペイウスに対する陰謀の咎でカトーと元老院を非難したのち、彼らは間もなくこのつけを支払うことになるであろうと述べて、ローマから逃亡した。護民官は在任中にローマを離れてはならないと言われていたが、彼はそれどころかさらにイタリアから出船して、ロードス島でポンペイウスに合流した。彼の出奔に安堵したのか、その合法性を問題にする者は誰もいなかった[*26]。

悪いことにカエサルは状況を見誤った。現存する史料はいずれもネポスを、この事件で暴動を背後で操った主犯格であり、危ういくらい衝動的で興奮しやすい人物として描いているが、カエサルは少なくとも最初は彼を熱心に支持していた。ネポスがポンペイウスの支持者だったのは、異父姉のムキアがこの将軍と結婚していて、その帰還から利益を得たかったからだった。カエサルはポンペイウスと何の血縁関係もなく、彼と直接的なつながりができたことは一度もなかった――ムキアとは、彼女の夫が戦争で不在の間にベッドを共にしていた――が、自分自身の人気を高める手段として、ローマの偉大な英雄を称賛し支持する方針を継続していた。今回は行き過ぎてしまい、就任してからほんの数週間しか経っていなかったが、元老院はカエサルを法務官職から解任すると決議した。当初カエサルは白を切り通そうとして、公職の象徴とともに公の場に姿を現し続け、職務を果たそうとした。またもや世間の空気を読み違え、最近の出来事が引き起こした深い怒りを理解し損なった。何人かの元老院議員が暴力で彼を排除しようとしていると聞くと、カエサルは自分に付き従っていた六人の先導吏を解散させた。彼らはファスケースつまり、命令権および身体に対する極刑を科する権力を保持する者の象徴を持ち運ぶ役で、これは木の棒と斧を束ね合わせたものだった。さらに彼は、元老院議員が公的な場面で着用するトガ・プラエテクスタを脱ぎ、静かに自宅であるドムス・プーブリカに引きこもり、政界から引退しようとしていることを知らしめた。翌日、群衆がカエサルの家の前のフォルムに集まり、自分たちはカエサルの地位を回復する手助けをする用意があると、大声で宣言した。カエサルは外に出て彼らに話しかけ、騒ぎを止めて解散するよう説得した。仕組まれていたにしろ自発的にしろ――たぶん両方だったろうが――威厳に満ちた責任あるパフォーマンスだったので、元老院は納得して彼の地位を回復した。この時代、カエサルの政治的な本能は何度か誤りを犯したが、彼は自分が間違いを犯したことを理解する能力とそこから巻き返す才覚とを示したのである[*27]。

その頃カティリーナは、前年にキケロの同僚だったアントニウスを名目上の指揮官とし、実質はその部下のひとりによって率いられた軍によって、すでに打ち負かされていた。断固たる行動が反乱軍を恐れさせるだろうというカトーの主張は間違っていたことが証明された。というのも、多くの者がカティリーナに忠誠を尽くして留まり、彼とともに戦死したからである。カティリーナの生涯についてどのように考えるにせよ、彼が貴族層の一員として期待される勇気を存分に示して、よい死に方をしたことは認めざるを得なかった。しかし、彼が亡くなり反乱は鎮圧されたが、ローマには依然として疑惑と非難の応酬の雰囲気が漂っていた。当局に有力な証拠を提供した人々には報奨が与えられたが、これもある意味で密告があいついだことを示していると言える。クィントゥス・クリウス、愛人に説得されて叛徒を裏切り、報奨として元老院に復帰したあの人物が、今度は陰謀に加担していたと言われている人物の一覧にカエサルの名前を挙げたのである。別の内通者であるルキウス・ウェッティウスは、カエサルがカティリーナに宛てて書いた手紙を持っていると主張して、訴追を繰り返した。元老院では法務官に復職したカエサルがキケロに働きかけてクリウスに反論し、キケロは、カエサルは自分にいくつかの情報を提供したし、終始その忠誠心を示していたと証言した。結果として、クリウスは内通者に与えられる報奨金を失った。ウェッティウスは、騎士階層に属していたがさほど重要でなく、その評判も疑わしい人物で、もっと簡単に料理された。カエサルは法務官として、演壇の前に出頭するよう彼に命令し、それから鞭で打って監獄に放り込んだ。彼が間もなく釈放されたことはほぼ確実であるが、それ以上公的な訴追がカエサルに対して向けられることはなかった[*28]。

善の女神

カエサルの法務官職についてはほとんど記録されておらず、少なくとも彼にしては控えめな姿勢を取り続け、裁判主宰者を務めるというおもな職務に専念したのだろう。その年の末にカエサルは法と道徳に反する恋愛という不祥事に巻き込まれたが、今回だけは彼も無実の当事者であった。毎年、善の女神《ボナ・デア》の祭礼は上級公職者のひとりの自宅で執り行なわれていた。紀元前六二年にカエサルの家が選ばれたのは、おそらく彼がポンティフェクス・マクシムスかつ法務官だったからだろう。その祭礼は公職者の家で行なわれるものの、本人もそれ以外の男性も臨席は許されなかった。儀式は女性のみ、主としてローマの貴族層の既婚女性とその侍女によって執り行なわれたからである。犠牲を捧げてその他の儀式を済ませた後は、音楽と祝宴が夜通し続けられた。ウェスタの処女が儀式に臨席したが、プルタルコスによれば祭礼のほとんどを取り仕切るのは公職者の妻だった。この場合はポンペイアというよりはアウレリアが多くの役割を果たしただろうし、カエサルの姉ユリアも同席していた。

ポンペイアにはひとりの愛人がいて、プブリウス・クロディウス・プルケルという三十歳の財務官就任予定者だった〔この時点でのノーメンはまだクラウディウスであり、改名の経緯については二五四ページを参照〕。二人はこの祭礼が密会には格好の目くらましになると考えたのである。クロディウスは少女の竪琴奏者に変奏し、祝宴に参加する、ほとんどは奴隷からなる多くの職業芸人にまぎれ込んだ。夜陰に乗じて彼は、ポンペイアの侍女のひとりで秘密を知っていたハブラの手引きで、その家に招き入れられた。彼女は女主人を連れてくるために立ち去ったので、残されたクロディウスはしばらくの間待つことになった。我慢ができなくなって歩き回り始めた彼は、アウレリアの奴隷のひとりと鉢合わせしてしまった。その女奴隷はすぐに、若くてどうやら内気らしい演奏者を、仲間たちに合流するよう促そうとした。彼女がしつこく付きまとうのを振り切れなかったクロディウスはついに、「あたしは」友達のハブラを待っているから行くことはできない「わよ」、と言ってしまった。声から明らかに男性だとわかって、その女奴隷は、家の中に男性がいると叫びながら走り去り、たちまち大騒ぎとなった。クロディウスは闇の中に身を潜めた。アウレリアが示した落ちついた手際のよさは、息子の特徴であると同時に彼女自身の特徴でもあったようである。彼女はすぐさま儀式を中止すると、男性に見られて汚れてしまわないよう、祭儀に用いられる神聖な祭具を隠した。侵入者の逃亡を防ぐために、奴隷たちが差し向けられて家の扉という扉に施錠した。それからカエサルの母は彼らを率いて松明の灯りで家中を捜索し、ついにクロディウスがハブラの部屋に隠れているところを発見したのだった。女たちはその男の素性を確認するために彼をしかと見――ローマの貴族社会は狭く、人々はほとんどお互いに見知っていたのである――その男を家から放り出した。そうしてアウレリアは女たちを各自の家に帰して、クロディウスの冒瀆行為を夫に報告させた*29。

数日後、カエサルはポンペイアと離縁した。カエサルの時代にはまだ貴族層の子弟によって暗記されていた、ローマ最古の成文法典である十二表法には離婚についての規定はなかったが、長い伝統によって離婚は認められていた。ローマ社会における他の多くの側面と同様に、離婚も個々の家族の問題と考えられていたのである。共和政後期には夫も妻も一方的に相方と離婚できたようである。最も単純なやり方では、夫が「自分の物を持って行け！《トゥアース・レース・ティビ・ハベートー》」と言うだけだった。カエサルはこの伝統的な慣用句を用いたか用いなかったか、あるいはポンペイアに手紙を書き送ったのかもしれない。しかしいずれにせよその結婚はただちに終了した。離婚の理由は公表されなかったが、そのことは、先立つ事情があったとしても、珍しいことではなかった。二人の関係はコルネリアとの結婚ほど親密だったとは決して思えないし、結婚生活のほとんどの時間を一緒に過ごしたにもかかわらず、子を残すことはできなかった。ポンペイア以外のカエサルの妻たちが愛人を作ったという記録はないが、この場合はカエサルの魅力もポンペイアに貞節を守らせるのに十分ではなかった。おそらくカエサルはこの数年、セルウィリアほかの愛人たちに多くの時間を費やしすぎたのだろう。あるいは、彼よりもずいぶんと若い妻は、姑が支配していたとおぼしき家庭で生きていくのが嫌だったのかもしれない。また、クロディウスの魅力も見過ごせない。彼は知的で、美男子で——彼の家族は美貌で知られていた——魅力的であり、不道徳な評判さえ彼をいっそう興味深い存在にしていた。この描写は、他人の妻を誘惑しようとすることも含めて、カエサルにもそっくり当てはまる。ポンペイアの不貞の理由が何であれ、カエサルは自分が享受している自由を妻に与えようとは思わなかったのである。これが彼の属する階層およびその時代の男性の一般的な態度なのだった*30。

結婚生活の終了は本人にとっての重大事だったが、この事件が共和政全体に与えた衝撃の規模は過小評価すべきでない。いまだかつて善の女神の祭礼がこのようにして汚されたことはなかった。元老院議員のなかには、キケロとカエサルも含め、個人的には神々について、あるいは少なくとも伝統的な信仰の多くの側面について懐疑的な者もいたが、公的な生活の隅々にまで行き渡っていた儀式の重要性をおおっぴらに疑う者は誰もいなかった。ローマの成功は神々の好意によるものだと言われており、この祝福が続くのを確実にするための儀式を行なわなければ、怠慢もしくは不適切な行ないであると考えられた。元老院はこの事件を調査し、いかなる措置を取るべきかを決定するために特別委員会を設置した。祭礼それ自体は別の夜に再度行なわれ、とどこおりなく実施された。ウェスタの処女とポンティフェクス団が助言を求められたうえで、クロディウスを裁判にかけることが決定された。カエサルは最初から臭いものに蓋とばかりに事件全体を覆い隠そうとしたようだが、ポンティフェクス・マクシムスはポンティフェクス団の長だとはいえ、その役割は議論を方向付けるよりはむしろ司会者だった。その後の裁判でカエサルはクロディウスに不利な証拠を提出するのを拒否し、事件全体について与り知らぬことであると主張した。自分の妻が不倫関係になかったと思うならなぜ離縁したのかと公の場で問われたカエサルは、かの有名な言葉でそれに応えた――自分が彼女と離縁したのは、「カエサルの妻たるもの、そのような疑いすらかけられてはならない」からである。クロディウスは前途有望な若者であり、有力な友人も多く、彼らは法廷でクロディウスの潔白が証明されるよう全力を尽くした。カエサルは、そのような人物から個人的な恨みを買うという危険を冒す必要はないと感じたのかもしれないし、あるいはクロディウスが将来役に立つ盟友になりそうだとさえ思ったのかもしれない。後世の我々から見ればそのとおりになったわけだが、当時はそこまではっきりしてはいなかっただろう。カトゥルスのような人物を頻繁に訴追し攻撃したにもかかわらず、カエサルのキャリア全体は、敵を滅ぼすよりはむしろ友人を得ようと務めることの上に成り立っていたのである。その好意と寛大さのゆえにカエサルは人気があり、その点で、断固とした過酷さで知られていたカトーとは異なっていた。そのカトーはクロディウスを厳しく罰することを強硬に主張したひとりであった。

政治的な関心が元老院議員の念頭になかったわけでは決してないが、個人的な要素も忘れるべきではない。いつの世でもたいてい、妻を寝取られた男として晒し者になるのは、きわめて気恥ずかしいことである。カエサルがその事件の証人として出廷したら、ローマ人の弁護団が彼自身の女遊びの悪評を上げつらわずには置かなかったであろう。おそらく彼は本当のところ、今回ほど突飛で冒瀆的な事件はなかったにしろ、自分自身がしばしば行なっていたことについて他人を攻撃するのは偽善的だと思っていたのだろう。けれども、彼自身は乗り気でなかったが、アウレリアとユリアは証人として出廷し、クロディウスの有罪を証言した。キケロも出廷し、祭礼の日にローマでクロディウスに出会ったと証言したので、犯行時にはローマから遠く離れた所にいたという被告人の主張は崩壊した。クロディウスは明らかに有罪だったにもかかわらず、彼と友人たちが協力して脅迫と贈収賄の運動を展開した結果、無罪放免となった。最後の公判で審判人たちは自分達の身を守るために護衛を要求し、認められた。投票の結果、三一対二五で彼らが無罪を評決すると、カトゥルスは軽蔑の眼差しを向けて、「なぜお前たちは我々に護衛を要求するのか？　強盗に襲われるとでも思っているのか？」と言った。これが元老院の長老について記録されている最後の逸話であり、その後間もなく彼は死去した＊31。

ヒスパニア

その裁判が結審するよりもだいぶ前に、カエサルは法務官格属州総督として遠ヒスパニア（ヒスパニア・ウルテリオル）を統治するためにローマを離れていた。彼の随員に紛れてヌミディア人のクリエンテスが秘かに連れ出された。以前にカエサルはヒエンプサル王を相手方として彼を弁護したが失敗し、数か月間自宅にかくまっていたのだった。同じく同行した財務官のウェトゥスも、カエサルが弁護した依頼人の息子だった。もうひとり、一般幕僚職の一種である工兵隊長《プラエフェクトゥス・ファブルム》の地位にあって、カエサルの幕僚団を構成していたのが、ルキウス・コルネリウス・バルブスである。彼は、ポンペイウスからの感謝の印として市民権を得た裕福な家族出身のヒスパニア人だった。この新たな統治者がいささか安堵して、ローマと不祥事を後に出発したことは間違いないが、一時は出発を妨げられるはめになるところだった。おそらく支払期日が到来した債権者の多くが待ちきれなくなっていたのだろうが、その年の最初に法務官職から一時的に追放されたことが、カエサルの長期的な見込みに疑問符を付けることになったのかもしれない。彼の出発を妨害する動きがあったが、カエサルはクラッススに頼み込み、八三〇タラントンについて保証人となってもらった。これは莫大な金額であったが、彼の借金の総額から見れば微々たるものだった。カエサルがクラッススから金を借りたことが現存する史料に明確に記録されるのは、この場面が最初だが、カエサルが過去にもクラッススの莫大な資産をしばしば当てにしていた可能性は高い。それでもこれは九死に一生の出来事で、カエサルが最終的にローマを出発したのは、元老院がその年の担当属州を正式に発表する直前だった。担当属州はすでに割り当てられていたから、これは形式上の問題にすぎなかったが、慣例には反していた。皮肉なことに、彼がヒスパニアに到着して最初に取り扱った問題のひとつが、負債の蔓延だった。それはこの地域に跋扈する盗賊の数を増やす原因となっていたようである。カエサルは、債務者は債務が弁済されるまで収入の三分の二を債権者に支払うべきこと、しかし残りの三分の一は債務者自身とその家族を養うために取って置かれるべきことを命じた*32。

属州総督への就任は金儲けの機会であった。カエサルは帰還した属州総督を汚職と財物強要の咎で何度か訴追してきた。間もなく彼も元老院の敵対者によって、必要がないのにヒスパニアで戦争を引き起こし、たんに略奪するために同盟諸都市まで攻撃したとして訴追された。訴追されることはすっかり慣例化しており、ローマの属州総督たちの多くがそのような行動を取っていたが、カエサルがそのようなふるまいについて有罪であったか否かを決定するのに十分な証拠はない。紀元前六一年のヒスパニアには、大部分の地域に依然としてセルトリウスとの戦いの傷跡が残っていた。襲撃と強盗とは、数世代にわたってイベリア半島の人々の、特に山岳地域でかろうじて農耕で生計を立てていた共同体に属する人々の生き方だった。カエサルが主として活動した北西部のルシタニアは、当時は裕福な地域ではなく、いかなる軍司令官であれ、そこで戦争をし略奪することで儲けを得られたかどうかは疑わしい。カエサルが軍事作戦を展開するための口実を持っていなかったとも考えられない。というのも、史料はすべてその地域のほとんどが無法地帯だったことを強調しているからである。明らかなのは、カエサルがこの機会を積極的に利用し、きわめて断固たる対応をしたことである。到着して間もなく、新たに十個大隊を招集し、既存の守備隊を一・五倍に増員した。タグス川とドゥエロ川に挟まれた山岳地帯に行軍し、丘の上の要塞化された諸都市のひとつに対して降伏して平地に定住するよう要求した。期待通りその都市が拒絶したところで、カエサルは襲撃して占領した。そうして、カエサルは待ち伏せを避けつつ、近隣の集落に向けて移動したが、ルシタニア人は家畜の群れをおとりにカエサルを罠にかけようとした。カエサルはこれを無視し、かわりに彼らの本隊を攻撃して打ち負かした。奇襲攻撃はヒスパニアの山岳部族にとって一般的な戦術であったから、カエサルの軍勢は険しい地域を抜ける目立ちやすい道を通らないようにして、さらなる奇襲攻撃をかわした。その後カエサルは戻って来ると、自ら選択した平地で戦い、勝利した。さらなる勝利を求めて、ルシタニア人を大西洋沿岸まで追い詰めたところ、彼らは小さな島へ逃げ込んだ。これを占領する最初の試みは失敗したが、カエサルはガデス（現カディス）から軍船を呼び集めると敵を降伏に追い込んだ。そうして沿岸を航行すると、その軍勢の姿は――ガレー船はその地域ではほとんど知られていなかった――少なくともひとつの都市を威圧して即時に降伏させるのに十分だった[*33]。

ガリア戦争と内戦という後年の戦役については、カエサル自身の『戦記』によって、彼の足跡の多くが非常によく知られている。すなわち、迅速でありながら計算された行動、自然の障害や初期の退却によって怖気づかないこと、勝利を抜け目なく利用することである。降伏を受け入れ、征服した人々を寛容に扱う姿勢もあったが、それは彼らが勤勉で税金を納める属州民になることを期待してのことだった。カエサルの勝利だけではこれは達成されなかったものの、そのための重要な一歩となった。カエサルはインペラトルと呼ばれて歓呼されたが、それは属州総督がローマに帰還する際に凱旋式の許可を願い出る権利を与える公式の歓呼であった。けれども、彼の在任期間は戦争にのみ費やされたわけではなく、属州民による行政を再組織するために尽力し、地域の共同体間の紛争を仲裁した。カエサルはまたいくつかの土着の信仰における人身御供の慣行を抑制しようとしたらしい。彼の介入が長期的に見てどの程度効果があったかを言うのは難しい。というのも、以前の属州総督たちもこの慣行に反対してきたからである。そのような犠牲は鉄器時代のほとんどを通じてヨーロッパ各地で――おそらくかなり広く――知られていた。ローマ人が人間を犠牲に捧げた最後の例さえ、カエサルが生まれるほんの数年前でしかなく、キンブリ族とテウトネス族の脅威が目前に迫っていた時のことであった。けれども、これはローマ人が属州で積極的に抑制しようとした数少ない宗教上の慣行のひとつである。カエサルのヒスパニア統治はほとんど記録されていないが、彼のいつもの熱狂的な活動が際立っていたと思われる。カエサルはおそらく在任中に現地で利益を得たであろうが、莫大な負債を減らす以上のことをしたわけではないのは確かで、属州民からは称賛され、帰還した際には凱旋式を挙行する見込みもあった。この公職はカエサルに望む物を与えたが、彼はいつも先のことを考えており、後任が実際に到着する前にローマへ帰還するため属州を後にした。これはいささか珍しいことだったが、彼だけではなかったことは確かである――キケロは執政官に就任してから十数年後にようやく属州へと出発したのだが、その時に同じことをしたようである。おそらくキケロの財務官が代理として残されたのだろう[34]。

ヒスパニアからの帰り道、プルタルコスによれば、カエサルとその一行はアルプスの小さな村を通りかかった。友人が冗談交じりに、このような荒れ果てた所であっても人々はやはり権力と公職を必死に求めようとするのだろうか、と尋ねた。カエサルはいたって真面目に、自分はローマで二番目になるよりは、このような場所であっても第一人者でありたい、と断言した。この逸話が作り話かどうかはともかく、プルタルコスが理解したように、それはカエサルの性格について多くのことを物語っている。彼はすでに政治的には成功を収め、いまや素晴らしいキャリアが期待できた。カエサルがいつも自分自身に期待していたのは間違いないが、成功を収めることだけでは不十分で、めざしたのは頂点だった。彼は、これまで他人がした以上のことをなし遂げたいと願っていたのである[35]。

その頂点はまだまだ先だった。紀元前六〇年代も終わりに近づいたこの時期に、本格的にポンペイウスのライバルとして考えられたのはクラッススだけであったからである。共和政で最も裕福な人々のうち何人かは、ルクッルスが知られているように、ほとんどが政界から引退して悠々自適な隠居生活に入っていた。この時代の元老院には約六〇〇名の議員がいたが、才能のある人物はほとんどいなかった。際立った有能な人々を間引いてしまった内戦の後遺症は依然として明らかであった。印象的なのは、大勢の出席者が見込まれる重要な場面だったカティリーナ一派の裁判に出席した執政官経験者が、十四名しかいなかったことである。クラッススは故意に出席を見合わせたし、ポンペイウスほか数人の執政官経験者は戦役で出払っていた。ごく大雑把ではあるが、執政官経験者が就任後に少なくとも二十年間は生きられるとすると、生存者の総数は十四名の倍以上になるのである。それまでの時代と比べると、権威《アウクトーリタース》によって元老院での討論を方向付けることができる、突出した元老院議員はほとんどいなかった。これこそが、カエサルやカトーのような人物が、いまだ三十代でしかないにもかかわらず、あれほどの名声を得ることができたひとつの理由なのである。

第8章 執政官

カエサルは懸命な努力とわずかな休息とに慣れていた。

自腹で友人の問題に取り組んだし、
好意で行なう価値があることは何であれ疎かにすることは決してなかった。

彼が熱望したのは命令権であり、軍団であり、自分の才能を示すことができる新たな戦争であった。

サッルスティウス、紀元前四〇年代後半＊1

しかし六百年後に歴史は私について何と言うであろうか？というのも、
まさにそれこそ、こんにち生きている人々の無駄話よりも私は恐れているからである。
キケロ、紀元前五九年四月＊2

紀元前六一年九月二十八日と二十九日にポンペイウス・マグヌスは、海賊とミトリダテスに対する勝利を記念する自身三度目の凱旋式を挙行した。祝祭は同時に彼の四十五歳の誕生日祝いでもあり、前例のない規模と壮麗さの見世物と行列を含んでいた。彼の最初の凱旋式は二十年前だったが、今回は象に曳かせた戦車に乗るといった馬鹿げた計画はなかった。ポンペイウスは年を取って円熟し、芝居がかったまねをする必要はなかった。彼の勝利の素晴らしさに比べれば、過去の偉大な将軍たちの業績も霞んで見えたからである。それでも、凱旋式は自制心や謙遜のための場では決してなかった。他のローマの貴族たちと同様に、ポンペイウスも自分の成功を数で表すことにこだわり、行列に含まれていたプラカードにはそれぞれ、彼が殺害し、捕虜にし、あるいは打ち破った人数は一二一八万三千人、捕獲したり沈めたりした敵船は八四六隻、降伏を受け入れた都市や要塞は一五三八か所であると書かれていた。彼が征服した王国、民族、場所は、それらから奪った戦利品をのせた巨大な山車に順番に記載された。それからこの戦争の有名な逸話を描いた絵画もあった。他の看板には、いかにしてすべての軍団兵が一五〇〇デナリウス――十年分の給料以上に相当する――を与えられたかが書かれ、総額二万タラントンの金銀が国庫に加えられたと公表された。ポンペイウスは、自分の努力の結果として、共和政の歳入は二倍以上に、五千万デナリウスから一億三五〇〇万デナリウスへと増加したと豪語した。行列の最後には、当時知られていた世界中で収めた勝利の記念品として、巨大な山車が姿を現した。人々は、ポンペイウスは三つの大陸をすべて制覇した、すなわち最初の勝利の一部としてアフリカを、二度目の勝利ではヨーロッパと特にヒスパニアを、そしていまや三度目の勝利でアシアを、と語った。ポンペイウスの前方には、王、王妃、王女、族長、そして将軍を含む、三〇〇名の重要な人質が、全員祖国の衣装を着て歩いていた。ポンペイウス自身は輝石で飾られた戦車に乗り、ミトリダテスから取り上げた外套を着ていたが、これは彼の言うところでは、かつてアレクサンドロス大王が所有し実際に着ていたものだった。百五十年以上後に書を残したアッピアノスは、そんなことはあり得ないと考えていたが、ポンペイウスは自分と歴史上最も偉大な征服者とがしばしば比較されるのを大いに喜んでいた*3。

ポンペイウスの業績の規模に疑問の余地はない。海賊退治では綿密な計画と迅速な行動を見事にくり広げて見せたが、それもさらに偉大な勝利の序曲にすぎなかったことが証明された。ポントス王ミトリダテスはローマの敵のなかで最も立ち直りが早い相手のひとりだった。スッラは彼をギリシア世界から追放し、属州アシアを回復したが、イタリアへ帰還せざるを得なくなったことで完全勝利を達成することはできなかった。ルクッルスはその地域で命令権を保持していた七年間でより多くをなし遂げ、この王と同盟者を一連の戦闘で痛めつけた。その過程で戦利品から途方もない利益を得たが、アシアで活動していた徴税請負人と、自軍の兵士の多くの支持を失った。成功を収めた将軍が元老院で敵対者を持たないわけはなかった。元老院議員は本能的に、あまりにも多くの栄光、富、そして権威《アウクトーリタース》を獲得した者に対して、神経をとがらせたからである。戦争が長引きすぎるとか、ルクッルスはより多くの利益を得るために故意に戦争を引き延ばしていると、不満を述べる者は増え続けた。その広大な属州が分割され、各部分が新しい属州総督に与えられたせいで、彼が戦争を遂行するのに必要な人員と物資は不足した。ルクッルスが弱体化したことで、ミトリダテスは失った根拠地のいくつかを取り戻す機会を与えられたのである。紀元前六六年にポンペイウスが到着すると、すべてが変わった。前任者が夢見ることしかできなかった規模の資源に支えられて、ポンペイウスはその年の末までにはミトリダテスの勢力を決定的に粉砕した。ルクッルスはすでに戦争に勝利していたというのは少し言いすぎかもしれない――その点で、ポンペイウスが到着してその名声を盗もうとする前に、クラッススが趨勢を決していたことが確実な奴隷反乱とは異なる――が、最終的なローマの勝利に大きく貢献していたことは確実だった。

割り当てられた任務が完了しても、ポンペイウスは真っすぐにローマに帰還することを望まず、かわりに自分の指揮する軍勢によって栄光を得られる新たな機会を求めた。その後の二年間で、彼はあらゆる機会を利用し、かつてローマ軍が到達したことのない場所へ進軍したのである。彼らはイベリア人とアルバニア人〔共にコーカサス地方の民族〕と戦いながら進み、黒海の東側沿岸を回って、のちに南ロシアとなる地域に到達した。ユダヤ王家の敵対する人々同士の内戦に介入してエルサレムを包囲し、三か月後にこれを占領した。これら壮大な業績はすべて凱旋式での行列において称賛された。ポンペイウスはこれらの戦役を通じて軍司令官としての能力を余すことなく証明し、それまでの戦役におけると同様に、アレクサンドロス大王の英雄的な統率の仕方を模倣して、本人自ら突撃したこともあった。エルサレムでは将校たちとともに大神殿の至聖所に立ち入ったが、それは高位聖職者を除いては何人たりとも禁じられていたことだった。敬意の証として宝物は一切持ち去らなかったが、その意思表示は、意図されたように、ローマの偉大な将軍による空前絶後の功績としてローマで語られる新たな逸話を提供したのであった。ローマ人にとっては、華やかさと実利とが同時に追求されることはしばしばで、ポンペイウスは多くの時間を費やして、その地域にローマの古い属州と彼が創設した新たな属州の行政を組織した。紀元前六三年にミトリダテスが死去した――毒を飲んで自殺しようとしたが、生涯を通じて解毒剤を服用していたため免疫があることを思い出して、護衛に殺害させた――という知らせが飛び込んでからは、積極的な戦役はほとんど行なわれなくなった。それでもポンペイウスは一年以上も東方に留まってその地域を平定した。組織を構築する彼の能力は高く、彼が制定した規則の多くは数世紀経っても通用し続けることになる*4。

護民官在任中のメテッルス・ネポスの傍若無人なふるまいは、ポンペイウスがイタリアに帰還したらどうなるのかという不安を高めることになった。ネポスはポンペイウスの義兄弟であり、彼の下で総督代理を務めたが、ポンペイウスに軍指揮権を維持させるために暴力と脅迫を好んで用いたことは、たいへんやっかいだった。クラッススはこの雰囲気を利用して家族を海外に避難させたと言われている。ネポスがどこまで指図を受けて行動していたのかを知るのは困難だが、ポンペイウスが、結果として自分に対する疑念を多くの元老院議員に植え付けただけで、何の利益も得られなかったことを嬉しく思っていないのは明らかだった。紀元前六二年の春にポンペイウスは元老院全体に宛てて、そして主要な元老院議員にも個人的に手紙を書き、平和裏に引退することを望んでいると断言した。もうひとりの総督代理であるマルクス・プピウス・ピソは、すでにローマで紀元前六一年の執政官職をめざして遊説していた。ポンペイウスは元老院に対して、自分が友人をその傍で応援することができるように、年末まで選挙を延期してくれるよう依頼した。意見は二分されたが、カトーは元老院の手続きを操作してあらゆる投票を妨害した。討論で自分の意見を求められると、日が暮れるまで話し続け、結論が出ないまま会議は終了した。その問題を蒸し返そうとする者は誰もいなかった。結局、ピソはなんとか執政官選挙に勝利したが、これはポンペイウスが受けることになる一連の冷遇の始まりであった。だからといって彼は、自分には敵意がないことを元老院にわかってもらうための努力を止めなかった。最終的には紀元前六二年十二月にブルンディシウムに上陸すると、ただちに自分の軍団を解散し、再集合するのは彼らが凱旋式で行進する時だけであると軍団兵に命じた*5。

凱旋式を挙行するまで、実のところポンペイウスは都市の聖なる境界線であるポメリウムを越えることができないので、ローマ郊外にあるアルバの丘の別荘に居を構えた。紀元前一世紀の中頃までに、ローマの大部分は事実上ポメリウムの外になっていた。ポンペイウスが参加できるように、この地域で場所を選んで元老院を開催したり、民会が招集されたりする機会が何度かあった。紀元前七〇年に執政官に就任した時には、経験豊かな元老院議員で多くの作品を残した著述家でもあるマルクス・テレンティウス・ウァッロに頼んで、元老院の議事について説明した小冊子を書いてもらったことがあった。政界へ復帰してみると、ほぼ六年間戦役のためにローマを離れていた後では、学ぶべきことがまだたくさんあることが明らかだった。最初の演説は完全に失敗で、誰にも受けなかった。とりわけ不運だったのは、クロディウスの冒瀆行為にかんする裁判の論戦が最高潮に達し、適用されるべき手続と特に審判人の選任にかんして激しい議論が交わされていたところに、彼が帰ってきたことだった。かつてポンペイウスの総督代理だったピソは、クロディウスの友人かつ支持者だったが、同僚執政官のほうは同じくらい頑固な反対派だった。ポンペイウスは弁論家としては十分な訓練を受けておらず、取り立てて才能に恵まれてもいなかったが、その問題に対して意見を求められると、元老院に対して確固とした支持と敬意を示そうと試みたが、その演説はまったくと言っていいほど盛り上がらなかった。キケロは、カティリーナの反乱を鎮圧したことをポンペイウスが熱意を込めて称賛しようとしなかったことにひどく気分を害して、かつては頻繁に支持を表明してきたこの人物を酷評した。彼は紀元前六一年一月二十五日に友人のアッティクスに宛てて手紙を書き、ポンペイウスは「いまや公然とこれ見よがしに私との友情を吹聴しているが、内心では嫉妬しており、しかもそれをうまく隠せていないのだ。彼には礼儀正しさも、率直さも、指導者としての才能もなければ、道義心、忠誠心、そして寛大ささえもない[*6]」。クラッススが元老院で自分を賛美したことにキケロが大喜びしたのも、おおかたポンペイウスはそうしてくれなかったからだろう[*7]。

家庭内でも状況はあまり芳しくなかった。イタリアに帰還すると同時にポンペイウスは妻のムキアと離婚したのである。ムキアは夫のいない間にカエサルと恋愛関係にあったが、愛人はカエサルだけではなく、数々の浮気は世間の噂の的だった。政治的にもこのことは、ポンペイウスと彼女の異父弟メテッルス・ネポスおよびクィントゥス・カエキリウス・メテッルス・ケレルとが疎遠になるという、不幸な結果をもたらした。というのも、ひとつの家族としてのメテッルス家は侮辱に対して、それが現実であろうと思い込みであろうと、即座に反応しないことは決してなかったからである。キケロはネポスによって攻撃された後、争いを始めたのは弟のほうであったにもかかわらず、兄のメテッルス・ケレルをなだめるのにあらゆる手段を使わなければならなかった。ケレルは紀元前六〇年の執政官選挙の有力な候補者で、敵に回すと非常に危険な相手であった。とはいえ、離婚によってポンペイウスは新しい政治的同盟関係を築く機会を得た。そして、元老院でも選り抜きの人々に同調することを再び公言して、自分は急進派ではないことを示そうとしていたのは明らかだった。ポンペイウスはカトーに接近して、自分と自分の息子が彼の姪たち、すなわちセルウィリアの娘たちと結婚することを許してもらえるか尋ねた。娘たちとその野心的な母親の落胆をよそにカトーはこの提案を拒絶したが、政治的利益よりも道徳の厳格な命令を優先したその姿勢は、彼の名声をさらに高めた。カトーは元老院のなかで最も裕福かつ最も成功を収めた軍司令官と同盟関係を締結する見込みを失ったが、その事件は、カトーがその行動とふるまいによって意識的に作り上げた伝説を、またひとつ増やすことになった*8。

この時代、ポンペイウスには主要な目的が二つあった。ひとつは自分の軍勢を退役した兵士たちへの農地の分配を保証することである。紀元前七〇年にはヒスパニアで彼の指揮のもとに戦った兵士たちに農地を分配する法が可決されたが、適切な農地の分配を可能にするだけの資源を元老院が与えなかったので、実現させることはほとんどできなかった。もうひとつの目的は、東方再編すなわちミトリダテスに対する勝利の後でポンペイウスが制定した法や規則の基本的な枠組みについて、承認を得ることだった。そのような事柄は通常、元老院の委員会によって行なわれるものだったが、ポンペイウスはそのような裏付けもなしに先走ったのである。彼がその仕事をたいへんうまくこなした事実も、相当な批判を抑えることはできなかった。ルクッルスは、自らの凱旋式を何年も待たされ続けていて、ポンペイウスに軍指揮権を奪われたことをいまだに苦々しく思っていたので、彼に反対するために、政界から自発的に引退した状態から復帰し、特に自分自身の裁定を変更した点を批判した。ポンペイウスは東方再編全体をひとつの法で承認することを望んでいたが、ルクッルス、カトーその他多くの指導的な立場にある元老院議員は、個々の裁定ひとつひとつについて議論し処理するよう要求した。紀元前六一年にピソが執政官職に就いていた間は何ひとつ達成されなかったが、それは一部にはクロディウスの裁判が最大の関心事であったからである。メテッルス・ケレルが紀元前六〇年の執政官に就任することが事実上確実となったことを悟ると、ポンペイウスはより従順な人物が同僚になるように巨額の賄賂をばらまいた。選ばれたのは別のかつての総督代理で、「新人」のルキウス・アフラニウスだった。彼は有能な将校だったかもしれないが、政治家というよりはむしろ踊り手としての技能で有名であった。執政官として彼は絶望的な欠陥を露呈し、「新人」仲間であるキケロは彼を、趣味の悪い冗談でしかないと評した。その年の護民官のひとりルキウス・フラウィウスのほうが有能で、ポンペイウスの命令を熱心に実行した。彼が提案した農地法は、退役兵と相当数の都市の貧民に農地を与える内容だった。メテッルス・ケレルはこれに反対し、あまりに激しく罵倒したので、この護民官は彼を監獄に連れて行くよう命じたほどだった。メテッルスは状況をどう利用すべきか熟知した、政局においては抜け目のない剛腕だったから、ただちに監獄そのものの中で元老院の会議を招集した。フラウィウスは自分の護民官職の椅子を監獄の入り口の前に置いて誰も中に入れないようにすることで対抗した。これにひるむことなく、メテッルスは自分の先導吏に命じて、監獄の壁に元老院議員が通れるだけの穴を開けさせた。ポンペイウスは、フラウィウスが一本取られたことを悟ると、彼に命じて執政官を解放させた。この逸話は、紀元前六二年にカストルとポッルクスの神殿の高段において繰り広げられた、カトーとネポスの対立とほとんど同じような、集会に対する滑稽なまでの敬意を示している。今回は直接衝突の直前で事態が収拾された。メテッルスが属州に赴任する権利を否定することで彼を恫喝する試みもなされたが、失敗に終わり、農地法案は最終的に撤回されたのだった*9。

二年が過ぎてもポンペイウスは主要な目的のどちらも達成していなかった。東方再編の確定と退役兵に対する農地の分配はどちらも、共和政の利益に関わることになる微妙な政策だった。メテッルスが農地法案に反対したのは第一に、自分の異父姉であるムキアと離婚した人物のために何かをする気にはならなかったからだが、孤立を名誉と考えていたこと、生まれつき強情な性格だったこともその理由であった。彼の祖父は、サトゥルニヌスの立法のひとつに従う宣誓を拒否したために、一時期亡命を余儀なくされた、唯一の元老院議員だったことで名声を博した人物であった。ルクッルスを突き動かしていたのは、紀元前六六年にポンペイウスからひどい仕打ちを受けたと感じた記憶だった。カトーたちは、ポンペイウスに身の程を思い知らせ、その強大な富と名声によって共和政を支配させない手段として、彼の邪魔をしようとしていたのである。この時代に不満を抱いていた元老院議員はポンペイウスだけではなかった。クラッススは、初めこそライバルの不遇を喜んでいたが、ポンペイウスを邪魔したのと同じ集団に属する元老院議員の多くが、彼にとって非常に重要な政策を積極的に妨害していることに気づいた。紀元前六〇年の初めには元老院と、徴税請負人の大きな会社を率いていた騎士階層の人々との間で紛争が勃発した。これらの徴税請負人はアシア他の東方属州で税金を徴収する権利を購入したが、結局は、長年の戦争の後遺症で、自分たちが国庫に対して請け負った金額を上回る十分な税金を徴収できないことがわかった。通常は徴税によって莫大な利益が得られるところ、損失が生じる見込みに直面して、落胆した徴税請負人は、国庫に納めるべき金額を減らすよう、契約内容について再交渉しようとしたのである。クラッススは、徴税請負人の指導者と密接な協力関係にあり、多くの会社に出資していただろうから、彼らを熱心に支持していた。その要求は理不尽だとキケロは考えたが、それでも裕福な騎士階層を懐柔して元老院の味方に留めて置く必要があったから、これを支持しようとした。新しい贈収賄禁止法はちょうど元老院議員階層ならびに騎士階層の審判人にも厳しい罰金を科していたので、騎士階層のなかに深刻な怒りを呼び起こした。カトーは決して自分自身の怒りを抑制するような人物ではなかったから、精力的に徴税請負人に反論し、その要求を拒絶するよう元老院に促した。絶望したキケロは、カトーの「最高の精神と疑いようのない正直さが……国家を危機に陥れている。彼が主張する解決策は、ロムルスの掃き溜めよりもプラトンの理想的な共和政にふさわしい[*10]」と述べた。

ポンペイウスとクラッススは、共和政で最も裕福で、ある意味最も影響力のある二人だったが、どちらも、元老院を支配していたひと握りの名門家系の出身者によって邪魔されていることに気づいた。とりわけポンペイウスは、この内輪のエリート集団に加わろうとして拒絶されていた。必要であり、合理的であり、そして人気のある改革が、政治的には都合がよいかもしれないが多くの疑問の余地がある政策と同じように、すべて少数の貴族によって妨害されていたのである。共和政の中核部分の無気力は、社会のあらゆる階層に属する多くの市民を無視していた。数十年後、かつてカエサルの将校であった者のひとりが書くことになる内戦の歴史は、メテッルス・ケレルとアフラニウスが執政官だった年から始まっている。後世の視点からは多くの者が紀元前六〇年を、共和政に伝染した病が末期を迎えた年と考えることとなった*11。

帰国

紀元前六〇年の夏にカエサルはヒスパニアから帰国した。彼は四十歳だったが――おそらく、これまでの公職に通常の規定より二歳早く就任したのと同じ特例を受けて――いまや紀元前五九年の執政官選挙に立候補する資格を得た。彼がしばらくの間立候補に向けて地ならしをしていたことは明らかである。個別訪問ができないので、カエサルは、キケロを含めて指導的な立場にある元老院議員に手紙を書き送ったようである。彼は数多くの手紙を書いたが、まったくもって不幸なことに、その往復書簡はほとんど残っていない。一度に数人の筆記者に口述することができたと言われているが、注目すべきは、ローマにいながら友人や政治的盟友に、彼らもまたローマにいるにもかかわらず、定期的に手紙を書いた最初の人物だったことである。ポンペイアとの離婚も一筆書いたのかもしれない。もうひとりの候補者と共同で選挙運動を展開する合意に達したのも、おそらくは手紙によってだろう。彼の名はルキウス・ルッケイウス、比較的裕福だったが名声やカリスマ性には欠けていた。彼の資金とカエサルの人気との合体は強力だった。紀元前六〇年六月の初旬には、まだローマに到着していなかったにもかかわらず、カエサルは執政官選挙の本命と見られており、彼は「追い風に」乗っているとキケロは述べている。カエサルからキケロ宛ての手紙がこの弁論家を喜ばせたことは明らかである。というのも、キケロはアッティクスに宛てて「カエサルをもっと良く」したいと書き送っており、それが共和政に対する貢献であると考えていた[*12]。

カエサルは、二年前にポンペイウスがしたように、ローマの郊外に到着したが、ヒスパニアでの戦役に対して認められた凱旋式を挙行するまではポメリウムを越えることができなかった。凱旋式を挙げれば、壮麗な行列とこれに伴う祝賀会によって、選挙での当選がさらに確実になると思われた。ローマ人の有権者も社会一般も、何を差し置いても軍事的栄光を賛美したので、現実的な観点から執政官は当然、重要な戦争の軍指揮権を割り当てられる可能性が高かった。したがって、軍事的才能の証明が有益なのは疑いようがなかったのである。キケロは折に触れて、法廷における弁論家としての偉大な成果は軍事的な業績とほぼ等しいくらい高い価値があると話すのを好んだが、内心ではそれが多くの有権者の見解ではないと明らかにわかっていた。ところで、法律では公職選挙の立候補者は、フォルムで行なわれる集会に本人が臨席しなければならなかった。凱旋式を挙行するために必要な準備には時間がかかるうえ、元老院によって割り当てられた日にしか挙行できなかった。選挙の日程はすでに確定していたから、カエサルは、ポメリウムを越えて凱旋式の権利を放棄しないかぎり、立候補できなかったのである。本人が臨席しなくても候補者となれるよう、カエサルはその規則の適用を除外するよう要請した。おそらく元老院に対するその要求は手紙で、あるいは使者を通じてなされたのだろう。なぜなら、ポメリウムの外にある神殿のひとつで元老院を開催してカエサルが参加することができるようにした、という記録はないからである。スエトニウスによれば、この要求には幅広い反対の声が上がった。その他の史料が反対派の中心人物としてカトーをあげたのは驚くことではない。彼はまたもや、討論の時間が終了し、提案に対する投票が行なえずに閉会するまで、ひたすら話し続ける作戦を実行した。候補者一覧が公式に発表されるまでに再度元老院が開催されることはなくなった——会議を開けるのは一定の日だけで、たとえば、何らかの民会と同じ日には開催できなかった。提案を「徹底的に議論し尽くす」というカトーの戦術は過去にも機能したが、今回は、カエサルが凱旋式を挙行せずに翌年の執政官選挙に立候補することを確実にしたのである*13。

カトーの議事進行妨害《フィリバスター》は効果を発揮した。ただし本人が意図しなかった形で。カエサルは何が起こっているかを悟ると、ただちに凱旋式を放棄し、候補者として臨席できるようにポメリウムを越えて市内に入った。この決断を重く見ないわけにはいかない。凱旋式は、ローマの貴族が手にすることができる最も偉大な名誉のひとつであり、その象徴を家の玄関に飾ることによって末永く記憶されたのである。ポンペイウスは、きわめて型破りなキャリアを送った人物で、三度も凱旋式を挙行したが、これは例外であり、この時代にひとりでその名誉を二回以上獲得することは非常に稀だった。それだけでなく、凱旋式の挙行を認められた法務官代行《プロプラエトル》は紀元前一世紀にはほとんどおらず、執政官代行《プロコンスル》にとっても相当に珍しいことだった。そのことは、カエサルが将来のことを考え、より大きな功績を上げる機会が自分を待っていると完全に確信していたことの、この上ない証拠だった。ヒスパニアでの戦勝による凱旋式は非常に喜ばしいことであり、彼はそれを守るために全力を尽くしたが、執政官職のほうが大きな目標だったのである。

カトーの動機もまた考察に値する、というのも、一見してその行動は的外れだったように思われるし、後から考えても大きく判断を誤っていたからである。せいぜいカエサルの立候補を一年間遅らせただけだろう。そうなればカエサルは凱旋式を挙行し、すでに十分な当選の見込みがさらに高まるだけだった。カトーは、その後の十二か月間でカエサルがついに負債の重みに耐えかねて、キャリアが崩壊すると踏んだのだろうか。しかし、カエサルは属州から戻ったばかりであって、ローマの属州総督たち、なかでも実り多い戦争を闘った者たちと同様に、利益を得ていたことは間違いない。その負債は完済できないほど巨額で、選挙運動にはルッケイウスの資金が必要だとカエサルが考えたことは明らかだが、全体として見れば、ローマを離れた時と比べ、帰国時の経済状況ははるかに安定していたに違いない。私人であるカエサルは訴追にさらされただろうから、財物強要にかんする法廷で訴追されることが期待されたのだろうか。しかし、そのような訴追を受けたかつての属州総督たちのほとんどは無罪とされたし、すでに見たように、実際にカエサルは罪を犯していなかっただろう——多くの裁判事例においてはそれが必ずしも重要な要素ではなかったのだが。

カエサルの立候補を一年間遅らせることには、もっと個人的な理由があった。カトーの娘婿マルクス・カルプルニウス・ビブルスも執政官選挙に立候補していたのである。彼は紀元前六五年の按察官職の在任中も、カエサルの陰に隠れていた人物であった。ビブルスの才能はそこそこであり、派手でたいへんに有能なカエサルと比べられたせいで、よけいにそう見られてしまった。しかし制度上、各公職に最低就任年齢が設定されているので、キャリアを通じて同じ人物と公職就任をめぐって競うはめになるのは確実だった。カエサルもビブルスも紀元前六二年の法務官だったが、両者の間にいさかいがあったという記録はない。カエサルが執政官選挙への立候補を延期すれば、今回に限ってはビブルスだけが注目を浴びる機会を持つことになるわけだったのである。しかも、「新人」ルッケイウスが協力者の人気に押し上げられて、実質的にビブルスが三位に叩き落とされる危険を回避することにもなった。選挙で敗れることは名門家系の一員にとって恥辱的な打撃であった。

だから、カトーの家族にはカエサルの要請を妨害することで得られる利益があったのは確かだった。彼らの個人的な対立も無視すべきではない。カトーはカエサルを嫌っていたと言っても言い過ぎではなく、自分は彼のうわべだけの魅力を見透かしていると考えていたのである。彼とセルウィリアとの情事が続いていることも異父弟であるカトーの気分を害していた。ローマの貴族層は元老院議員が個人的な怒りにこだわることを、その行動が行き過ぎない限りは、悪いこととは考えていなかった。こうして見れば、カトーはたんにこの機会を利用して自分の敵のひとりに嫌がらせをしたに過ぎないのである。加えて、カトーが元老院の雰囲気を変えたり、何かすることを止めさせたりするたびに、彼の名声は高まった。彼はまだ三十五歳で、護民官以上の公職に就任していなかったが、すでに元老院において有力な発言者のひとりとしての地位を確立していた。それと言うのも、彼はカトー、有名な祖先が体現していた古風な人徳の鑑であり、決して自説を曲げることなく、大多数の雰囲気に反していようと自説を述べるのをためらわなかったからである。紀元前六〇年の時点で、カトーがカエサルを共和政にとって危険な人物だと認識していたとは考えられない。そのような見方が選挙前に広く浸透していなかったことは、キケロの手紙から明らかである。何らかの疑念が存在したことを示す唯一の兆しが現れたのは、紀元前五九年の執政官が任期終了後に引き受けることになる属州を、元老院が割り当てた時だった。ガイウス・グラックスの立法は、これを選挙の前に行なうものと定めていたのである。今回、元老院は両者を「イタリアの森林と山道《シルウァエ・カレースクエ》」を管轄するために派遣すると決定した。イタリアの農村部がこの数十年で大きな被害を被っていたことは確かだったが、それでもこのような任務は執政官の、ましてや二人の執政官の威厳には悲しいほど不釣合いであった。この決定は、ガリアで大きな戦争が生じた場合に備えて、二人の執政官を取って置く意図で為されただけだという考えには納得できない。というのも、これはローマの通常の慣行ではないからである。それよりも、これはある種の侮辱であり、いくつかの史料が述べているように、カエサルに対する侮辱だった。とはいえ、結果としてビブルスも同じ目に遭うことになった点は留意すべきだが*14。

執政官を選出するのはケントゥリア民会で、その構造はトリブス民会とは顕著に異なっていた。カエサルは法務官に選出された時にすでにこの民会で勝利を収めていたが、毎年八名の法務官職と比べて二名の執政官職をめざす競争のほうが、必然的に激しさを増した。執政官選挙は通常七月末に行なわれたので、カエサルが戸別訪問を行なう期間は数週間しか残されていなかった。ケントゥリア民会はマルスの野で開催され、初期のローマにおける軍事制度と密接に関連する数々の儀式に彩られていた——たとえば、ヤニクルムの丘に赤い旗を掲げることは、すでにラビリウスの裁判との関連で言及した（一七九ページ参照）。主宰する公職者はその年の執政官のひとりで、伝統に則って民会に指示を与えるやり方は、軍での命令を思わせた。最初に、手続きを始める前にコンティオと呼ばれる非公式な集会が行なわれたが、具体的に、そこで有権者に対する最後のお願いとして候補者たちが演説を行なう機会が与えられたかどうかはわからない。執政官は祈禱によって手続きを開始し、二名の新しい執政官を選出するよう人々に命令する一連の定型文言がこれに続いた。個々のケントゥリアは同じトリブスの出身者によって構成されたが、トリブスにかんする要素はこれだけだった。投票は第一等級の七〇のケントゥリアから始まり、騎兵等級の十八ケントゥリアがこれに続いた。各ケントゥリアは定数二名の執政官職のために候補者の一覧から二人の名前を選択した。ケントゥリアは全部で一九三あったが、投票の結果は第二等級の投票中に決する可能性があり、またそうなることがしばしばだった。第一等級の構成員は相当な財産を有していなければならなかったが、この当時それがいくらくらいだったかは明らかでない。彼ら全員が非常に裕福だったと考えるのは誤りだろう。騎兵等級とほとんど同じくらい裕福な者もいれば、比較的少ない財産しか持っていない者もいたのである。この等級の構成員が、同一集団としての強い意識を持っていたとか、今日の意味での社会階層を形成していたという物理的な痕跡はない。最初に投票する数ケントゥリアの判断はそれ以降の投票に影響を及ぼした。なぜなら、当選が期待される人々を選ぶよう促されることがよくあったと見られるからである。特に影響力を有したのは、第一等級の中からくじで選ばれて最初に意見を表明するケントゥリアの判断だった。それがケントゥリア・プラエロガティウァであり、このケントゥリアの投票において最初に名前が書かれた人物は選挙に当選する運命にあると、一般に信じられていたのである[*15]。

他の選挙と同様に、ケントゥリア民会の投票もマルスの野にあるサエプタすなわち「羊小屋」で行なわれた。オウィーレスと呼ばれることもあった、個々の投票単位ごとに木製の柵で囲まれたこの一時的な構造物は、広大で屋根がなかった。一般にどのくらいの市民が参加できたのかはわからない。戸口調査では九〇万を超える男性が市民として登録され、そのうち少なくとも数十万人が、その年の一時期には、ローマ市内に住んでいた。しかし、サエプタの大きさを考えれば、たとえ望んだとしても、これらの住民の大多数が全員投票できたとはまず考えられない。投票所の中に収容可能な有権者の数から推計し、投票にどれくらいの時間がかかったかという、完全な憶測によって修正するのが一般的である。というのも、すべての手続きを日没までに完了しなければならなかったからである。その数値は多くて七万から五万五千、少なく見積もって三万とさまざまである。どの研究者も、これは最も多い場合であって、実際の人数はもっと少なかっただろうと述べる傾向にある。このような仮説に全幅の信頼を置くのは賢明でないが、これらの投票可能な人々のうちで、実際に投票したのはごく少数だったと想定するのが安全である。しかし、民会に参加する有権者がいつもだいたい同じだったかどうかを言うのは難しい――これについても推測される傾向にあるが、我々には本当のところはわからないのである。執政官選挙が一大イベントだったのは確かで、相当数の市民が参加するためにイタリア中からローマに向けて一生懸命旅をした。当然に彼らの多くは裕福な人々だったが、騎兵等級と第一等級の意向がそのような影響力を有したから、彼らはいっそう重要な存在となった。選挙結果が予想できないのは当然だが、執政官選挙で当選確実と見られる候補者が二人いることはきわめて稀だった。ケントゥリア・プラエロガティウァは選挙当日にくじで選ばれることも、選挙の不確実性をさらに高める要素だった[*16]。

自身の選挙運動中、キケロはガリア・キサルピナを訪問して現地の裕福な市民の間を遊説してまわろうと考えたし、生涯を通じてイタリアの多くの地域との絆を維持しようとした。それまでの友好関係や友情が十分でない場合には、金が勝利をもたらした。それぞれのトリブスには、投票がトリブス民会でなされるのであれ、ケントゥリア民会でなされるのであれ、仲間の投票を左右できると見られた人々がいたのである。紀元前六一年には、このような人々の多くがポンペイウスの邸宅の庭を訪れて、彼が立てた候補者のアフラニウスを支持するかわりに金品を受け取ったと、広く報じられた。六〇年にはそこまであからさまな買収はなかったが、依然としてすべての候補者が賄賂を用いていた。ルッケイウスの資金は彼自身とカエサルのために役立てられたが、ビブルスは自分の資金を利用するだけでなく、著名な元老院議員の多くから援助が寄せられた。カトーも同調したが、それは、彼が選挙における贈収賄で紀元前六三年にムレナを訴追しながら、同じことをした自分の義兄弟に対しては放置したのと同じだった。他の元老院議員と同様に、カトーも自分の家族を成功させたかったのである。スエトニウスによれば、カトーとその他のビブルス支持者たちは、もし執政官としてカエサルが自分と政治的に密接なつながりのある同僚を得たら、何をしでかすかわからないという恐怖に突き動かされていたとのことである。これは後知恵の見方にすぎないと思われる——おそらくビブルスの一族の人脈と地位のほうが、はるかに重要な要因であっただろう[*17]。

選挙当日、カエサルは十分な票差を保って第一位で当選した。ビブルスは第二位を守ったので、ルッケイウスは出費に比べてわずかな見返りを得るに留まった。有権者の多くはカエサルとビブルスの名前を投票用紙に記したに違いない。最高の公職には到達したが、いまや問題は、十二か月の任期中にカエサルが何を行ない、いかにしてふるまうつもりなのかということだった。

農地法

紀元前六〇年十二月、五九年一月一日にカエサルが執政官に就任することになる数週間前に、キケロは農園の別荘で訪問者と面会した。彼の名前はルキウス・コルネリウス・バルブス、ヒスパニアのガデス出身のローマ市民で、最近までカエサルの部下として仕え、今は彼の政治工作員として活動し始めていた。バルブスの主たる話題は、カエサルが執政官職在任中に提出を計画していた農地法についてだった。キケロを通じてキケロは、土地所有者としていかなる再分配にも反対であり、その姿勢は三年前にルッルスの法案を妨害するのに大いに貢献した。彼は今回、立場を明らかにするのを避けるためにしばらくの間不在にすることで新たな法案に反対するか、それとも賛成するか、という選択肢を持っていた。キケロがアッティクスに書きおくったように、カエサルは法案を支持するよう期待していた。バルブスは、「カエサルがすべての案件について私自身とポンペイウスの見解に従うこと、そしてクラッススとポンペイウスを和解させるよう努力することを、私に確約した」。もしこの誘いに乗れば、キケロは「ポンペイウスとの緊密な同盟関係を、もし望むならカエサルとも、そして敵との和解、大衆との平和、そして老後の保証を」見込めることになった。カエサルは自分の任期に向けて慎重に準備を進めており、可能な限り多くの政治的な盟友を得ようとしていたのである。キケロは、執政官としての成功にもかかわらず、依然として「新人」のままで、元老院を支配している家族から決して全面的に受け入れられてはいなかったし、紀元前六三年に共謀者たちを処刑したことで、権力を濫用したとの攻撃を受けやすくなっていた。この十年間、キケロは常にポンペイウスの忠実な支持者としてふるまってきた。いまやポンペイウスはカエサルの農地法に協力していることは明らかで、両者はその目的を達成するためにキケロの雄弁を手に入れようとしていたのである*18。

しばし考えたのち、キケロは協力を拒んだ。これがカエサルを落胆させたことは確かだが、致命的ではなかった。彼はすでにはるかに強力な二人の盟友を得ていたからである。バルブスはキケロに、ポンペイウスとそのライバルであるクラッススとの間の同盟の可能性をほのめかした。この数か月のうちのある時点で、カエサルはまさにそれを、自分が両者と結びつくことで達成しており、その結果、スエトニウスが言うように、「三人のうち一人でも気に入らないことは、共和政では行なわれなかった」のである*19。この政治的同盟関係は第一回三頭政治《トリウムウィリ》という名称で研究者に知られている——第二回三頭政治は、カエサルの暗殺者たちに対抗するために、マルクス・アントニウス、オクタウィアヌス、レピドゥスによって、紀元前四三年十一月に形成された。トリウムウィリというのはたんに三人委員という意味であるが、法律によって三人が独裁官の権力を受領して正式に設立された二回目の同盟とは異なり、クラッスス、ポンペイウス、カエサルによる同盟は非公式な関係にすぎなかった。当初は秘密の関係でもあった。紀元前六〇年十二月にバルブスが話したのが、ポンペイウスとクラッススとの和解の可能性についてのみだったことは、三頭政治がまだ形成されていなかった証拠とされるべきではなく、まだ衆知の事実となっていなかったにすぎない。カエサルはしばらくの間クラッススと密接な関係にあって、カエサルがあやうく遠ヒスパニアを統治するために出発できなくなりそうだった折には、クラッススは保証人になることを選び、カエサルに大金を投資したのだった。カエサルは何度となくポンペイウスに有利な政策を声高に支持してきた。ポンペイウスと出会っていたことも疑いない——ローマの貴族社会は狭く、紀元前七〇年から六七年までの間のほとんどを両者はローマで過ごした——が、特に親しい関係だったという記録はない。カエサルはポンペイウスの妻を夫の海外赴任中に誘惑しており、そのことで彼女の夫に好感を持たれなかったのは確かだが、その後にクラッススの妻ともベッドを共にしたことは、彼らの政治的な協調関係にとって妨げにはならなかったのである。ポンペイウスもクラッススも最近の数年間は不満が鬱積していて、自分たちの富と影響力では望む物をすべて得るには十分でないことに気づいていた。ポンペイウスは、ピソやアフラニウスより才能豊かで決断力があり、自分の命令を実行してくれる執政官を必要としていた。カエサルは執政官職を手に入れるためにすぐさま凱旋式を犠牲にしていた。それを無駄にしないためには、任期終了後にはるかに大きな軍事的挑戦の機会が必要であって、イタリアの「森林と山道」ではそれが得られないであろうことは確実だった。それを実現するためにカエサルは影響力のある支持者を必要としたのである。もし彼がポンペイウスとクラッススのどちらかと個人的に協力したとしても、この二人の互いに対する反感から、他方は間違いなく敵に回ったことだろう。カトー、ビブルスとその協力者たちがあらゆる動きに抵抗することは確実だったから、他の強力な敵に対抗する余裕はなかったのである。ゆえに、単純明快な解答はポンペイウスとクラッススを連合させることだった。彼らが協力した場合の影響力は圧倒的だとわかっていたからである。カトーその他の貴族たちは、共和政において最も偉大な二人の人物を妨害し憤慨させてきたことで、このような機会を作り出してしまった。とはいえ、彼らが手を結んで自分を支持してくれれば、望むことを何でも実行することができると言って、かつての敵同士を納得させたのは、カエサルの説得力と魅力だったことは間違いない[*20]。

三頭政治を形成するための交渉は手紙で始まっただろうが、カエサルがイタリアに帰還した紀元前六〇年の夏までに、何らかの実質的な決断がなされたとは考えられない。執政官選挙が終わって、交渉におけるカエサルの立場が勝利によって強化されるまでは、合意にいたらなかっただろう。ポンペイウスとクラッススがカエサルのために公然と協力して選挙運動を行なったかは定かでない。そうしていたとしても、特別な関心をもって見られはしなかったかもしれない。個人的な敵同士が同じ候補者を応援することは、それぞれが候補者と個人的な友情関係を結んでいれば、いたって普通のことだったからである。三人の協調は、早くても紀元前五九年一月までは、広く疑われることはなかった。のちにそれがもっと露骨になると、共和政は終わったといういつもの嘆きと怒りとを引き起こした。博学だったウァッロは、紀元前七〇年には元老院の議事についてポンペイウスに助言を行ない、のちには彼の総督代理として仕えた人物だが、「三つ首の獣」を非難するパンフレットを書いた。百五十年以上のちにプルタルコスは、三頭政治の友情、特にカエサルとポンペイウスのそれが、内戦とローマ共和政の終焉の根本的な原因であったと断言している。こうしてカエサルは強大な権力を手に入れ、最終的にはポンペイウスさえも凌駕してしまった、と。このような断定は後知恵にすぎず、独創的でないのは確かだが、未来の出来事がすべて必然だとは限らないことを教えてくれてはいる。けれども、ある意味でプルタルコスは、三頭政治が実際には、同じ政治的理想像と野心とを持った人々の連合ではなかったと理解していた。ポンペイウス、クラッスス、カエサルは誰もが個人的な利益を求めていたのである。ポンペイウスは退役兵たちのための農地と、東方入植の承認を必要としていたし、クラッススはアシアの徴税請負人たちの救済策を必要としていた。かなり年下のメンバーだったカエサルは、扱いづらい同僚執政官に相対して何かを達成し、任期終了後に重要な属州の命令権を獲得する際に、有力な後ろ盾を必要としていた。事実上、彼は他の二人の道具だった。というのも、彼らは、必要な立法を提案し可決するために公職者を必要としていたからである。それと引き換えにカエサルは見返りを得ることになっていた。三人はいずれも、この取り決めによって他の二人が利益を得ることを承知していたが、自分自身の目的を達成できる限りは、それでも満足していた。これは究極的にはご都合主義的な結婚であって、三人のうちの誰でも、それが自分の利益にならなくなれば、ただちに終わらせることができたのである。これを何かもっと強固な、あるいは恒久的な関係と考えると、これ以降の数年間の出来事を読み誤る危険性がある。ディオは三人が厳粛な宣誓を行なったと述べているが、これもたんに後世の宣伝工作である可能性がきわめて高い。秘密裏に宣誓を行なうことは、ローマ人の目には常に邪悪な好意として映ったからである。カティリーナは仲間たちと秘密裏に宣誓を行なったと考えられた。数世紀後でも、これは初期のキリスト教徒を迫害する理由のひとつとして使われることになる[*21]。

二名の執政官は権力において対等だが、それぞれが隔月で同僚に対して優先権を有した。カエサルは選挙で首位に立ったので、紀元前五九年一月一日に彼とビブルスが就任した際には、彼が優先権を有し、祈禱と犠牲を捧げて新年の始まりを祝ったのだった。執政官はそれぞれ、公職者の権力の象徴であるファスケースを運ぶ十二名の先導吏を従えており、その月に優先権を有する執政官がファスケースを保持することになっていた。通常、先導吏は公職者の前方を歩き、必要な場合には群衆をかき分けて道を作った。同僚に対する敬意の証として、カエサルはその年の初めに次のように宣言した。ビブルスがファスケースを保持する時はいつでも、自分は先導吏を後ろに従えて歩くことにする。そのかわりに、下位の公職であるアッケンススと呼ばれる書記だけが自分を先導することにする、と。カエサルがその年の一番初めに見せた理性的なふるまいは、これだけにとどまらなかった。彼は自分の行動と発言はもちろん、全員の行動と発言も、広く知られることを希望した。そこで、元老院と公的な集会における発言は書記によって記録され、フォルムに掲示されることになったのである。過去にもときどき、たとえばキケロが執政官だった時に行なわれたいくつかの討論について、このようなことが行なわれたことはあった*22。

もっともカエサルの喫緊の課題は農地法案であり、これは一月一日か二日にはおそらく元老院において読み上げられ、議論された。急ぐ必要があったのは、ある法案に対して投票を行なうためにトリブス民会を招集するには、その二十四日前に法案が公表されなければならなかったからである。カエサルは、自分がファスケースを保持している一月中にこの法案を投票にかける予定だったから、毎日が貴重だった。というのも、元老院は一月三日と四日には開催できなかったからである。その法案を準備し、成立させるために、すでに前年の終わり頃から相当な労力がつぎ込まれていた。先に見たように、積極的な支持を与えるようキケロを説得するためにバルブスが送り込まれていた。カエサルはルッルスとフラウィウスの農地法案の失敗から注意深く学んでいた。カンパーニアの公有地——アゲル・カンパーニアは国庫に十分な歳入をもたらしていた——は公式に例外とされていた。私有財産は尊重されるべきことも条文で明記されていた。委員会は、ポンペイウスの退役兵たちとローマ市の多数の貧民たちのための農地購入と分配を監督することになっていた。委員は、売る意思のある所有者からのみ農地を購入することが許されており、価格は直近の戸口調査で登録された額とされていた。そのための資金はポンペイウスの勝利によってもたらされた莫大な余剰金から支出されることになっていた。この法律には、農地の所有が合法か否かが調査されるのではという不安が広がることのないように、現状の農地の占有をすべて承認することが明記されていた。新しい入植者は二十年間その農地を売ることが禁じられ、安定した恒久的な新しい共同体を創設するのが目的であるということが強調された。一人か二人の人物がパトローヌスとして圧倒的な地位を手にすることのないように、委員の数は二十名とされていたが、いくつかの決定を下す五名の小委員会が置かれたようである。委員は選挙で選ばれることになっていて、その法律は明確にカエサルをメンバーから排除していたので、彼が実際に利益を得るための立法を提案するおそれはなかった。ローマの立法は長くて複雑になる傾向があった――世界に対するローマの最も永続的な遺産のひとつが、厄介で入り組んだ散文形式の法律である。カエサルは元老院でその全文を読み上げる前に、ひとつでも反論が提起された条文は、これを改訂するか削除するであろう、と宣言した*23。

法案は巧みに起草され、理に適っていた。そのなかには合理的に批判できる箇所は無きに等しかったし、元老院議員たちは、討論で自分が発言したことは何であれ公表されることになっているのを意識していた。カエサルが個々の元老院議員に意見を求めたのは一月二日であった可能性が最も高い。おそらくクラッススが執政官経験者として最初に賛同を表明し、次に意見を求められたポンペイウスも同様であった。他の者たちはいささか不機嫌だったが、法案に反対したと記録されたくはなかった。それは法務官経験者たちも同じであった。護民官経験者にいたってカエサルがカトーに意見を求めるに及んで初めて、熱のこもらない賛成や曖昧な表現以外の言葉が語られた。カトーでさえその法案が優れていることは認めざるを得なかったが、時宜に合わないと考えて、今年中に何か新しいことを始めるのは間違っているのではないかと述べた。それまでの演説者のなかには、なんとかして話題をそらして議事を遅らせようとする者もいたが、カトーは元老院の議事を操作する名人だった。意見を求められた彼は意見を述べ、その後も意見を述べ続け、間断なく数分が数時間になっても話し続けた。またもや、元老院がその日の会合を終了しなければならない時まで話し続けて、投票が行なわれるのを妨害しようとしていたことは明らかだった。彼は過去にも同じ戦術を用いており、常に成功を収めていたのである。

今回はカエサルの堪忍袋の緒が切れて、カトーを逮捕して監獄に放り込むよう従者に命じた。この行動は極端に見えるが、元老院議員がひとたび意見を求められれば、彼が話し続けるのを止めさせる方法は他になかった。なにしろ、カトーのような人物をやすやすと黙らせることはできなかったからである。これはカエサルの苛立ちの証であり、すぐに過ちだったことが明らかになった。カトーは、「圧制」に屈するのを拒絶する、共和政の正当な守護者としての役割を演じることで、その状況を利用する方法をわかっていた。少なくとも元老院では、しばらくの間は討論が続いたが、彼に対する同情が広がった。元老院議員マルクス・ペトレイウスは、紀元前六二年の戦いでカティリーナを打ち破り、すでに三十年間も軍務を経験していた人物だったが、立ち上がって議場を離れた。カエサルが、なぜ会合が終わる前に帰ろうとしているのか教えるよう求めると、白髪交じりの古強者からは、自分はここでカエサルと一緒にいるよりは、監獄でカトーと一緒にいたいという、痛烈な答えが返ってきた。状況を読み誤ったことをこの執政官はすでに気づいていた。彼は、カトーが護民官のひとりに、自分の逮捕に拒否権を発動させるものと期待していたように思われる。しかし、この囚人はその機会を最大限に利用して、カエサルに容易な道を選ばせたのだった。結局、この執政官はカトーを解放するよう命じた。元老院は法案を支持する動議を票決することなく、その日は費やされた[*24]。

カトーは勝利し、またもや彼の名声は高まった。しかし、そのキャリアにおける勝利の多くがそうであるように、これも長い目で見れば状況を悪化させる空しい勝利であった。今回彼が対峙したのは、たやすくかわしたり妨害できたピソやアフラニウスのような人物ではなかった。カエサルは、懐柔策と思われる多くの手を打ったが、ついには、元老院は何もしようとしないので自分は直接ローマ市民に訴える、と宣言した。おそらく翌日にはフォルムで集会を開き、ここでも最大限理性的にふるまった。彼は同僚のビブルスを演壇に招き、群集が注目する中で農地法案に対する彼の意見を求めた。誰がこの公的な集会に参加したのか、そして彼らは本当に広範な市民の声を反映していたのか、それとも現代の政党集会の類だったのかを、正確に知るのはいつものように困難である。一方で、ローマにいる市民たちが——あるいは実際には市民でない者たちも——立ち寄って議事を傍聴するのを拒まれることはほとんどなかった。他方で、フォルムの空間は限られており、都市の膨大な人口のうち、ほんのひと握りしか収容できなかったと思われる。五千人以上の人々が実際に行なわれた演説を聞いたというのは、フォルムの一部にはこれ以上の人数を収容できたとはいえ、疑わしい。ほとんどの研究者は、集会を招集する公職者は、確実に自分の支持者で埋め尽くされるようにしただろうと考えている。それはまったくその通りだろうが、どうやってそれを手配したのかにかんする実質的な証拠はなく、彼らが間違いなく集会をそのように統制したと考えるのには、少し慎重になるべきだろう。この場合、群衆の雰囲気がカエサルに好意的だったことは確かである。それにもかかわらず、ビブルスはカトーの主張を繰り返して、その法案の利点が何であれ、自分の任期中には新しいことを行なうつもりはないと述べた。カエサルは同僚を説得しようとし続け、ビブルスが同意してくれさえすれば、自分たちはこの法を制定することができる、と群衆に語りかけた。自分の同僚執政官に同意を求める大合唱の音頭をとったが、追い詰められたビブルスは、「たとえ諸君全員が求めたとしても、今年中にこの法を制定することは決してない」と叫ぶだけであった。この愚かな発言ののち、ビブルスは席を蹴って立ち去った*25。

ローマの公職者は誰かの代表として選ばれるのではなく、彼らも元老院議員たちも有権者に対して説明責任を負うことはなかった。その点でローマの政治は近代のデモクラシーとは理論面で——実践においては必ずしもそうではないが——著しく異なっているのである。しかし、最終的にはローマ国民の意思が至高とされており、有権者に対してあのような軽蔑を表明することは執政官として深刻な過ちだった。カエサルは彼に過ちを犯させるよう追い詰め、今度はこの勝利を利用した。それ以上この集会に——あるいはこれらの集会に、というのも、他にも集会が開かれた可能性があるからである——公職者を招くことはせず、かわりに優れた年長の元老院議員を呼び集めた。これはいたって通常の慣行で、カエサルはクラッスとポンペイウスから始めた。両者は熱心にその法案を支持し、初めて彼らが執政官と協力関係にあることを公に明らかにした。ポンペイウスは、自分の指揮下でローマのために一生懸命戦った兵士たちに、報奨として農地を与える必要性について演説した。そして、自分の軍勢によって獲得された戦利品が、分配を実現するのに十分な資金を共和政に提供したことを、人々に思い起こさせた。カエサルは再び群衆に働きかけ、法案が法になると保証をしてくれるようポンペイウスに懇願させた。いつものようにお世辞には弱い彼は、カエサルの質問に対して次のように答えた、もし誰かがその法案を阻止するために「剣を手にする」ならば、自分は「盾を取る用意が」ある、と(別の伝承によれば「自分は盾と剣とを取る」となっている)。その脅し文句はいささかぎこちなく、喝采する群衆を喜ばせたが、多くの元老院議員を苛立たせた。カトーとビブルスは元老院でカエサルの前に立ちはだかったが、この戦いで賭け金をつり上げたところで彼やその後援者を思い留まらせることにはならなかった。結局、カエサルは少なくとも彼らと同じくらい強情であり本気であった。紀元前一三三年のティベリウス・グラックスと同様に、元老院の支持を取り付けることはできなかったが、カエサルは法案を直接有権者に提案した。この農地法案を投票に付すトリブス民会の期日は一月の最後の日に設定された。カエサルはその民会をうまく乗り切り、法案が受け入れられたであろうことを、すべての史料は示唆している。カトーとビブルスは、自分たちが共和政の真の守護者であるというイメージを打ち出したが、彼らがごく少数の市民以外の人々を代弁したとは信じられない。実際、彼らの見解はおそらく元老院のなかでも、外よりは大きい割合だったにしろ、少数の人々にしか共有されなかったことだろう。しかし、そこには最も著名で影響力のある貴族の多くが含まれていたのである[*26]。

ユリウスとカエサルが執政官の年

その法案に対する投票が行なわれるトリブス民会の当日は、朝早くから、カエサル、ポンペイウス、そしてクラッススの支持者たちがフォルムの周囲の重要な場所に陣取り始めた。そのなかにはおそらく、その法案の可決に個人的な関心があったポンペイウスの軍勢の退役兵たちもいただろう。武器を持ち込んだ者もいたが、少なくとも表向きは隠されていた。彼らの数はフォルムへの入り口をすべて統制するのに十分だったとは思われず、日が昇るとその他の多くの市民が群衆に加わり始め、カストルとポッルクスの神殿の前に集まった。民会の前に行なわれる公の集会のためにこの場所を選択したことから、大勢の人々が参加したことがうかがえる。というのも、フォルムのこちら側には、演壇の周囲よりも広い空間があったからである。農地を分配するという提案は広く支持されたであろうこと、そしてさらには、たんに無関心なのではなく、積極的にこれに反対する人々はきわめて少なかったということを、忘れてはならない。ポンペイウスの表立った支持は、カエサルの動機をあまり信用していなかったかもしれない多くの人々を納得させた。フォルムの周辺に頑丈な人々が群れをなして立っていることで、その場にいた人々が威圧されていると感じたか――それとも保護されていると感じたか――はわからない。カエサルは神殿の高段から演説を行ない、もう一度その法律の必要性を説明した。そのさなかに、同僚執政官であるビブルスが到着した。彼はその従者たちや先導吏たちを引き連れ、さらにカトーと三人の現職護民官と支持者の一団を伴っていた。この執政官がカエサルに会うために道を作らせたので、群衆は彼らの前で二手に分かれた。ディオによれば、一方でこれは最高公職者に対する当然の敬意からであったが、他方で彼らは、ビブルスらが意見を変えてもはやこの法案に反対しないだろうと考えたからだった。ひとたび神殿の高段の上でカエサルのところに到達するや――おそらく按察官職を共に務めた時の自分の不快な冗談を思い出して――ビブルスは自分の態度が少しも揺らいでいないことを明確にした。護民官の同伴は、彼とカトーが議事に対して拒否権を行使し、民会の開催を妨害する計画だったことを示唆している。ビブルスは、自分が不吉な前兆を目撃したと発表しようとも考えており、それもまた集会を終わらせることになるはずだった。しかし、状況はとっくに進んでいた。そのような宣告は、市民に対して各自のトリブスに分かれるよう命じるより前になされることになっていたが、カエサルはすでにこの命令を発していたのであった[*27]。

群衆はただちに敵意をあらわにした。その後に起きた暴力沙汰が武装した支持者たちによって指揮されていたことは疑いようがない。カエサルに反論しようとしたビブルスは、神殿の階段から突き落とされた。彼の先導吏たちは圧倒され、運んでいたファスケースは打ち砕かれた――それは公職者にとって非常に象徴的な屈辱であった。アッピアノスによれば、ビブルスは命がけで、カエサルを止められない以上、自分の死によって議事に汚点を残す方がましだ、と叫んだ。彼の英雄的な試みは茶番に終わった。籠一杯の肥料が彼の頭の上からぶちまけられたのである。飛び道具が投げつけられて数人の従者が傷を負い、いくつかの史料によれば数人の護民官も怪我をした。

飛び道具によって数人の従者が傷を負ったが、死者はいなかったことは、この暴力沙汰がカエサルとその盟友たちによって厳しく統制されていたことを示唆していると思われる。実際に執政官を傷つけたのではなく肥料まみれにしたことで、暴力の行使が巧妙に仕組まれ抑制されていたという印象がいっそう強まる。これは紀元前一三三年以来継続的に発生してきた暴力の爆発とは正反対である。カトーは無傷であり、最後まで残っていたが、その間ずっと、自分の意見に従うよう仲間の市民たちを説得したり脅したりして叫んでいた。アッピアノスによれば、実際には彼はカエサルの支持者たちによってつまみ出されたのち再び潜り込んだが、誰も自分の言っていることを聞いていないのに気づいてようやくあきらめた、という。その後、この民会が開催され、相当な差をつけて法案は可決された。新法はすべての元老院議員に、その条項を遵守し撤廃を求めないと宣誓するよう要求する条項を含んでいた。宣誓しなければ追放されることになっていた。短期間のうちに――おそらく五日間で、それは別の法律における類似した条項が定める期間であった――全員が宣誓した。前年に監獄の中で元老院を招集したメテッルス・ケレルは、最初は嫌がったものの最後には受け入れた。カトーはキケロから、君は追放の身でいるよりもローマ市内にいてこそ価値があるのだ、と説得されたと言われている。ビブルスはカエサルの行動に抗議するため、投票日の後で可能な限り速やかに元老院を招集した。その会議は、彼がファスケースを引き継いだ二月一日に行なわれた可能性が最も高い。けれども、元老院がカエサルを非難し、おそらくは最終元老院議決を可決して、紀元前七八年にレピドゥスに対して行なわれたように、彼から公職を剥奪する、というビブルスの期待には、何の根拠もなかった。カエサルや彼の法律に反対しようとする元老院議員が誰もいなかったのは、それらに対してあれほど多くの人々が示した熱狂ぶりを考えてのことであった。どちらにせよ元老院議員の多くは、カエサルの後援者であるポンペイウスやクラッススと密接な関係にあったのである[*28]。

ビブルスは自宅に引きこもり、その年が終わるまで執政官として公の場に再び姿を現すことはなかった。彼はカエサル、ポンペイウスと彼らの支持者たちを糾弾する下品なパンフレットをせっせと書いて、それをフォルムに掲示するよう命じた。しかし彼は無視されたままだった。間もなく、ビブルスとカエサルが、ではなくて「ユリウスとカエサルが執政官の年」と世間で言われるようになった。スエトニウスは当時よく知られていた詩を引用している。

ビブルスの、ではなくてカエサルの年に、ある法案が可決されたのは最近のことである。
ビブルスが執政官在任中に何をしたか私は覚えていない。

しかし、ビブルスは完全に活動を休止したのではなく、依然としてカエサルを妨害しようとし続けた。執政官は、一定の日に開催してはならない祭礼について日取りを定める任務を負っていた。ビブルスは、民会が開催可能な日を選んで、開催できないように祭礼の日取りを設定した。けれども同僚にこれを承認する義務はなかったので、カエサルはいつものようにビブルスを無視したのだった。勝利を挙げた軍司令官たちに対する感謝祭を開催する期間は、すでに元老院によって票決されており、ビブルスがこれを決定するのは妨げられなかった。その期間にはいかなる公的行事も行なえなかったので、カエサルと盟友たちはその年の数日間を失うことになった。しかし、こうした手ではその年のすべての活動を妨害するには足りなかったから、ビブルスは、カエサルが開催するあらゆる会議や民会に使者を送って、不吉な前兆を目撃したので議事を延期すべしと告知するのが日課となった。この「空模様を見る」という慣行は古の時代には尊重されたが、個人によるそのような告知は効力を失っていた。この場合はでっちあげであり、誰もがそうと気づいていたが、ヤニクルムの丘に掲げられている旗を降ろしたことでラビリウスの裁判が終わったように、古代の儀式は政治の場に依然として影響を与えていた。おかげで、カエサルの法律のうちどれが有効でどれが有効でないのかという問題が生じたが、ローマ人自身が確実な答えを持っていなかったように思われる。カエサル本人がポンティフェクス・マクシムスであり、ポンペイウスはアウグルであって、これは前兆を解釈する特別の責任を負っている神官団だった[29]。

カエサルはビブルスの告知を受け入れることを拒否した。可決させなければならない法案があまりにもたくさんありすぎたからである。そのような妨害にもかかわらず、彼の任期は新しい立法で埋め尽くされ、いつどの順で成立したかは不明である。農地法はポンペイウスの目的のひとつを達成するのに役立ったし、ある時点で彼の東方再編も最終的にはトリブス民会の投票で承認された。これについて討論する会議で、ルクッルスがカエサルに対して正面から異を唱えた。この執政官はあまりにも激しい非難演説と訴追の脅しとで応えたので、この年長の元老院議員は地面に身を投げ出して慈悲を願ったほどだった。クラッススの場合は、アシアの税金を徴収する権利と引き換えに徴税請負人が支払うよう義務付けられていた金額が、三分の一に減額された。ただし、カエサルはそれらの会社に、今後はこのような無謀な仕方で入札しないように、と正式に釘を刺した。カエサル自身もこの救済策から直接に利益を得たのかもしれない。というのも、キケロはのちに、カエサルが自分の代理人に主要な会社からの分け前を報奨として与えることができたと主張したからである。カエサルは長い間、いかにしてローマの属州は統治されるべきかという問題について関心を抱いていたし、彼の有名な法廷弁論のほとんどは、圧制を敷いた属州総督の訴追だった。いまや彼は、属州総督の行動を厳しく規制する法律を起草したが、これはスッラが独裁官として可決した法律を明確化し改良したものだった。この法律は非常に評判がよかったと言われており、数世紀にわたって効力を持つことになる。キケロはのちにその法律を「極上の法律」と表現している。カエサルとクラッススの両者はかつて、エジプトに対する特別な権限を得ようとしたことがあった。ポンペイウスも、東地中海世界一帯を個人的に再編成し、その地域に深い関心を抱いていた。紀元前五九年に彼らは、プトレマイオス十一世の非嫡出子であるプトレマイオス十二世の統治を、ローマ共和政は正式に承認すると保証した。プトレマイオス十二世は、アウレテスすなわち「フルート奏者」というあだ名をつけられ、エジプトの人々にはきわめて不人気だったが、ポンペイウスとクラッススに巨額の賄賂を支払っていたのである。スエトニウスによれば、その額は六千タラントン、すなわち三六〇〇万デナリウスという莫大なものだった。これらの法律のいくつかはカエサル自身の名前で提出されたので、テーマに関係なくどれもユリウス法と呼ばれた。その他に協力的な護民官たちによって提出された法律もあった。彼らのうち最も有名なのはプブリウス・ウァティニウスであり、史料では憎めない悪戯好きとして描かれている。ある時、彼は群衆を引き連れてビブルスの家を訪れ、彼を連れ出して不吉な前兆を公表させようとした。彼を逮捕しようという意見も出されたほどだった。ウァティニウスはカエサルを支持していたが、彼のことをたんにこの執政官の道具として見るのは間違いだろう。他の元老院議員と同様、彼も自分自身の野心を持っていたからである。カエサルを支持したのは、それが個人的な利益になったからであって、それには前述の税金徴収を請け負った会社からの分け前の一部も含まれていたのである。キケロによれば、後年カエサルは苦笑いしながら、ウァティニウスは護民官在職中、「無償では」何もしない奴だった、と語ったという*30。

カエサルは、これほどの立法活動の一方で、紀元前五九年には他の事柄に費やす時間もあった。依然としてセルウィリアとは深く愛し合っており、この数か月の間に一五〇万デナリウスもする真珠を彼女に贈っている――代金の出どころはおそらくプトレマイオスの賄賂だろう。紀元前六二年にポンペイアと離縁して以来、カエサルは独身であった。カエサルとセルウィリアが結婚を考えていたかどうか、史料は我々に何も伝えてくれない。シラヌスとの離婚もカエサルとの再婚もカトーの同意を必要としただろうから、その可能性が現実的でなかったことは明らかである。カエサルの一人娘ユリアもいまや結婚適齢期であった。紀元前五九年四月の後半か五月の前半に二組の結婚が発表された。カエサルは、ルキウス・カルプルニウス・ピソの娘カルプルニアを妻として迎えた。ピソは明らかに翌年の執政官職の候補として考えられていて、三頭政治の後押しでこれが容易になったことだろう。それは、カエサルの利益を守る協力的な後継者を確保するための動きだった。この結婚は政治的に成功であったし、わかっている範囲で、それなりに幸福でもあった。しかし、この二人はその時間のほとんどを分かれて過ごした。というのも、カエサルは残りの人生のほとんどを海外での戦役に費やすことになったからである。

もうひとつは、ユリアと彼女の父の政治的盟友であるポンペイウス・マグヌスとの結婚だった。ポンペイウスはカエサルより六歳年上だったから、夫婦の年齢差はローマ人の基準からしてもかなり大きかった。彼は前妻と彼女の不貞を理由として離婚していたが、不倫相手のなかには新しい義父もいたのである。この結婚が政治的動機によるものであることは明らかであり、突然に発表された。ユリアにはすでにクィントゥス・セルウィリウス・カエピオという婚約者がいて、結婚はわずか数日後に予定されていた。婚約が破棄されてカエピオが狼狽したのも無理はないが、ポンペイウスは彼に自分の娘であるポンペイアを妻として与えることにした。しかしその動きが今度は、独裁官の息子であるファウストゥス・スッラとの婚約の破棄を引き起こしたのだった。カエサルとポンペイウスとの間にこのように密接な家族関係が作られたのは、この執政官が盟友の誠実さに不安を抱いたことの証だと通常は考えられている。ディオを初めとする史料が、主導権を握っていたのはカエサルだと考えていたことは確かである。彼はポンペイウスが望む立法を押し通すために数多くの危険を冒していたし、自分自身が属州に出発した暁にはローマに強力な友人を必要とすることになるだろう。カエサルは、好都合な属州を手に入れるためにもポンペイウスの支持を必要とした。しかし、その一方でこの結婚は三頭政治の成功を示していたとも考えられないだろうか。カエサルは自らの才能を発揮していたから、いまやもっと恒久的な関係を結ぶ価値はあった。ポンペイウスの新妻は若く、魅力的で、知的で、父親の魅力の多くを受け継いでいたと思われる。四十七歳の夫はすぐに十代の花嫁と深く恋に落ちた。その愛情に彼女も応えたようで、結婚が幸福なものだったことは疑いようがない。ポンペイウスは常に愛情を生きがいとし、献身には献身をもって喜んで応えたのである[*31]。

反発

四月の中旬から五月に入ってしばらくまでは、ほとんどの元老院議員がローマを離れて田舎の農園を訪れる傾向にあった。結果として、この数週間の間に元老院の会議や民会が行なわれることは稀だった。おそらくこの非公式の休暇が始まる前に、カエサルはもうひとつの農地法を提出していた。今回特に対象となったのは、さきの農地法では除外されていたカンパーニアにある公有地だった。そちらの農地法を実施するための委員たちはすでに選出され、作業を始めていたが、もしかしたらすぐに購入可能な土地がそこ以外にはほとんどないことに気づいたのかもしれない。カエサルはその公有地の分配がいつかは必要になるだろうと、ずっと考えていたのかもしれないし、さきの農地法それ自体が不適切だったという思いが徐々に強くなったのかもしれない。この点がはっきりすれば、さきの農地法を支持するよう元老院を説得することをカエサルが本当に望んでいたのか、それともたんに彼らを有権者の眼前で不利な立場に追い込もうとしただけなのかについて、明確な答が得られることだろう。いまや二万人の市民が――というよりは二万組の家族が、というのも三人以上の子がいる既婚男性にのみ資格が与えられたからである――ローマの貧民のなかから選ばれ、カンパーニアに入植したのだった。さきの農地法を監督していたのと同じ委員たちがこれについても責任を負う立場に置かれただろう。家族持ちの男性を優先したのは非常に興味深い。というのも、それは帝政期における同様の入植計画の一貫した特徴であり、より真面目で農地をもらうにふさわしい入植者を後押しすることになると強く信じられていたからである。元老院議員は再び、この法を尊重し、撤回を求めないことにつき厳格な宣誓を行なうよう強いられた*32。

この新たな農地法案の提出とほぼ同時期に、護民官のウァティニウスも、属州イッリュリクムとガリア・キサルピナを合わせてひとつにした地域における、五年間の特別な命令権をカエサルに付与する動議を提出した。これらの属州には三個軍団が駐留しており、イタリアにも近くて便利だった。カエサルは自分の総督代理たちを選ぶ特権を与えられ、少なくともそのひとりには法務官代行としての命令権が付与されることになった。両法案は、おそらく五月末には可決された。元老院での投票によって、カエサルの担当属州にガリア・トランサルピナが付け加えられたが、そこの属州総督の椅子は、現職であったメテッルス・ケレルが、実際には属州に到着することなく病気で死亡しており、空席となっていたのである。五年間の命令権、強力な軍勢――ガリア・トランサルピナにはさらにもう一個軍団が駐留していた――そして、この数年間で今にも騒乱が勃発しそうになっていたバルカン半島あるいはガリア全土における軍事的挑戦の機会、それらはまさにカエサルが望んでいたものであった。ビブルスは「森林と山道」を担当するよう委ねられたが、実際にはこの職に就かず、その後十年近くどの属州の命令権も手にしなかったようである。しかし、三頭政治の誰もがその目的を達成したとはいえ、彼らの成功は依然として不安定で、彼らに対する敵意が将来的に反動を生み出す危険は残っていた。考えられる最悪のシナリオは、翌年あるいはそれ以降の公職者が、カエサルが執政官として定めたことをすべて無効と宣言しようと動くことだった。その結果、三頭政治は神経をとがらせ、何であれ公の場での批判には激しく反応するようになったのである。

四月初旬に、キケロのかつての同僚執政官であったガイウス・アントニウスが、マケドニアの属州総督だった時の財物強要の咎で訴追された。実は紀元前六三年にこの豊かな属州はキケロその人に割り当てられたのだが、キケロは自発的にこれをアントニウスに与えて、カティリーナの陰謀のさなかに彼を自分と共和政の側に留まらせようとしたのである。この弁論家はアントニウスを高く評価しておらず、たぶん有罪だと考えていたが、彼の弁護を買って出た。この訴追はカエサルとおそらくはクラッススとによって後押しされていた。訴追側が勝利し、アントニウスは贅沢な亡命生活に入った。その弁護を通じてキケロは三頭政治を公然と批判し、共和政の悲惨な状態を嘆くという過ちを犯した。それが朝のことであった。その日の午後にはキケロの仇敵であるクロディウスが――善の女神の祭礼を汚してカエサルの妻だったポンペイアを誘惑したまさにその人である――身分をパトリキからプレブスに変更した。カエサルはポンティフェクス・マクシムスとして、クロディウスをとあるプレブス身分の者の養子にする儀式に立ち会い、ポンペイウスもアウグルとしてその職務を果たした。クロディウスはここ数年間、パトリキの就任が禁じられた公職である護民官に立候補しようと、策略を用いて不成功に終わっていた。すでに自分の名前のつづりをもとのクラウディウスから、もっと通俗的なクロディウスに変えていた。この儀式が茶番であることを強調するかのように、クロディウスを養子としたプレブス身分の者は彼よりも年下だった*33。

キケロはその年の残りのほとんどを、緊張と唐突な楽観との間を揺れ動きながら過ごした。四月が終わるまでのかなりの時間をアンティウムにある自分の別荘で「おとなしく」過ごした、と彼は述べている。彼だけでなく、元老院議員の多くが欠席したために、元老院への出席率は明らかに落ち込んでいた。ある時カエサルは、会議への出席者がこれほど少ないのはなぜかと、ある年長の元老院議員に尋ねたと言われる。コンシディウスというその老人は、他の連中はカエサルの武装した仲間たちを恐れているのだとはっきりと答えた。なぜコンシディウス自身は出席し続けているのかと執政官が尋ねると、自分のような老人は怖いものなどない、どっちみち老い先が短いのだから、と答えたとのことである。キケロはカンパーニア農地法を歓迎していた。それによって三頭政治は多くの元老院議員を敵に回すことになると考えたからである。彼が指摘したように、この再分配はかなりの額の歳入源を奪うことになる。それがイタリアで徴収される税額を減らしたのは確かだが、ポンペイウスの征服はこれを補って余りあるものだった。再び、三頭政治に加わるようキケロを説得する試みがなされた。カエサルは彼にガリアにおける自分の総督代理の職を提示したが、これもその他の代案も、三頭政治の行動は誤っているという、彼の信念を揺さぶることはまったくできなかったのである。カトーについてもいささか苦々しく思っていた。キケロが考えるに、カトーはその年の初めからその行動で事態を悪化させただけだった。主要な貴族たちについても同様で、自分が立場を明らかにした後で支持してくるような連中は信用に値しなかった。四月後半には、政界の均衡が変わることを期待し始め、「もし元老院の権力が〔民衆にとって〕煩わしかったならば、政治の主導権が民衆にではなく三人の節度を欠いた連中に渡された今、何が起こるか君ならわかるだろう。すぐに我々のように過ちを犯さなかった者だけでなく、過ちの多かったカトーでさえも、称賛されるであろう」とアッティクスに書き送った*34。四月十八日にキケロは、クロディウスが護民官に立候補する予定であること、しかしカエサルの立法をすべて無効にすると公に宣言したことを耳にした。これはおそらく、クロディウスが実入りの良いエジプトのポストを拒まれ、かわりにあまり旨みのないアルメニアを提示されたからだろう。その噂によれば、カエサルとポンペイウスはいまや、自分たちは養子縁組の儀式を執り行なっていないと言い出した。これはキケロを勇気づけたが、五月にはポンペイウスに対して落胆した旨の手紙を書き、彼は専制支配を樹立しようとしているとさえ示唆した。その年の後半には、とある若い元老院議員がそのことでポンペイウスをフォルムで公然と批判し、あやうく集団暴行に合うところだったが、それが三頭政治の支持者たちによるものか、それに限られない民衆一般によるものかは不明である。キケロはこの人物、ガイウス・カトーを「政治的感覚の足りない若者であるが、それでもやはり……カトーだ」と評したが、それはローマでもよく知られた名前の持つ力を明確に示している*35。

夏が近づきつつある頃キケロは、三頭政治に敵対する最も声高な人物は、紀元前七六年の執政官の息子、ガイウス・スクリボニウス・クリオだと伝えている。ガイウス・カトーと同様に、クリオはまだ若者だったが、三頭政治が著名な元老院議員や公職経験者から表立って批判されなかったことは印象的である。それはこの時代の元老院上層が抱えていたもうひとつの弱点を示しており、主として内戦とここ最近の混乱の結果だった。しかし、時には一般市民である群衆も抗議することを選んだ。ポンペイウスが舌打ちされたのは、ガビニウスが開催した催し物で名誉ある席に着いた時のことだった。ガビニウスは護民官として海賊退治の命令権をポンペイウスに与え、その後は彼の総督代理として仕えた人物である。ある舞台では、「我々の不幸によって、お前は偉大《マグヌス》になったのだ」という一節を強調した俳優が喝采を浴びた。キケロによれば、明らかにポンペイウス・マグヌスに対する攻撃と解されるよう意図されたものだった。

カエサルが姿を現すとその盛り上がりは静まりかえった。しかし若きクリオが彼に続いて入ってくると、共和政がまだ安定していた頃にポンペイウスが受けたような歓声があがったのだ。カエサルは苛立っていた。カプアにいるポンペイウスに手紙が送られたらしいが、彼らは騎士階層の人々が立ち上がってクリオに拍手を送ったことに狼狽している。彼ら［三頭政治］はいまや万人の敵なのだ[*36]。

ビブルスの辛辣でしばしば下品な告示を多くの市民は嬉々として読んでいたし、キケロは、フォルムの群衆はいつもその告示の周りに群がっていると述べている。彼らの喜びようは、引きこもった執政官に対する特別な同情の証では必ずしもなかった――いつの時代も政治的な風刺は、意見を異にする人々をも楽しませることがしばしばである。ローマ人のユーモア感覚は粗野で、このような下品な罵倒を喜んだのだった。カエサルは同僚による侮辱の格好の対象だったが、気にしていたようすはない。ポンペイウスのほうは批判を上手にかわすことがまったくできず、七月二十五日にはフォルムでこのような中傷に対して自分を弁護する演説を行なうほどだった。キケロはその光景を目にして心を痛めていた。自分が頻繁に称賛してきた人物との友情を復活させたいと願い続けてきたからである。とはいえ、ポンペイウスがなすことすべて、ビブルスのパンフレットに対する関心をいっそう高めている、と彼は述べている。ポンペイウスはこれまでキケロに、クロディウスを恐れる必要はないと保証し続けてきた。クロディウスがカエサルの立法を攻撃するのを取り止めたことは明らかだった——もし実際に彼がこれまで真剣にそのことを考え、最初から護民官職などめざしてはいなかったとしたら、の話であるが。秋までにはキケロは、ポンペイウスはその年の初めの騒乱と、元老院における貴族たちからの離反を後悔していると感じるようになった、というよりはそう信じたかったのだろう[*37]。

夏の終わり頃から初秋にかけて、ある奇妙な事件が起こったが、それについてはいまだよくわかっていない。ウェッティウスは、紀元前六二年にカティリーナの陰謀に加担したとしてカエサルを訴追したが、努力の甲斐なく鞭打たれて監獄に放り込まれた人物である（二〇九ページ参照）が、元老院に引き出されて、自分はもうひとつの「企み」を知っている、と断言した。彼はクリオと懇意になり、しまいには、自分はポンペイウスの——あるいは別の伝承によればポンペイウスとカエサル双方の——暗殺を計画していると漏らしたのである。クリオは自分の父親に伝え、彼はただちにポンペイウスに伝えた。そして元老院が召集され、尋問のためにウェッティウスが招喚された。するとウェッティウスはクリオにポンペイウスの暗殺を、そしておそらくカエサルの暗殺も唆したとしてビブルスを訴追した。その他にも数人の共謀者の名を挙げたが、そのなかにはセルウィリアの息子で、当時二十代の半ばだったブルートゥスも含まれていた。彼と、少なくとも他に名前を挙げられたうちもうひとりは、動機を持っていると考えられただろう。なぜなら、ポンペイウスは内戦中に彼の父を処刑していたからである。ビブルスの奴隷のひとりが、若き共謀者たちが用いる短剣を用意することになっていた。当時キケロは、ウェッティウスの背後にはカエサルがいて、三頭政治を批判するクリオを無力化しようとしたと信じていた。しかし彼が愛人の息子を巻き込もうとしたとはおよそ考えられない。クリオは攻撃に対して独力で十分に弁護したし、ポンペイウスは、数か月前にビブルスが暗殺について彼に警告してくれたことに対して、すでに感謝を表明していたのだった。ウェッティウスの供述は大いに疑問とされ、彼自身の自白によって、隠されていた短剣がフォルムで発見されたため、彼は監視下に置かれた。翌日カエサルとウァティニウスは公の集会で演壇に彼を呼びつけた。今回ウェッティウスはブルートゥスについて何も述べなかった。キケロは、間違いなくカエサルとセルウィリアの関係をほのめかして、「その夜、一晩の間に懇願がなされたことは明らかだ*38」と茶目っ気たっぷりに述べたのだった。そのかわりにウェッティウスは、ルクッルスほか何人かが関与していたと主張したが、そのなかにはキケロ自身の娘婿も含まれていた。ウェッティウスを信じようとする者は誰もおらず、彼は裁判にかけられることになったが、それが始まる前に独房で死んでいるのが発見された。

ウェッティウスの死因は不明である。プルタルコスによれば、自殺であると言われていたが首の周りには絞められた痕跡が残っていた。スエトニウスは、事件全体の背後にいたのはカエサルだったと主張し、彼がウェッティウスを毒殺したと述べている。数年後、キケロはこの事件にかんする非難の矛先をカエサルからウァティニウスへと向けた。近年、誰が真の黒幕だったかについて、研究者たちの見解はさまざまである。カエサルを非難する者もいれば、クロディウスであるとか、さらにはポンペイウスその人だと推測する者もいる。一方で、その事件のせいでポンペイウスは神経質になっただろう。なにしろ彼は常に病的なまでに暗殺の恐怖に怯えていたからである。そして、ビブルスから罵声の集中砲火を浴び、彼の奇妙な人気を目にしても、三頭政治体制に対する信頼を強めただろう。とはいえ、ブルートゥスの名前が挙がったことから、カエサルがすべてを引き起こした可能性はきわめて低い。カエサルは事件が発覚した時点でそれを利用しようとしたにすぎないという可能性ならありそうである。翌日にブルートゥスの名前が削除されたことは、内通者に圧力がかけられたことを示している。ウェッティウスは自分自身の利益のために、つまり表舞台に返り咲きたいと熱望し、内通者に与えられることになっている報奨で財産を回復しようとして、行動したのかもしれない。カエサルは明らかに彼を利用しようとしたが、得る物が少なく、ウェッティウスが信用に足る人物でないことをすぐに悟ったのだった。カエサルが捕らえられたウェッティウスを殺害するよう命じた可能性は十分にある。なんといっても相手はかつて自分を攻撃した人物なのだから。しかし、それを証明することはできない[*39]。

ビブルスはなんとかして執政官選挙を七月から十月まで遅らせた。けれども、彼は選挙を主宰する権利を有していたにもかかわらず、自宅に引きこもり続け、その職務はカエサルに委ねられた。紀元前五八年の執政官に選ばれたのは、カエサルの新しい義父カルプルニウス・ピソとガビニウスで、どちらも三頭政治に好意的だった。それからの数か月間に事態がどのように推移するかは、カエサルの運命にとって重大だった。というのも、彼の立法が尊重される期間が長ければ長いほど、誰であれその有効性に対して重大な疑問を提起することが難しくなるからである。執政官としての任期の終わりに、カエサルは数か月間もローマの市内と郊外とを行ったり来たりして、事態がどのように具体化していくのかを観察した。クロディウスは護民官に選出されたが、彼自身のプレブス身分への移籍は執政官であるカエサルの行為の適法性と深く関わっていたから、その有効性を確実にするために大いに努力することはいまやはっきりしていた。ディオによれば、ビブルスが執政官職の最終日に姿を現すと、クロディウスは彼が演説を行なうのを禁止した——ちょうど紀元前六三年の末にメテッルス・ネポスがキケロを妨害したように。新任の法務官のうち二名がカエサルを攻撃したので、彼は元老院の会議で批判に応えた。これらの討論でカエサルが行なった三つの演説は公刊され、紀元前五九年に彼がなし遂げたことを長きにわたって弁護し続けた。あいにくこれらは現存していない。しかし、三日後に元老院は何の決定にもいたらなかった。新任の護民官たちのひとりがカエサルを訴追しようとした試みは同僚の反対多数で退けられた。紀元前五八年の三月になって初めて、カエサルは最終的にガリアへ出発したが、そこではただちに彼の関与を必要とする状況が発生していたのであった*40。

カエサルは執政官在職中にたくさんのことをなし遂げた。農地の再分配という大々的な計画は現在進行中であり、十年にわたって続くことになった。ポンペイウスは東方再編を揺るぎないものとし、クラッスは徴税請負人たちのために救済策を獲得した。カエサルは他の二人との同盟関係を通じて、当初の協調的なやり方では反対者を説得できなかったにもかかわらず、これらをすべて行なうことができた。嵐のような一年で、緊張が高まる場面もあった。キケロは手紙に圧制とさし迫った内戦への恐怖を書き綴った。どちらも起こらなかったが、政界を縛っていた数多くの慣行と先例とが大きな試練に晒され、さらには失われた。すべてを犠牲にしてカエサルを妨害しようとしたビブルスとカトーの決意は、すべてを犠牲にして物事を推し進めようとしたカエサルの決意と同じくらい損害をもたらした。しかし当面はカエサルが勝利を収め、大規模な軍事的栄光を得る機会を獲得したのである。長期間の重要な属州の命令権を手にした今、問題は共和政のために勝利を得ることだった。もしカエサルの軍事的成功が十分に大きければ――そしてカエサルはきっとそうすると決意していた――最も手ごわい敵対者たちでさえ、彼を偉大な、おそらくは最も偉大な共和政の僕と認めざるを得ないのは確かで、執政官時代の疑わしい行動も忘れられるか、赦されるかもしれなかった。ウァティニウス法の規定がカエサルにガリア・キサルピナとイッリュリクムを与え、後からそれらにガリア・トランサルピナが加えられたことは、カエサルを喜ばせた。この成功で調子に乗った彼は元老院で、「私は自分の敵対者たちがおおいに不満を抱いていたのに、自分の求める最高のものを手に入れた」ので、「今度は彼らの頭の上に乗ってやろう」と宣言した。これには二重の意味をもたせていたのだろうか、ある元老院議員は、カエサルとニコメデスとの古い噂を引き合いに出して、女にそんなことができるものかと言い返したが、それをむし返したのはビブルスのパンフレットだった。カエサルは、難しくなんかない、と陽気に切り返した、なぜなら「セミラミスは……シリアの女王であったし、古の時代のアマゾネスはアシア全土を震撼させたのだから」。この年の説明を終えるには、カエサルの自信と自己満足を示す出来事と下品な冗談とがふさわしいであろう*41。

第2部

属州総督

［紀元前五八年～五〇年］

第9章 ガリア

カエサルは……五〇回の会戦に臨み、マルクス・マルケッルスの三九回を上回る唯一の指揮官となった。

大プリニウス、一世紀中頃*1

カエサルはたいへん巧みで優雅な文体だったが、自分の計画を説明する手際のよさも完璧であった。

アウルス・ヒルティウス、紀元前四四年*2

カエサルは四十一歳にしてローマを出発し、担当する属州へと向かった。帰国するのは九年も先のことである。残りの人生のほとんどが戦いによって占められたといっても言いすぎではない。これ以降、彼が大規模な軍事作戦にかかわらなかったのは二年だけである。紀元前五〇年にはガリア人が征服され、カエサルはその地域の平定に忙殺されていた。紀元前四四年に彼が暗殺されたのは、ダキアとそれに続くパルティアに対する新たな大戦争に出発する、わずか数日前のことであった。ほぼ毎年、カエサルは少なくともひとつ、たいていは複数の大規模な会戦あるいは攻囲戦に臨んだ。プリニウスによれば、カエサルが軍を率いて戦闘に臨んだのは全部で五〇回にのぼり、アッピアノスによれば、これらの交戦のうち三〇回がガリアにおける軍事行動の間のことだった。この数の正確さは確認も否定もしようがない。なぜなら、歴史上のいかなる時代についても、何が戦闘で何がたんなる衝突または小競り合いなのか、合意が成立することは稀だからである。これらの著述家が、カエサルは他のローマの将軍たちよりも頻繁に戦い、着実な勝利を収めたという、広く行き渡った見解を反映した事実に変わりはない。しばしばカエサルと比較されるアレクサンドロス大王は、小規模な衝突の回数が多いとはいえ、わずか五回の会戦と三回の大規模な攻囲戦に参加したにすぎない。ハンニバルはまったく異なる相手と対戦し、より多くの大規模な戦闘に臨んだが、それでもカエサルの大規模な交戦の回数を上回ることはおろか、並びさえしなかっただろう。ナポレオンの時代になって初めて、戦いの激しさが増すとともに、カエサルら古代世界の偉大な軍司令官たちより多くの重要な戦闘を経験する軍司令官があらわれたのだった*3。

紀元前五八年以前とそれ以降のカエサルの人生には、それほど際立った違いは見られない。それまでも、ほぼ九年間をイタリアの外で過ごしていたし、おそらくその半分を何らかの軍務に費やしてきた。それはローマの元老院議員としてはごく典型的なもので、もしかしたら平均値をやや下回るかもしれないが、それでもキケロのように、世間の注目を浴び続けるためには恒常的に法廷に立たなければならなかった人物とは比較にならない。ここでも、カエサルのキャリア全体のあり方が大体のところ伝統に則っていたことは、その華麗さ、怪しい連中との関係、そして執政官在職中には物議を醸す類の行動がいくつか見られたにもかかわらず、強調に値する。通常より二歳早く執政官職に到達したことで、カエサルは平均的な執政官格属州総督《プロコンスル》よりも少しばかり若かった。アレクサンドロス大王、ハンニバル、あるいはポンペイウスに比べれば、彼に好機が訪れたのは人生もだいぶ後になってからであった。アレクサンドロスは三十三歳で亡くなったし、ハンニバルが最後の戦いに臨んだのは四十五歳の時だった。ナポレオンとウェリントンはハンニバルよりもちょうど一歳遅れてワーテルローで対決した。もっともその時ブリュヒャーは七十三歳だったが。これに対して、アメリカで南北戦争が勃発した時、ロバート・E・リーは五十代だったし、第二次世界大戦に参戦した時のパットンもそうだった。ローマ人の基準でも近現代の見方でも、紀元前五八年時点のカエサルは年寄りとは見られないが、彼が史上最も偉大な軍司令官のひとりとして才能を知らしめるようになるとは、彼の同時代人の誰もわかりはしなかっただろう。それまでもカエサルは軍務に就いている間に才能、勇気、自負心を示してきたが、ほかにも多くの野心的な人物が同様の能力を発揮していたのである。カエサルの物語については毎度のことながら、個々の事柄を必然だったと後知恵で考えることのないように、我々はよく注意する必要がある。ガリアにおけるカエサルの成功は驚くべき規模で、つい最近までポンペイウスの業績に感嘆していたローマ人にとってさえそうであった。しかし、成功と失敗とはしばしば紙一重であり、カエサルも簡単に殺されていたかもしれないし、帰還するまでに事故や病気で亡くなっていたかもしれない。最終的に彼が謀反人として帰国し、かつての盟友であり娘婿であったポンペイウスと戦うにいたったことは、誰にでもあることではなかった。カエサルはガリアに向かう際に、計画と野心とを胸に抱き、多くの成果を上げようと考えていたのは間違いないが、結局は自分の将来が幸運に恵まれることを信じていたのである。

戦記

カエサルはこの強大な命令権を付与される機会を得るために、莫大な負債を抱え、重大な政治的危険を冒し、多くの敵を作りながらも、懸命に努力した。これらすべての元をとるために彼は壮大な勝利を必要としたが、それらによって真に優位に立つためには、その業績を人々に確実に知らせなくてはならなかった。海賊とミトリダテス王に対するポンペイウスの戦役は、ミュティレネのテオファネスという、彼の幕僚に加わっていたギリシア人の学者によって記録された。カエサルは文筆について他人の助けを借りる必要はなく、自分の勝利を自分の言葉で記録することになった。それまでにも演説のいくつかと、今日では失われてしまった数点の著作を公刊していたが、そのなかには若い頃に書かれた作品もあった。アウグストゥス帝はのちにこれら未熟な作品の出版を差し止めたが、そこには『オイディプス』と題した悲劇、『ヘラクレス頌歌』、『格言集』、そしていずれも断片でしか伝えられていない演説などが含まれていた。ローマの将軍たちは戦記を書くことで自らの業績を記念する伝統があった——それは歴史とは異なるジャンルとみなされ、しばしば後世の歴史家のための史料と考えられた。カエサルは最終的に一〇巻の『戦記』を生み出したが、そのうち七巻は紀元前五八年から五二年までのガリアでの軍事作戦を対象とし、残りの三巻は前四九年から四八年までのポンペイウスとの内戦を取り扱っている。カエサルの死後、数人の部下たちがさらに四巻を加えて、前五一年のガリアでの軍事作戦、前四八年から四七年にかけてのエジプトおよび東方での戦役、前四六年のアフリカでの戦役、前四五年のヒスパニアでの戦役を対象とした。その他の戦記は細切れの断片でしか残存していないので、カエサルの諸巻が確立された形式に従っていたかどうか知ることは難しい[*4]。

カエサルの『ガリア戦記』は当初からラテン文学の最も偉大な作品のひとつとして認められた。キケロはカエサルの弁論を高く評価していたが、同様にこの『戦記』にも惜しみなく称賛を与えている。

実に見事である……まるで裸体のように直立して美しく、あらゆる装飾を排した姿は、あたかもローブを脱ぎ捨てたかのようである。しかし、彼は他の著述家たちに歴史を記す材料を提供しようとしたのかもしれないが、彼がしたことは、その「贈り物」を自分の作品の材料にしようとする無能な人々を喜ばせただけであった。というのも、彼は分別のあるすべての人々に作品を著す意欲を失わせたからである。なぜなら、歴史を記すのに明確で際立った簡潔さ以上によいことはないからである*5。

これが書かれたのは紀元前四六年であり、独裁官としてのカエサルにキケロは徐々に嫌気がさしつつあった頃だったから、もしかしたら、「良識ある人々」は自分の業績を自分の言葉で著す意欲を失ったと彼が述べている箇所には、二重の意味があることをほのめかしているのかもしれない。とはいえこの作品の文章の質に対するキケロの称賛がまさに本心からだったことは明らかで、おそらく特にその語り口がきわめて簡潔であることが、キケロ自身の修辞法と著しく対照的だったからだろう。ある時カエサルは、弁論家たるもの「船の操舵手が岩礁を避けるように、聞きなれない言葉を避ける」べきである、と断言している。どうしても必要な専門用語や外国語は別として、彼はこの原則にきわめて忠実に、明確でペースの速い語り口を生み出したのである。感情的になったり劇的だったりすることは、もしあったとしても稀であった。というのも、彼は劇的な場面や重要な出来事をそれら自体に語らせようとしたからである。自分のことは常に三人称で呼ぶのに対して、自分の軍団兵のことをノストリすなわち「我が軍」と呼ぶことで、カエサルは合法的に任命された軍司令官の下で残忍な敵および自然の脅威そのものと戦う、ローマ国民の軍勢の物語を語っているのである。あらゆる場面でカエサルは、自分の行動は何もかも共和政の利益のためであるとして描いている。こんにちの読み手は『戦記』に含まれる何の臆面もない帝国主義、殺戮《さつりく》、大量処刑、そして奴隷化にしり込みすることがあるけれども、同時代のローマ人はこれらを衝撃的とは思わなかったことだろう。実際、カエサルの政敵たちでさえ、その語り口に興奮せずにはいられなかったに違いない*6。

多くの政治家や将軍が、自身が関与した出来事を独自の視点で書き残したが、カエサルの『戦記』ほどの文学的水準に達した著作はほとんどない。最近ではチャーチルが、その言葉の純粋な力強さと、彼が第二次世界大戦の直後にその解説を書いたという速さの点で、これに最も近いであろう。しかし、重要な違いがひとつある。チャーチルもその他有名な将軍の大多数も、自分自身のキャリアが実質的には終わりを迎えたことを知って、出来事について自分が選んだ独自の見方を将来の評価に反映させようとして、後世の人々のために書き残している。これに対してカエサルが対象としているのはもっぱら同時代人の受け手であって、自分のキャリアをさらに進め、勝利を手にするより多くの機会を得るために書いたのである（同じことがチャーチルの初期の作品については当てはまる）。『ガリア戦記』の全七巻がいつ書かれて公表されたのか、完全に明らかにはなっていないが、それらはまとめて紀元前五一年から五〇年にかけて公刊されたとよく言われている。この推測――よく言われていることは確かだだが、やはり推測でしかない――によれば、最終的には内戦に突入することになった緊張の数か月間、カエサルはローマでできる限り多くの支持を得たいと望んでいたからだという。しかし、そのことは紀元前五八年にガリアに向けて出発した時からずっと変わらなかった。というのも、彼に限らず政界で出世を果たそうとする人物は、市内の有権者や影響力のある集団から忘れられてもかまわないだけの余裕はなかったからである。彼がそれまで座して待っていたとは思えない。さらに、数人の人物の取り扱いが異なっていることと、いくつかの巻の間に詳細な点の明らかな矛盾が見られることを考えると、それぞれの巻が別々に出版された可能性が高い。

実際には、各巻が書かれたのはその巻が描いている年の戦役が終わった後、作戦を再開するまでの冬の数か月間であるという説明のほうがしっくりくる。のちにまとめて刊行されたと主張する者でさえ、カエサルは元老院に年次報告書を提出し、それは広く回覧されたと推測しており、それは現存する『戦記』の形式と似ていたと示唆する者もいる。ほとんどの場合、カエサルには冬の間にガリアで本を書くような時間はなかったと考える理由はない。カエサルの副将のひとりで、のちに『ガリア戦記』の第八巻を加えたヒルティウスは、名文家としてのカエサルに対するキケロの称賛を引き写しにしているだけでなく、これらの巻がものすごい速さで書かれたことを付記しているのである。アシニウス・ポッリオという別の将校は、カエサルは最終的にそれらを書き直すつもりでいると考えていたが、そのこともまた、それらが差し迫った政治的な必要性を満たすために急いで書かれたことを示していよう。各巻が個別に刊行されたことを証明する証言はないが——ガリア戦争の終結から数か月で七巻すべてを書き上げるのは相当な負担であったことは明らかであろう——全体としてその可能性がきわめて高いように思われるのである*7。

もうひとつの広く行き渡っている推測は、『戦記』が何よりもまず元老院議員階層と騎士階層を対象としていたというものだが、これもまた疑問である。執政官在職中、カエサルは元老院の議事をすべて公開するよう命じたが、それが元老院議員の利益のためでなかったことは明らかである。ローマ世界の識字水準を判断することは困難であるから、富裕層以外にどれくらい多くの読み手がいたかはわからない。けれども、我々がもっと現実的に判断できるのは、どういうシステムであれ、書物は手書きで写されなければならなかったから、希少で高価な贅沢品であったということである。しかしキケロは、職人のような社会的身分の低い人々が熱心に歴史書を読み漁っていたと記している。本を読むことは広く一般的な行為で、非常に人気があった可能性もあることは、我々の史料の各所で示唆されている。カエサルは常に民衆派であって、社会の広範な層の支持に依存していたから、この読み手の関心を引くのに熱心であったのかもしれない。元老院議員階層と騎士階層の将校たちが『戦記』において顕著に目立つことがなく、時にはありのままの姿で描かれたことは印象的である。対照的に、普通の軍団兵たちは一貫して勇気と優れた能力とを示している。たとえ彼らが批判される場合でもたいていは、行き過ぎた熱心さによって軍団兵が本来の規律を忘れてしまうというのが常であった。一兵卒以上に、彼らを指揮する百人隊長は英雄的に描かれることが非常に多かった。これらの将校のうち名前が挙げられたのは数名にすぎないが、一般に百人隊長とは、危機に際しても冷静さを保ち、軍司令官に認められようとして戦って死ぬ人々であった。百人隊長や一兵卒をこのように好意的に描くことは、愛国的な貴族や騎士たちを喜ばせたであろうが、より広範な人々に対しても訴えかけたことは確実である。カエサルはこのようなローマ人を涵養したのであって、たんに社会上層に語りかけたのではなかった。カエサルにとって一定の集団が他のそれよりも重要だった可能性はある。たとえばケントゥリア民会で第一等級に登録され、投票する権利を有した市民だが、我々は社会上層の集団以外の生活についてほとんどわからないので、確実なことを言うのは困難である*8。

ガリア戦争の開始から内戦の終結まで、我々はカエサルの行状についてははるかに多くのことを知っているが、その情報の圧倒的大部分は二つの『戦記』における彼自身の説明を基にしている。特にガリア戦争については、カエサルの視点に由来していないと思われる他の史料にはほとんど情報がない。もし『戦記』の基本的な信憑性を疑う理由があったとしても、それにかわる史料は何もないのである。

ナポレオンは軍司令官としてカエサルを大いに尊敬し、向上心のある将軍ならば誰でもその戦役を研究すべき偉大な指導者の一覧に彼を載せているが、それでもいくつかの点でカエサルの説明の信憑性を疑っており、流刑中にはそれらへの批評に時を費やしたのであった。しかし、ナポレオン自身の報告書や回顧録に見られる、真実に対する柔軟な態度を考えれば、たんにそれを当然と考えていたのだろう。カエサルは、共和政の偉大な僕としての名声を確立し、人々の上に立つにふさわしいことを示すという、政治的目的のために書いたのである。ゆえに『戦記』は宣伝のための著作であって、彼の行為すべてを最も好意的な形で描いている。スエトニウスによれば、「アシニウス・ポッリオは、それらはきわめて真摯に書かれたのでもなければ、真実に対して完璧なまでの注意を払って書かれたのでもない、と考えている。なぜならカエサルは、他人の行動については本人による話を信用しすぎる傾向にあったし、自分自身の行動については故意なのか本当に忘れてしまったにすぎないのかはともかく、ねじ曲げて書いたからである……*9」。

ポッリオはカエサルの下で内戦を戦ったが、ガリアには同行しなかったので、その発言は主として後のほうの戦いにかんするカエサルの説明に向けられていた可能性は高い。カエサルが他人の行動についてその本人による説明を信じがちであったという主張は、個人的な苦々しい感想かもしれない。なぜなら、ポッリオは、『戦記』で好意的に扱われていた人物によって指揮された、悲惨なアフリカ上陸作戦の数少ない生き残りのひとりだったからである。しかし、カエサルが自身の行動のいくつかをも歪曲したというポッリオの主張が正しいとすると、それはどの程度行なわれたのであろうか？　考古学からはガリアにおける軍事作戦にかんするカエサルのいくつかの説明が確認されたが、考古学によってこの軍事作戦の詳細を、ましてその動機とその背後にある思考を再構成するには不都合がある。さらに重要なことに、ガリアにおける戦いを通じて多くの元老院議員と騎士とがカエサルの軍に仕えており、家族と友人とに定期的に手紙を書いていたのは明らかである。後年、キケロの弟であるクィントゥスはカエサルの総督代理のひとりになった。現存する往復書簡には軍事にかんする内容はあまり含まれていないが、その軍勢がブリテン島にいた紀元前五四年の数か月間でさえも、クィントゥスが兄に手紙を送ることが可能であったとは驚くべきことである。この軍勢とローマの間には明らかに、情報が行き来する一定の流れが存在した。紀元前五六年にキケロは元老院において、カエサルの義父であるルキウス・カルプルニウス・ピソがマケドニアの属州総督として残した業績を攻撃した。彼は慣例を軽んじ、元老院に定期的に報告書を送らなかったのであるが、それにもかかわらずキケロは、自分も議場内の全員もこの属州総督の行状と過ちについてよく知っていると述べたのである。

カエサルの信憑性に対する批判のほとんどが用いているのは、細かい点で矛盾している彼自身にとって不利な叙述である。数多くの問題となりそうな行為と同様、敗北にも言及されているのである。結局のところ、カエサルは大々的な創作とかあからさまな歪曲といった危険を冒すことができなかった。なぜなら、ただちに読み手から指摘されただろうからである。敗北の責任を他人に転嫁したり、自分の行為を明らかに穏当な理由で正当化したり、あまり得るところがなかった作戦を強調しなかったりすることで、すべてを可能な限り都合の良い形で提示することができたし、そうしたことは明らかである。しかし結局、もし『戦記』『内乱記』が世論の支持を得るという目的を達成しようとするならば、彼は事実に——特にローマ人の読み手によって最も関心のある事実に——きわめて忠実であるほかはなかったのである。カエサルの叙述を扱う際には、他の史料を扱う場合と同様の注意が払われなければならないが、少なくとも、その説明は基本的な出来事を正確に述べている、と信じるのに十分な理由がある*10。

カエサルの軍

紀元前五八年にカエサルの属州に駐留していた軍勢は、彼がヒスパニアで引き継いだ兵力の二倍の規模だったが、やがてそれはもう二倍になり、さらには三倍にも達することになった。カエサルは約五年間の軍務経験があったが、この地域で戦った経験はいまだなかった。しかし、すでに見てきたように、そのようなことはローマの軍司令官にとっては特に珍しくなかった。カエサルはこの課題を上手に乗り越えたが、全時代を通じて偉大な軍司令官たちのひとりとして一般に認識されることになった、兵士を操縦する的確な手腕を最初から発揮したと考えるのは誤りである。自分の新しい軍について知らなければならなかったし、それを使いこなすにはどうしたらよいかを学ばなければならず、その過程は一筋縄ではいかなかった。しかし、カエサルの上級将校たちは全員、彼が自ら選び出し、属州に連れてきたのであった。

最も重要なのは総督代理《レガートゥス》で——レガートゥスという名は代理人を意味し、属州総督「の代理として行動する」使節についても上級将校についても用いられた――必ず元老院議員だった。わかっている限りでは、彼らのうちでカエサル自身よりも多くの戦闘経験を積んでいた者はいなかった。カエサルはこの職を引き受けて自分に同行するようキケロに依頼していたが、それは、有意義な政治的人脈は有能な軍人の引き抜きよりもはるかに重要であることが多い、という好例である。この弁論家には申し出を断られたが、戦役の開始当初からカエサルは少なくとも五名の、おそらくは六名から十名ほどの総督代理を部下として抱えていた。最年長者はラビエヌスで、たんなる代理人ではなく、実際に法務官代行としての命令権を付与されていた。紀元前六三年の護民官としてカエサルと協働し、ラビリウスを訴追したこの人物は、他の総督代理に比べてはるかに多く『戦記』のなかで注目を浴びていて、並外れた才能に恵まれた軍人であることを自ら証明した。しかし、紀元前五八年の時点では、カエサルよりも多くの戦闘経験を積んでいたわけではなかったらしく、その才能が花開いたのはガリアに来てからのことであった。紀元前七〇年代にはアシアでプブリウス・セルウィリウス・ウァティア・イサウリクスの指揮下で仕えていた。カエサルとはこの頃に出会ったのかもしれないが、カエサルがローマに戻った後でラビエヌスがこの属州に到着した可能性もある。ポンペイウスの下で大いに活躍したと推測されているが、これを裏付ける実際の証拠はない。同様に、多くの研究者はラビエヌスが紀元前六〇年か五九年に法務官職を務めたと推測しているが、これもまた事実によって証明されたというよりは、その可能性があるにすぎない[*11]。

バルブスもカエサルの古い友人のひとりであり、再び彼の工兵隊長となったが、ガリアにはそれほど長く滞在することなく、カエサルの主要な代理人のひとりとして活動するためにローマへと戻ったと思われる。もうひとり、同じ役職でカエサルに仕えたマムッラは、フォルミアエ出身で、ガリアにいた間に怪しい手段で手に入れた莫大な財産で悪名高かった。護民官だったウァティニウスは、カエサルのために五年間の命令権を確保した人物で、しばらくの間ガリアにいたらしいが、それは紀元前五〇年代の後半のことだろう。クィントゥス・ペディウスは当初からカエサルと行動を共にしたと思われる。紀元前五八年におけるその他のカエサルの総督代理たちの素性については不明だが、当時はまだカエサルのもとにはいなかったとしても、その後間もなく合流した人物が数人いる。そのひとりがアウルス・ヒルティウスで、最終的に『ガリア戦記』の第八巻を付け加えることになった人物である。もうひとり、セルウィウス・スルピキウス・ガルバは、アッロブロゲス族の反乱の時にはポンプティヌスに仕えていたので、少し前にガリアでの戦闘経験があった。クィントゥス・ティトゥリウス・サビヌスとルキウス・アウルンクレイウス・コッタはどちらも当初から現地にいたと思われる（コッタというコグノーメンを持っているが、彼がカエサルの母方の親族であった可能性はない。母方のノーメンはアウレリウスであった）。コッタはローマの国家制度にかんする論文を書いていて、カエサルの陣営には文芸的な雰囲気が顕著に漂っていた。紀元前五八年から五六年にかけては、ここにクラッススの下の息子プブリウスが加わったが、彼は文学と哲学を熱心に勉強しており、おかげでキケロと親しかった。これはカエサルとクラッススとの親密な関係が、政略結婚によって固めるまでもなく依然として続いていたことを示している。二十代の半ばであったプブリウス・クラッススは、大胆かつ有能な指揮官であることを証明することになるのだが、戦役の当初はまだ騎兵隊長《プラエフェクトゥス・エクイトゥム》で、総督代理に昇進したのは翌年のことであった。もうひとり、優秀な若者で、おそらく戦役の開始当初からカエサルに仕えていたのがデキムス・ユニウス・ブルートゥス、カティリーナの陰謀に密接に関与していたとして悪名高いセンプロニアの息子である。最後に、カエサルは財務官一名の補佐をも受けていたが、その素性はわからない*12。

　カエサルの総督代理たちにかんして最も印象的なのは、彼らが比較的無名の人物だったことである。クラッススと、やや劣るがブルートゥスも名家の出身であって、どちらの父も執政官経験者だった。ラビエヌスは「新人」で、護民官以上の上級公職に就任したことはまだなかったし、ウァティニウスも同じだった。コッタの家族は何世代にもわたる名門ではなかったようで、サビヌスその他数名の将校の背景についてはほとんど知られてさえいない。全体的に見れば主要な名家は、特にスッラの時代もその後も順調だった人々は、カエサルの下で働こうとはしなかった。これは、ポンペイウスが海賊退治を指揮した際に彼に仕えた総督代理の一覧が、ほとんど名門出身者で固められていたのとは非常に対照的である。ガリアでの総督代理のほとんどは、その家族の勢力を回復あるいは改善しようとしていたように思われるし、これを実現した人々は少なくなかった。これは下位の将校たちの多くにもおそらく当てはまる。紀元前五八年にかんする説明で、カエサルは「軍団副官、部隊長その他の人々は彼と親しくなるためにローマから同行してきていたが、軍務経験はさほどなかった」と述べている。すでに十分な地位を確立していた人々は紀元前五八年にカエサルと手を組む必要はなかったのである。彼があれほどまでに偉大な指揮官であることを証明するとは誰も考えていなかったし、ガリアの山腹のどこかで敗北へのあるいは彼自身の死への道をつき進むことになるだろうと思われていたのだった。彼らは、カエサルが何であれ戦利品を得れば、気前のよいところを見せるだろうとは思っていたかもしれない。この点については衆目の一致するところだったからである。カエサルと緊密な関係を求めることは一種の賭けであって、他に成功の手段がない人々の心を動かした可能性は高い。わかっている限りでは、カエサルはおよそ誰でも歓迎したようで、それは、いつも可能な限り多くの便宜を図って、多くの人々に恩を売るのと変わらない熱心さであった*13。

カエサルは自分で上級将校を選んだが、指揮することになる軍勢はすでに存在していた。イッリュリクム、ガリア・トランサルピナおよびキサルピナには合計で四つの軍団——第七、第八、第九、第十軍団——が駐留していた。これらの軍団がいつ、誰によって創立されたのかは知られていないが、数年前に作られ、すでに実戦配備されていた可能性がきわめて高い。名目上、この時代の一個軍団は五千人を少し下回る人数で構成されていたが、歴史上あらゆる時代のあらゆる軍勢がそうであるように、戦場にある部隊は深刻な兵員不足の状態に陥っていることがしばしばだった。内戦におけるカエサルの軍団のひとつは実数で一千名以下しか召集することができなかったとも言われている。軍団は恒久的な軍司令官を持つことはなく、一番上級の将校は六名の軍団副官であり、彼らは通常、騎士だった。なかにはまだ元老院に登録されていない若い貴族たちもいたが、それ以外は半ば職業軍人で、翌年以降の軍団でも継続的に任命されることを希望した。二四名の軍団副官たちは毎年ローマ国民によって選出され、この伝統的な人数は、何世紀も前に各執政官に割り当てられていた各二個軍団からなる軍に提供されるためのものだった。カエサル自身もこのようにして選出された経験があったが、いまや一度に多くの軍団が活動するのが当たり前となっていて、この方法に頼ることはできなくなっていたのである。全員ではないとしても、カエサルの軍団副官のほとんどは彼によって指名されたが、なかにはすでに四つの軍団に配属されていた者もいたかもしれない。『戦記』は実際に軍団を指揮する軍団副官についてはまったく言及していないし、カエサルはこの任務を自分の総督代理と財務官に委ねるのが普通であった。ただし、軍団副官が重要な部下であり、行政上の役割を果たしていたこと、そしてそれなりの規模の分遣隊を指揮することができたことは明らかである[14]。

軍団副官の下に位置したのが百人隊長であるが、これは特定の階級というよりは一種の地位として考えたほうがよい。一個軍団には六〇名の百人隊長がいた。各人が八〇名で構成される百人隊を指揮し――この肩書きは、約一〇〇人ということ以上の細かいことを意味したのでは決してなかったと思われる――六つの百人隊が合わさって四八〇名の大隊を形成した。この大隊がローマ軍の基本的な戦術単位であった。我々の史料には記述がないが、六名の百人隊長のうち最年長者が戦闘において大隊を指揮した可能性がきわめて高い。一個軍団には一〇個大隊があって、第一大隊は他の大隊よりも高い名声を得ていた。というのも、第一大隊は軍団全体の象徴であった純銀あるいは金メッキの鷲の軍旗を守っていたからである。第一大隊の百人隊長たちはきわめて高い名声を得ており、おそらくは他の大隊を指揮する百人隊長たちとともに「首位百人隊長団《プリーミー・オルディネース》」を形成し、しばしば指揮官の作戦会議にも加わった。百人隊長たちは典型的な「鬼軍曹」、すなわち一兵卒として長年勤務した後でようやく昇格した白髪交じりの古参兵として描かれることが多いが、実際にはこのような見方を支持する証拠はほとんどない。普通の軍団兵が百人隊長に昇進すると、カエサルが述べている箇所は『戦記』のどこにもないが、彼らの出自について何も述べていないのは、読み手が知っているものと考えていたのかもしれない。多くの者が直接的に百人隊長に任命されたのだろう、帝政期にはそれが一般的であったことがわかっているし、その頃には騎士がこのようにして仕えていたという話もある。その役職の重要な一部である管理職としての役割は、相当な水準の読み書きと計算の能力を必要としたし、そのどちらも一兵卒の間では一般的ではなかったであろう。百人隊長は、ひとたびその地位に就けば、社会的にも経済的にも一般の軍団兵とはかけ離れていたことは確かである。というのも、彼らの給料は数倍――おそらくは一〇倍――にもなったからである。おそらく百人隊長のほとんどは最初からかなり裕福な階層の出身であって、大部分の一兵卒を形成する非常に貧しい人々の出身ではなかったのだろう。そうだとすれば、『戦記』において百人隊長が受ける注目はいっそう興味深くなる。もしかしたら彼らは、ケントゥリア民会の投票において決定的な役割を果たした第一等級から選ばれたのかもしれない。この地位への任命とその後の昇進は、カエサルのような軍司令官にとっては純粋に軍事的な重要性を超えて、ローマ社会の各所に横たわっていたパトローヌスとクリエンテスの広範な網の目に入り込むための、重要な意義を持っていたのかもしれない。しかし、多くの上級将校たちとは異なり、百人隊長は長期間軍に常駐していたと思われるので、彼らを本質的には職業軍人であると考えても間違いではないだろう[*15]。

数世紀前の軍団は、社会の多様な層に属する人々から構成され、自分自身で装備を調えるだけの十分な財産がない人々は全員排除されていたが、それもいまや遠い昔の記憶となった。マリウスは無産市民《カピテ・ケーンシー》、すなわち貧しいために戸口調査でたんに頭数を数えられるだけの人々から公然と新兵を採用したが、おそらくすでに十分確立されていた傾向を確認したにすぎなかった。いまや裕福で十分な教育を受けた人々の関心を軍団に引き付けるものはほとんどなかった。規律は厳しく、鞭打ちは日常茶飯事であり、もっと深刻な職務怠慢に対しては罰として処刑が待っていた。軍団兵が得ていた給料は年に一二五デナリウス（五〇〇セステルティウス）――その額はカエサルの莫大な負債を客観的に評価するのに役立つ――であって、農場労働者として稼げる額と比べると見劣りするが、定収入であるという利点があった。貧しい人々は軍をひとつの食い扶持として、あるいはより良い生活へ通じる道として捉えていた。気前よく報酬をくれる将軍、あるいは退役兵に農地の付与を約束してくれる将軍は、マリウス、スッラ、そしてポンペイウスがすでに証明したように、軍団兵から強力な忠誠を得ることができた。百人隊長はしばしばある軍団から別の軍団へと移籍したが、一般の兵士が同じことをしたという記述はない。軍団兵は長期間勤務する職業軍人だったが、通常どのくらいの期間を軍で過ごしたのかは不明である。後年アウグストゥスはその勤務期間を十六年と定め、のちにこれを二十年に拡大し、さらに再役古兵としての五年間を追加した。これはいくつかの義務と雑役を免除されることを意味した。軍団は彼らの家であり、大半の部隊は自分の属する集団の独自性に対する強い誇りを育んだ。各軍団には技術的な能力を持つ多くの人々も含まれていて、彼らが今度は他の人々を教育したであろう。工兵や砲兵といった特殊な部隊や大隊はなく、橋を架けたり都市を包囲したりするために専門家が必要とされる場合はいつでも、所属する大隊から派遣されるだけであった。この時期のローマ軍の技術的な能力はきわめて高かったのである。

軍団兵は重装歩兵であり、密集隊形で戦ったが、カエサルの時代にはハリウッドによって固定観念化された古典的なイメージとか、テレビのドキュメンタリー番組で再現される際の不正確なイメージとは、かなり異なった姿をしていたのであった。よく知られている組立式の鎧はおそらくまだ発明されていなかった。というのも、発見されたそのような鎧の破片で、最も早い時期のものは紀元後九年と年代確定されているからである（しかし、これが発見されるまでは一般に、この鎧は紀元後一世紀の中頃までは導入されていなかったと推測されていたから、カエサルの時代にも知られていた可能性はある）。そのかわりに軍団兵が着用していたのは鎖かたびらと、青銅製または鉄製のこともある兜だった。ローマの兜は目の部分が空いており、耳は覆われていなかったが、残りの顔面については頬の箇所の幅広い部品によってある程度の防護がなされていた。頭部が完全に覆われる型の兜は、数世紀前にギリシア軍によってよく使われ、防護力はより高かったが、ローマの軍団兵は、命令に反応できるよう見たり聞いたりできる必要があったのである。さらに防護力を高めたのがスクートゥムと呼ばれる半円筒状の大きな盾であった。これは高さ約四フィート、幅二フィートから二フィート六インチで、おそらく楕円形だったが、古典的な「ハリウッドの」軍団兵が持つ長方形のタイル型の盾もすでに採用されていたことだろう。ローマの軍団がすでに、彩色されていたか浮き彫りで装飾されていた独自の徽章をその盾に付けていた可能性は、証明されてはいないが、非常に高い。盾そのものは一枚に接着された三層の合板構造で、子牛の皮で覆われ、角は青銅製の留め金で補強されていた。この盾は柔軟で高い防護力を提供したが、重さが約二二ポンドもあった。戦闘では中央の突起の裏にある片手用の水平の握りを持ち、兵士がその突起を突き出して敵の体勢を崩すことで攻撃にも用いられた。

軍団兵の主な武器はピールム（投げ槍）とグラディウス（剣）であった。ピールムは四フィートの木製の柄、その先はやや細い二フィートから三フィートの鉄製の軸で、小さな四角錐の切先が付いていた。投げた時にはその全重量が小さな先端の後ろに集中し、敵の盾を貫通することができ、さらに長くて細い軸は射程距離を伸ばし、敵兵そのものを殺傷するのを可能にしていた。深く根付いた通説とは反対に、金属部分はたわむようにはできていなかった。紀元後一世紀には、ローマの軍団兵によって用いられたグラディウスは短く、刃渡りは通常二フィート以下であった。しかし、カエサルの時代にはもっと長い——少なくとも長さ二フィート六インチで、さらに長いこともあった——が用いられていた。鋼鉄製で重たい刃は切るにも突くにも適しており、その長い先端は鎧や肉を貫通するのに向いていた。軍団兵は重武装であり、ひとりの戦士としても訓練されていたが、ローマ軍の最も重要な強みはその規律と命令系統にあり、彼らが集団として効率的に動くことを可能にした[*16]。

各部隊を補助するためにローマの軍団は、アウクシリア（補助軍）と総称された他国の兵士たちに頼っていた。多くは現地で採用された同盟者であった——カエサルはガリアの諸部族を、特に騎兵の別働隊として重用することになった。ほとんどの場合、彼らは自分の部族の族長によって指揮されたが、少なくともガリア人のなかにはローマ人の将校が指揮する部隊で働く者もいたようであり、ローマ軍の訓練を受け、装備を身に着けたのだろう。内戦の叙述においてカエサルは、紀元前四九年に有していたのは「三千の騎兵であり、彼らはこれまでの戦役すべてにおいて自分に付き従ってきた」と述べている。五千人の補助軍歩兵を有していたとも述べているが、彼らが紀元前五八年以来彼に仕えてきたのかは不明である。どちらの集団もガリア戦争の叙述においては特に言及されていないが、彼らは同盟者か、傭兵か、または帝政期の組織化された恒久的な部隊としての補助軍を予期させる常備軍であったかもしれない。カエサルが技術兵の部隊についていくつか言及したなかには、クレタ人およびヌミディア人の弓兵、バレアレス諸島出身の投石兵もいた。クレタ人とバレアレス諸島の人々はそれぞれの武器の高い技術でよく知られ、数世紀の間、多くの軍隊に傭兵として雇われていた。ヌミディア人は軽騎兵としてさらに名高く、カエサルも彼らを従えていた可能性は高い。その軍にヒスパニア騎兵がいたという言及も一か所だけある。同盟者の派遣部兵士の数は年によって異なるが、傭兵と補助軍の総数はもっと安定していたと思われる。同盟者の派遣部隊は場合によっては相当な数に上ったが、それでもカエサル軍の中核であり続けたのは常にローマの軍団であった[*17]。

「ガリア全体は三つの部分に分かれていた」

紀元前五八年には、カエサルの戦役の行方は明らかでなかった。当初はガリア・キサルピナとイッリュリクムを属州として与えられたのであって、ガリア・トランサルピナは前任者の急死の後で加えられたにすぎなかった。カエサルが本来計画していたのはバルカン半島での戦役であったのかもしれない。おそらくはこんにちのトランシルヴァニアにあった根拠地を中心にして強力な帝国を作ろうとしていた、ダキア王ブレビスタの勢力拡大を阻止するためであったと思われる。その地域は豊かで、ローマ軍によって探索されたことはほとんどなく、それまで遭遇したことのない人々を打ち負かすことによる名誉をもたらしたことだろう。カエサルは、紀元前五八年にもその後も、この地域に兵を進めることを計画していた可能性はあるが、ガリアで軍事的挑戦をはじめるのにうってつけの好機となる事件が続いたので、バルカン半島の探検は実現しなかった。それでも、その件はカエサルの心を捉えて離さなかったようで、彼は紀元前四四年に暗殺された時、ダキアに対する軍事行動を計画していたのであった[*18]。

紀元前一世紀、ガリアはこんにちのフランス、ベルギー、オランダの一部からなっていて、ライン川から大西洋沿岸にまで及んでいた。いかなる意味でもガリアは国家ではなかった。『ガリア戦記』冒頭のあまりにもよく知られた文章でカエサルが述べたように、住民は三つの民族的および言語的集団に分けられる。南西部の、ピレネー山脈に面した地域にいたのがアクィタニ族で、カエサルは彼らをヒスパニアのイベリア人と同じような人々だと考えていた。北部とりわけ北東部にいたのがベルガエ人であったのに対し

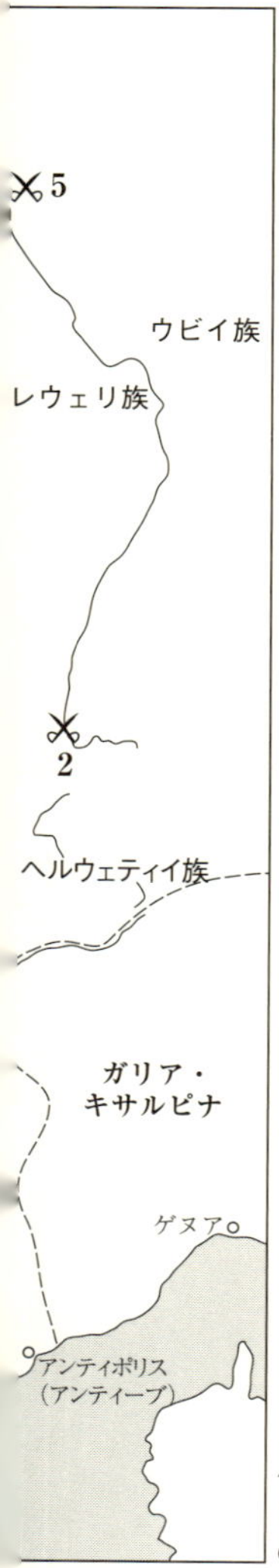

ガリアとその諸部族

1◆紀元前58年:カエサルが同盟者アエドゥイ族を支援し、
西に移動していたヘルウェティイ族を打ち破る

2◆アリオウィストゥスが敗北したと推定される場所

3◆紀元前57年:ベルガエ諸部族がサンブル川近くの激しい戦闘で敗北

4◆紀元前56年:ウェネティ族が海戦でカエサルの艦隊に敗北

5◆紀元前56年:ライン川渡河後、カエサルがゲルマン諸部族に対する軍事行動を行う

6◆紀元前52年:ウェルキンゲトリクスの下でのガリア連合による反乱軍がアレシアで壊滅する

メナピイ族
エブロネス
モリニ族
ネルウィ族
アトレバテス族
アトゥアトゥ
イギリス海峡
3
サマロブリウァ
（アミアン）
ベルガエ
カレティ族
ウェネッリ族
レクソウィイ族
ベッロウァキ族
ドゥロコルトルム
（ランス）
スエッシオネス族
コリオソリテス族
アウレルキ族
パリシイ族
4
ウェネティ族
セノセス族
リンゴネス
ケナブム
（オルレアン）
アレシア
6
カルヌテス族
ロワール川
アウァリクム
（ブールジュ）
セクアニ
ピクトネス族
1
ビトゥリゲス族
ビブラクテ
（ブーヴレ山）
ゲナウァ
（レマン
レモヌム
（ポワティエ）
ビスケー湾
アエドゥイ族
マティスコ
（マコン）
レモウィケス族
ウクセッロドゥヌム
ゲルゴウィア
番号はカエサルによるガリア戦役
紀元前 58〜50 年
戦場
主要なガリア人居住地
主要なローマの都市
アルウェルニ族
アクィタニ族
ガリア・
トランサル
ガロンヌ川
アクアエ・セクス
（エクサン-プロヴ
トロサ
（トゥールーズ）
ナルボ
（ナルボンヌ）
マッシリア
（マルセイユ）
0
100 miles
0
100 km
地中

て、ガリア中部を故郷としていたのが、ローマ人によってガリア人（ガッリー）と呼ばれた人々であった。しかし彼らは自分たちのことをケルト人と呼んでいたのである。これら各集団はさらに数多くの独立した小集団に分かれていて、言語と文化は類似していたにもかかわらず、しばしば互いに敵対していた。基本的な政治単位は氏族《パグス》であり、普通はこれらがいくつか集まって部族《キーウィタース》を形成した。部族の重要性はカエサルがガリアに到着するまでの百年の間に、著しく増していたと思われるので、研究者のなかにはそれらの言葉を比較的新しい発明であると考えたがる者もいる。可能性が高いのは、ガリアにおける政治的および経済的動向の変化が、非常に長い時間をかけて確立されてきた、血縁と儀礼を介したゆるいつながりに、新たな意義を与えたにすぎないということである。それでも、ある部族における諸氏族の結びつきの程度は相当にさまざまで、ガリア戦争の間には、個々の氏族が独立して行動した事例がいくつもあった。王がいる部族もあって、おそらくは氏族の次元でもいたであろうが、それ以外の部族では王はおらず、大多数は評議会や元老院によって統治されていたと思われ、日常的に行なわれる業務は選挙で選ばれた公職者の手に委ねられていた。ローマの最も古い同盟者であるアエドゥイ族には、ウェルゴブレトゥスと呼ばれる最高公職者がいて、その任期は一年間であった。この公職に二度選出されることはできず、経験者が生きている間にはその家族も就任できないことで、個人あるいはグループに権力を独占されないようになっていた。この理念とローマ共和政の制度との類似性は特筆すべきであり、多くの点でガリアの諸部族は、発展の初期段階にあったとはいえ、地中海世界の都市国家と類似しているのである[*19]。

　ガリア人と「ケルト」語を話すその他の人々とを、広い意味で一体の慣習と文化とを持ったひとつの民族の一部としてどの程度まで考えることができるか。この問題にかんする学術的な議論は現在も継続中であるが、これは本書の関心事ではない。カエサルはさまざまな部族間の類似点と相違点について付記しているが、ガリアの人々とゲルマン諸部族との間にはきわめて明確な違いがあると主張している。ライン川が両者を隔てる境界線とされたが、実態はそこまで明確でなく、なかには川の西岸の土地に定住しているゲルマン人の集団もあったことを、カエサルも認めている。考古学はこのような明確な区分を支持せず、定住の形態と用具の様式――陶器、金属製品など――におけるガリアとゲルマニア中部の間の強い類似性を示唆している。ゲルマニア中・南部地域と北部地域の間にはさらに大きな違いがあって、後者には実質的に要塞化された定住地はほとんどなかった。しかし、それに基づいてカエサルその他の古代の著述家たちの証言を否定するのは間違いだろう。というのも、考古学は民族的あるいは政治的境界を明らかにするには都合の悪い手段であることが多いからである。ゲルマン語とケルト語の間には違いがあり、それぞれの広い集団のなかにも膨大な数の方言と地域的な多様性があることは間違いない。ゲルマン語を話しながら、ガリアに住んでいる人々と同様の規模と定住の仕方で、また形状と様式とがとても似ている用具を使用して暮らしていた部族もいただろう。このことは、どちらの集団も相手方を、基本的には自分たちと同じであり外国人ではない、と認識していたことを意味するものではない。彼らは、同じあるいは似た言語を話す人々、ほぼ同じような仕方で同じ神々を崇拝する人々、長い間自分たちの周りに住んでいた人々を、一族と考えていた可能性が高い。だからといって、二つの集団の間の対立や戦争を防いだり、さらに「よそ者の」人々との平和的な関係を妨げたりするものではなかっただろう。ガリア人もゲルマン人も、いかなる意味合いにおいても国民ではなく、個人の帰属意識や忠誠心は、部族、氏族、そしてこれらのなかでも家族、隣人あるいは族長との関わりのほうがはるかに強かったのである[*20]。

ガリア諸部族と地中海世界との接触は長い歴史があり、しばしば戦争によって記憶されていた。紀元前三九〇年にガリア人の一団がローマを襲撃し、他の諸部族はポー川流域を制圧してそこに定住した。のちにローマ人がその地域に入植を開始し、一連の戦争を引き起こした結果、紀元前二世紀初頭にガリア諸部族を征服し併合した。紀元前一二五年頃には、ヒスパニアにあった属州への安全な陸路を開設するために、ガリア・トランサルピナの征服を開始した。これらの戦役に関与した属州総督のひとりがグナエウス・ドミティウス・アヘノバルブス、ネロ帝の高祖父の父であった。同時代人によって「鉄の顔と鉛の心」を持っていると描写された彼は、象に乗っていたことで諸部族に強い印象を与えたと言われているが、彼の遺産のうち最後まで残ったのは、ドミティア街道と呼ばれる、ヒスパニアまで延びる長大な軍用道路である。その地域はキンブリ族とテウトネス族の移動中に何度も戦場となったが、それ以上の版図の拡大はカエサルの赴任までは計画されなかった。紀元前一一八年に、要塞化された前哨基地と植民市がナルボ（現ナルボンヌ）に建設されたことで、その地は相当に強化された。その植民市は間もなく重要な交易中継地となり、イタリアの広大なラティフンディア農園で生産された商品がアルプスを越えて溢れた。葡萄酒は主要な産物であり、その交易は、輸送用のアンフォラの破片の発見によって跡をたどることができる。取引された総量は膨大であり、ある研究者が見積もったところでは、紀元前一世紀の間に四千万個の葡萄酒のアンフォラがガリアに輸出された。この数字はむしろ控えめなくらいだろう。通常、各容器は高さがおよそ三フィートから三フィート六インチで三五から四五パイントの容量があった。主要な販路はローヌ川およびソーヌ川流域に沿っていたか、オード川とガロンヌ川を経由して大西洋岸へと西進していた。葡萄酒その他の贅沢品と引き換えに、商人たちはブリテン島南西部産の錫を含む原材料や、何より奴隷を求めていた。ある史料によれば、ガリア人の族長は奴隷一人と葡萄酒のアンフォラ一個を交換していたという。これは、客人からの贈り物よりもはるかに価値のある物を返礼にすることでその富と権力とを示すという、主人に課せられた社会的義務を誤解していたのかもしれないが、とはいえやはりガリア人の貴族にとって葡萄酒が貴重品であったことを示している。この種の交易のなかには地元の仲介者によって請け負われたものもあったかもしれないが、ローマの商人たちがガリアの多くの地で見慣れた姿だったことは明らかである。この時代はローマ人にとって大きな商売のチャンスであって、積極的な実業家たちが、ローマ軍がいまだ目にした事がないような奥地にまで深く分け入っていたのである。紀元前一世紀の初頭には、ノリクムのある場所に、ローマ人商人の共同体がもともとの町の外側に作られ、小さなフォルムまで備えていた*21。

ローマ世界との交易によって、ガリア諸部族の多くで集住化の傾向に拍車がかかった。紀元前二世紀の後半から一世紀には、壁で囲まれた大きな町が次々に現れたが、それをカエサルはオッピダというやや曖昧な言葉で呼んでいる。多くの部族はヘレニズム世界のものを手本に標準化された大きさと重さの貨幣を鋳造していたが、そのことは長距離の交易が一般的であったことを示唆している。いくつかの場所では大規模な手工業的活動の痕跡が見られ、組織的な計画に沿って展開されていた。ガリア・トランサルピナの征服中、紀元前一二四年頃にローマ人によって襲撃された丘の上の町アントルモンは、きわめてギリシア的な様式の石造りの町であった。それでも、その文化的影響は圧倒的ではなく、ヘレニズム様式の神殿にも、敵の首級を掲げるために、壁に組み込まれた窪みが設けられていたのである。これらの共同体は主要な販路の上にあって、そこから多くの利益を得ていたので、町の規模もそれに応じて大きかった。アルウェルニ族は西の販路上にいたが、ローヌ川およびソーヌ川流域はアエドゥイ族とセクアニ族の間で争われていた。アエドゥイ族第一の町ビブラクテ（現モン・ブーヴレイ）は、一三五ヘクタールの面積をもつ、壁で囲まれた町で、そこを発掘したところ、大量の葡萄酒のアンフォラが発見された。このような町は部族政権の拠点であることが多かったが、ギリシア・ローマ諸都市の有する中心的な役割をもつことは決してなかった。農村地域を権力基盤とする指導者たちは、依然としてその部族を支配することができたのである*22。

結局、ガリアのすべての諸部族を程度の差こそあれ支配していたのは貴族層だった。カエサルは一般の人々を奴隷と大差がないとして片付けたが、彼らは有力な族長とそれほど密接に結びついていたのであった。カエサルは貴族を騎士（エクイテース）と、ドルイド僧として知られている神官とに分類している。どちらの集団もカーストに属しているわけではなく、家族にはドルイド僧も騎士も含まれる可能性があった。ドルイド僧は戦争に参加せず、その権力は何年にもわたる修業を基礎とし、修業によって信仰、法律、部族の慣習といった事柄についての専門家となった。彼らは自分が考えたことを意図的に書き残さなかった、なぜなら書かれた言葉に頼ることは記憶力を弱め、彼ら自身の権威をも損うことになると考えていたからだと、カエサルは述べている。結果的に、ドルイド僧の信仰についてはは、確かなことはほとんどわからない――おかげで、空想による創作で埋められる多くの余地を、何世紀にもわたって与えてきた。当時、ギリシアの哲学者たちはドルイド僧を原始的なストア学派と考えようとしたし、カエサルは、彼らは魂の不滅を信じ、それによって戦士たちは戦場で死を恐れなくなる、と述べている。一年に一度、ガリア各地からドルイド僧がカルヌテス族の領地にある神殿に集ったが、諸部族を一体化させる力として行動する能力はきわめて限られていた。彼らはまた犠牲式を主宰し、ある者をそのような儀式から締め出すことで処罰することができた。捧げ物はさまざまだったが、カエサルやその他古代の史料は、ガリア人がある場合に人間を犠牲として捧げる習慣を持っていたと断言している。カエサルによれば、小枝で編んだ大きな人形に人間が詰め込まれ――通常は罪人や敵兵であるが、しかるべき者がいなければ他の人間が犠牲にならなければならなかった――そして火にかけられた。研究者のなかには、そのような話はギリシア人とローマ人の宣伝工作だとして片付ける者もいるが、キンブリ族がイタリアを脅かした時には、ローマ人自身が神々に人間を犠牲として捧げており、元老院がその習慣を禁止したのは紀元前九七年にすぎないことを忘れてはならない。ローマ社会は、人間が闘技場で見世物として殺されるのを見物することに満足し続けた一方、信仰のために殺害することにはしり込みしたのである。考古学上の記録には、ガリア諸部族によって広く人間が犠牲に捧げられていたことを証明する、動かしがたい事実はないが、ゲルマニアやブリテン島の諸民族についてもそのような習慣が存在したことは明らかである。しかし、ガリアの儀礼の多くが確かに人体の一部を使用していたことは確実だが、これらが儀式における殺害によって得られたのか否かを言うことはほとんどの場合不可能である。さらに、首狩りがガリア人の戦士たちの間で一般的だったことは間違いなく、おそらくは北ヨーロッパの諸民族の多くにおいてもそうであったと思われる。アントルモンの神殿にはこの習慣の目に見える証拠があり、ロクペルテューズ近郊にある聖域にも似たようなものがある*23。ストラボンは次のように述べている。

彼ら［ガリア人］が戦場から帰る際には、敵の首級を自分の馬の首からぶら下げて、家に持ち帰ると玄関に見世物として打ち付けた。ポセイドニオスは、彼自身この見世物をあちこちで目にし、最初は嫌だったが、そのうちあまりにも当たり前の光景なので、落ち着いて耐えられたと述べている。ただし、評判の高い敵の首級はヒマラヤスギの油で防腐処理し、よそ者に見せるのが慣わしで、同じ重さの黄金と引き替えであっても快く返すことはなかったであろう*24。

ポセイドニオスはギリシアの哲学者で、紀元前一世紀の初頭に数年間ガリア南部を旅行し、民族学研究のための資料を収集した。のちにローマに定住したので、カエサルと会った可能性は非常に高い。この世紀の中頃のガリアの貨幣には実際に片手に首級を持ったひとりの戦士が描かれている。考古学者たちはリブモン・シュル・アンクルで身の毛もよだつような戦利品も発見している。そこには多くの武装兵と何頭かの馬の死体が、直立した姿で木製の枠組みに固定されていたのである。これらの兵士全員の頭部はなくなっていて、彼らが負けた敵兵なのか、それとも何らかの形で犠牲に捧げられたのか、今となっては不明である。カエサルによれば、敵から奪った戦利品の山がしばしば神々に捧げられたものがよく目についた。というのも、ガリア人は儀礼を重んじ、そこから何かを盗もうとはしなかったからである。また彼は、自分が赴任するまで、諸部族は「ほぼ毎年のように戦争をしており、理不尽な攻撃を加えるか、それに対して反撃するかという調子だった」と述べている。ストラボンはガリア人全体を「戦争狂」と表現したが、騎士とは戦士貴族層だったことは明らかである。人の地位はその人が自分の出費で抱えている戦士の数で判断され、戦士たちは厳粛な宣誓によって個人的にその人に義務を負った。従士たちの強さと名声は、部族内部あるいは外部の誰かがその人を攻撃するのを、あるいはその人に忠誠を誓い庇護されている共同体を攻撃しようとするのを、抑止する力として機能したのであった[*25]。

ガリアにおける軍事行動のほとんどは襲撃だったようだが、時には、たとえばローヌ川およびソーヌ川流域に沿った販路の支配を巡る、アエドゥイ族とセクアニ族の紛争のように、部族同士の会戦がきわめて大規模に行なわれることもあった。

地中海世界との交易の増加が、ガリア諸部族が好戦的になった原因である可能性は非常に低いが、戦争の発生に拍車をかけたことは確かである。ガリアに溢れた商品はそもそも貴族層の市場を狙っていた。族長と戦士たちの絆を深めた祝宴において葡萄酒は重要な役割を果たし、贅沢品はその人の地位を高めるのに役立ち、忠実な従士に目を引く褒美を与えることを可能にした。販路沿いの諸部族はそのような商品が簡単に手に入ったし、交易に関税をかけることもできた。そしてその利益の大部分は貴族層の懐に入って、さらに巨大な戦士集団を養うための財産となったのである。指導者たちは、有名な戦士たちを従士に加え、留めておきたければ、裕福であるだけでなく、戦士としての高い名声を得ている必要もあった。襲撃の成功はその最良の方法のひとつであったし、入手した略奪品の一部を従士に与えて彼らの忠誠を固めることも大切だった。個々の指導者たちと部族全体は販路を支配しようと積極的に武力を用いた。さらに奴隷は、きわめて大量に葡萄酒と交換されたと思われるが、どこかから調達しなければならなかったので、捕虜を得るために襲撃が盛んに行なわれた。強力な戦士団を従えていた貴族は、普通は自分の部族の敵に立ち向かわせただろうが、部族内で権力を強化するためにその力を用いる誘惑にかられることもあった。ガリア中部の諸部族のほとんどには王がいなかったし、いたとしてもその権力は限られていたが、君主あるいは僭主の権力という夢は依然として多くの有力な指導者たちの想像力をかり立てたのである。公職者や元老院といった部族の諸制度が常に、そのような人々を統制できるほど強力だとは限らなかった*26。

ローマの軍団とは対照的に、ガリア人の軍勢はまとまりに欠け、長期間の戦役で戦場を維持するための兵站能力を有していることは稀であって、指揮官たちが兵を操るのは困難であった。個々の戦士たちは勇猛でも、優れた人物の従士たちを除けば、集団として鍛えられ、訓練されていることはあまりなく、個人的な武勇が一般に重視されていた。有力な族長に従う、半職業戦士たちは数としては比較的少なく、急襲には十分であったが、部族軍における中核的な小集団の域を出ることは決してなく、軍自体は主として自分で武器を用意できる者全員で構成されていた。ローマ人は鎖かたびらや最も一般的な兜の形について、ガリア人の原型を模倣したのかもしれないが、原型よりもはるかに大量に生産することができた。ローマの軍団兵は全員が剣、盾、鎧、兜を身に着けていたが、ガリア人でこれらの装備品をすべて身に付けることができたのは、裕福な半職業戦士たちのうち何人かであった。大多数の戦士たちは盾以外の防護は何もなく戦ったのである。剣は比較的普及していたようで、ローマ式――それ自体ヒスパニア式の模倣であるが――よりも長い傾向があり、突くよりも切るのに用いられることが多かった。ほとんどの部族は乗馬用の馬を飼育しており、こんにちのたいていの馬よりは小柄だが良質だった。ガリア騎兵は有名で、職業的なローマ軍の騎兵隊はのちに彼らから装備、訓練そして専門用語といった多くの点を模倣したと思われる。しかし、諸部族の騎兵は、攻撃においては大変な力を発揮したが、必然的に裕福な戦士たちで構成されていたので、偵察のような重要な役割に対してはあまり関心とか理解を示さないことがしばしばであった[*27]。

カエサルの赴任当時、ガリアはあまり安定した状況ではなかった。ローマの属州であるガリア・トランサルピナは依然として、アッロブロゲス族の反乱から立ち直ろうとしていた途上であった。彼らは紀元前六三年にキケロを助けたにもかかわらず何の報奨ももらえなかったので、暴動を起こす以外に選択の余地はないと考えたのであった。これは紀元前六〇年に鎮圧されたが、アエドゥイ族とセクアニ族の抗争が続いていることは深刻な問題で、属州の安全保障と収益の多い交易の継続に影響を及ぼしていたからである。どちらもローマの同盟者であったが、紛争に勝利するために外部に援助を求めようとする姿勢を示してもいた。紀元前七一年頃にセクアニ族はゲルマン人の王アリオウィストゥスを呼び寄せて、その戦士たちを援軍として引き込もうとした。およそ十年後に彼はアエドゥイ族に深刻な打撃を与え、主要な貴族たちの多くを戦闘で殺した。その見返りに彼は自分の従士たちが定住することができる土地を与えられた。その後間もなくアエドゥイ族は、現在のスイスから来たヘルウェティイ族にも襲撃された。同じ頃、ウェルゴブレトゥスの地位にあったドルイド僧であるディウィキアクスがローマに来て助けを求めた。元老院はその地域に使節団を派遣したが、直接的な行動を取らなかった。紀元前五九年、カエサルその人が執政官であった時に、アリオウィストゥスは王であり「ローマ人の友」であると承認された。しばらくの間はこの外交活動がガリア・トランサルピナ周辺の辺境地域に一定の安定をもたらしたが、カエサルが流動的な状況に置かれていたことは強調に値する。諸部族間の――そしてしばしば部族内部の――勢力均衡は頻繁に変動していたのである。いくら想像力を働かせてもガリアの諸部族は、ローマの帝国主義の襲来を消極的に待つだけのたんなる被害者ではなかった。とはいえ、彼らが分裂し互いに争っていたことは確かであって、このような弱点はカエサルによって抜け目なく利用されることになったのである[*28]。

第10章 移住者と傭兵——最初の戦役、紀元前五八年

今のところ［ローマにおいては］ガリアでの恐ろしい戦争の話で持ちきりである。
というのも、「我々の兄弟」であるアエドゥイ族がちょうど戦って敗れたところであり、
ヘルウェティイ族が戦争の準備をしていることは間違いなく、
我々の属州へと侵入し始めていたからである。

キケロ、紀元前六〇年三月十五日＊1

紀元前五八年三月二十八日に、ヘルウェティイ族として知られた人々がゲナウァ湖〔現レマン湖〕近くのローヌ川の土手に集まり始めていた。およそ三六万八千人が移動したと言われ、その四分の一が戦闘可能な年齢の男性、残りは女子どもと老人であった。彼らはこんにちのスイスにあたる故郷を出発し、ガリアの西海岸まで横断して、そこで新たな、もっと広大で肥えた土地に定住する計画だった。その経路はローマの属州であるガリア・トランサルピナを直接横切っていたのである。近々移動を開始するとの知らせをその月の初めに受けたカエサルは、すぐさま属州に急行することを決断した。それまで彼はローマの近郊に留まって、元老院およびフォルムにおける闘争に注目していたのだった。ヘルウェティイ族はガリア・トランサルピナを横切ることを望んでいた。それが目的地までの最も簡単な経路であったからである。カエサルの広大な属州のなかでも最北端の辺境地は恐怖に襲われ、指揮下の地域に危機が迫っているのにローマの近郊で無為に過ごしている属州総督に対して、世論は好意的ではなかっただろう。この軍指揮権

を確実なものにする機会だけに、カエサルにはいかなる失敗も許されなかった。彼は急いで北に向かい、その速さは同時代人でさえ驚くほどだった。一日に平均で九〇マイルを踏破し、八日後にはローヌ川に到着した。危機は好機にもなり得たのである[*2]。

移住は突然の衝動に駆られた結果ではなく、数年にわたる計画の所産であった。その計画を最初に思いついたのはオルゲトリクスで、その部族において群を抜いて「高貴で裕福な」人物であるとカエサルが描写した人物であったが、人々の間にある不満を上手く煽ったのだろう。ヘルウェティイ族は人数が多く武勇に優れており、山々と、ローヌ川の向こうにあるローマの属州と、東に流れるライン川とに取り囲まれた自分たちの故郷が、窮屈だとしだいに感じ始めていた。「そのようなわけで彼らの行動の自由は制限されていたし、隣人たちに戦争を仕掛ける機会もほとんどなかった。彼らは戦争を熱望していたので、大いに不満がたまっていた[*3]」。襲撃はガリア人に染み着いた習慣であって、もっと手軽に略奪を行なう機会をヘルウェティイ族は欲していたのであった。しかし、オルゲトリクスには隠された動機があったとカエサルは述べている。すなわちこの目標のために部族を一体化すれば、自分が王となる助けになるだろうと考えていたというのである。他の多くの部族と同様にヘルウェティイ族も王政を廃止し、族長たちの会議と、選挙で選ばれた指導者あるいは公職者によって支配されていたようである。オルゲトリクスは他の多くの貴族を取り込んで、明らかに相当な権力と支持とを得ていた。というのも、この時代にはORCIITIRIXという形で彼の名前が刻まれた貨幣が鋳造されているからである。部族の指導者たちの同意を得て、オルゲトリクスは外交使節として他の諸部族を訪問し、移住ルートを準備した。公職者や部族会議よりはむしろ個別の族長と交渉するほうが簡単だと考えて、オルゲトリクスはセクアニ族のカスティクスとアエドゥイ族のドゥムノリクスを味方に引き入れた。これら二つの部族はガリア中部を支配していて、ヘルウェティイ族は西へ向かう旅の途中で彼らの領地を、あるいはその近くを通過することになっていたのである。彼らの支持は、あるいは無関心であっても、ヘルウェティイ族の移住を容易にし、到着した暁には地歩を固めるのに役立っただろう。オルゲトリクスはカスティクスとドゥムノリクスにそれぞれの部族のなかで最高の地位に就くことを望むようけしかけ、移住した後にはヘルウェティイ族の戦士たちによる支援を彼らに約束した可能性がきわめて高い。実際カスティクスの父はセクアニ族の最高指導者であり、元老院によって「ローマ人の友」として正式に認められていた。ドゥムノリクスはドルイド僧ディウィキアクスの弟で、部族内では兄に次ぐ地位を確立していたのである。三人の指導者たちは秘密裏に厳粛な誓約を交わし——ローマ人の目には常に邪悪なこととして映った——その計画については誰もが他の者を助ける義務を負った。さらに、政略結婚を好んだドゥムノリクスはオルゲトリクスの娘と結婚した——彼の母はすでにビトゥリゲス族の指導者へと嫁いでいたし、異父姉妹その他の女性親族は近隣部族のさまざまな族長のもとへと嫁いでいた。手を結んだことで、ガリア中部で最強であったと思われる部族の指導者たち三人は、自分らに対抗できる者はいないであろうと考えていた*4。

ヘルウェティイ族の準備は徹底していた。指導者たちは、移住の準備に少なくとも二年間——紀元前六〇年と五九年——は必要だと判断した。荷を運ぶための牛が集められ、いくらかは近隣部族から買ったり略奪して、旅の途上でそれらに食べさせる分をよけいに生産するために莫大な量の穀物が植えられた。その計画を心配する報告がローマの元老院に寄せられたが、それがガリア・トランサルピナにいる友好的な諸部族の指導者たち、および現地の属州総督から送られたことは間違いない。紀元前六〇年、ガリアに使節団を派遣することが決定され、その地域での経験がある者や、諸部族と血縁関係がある者が多く含まれていた。ゲルマン人の王アリオウィストゥスも接触がなされたようである。彼はセクアニ族をその敵対者から守るためにガリアに連れて来られたが、いまや配下の戦士たちやその家族とともに自分たちの広大な土地に定住していたのだった。それ以外にローマの使節団の活動について我々にはほとんどわからないが、間もなくその状況はローマ人の有利な方向に展開したようである。オルゲトリクスは外交では成功を収めたが、その大きすぎる野望の噂がヘルウェティイ族の貴族たちに知られ、彼は僭主になろうとしたとして裁判にかけられた。この罪に対する罰は生きたままの火あぶりだったので、オルゲトリクスは他の指導者たちを脅そうと考えた。裁判当日、彼は自分の戦士たち、子分たち、そして自分に社会的な義務あるいは金銭債務を負っているすべての部族民を引き連れて現れ、その数は一万人を超えていた——おそらくヘルウェティイ族の全兵力の八分の一であったと思われる。これは芽を出しつつあった国家の制度と貴族による伝統的な方法での統率との間の戦いとなった。そのような状況では実際に裁判を行なうことなどできなかったが、他の指導者たちもいつまでも威圧されていたのではなく、間もなく部族の全軍を召集し始め、それによってオルゲトリクスを決定的に押しつぶそうとした。しかし、実際に内戦が起こる前にオルゲトリクスは死亡し、自殺したという噂が飛び交った。この事態にもかかわらず移住の準備は進められ、彼が死んでも、計画を遂行するという部族の決意は変わらなかった。ローマ人は、計画の推進者を取り除いた後でさえ、依然としてそのような動きが続いていたことを十分に理解していなかった。紀元前六〇年の五月には、ガリアでの大きな戦争の危険は回避されたとキケロは考えたが、執政官であったメテッルス・ケレルにとっては大変不愉快であった。彼は担当属州としてガリア・トランサルピナを与えられていたからである*5。

カエサルはこの移住を、より多くの略奪の機会を求める部族の欲望と、オルゲトリクスの個人的な野望の所産と説明している。すべての研究者がこれを額面通りに受け入れることに積極的なわけではなく、カエサルは自分自身のその後の行動を正当化するために真実を隠蔽していると示唆する者もいる。彼らによれば、たとえば『戦記』はゲルマン人の王アリオウィストゥスが、セクアニ族のために戦い、その後に彼らの土地に定住したことに言及していない。このことから彼らは、ヘルウェティイ族の主要な目的は、他の諸部族を支援してアリオウィストゥスとゲルマン人を打ち負かすことだったと提言している。カエサル本人が執政官だった年に、このゲルマン人指導者は元老院によって「ローマ人の友」という称号を与えられており、陰謀説を支持する人々は、カエサルは紀元前五八年にヘルウェティイ族に対応するために、アリオウィストゥスを中立者、あるいはむしろ協力者としての立場に置く必要があったと主張するのである。ひとたびヘルウェティイ族を打ち負かしてしまうと、カエサルは皮肉にもゲルマン人と対立し、彼らをガリアから追い出すことになる。この説によればカエサルは、ヘルウェティイ族がアリオウィストゥスを追放することで、ガリアに干渉するための口実を自分に与えまいとすることをよしとしなかったのである*6。

この説にはまったく納得できない、というのも、そのほとんどが後知恵に基づいているからである。第一、カエサルが叙述において大幅な事実の歪曲を行ないでもすれば、それが厳しい――そしてしばしば情報に基づいた――批判の対象になったことを考えれば、本質的にあり得ない。ローマがヘルウェティイ族によるアリオウィストゥスの排除を、全面的に肯定していたというのもあり得ない。ローマの属州であるガリア・トランサルピナは当時アエドゥイ族およびセクアニ族と境界を接していて、どちらも同盟者の地位にあった。アリオウィストゥスは最近になってこの体制に連れて来られたのである。この属州そのものがアッロブロゲス族の一部による大きな反乱で被害を受けたばかりだったので、たとえ交易と歳入とが被害を受けなかったとしても、理想としては安定した期間が必要だった。強力な部族の登場はこの既存の同盟関係を混乱させるおそれがあったのである。ヘルウェティイ族が出発した後でその故郷の地に何が起こるかも問題であった。もし放棄された土地にそのあと新参者が定住したならば、考えられるのはゲルマン人諸部族のひとつだろうが、ローマの属州によって新たな脅威となりかねなかった。全体としてローマ人は、鉄器時代のヨーロッパではきわめて一般的であった、民族の移動については疑いの目で見ており、自分たちの属州に近い場所でそのような動きが起こるのを防ごうとしたのである。ガリアの諸部族がローマとは関係ないところで連合することも、彼らの利益に反していた。

ゆえにカエサルは、たとえヘルウェティイ族がアリオウィストゥスと戦おうとしていたとしても、これに対する介入を正当化する理由がたくさんあっただろうし、それを隠す必要はなかったのである。結局、彼自身の説明のほうがはるかに説得力を持っている。カスティクスとドゥムノリクスがどちらも、移住者が来れば利益になると考えたこと、そしてオルゲトリクスからの支持を得て、部族内外の敵対者に対抗しようとしたことは明らかである。そもそもアリオウィストゥスをガリアに招き入れたセクアニ族の指導者たちも、今後数年間カエサルに助けを求めることになる多くの族長たちも、同じ動機に基づいて行動していたのである。外部の強力な勢力と手を結ぶことはその族長の名声を高めたし、直接的な軍事力による支援に変わる可能性もあった。部族内での親ローマ派、反ローマ派について――ついでに言えば親もしくは反ゲルマン派、あるいは親もしくは反ヘルウェティイ派についても――語ることは誤解を招くおそれがある。個々の指導者はそれぞれ、何であれ自分にとって最も利益になると思われる助力を求めたし、すべては部族内の支配を巡る争いに関わっていた。指導者およびいくつかの部族の支配的な合議体のなかには、カエサルおよびローマと手を結んだ方がよいと判断する者もいたが、彼らと敵対する者たちはそれと異なる行動を取ったのである*7。

しかし、紀元前五八年の春にカエサルがヘルウェティイ族によって不意打ちを食らったのは明らかである。おそらくは移住の時期に、あるいはたいへんな規模に驚いただろう。彼は四個軍団を指揮下に置いていたが、ガリア・トランサルピナにいたのはそのうちの一個軍団だけであった。残りの三個軍団は、イッリュリクムにほど近い、ガリア・キサルピナの国境にある、アクィレイアの近くで野営していた。これらの軍勢をそこに駐留させたのが誰かは知られていないが、たとえそれがカエサルではなかったとしても、その後も彼はこの配置を変更しようとしていなかった。彼がローヌ川に急行した時でさえ、これらの軍勢に新しい命令を下そうと試みはしなかったのである。カエサルはいまだバルカン半島の遠征という考えにとらわれていたと結論せざるを得ない。おそらくゲナウァに到着して初めて、この問題の実際の規模を正しく認識したのだろう。ヘルウェティィ族と、移住のために合流した同盟関係の諸部族は、自分たちの財産を荷車に積み込んで、大いなる目的とともに出発した。あとには煙を上げてくすぶるかれらの町や村の残骸が残された。彼らは、もしその旅が困難になろうとも誰もくじけることのないよう、故意に火をつけて燃やしたのであった。集落はひとつ残らず燃やされたとカエサルは述べているが、実際には、ひとりの部族民もあとには残らなかったということを言おうとして、誇張した可能性はあるにしろ、その大変動がきわめて大規模であったことは確かである。

三六万八千人という移住者の数はカエサルによって伝えられたのだが、その基となっているのは、ヘルウェティィ族自身がギリシア文字で記し、カエサルが奪った記録である——ケルト語ではあるがギリシア文字を使っている碑文は、ガリア南部ではかなりよく出土しており、長きにわたるマッシリア〔現マルセイユ〕の存在と影響力を示している。古代の文書に数字が現れる際は常にある程度注意して扱わなければならない。写本が幾重にも筆写された数世紀の間に、誤りはたやすく起きていたからである。この種の場合にはローマ人は、軍事的な勝利を殺害した敵兵や征服した都市の数で量ろうとして、意図的に誇張しがちだったのである。確かにその数はきわめて多いことから、人口密度が予想されるよりも相当に高く、地域によっては人が多すぎたために移住が行なわれたのではないかと思えるほどである。しかし結局、古代の人口の水準について我々にはほとんどわからないのだから、あまりに厳密に考えることは賢明でないし、カエサルの数値を否定するとしても、それに代わる何かを持っているわけではないのである。こんにち言われているもっと「妥当な」総計も、決して推測以上のものではあり得ない。最終的に、カエサルが誇張した、あるいは本当に間違ったのだとしても、相当な数の人間と動物とが、おそらくひとつの長大な行列というよりは、むしろ多くの集団に分かれて移動したことだろう。その結果、実務上および兵站上の大きな問題が生じることになった。けれども、たとえば川を渡るとか山を越えるといったいくつかの点で、異なる集団が互いに近づいて群れになることはあったと思われる*8。

どれだけの移住者が川を渡って属州に入るのを待っていたのか、カエサルが正確に知っていたとは思えないが、彼が動かすことのできた一個軍団をはるかに超える数であったのは確かである。カエサルは最初の命令のなかで、ゲナウァで川に架かっている橋を破壊するよう軍団兵に指示した。また属州で集められるだけの軍勢を集め、現地の諸部族からは騎兵の別働隊の提供を受けた。到着して間もなく、ヘルウェティイ族の指導者たちの使節団が彼を訪ね、行く先で略奪を行なわないと約束したうえで、ローマの属州を通過する許可を求めてきた。カエサルはこの申し出を受け入れたくなかった。『戦記』ではこの機会を利用して、およそ五〇年以上前に、ヘルウェティイ族の一氏族がローマ軍を打ち破った戦いを読み手に思い出させている。ローマ人から見れば、これはいわれのない攻撃だったし、さらに悪いことに、生存者は、戦士としての地位を失ったことを象徴する、槍門〔降伏した敗残兵にくぐらせるために、二本の槍を門柱、もう一本の槍を笠木に見立てて作られた門〕の下をくぐらされる辱めを受けたのであった。紀元前一〇七年、キンブリ族とテウトネス族によってローマ軍に一連の災難が降りかかっていたさなかのことだった。カエサルはローマ人の読み手に当時の――いまだ生々しい記憶であった――恐怖の記憶を甦らせようとしたのである。そうして彼らは、マリウスの甥がそこにいて自分たちを守っていることに安心したのであった。

しかし、当初カエサルにはそうするための手段がなかった。かわりにヘルウェティイ族の代表者たちに、自分はこの件について熟考したいので、もしお前たちが四月のイデスの日――十三日――に戻ってきたら、お前たちにその決定を伝えよう、と述べて時間を稼いだ。期日はおそらく一、二週間後だったと思われる。その間にカエサルは軍団兵に、ゲナウァ湖からユラ山脈の麓まで、ローヌ川のローマ側の土手に沿って防衛線を構築させたのである。それはカエサル軍がなし遂げることになった多くの土木建築上の功績のうち最初のものであったが、速やかに完成した。彼らは一九ローマ・マイル(ローマ・マイルは現代の一マイルよりやや短く、一六一八・五ヤードあるいは一・四八キロメートルだった)にわたって、一六フィートの高さまで土塁を積み上げた。川の浅瀬を歩いて渡れる要所は砦によって強化され、そこにはローマの軍団からの分遣隊とカエサルがかき集めたその他の兵力の一部が駐留した。土塁はまったく切れ目がなかったわけではなく、自然の地形によって渡河が不可能であることが確実な場合には、隙間もあった可能性も考えられるが、確認する十分な証拠はない。このような防衛線はこの時代のローマ軍の新機軸ではない。クラッススは同様の要塞化された障害物を対スパルタクス戦役において用いたし、ポンペイウスはミトリダテス戦争で同じ手を用いた。こうした防衛線は少なくとも敵の動きを遅らせる障害という実用性もあったが、強い意図と決意の目に見える表明でもあった[*9]。

ヘルウェティイ族がカエサルの決定を聞くために戻って来ると、彼は「ローマ国民の慣習と先例にしたがって、自分は誰であれ属州の通過を許可することはできないし、もし力ずくで通り抜けようとするなら、自分はそれを止めるであろう[*10]」と彼らに素っ気なく告げた。新たな要塞は彼の言葉が本気であることを誇示していた。とはいえ、これほど膨大な数の人々が突然進路と目的とを変更するのは困難だった。川岸で待っている間は非常に苛立ちがつのる時間でもあったと思われ、ヘルウェティイ族の多くは進み続けることを決意した。準備に数年を費やしたうえ住み慣れた家々を自ら進んで破壊したことを考えればなおさらであった。小集団は浅瀬を渡るか、いかだを組んで自分たちと家畜と荷車を載せローヌ川を渡り始めた。彼らはカエサルの防御力のほどを試すために族長たちが送り出した、意図的な調査隊だった可能性もあるが、中央による統制のゆるさと各個人の独立を反映している可能性のほうが高く、それはガリア諸部族の多くの特徴であったと思われる。彼らが防衛線に対して本格的な攻撃を加えたのでないことは確かである。渡河の大部分は夜陰に乗じて行なわれたが、いくつかの集団は大胆にも日中にそれを試みるという危険を冒した。成功した者は誰もいなかった。というのもカエサル軍は一丸となって個々の集団と順番に戦うことができ、なんとかして渡ろうとするところを、飛び道具によってその多くを圧倒したのである。最終的にヘルウェティイ族は負けを認めたが、この時点で指導者たちのうち数人は、自分たちの土地から伸びる別の、もっと困難な経路を選択することにした。ユラ山脈を抜けてセクアニ族の土地に通ずる道を行くのである。セクアニ族が彼らに抵抗すると決めたとしても、それは現実には難しかっただろうが、すでにこの部族はアエドゥイ族のドゥムノリクスによって、ヘルウェティイ族を通過させるよう説き伏せられていた。それができたのはおそらく彼自身の名声と、多くの有力者との婚姻関係がものを言ったのだろう。オルゲトリクスは死んだが、ひとたびヘルウェティイ族が新しい土地を得たならば、強力なこの部族の支援を求められたことは依然として価値があったと思われる。彼らがこの新しい目的地へと足取り重く動き出そうとするよりも前に、カエサルはその計画について報告を受けていた[*11]。

「新しい戦争」

おそらくはこの時点で、カエサルは最終的にヘルウェティイ族に対するガリアでの全面戦争を決意したことだろう。『戦記』によればその理由は、ヘルウェティイ族が定住することを計画したのは「サントネス族に境を接する場所であったが、サントネス族の居住地は属州の領内に定住する部族であるトロサテス族の勢力圏からそれほど離れていなかったからであった。カエサルは、もしそうなれば、ローマ国民に敵対する多くの戦士たちが豊かで無防備な穀倉地帯のすぐそばに定住することになり、属州は大きな危機に陥るであろうと考えた」。さきの彼自身の行動がヘルウェティイ族の敵対心を高めたのは間違いないが、ローマ人にとってカエサルの理由付けは納得のいくものであった。すでに見たように、わずかでも移住者が侵入すれば、ローマの外交と軍事力の両輪によって属州の安全を保障している、既存の体制のバランスが崩れてしまうことになる。ローヌ川の防御を任せるために上級の総督代理であるラビエヌスを残して――おそらくこのこともまた、ヘルウェティイ族が多くの集団に分かれて移動していたこと、そしてこのように分散した多数の人々、動物、乗り物が新しい目標に向かって出発するには、時間がかかったことを示している――カエサルはアクィレイアに駐留する軍の主力のもとへと急いだ。二つの新しい軍団である第十一と第十二軍団が、すでに現地に駐留していた三個軍団とローヌ川に残してきた一個軍団に加えて指揮下に入った。

『戦記』を読むと、これはカエサルの到着時に行なわれた印象を受けるが、新兵採用と組織化の実用性から見て、カエサルは到着前にはすでにこのような命令を下していた可能性が高い。その軍勢はもともとバルカン半島での軍事作戦に備えて軍事力を強化することを目的としていたのかもしれないが、それよりも目前に迫ったヘルウェティイ族の脅威のほうが、読み手に対する口実としてはもっともらしかった。カエサルには新たな軍団を召集する権限はなかった。それを属州総督に指示できるのは元老院だけだったからである。しかし、特定の権限がないからといってカエサルが思い留まったことはいまだかつてなかった。ひとりの若者として、そして一介の市民として、彼は海賊を退治するために、またポントス軍のアシア侵入に対抗するために同盟国の軍勢を召集したし、ヒスパニアにおける法務官格属州総督としての任期中には十個大隊――一個軍団に相当する――を召集したこともあった。何がローマとその属州の利益に適うか、彼がわかっていたことは疑いようがなく、自らの能力で事をうまく運ぶことができると信じて、ひたすら行動したのである。新軍団の存在は承認されていなかったので、元老院は給料と補給の費用を国庫から支出しなかっただろうから、この属州総督はそのための資金を、属州において徴収する歳入と戦争での勝利によって得られる、あらゆる利益から賄わなければならなかった。新たに編成された軍団の兵士たちは、ほとんどがガリア・キサルピナの出身で、実際にはローマ市民ではなかったから、法的には軍団に勤務する資格を有しなかったのは確かである。これまでにもカエサルは、この地域の人々がローマ市民権を要求するのを支持してきたし、属州総督として彼らをあたかも実際に市民であるかのように取り扱い続けてきたのであった。それは、このような意図的な政策の主要な事例として最初のものだった[*12]。

間もなく、カエサルは全部で五個軍団を連れてガリア・トランサルピナに戻る用意を整えた。最も速い経路はアルプス越えだったが、そこは大部分がローマの属州に囲まれていたとはいえ、未征服の土地だった。一週間でローマ軍の縦隊は山々を越え、強硬な独立諸部族からのあいつぐ襲撃を撃退した。彼らはこのような侵入を嫌がったと同時に、いくらかの略奪品を手に入れる機会を歓迎したことは間違いない。この作戦行動は新兵の初陣としては厳しかったが、行軍は深刻な損失もなく行なわれたようである。山々を越えるとすぐに、カエサルはアッロブロゲス族の勢力圏に入って、属州に残してきた軍勢と合流した。彼はいまや六個軍団を自由に動かすことができ、その総数はおよそ二万五千人から三万人にのぼり、間もなく約四千の同盟者の騎兵が、軽装歩兵とともに集まることになっていた。これに加えて、輜重隊として各軍団に帯同する奴隷たちもおり、ある者は間違いなく将校によって所有されていたが、なかには非戦闘員によって所有される者もいた可能性は高い。彼ら全員の食糧を調達する必要があり、それは数千頭の軍用動物についても同様であった。自分の軍勢の補給線はすべての軍司令官にとって常に一番の関心事のひとつである。ヘルウェティイ族に対する軍事作戦は予期せぬ形で展開したので、カエサルには、この任務に備えてガリア・トランサルピナに物資集積所を適宜設置し必要な物資すべてを集めておく機会が、ほとんどなかった。アクィレイアからの迅速な行軍を考えれば、軍の主力が十分な食糧を運んできたとは考えられない。季節はまだ春で、作物を収穫するまでにはあと数か月を要したので――このような北方の気候では収穫も遅いとカエサルは『戦記』で述べている――軍勢が行軍しつつ農地から必要な物を集めることは期待できなかった。それでカエサルはローマの同盟者、特に強大なアエドゥイ族に使者を派遣し、穀物を集めて軍に供給するよう通達した。

そうこうしているうちにヘルウェティイ族は、レクリューズ峠を越えてセクアニ族の領地を通過し、アエドゥイ族との境界地域に入った。アエドゥイ族の代表者たちがカエサルの下を訪れ、この移住者たちによる略奪攻撃に不満を鳴らした。「アエドゥイ族はこれまで常に忠実に仕えてきたのだから、ローマ軍のほとんど目と鼻の先で我々の農地が荒らされ、我々の子どもたちが捕らえられて連れ去られ、我々の町が襲撃されるのは不当である」。同様の不平は、アエドゥイ族と同盟関係にあったアンバッリ族からも、つい最近反乱を起こして打ち負かされたアッロブロゲス族からも持ち込まれた。ヘルウェティイ族の指導者たちが意図的にこのような略奪攻撃を行なうことを決定したのか否かは不明である。そうでなかったとしても、多くの独立した小集団に分かれた、巨大で混成の集団を統制することはきわめて難しかっただろう。その旅程に遅れが生じていたことを考えれば、移住者のなかには食糧が不足してきた者もいたかもしれない。同時に、非常に多くのよそ者が入り込んできたことに苛立った地元の人々との対立も始まっていた可能性もある。それが暴力沙汰に発展したのは驚くほどのことではないが、同盟者を攻撃から保護し、報復する必要があるというのは、ローマ人にとって古典的な侵略戦争のための口実であった。これには実利的な意味があったことも述べておくべきであろう。もしローマが友人を保護しようとしないか、保護できなかったら、同盟者が、特につい最近不満を露わにしたアッロブロゲス族がその同盟関係を維持する価値があると考える理由がどこにあるだろうか。執政官としてカエサルは属州総督の行動を規制し、属州の外で軍を指揮する自由を制限する法律を制定していた。『戦記』で彼は、自分がまさに属州の外で軍を指揮することは完全に正しいことであると、明確に示したのである[13]。

カエサルはソーヌ川の近くで移住者たちを捕捉した。この二十日間、彼らはいかだや小舟をつなぎ合わせて河を渡っていて、四分の三はすでに向こう岸にいた。これもまた、ヘルウェティイ族がひとつの秩序だった隊列を組んで動いていたのではなく、多くの小集団に分かれて広がり、道が狭くなった時だけ密集したと考えるべきであることを示唆している。まだローマ軍と同じ側の川岸にいたのはティグリニ族であり、紀元前一〇七年にローマに屈辱的な敗北をもたらした張本人であった。カエサルは読み手に再びこの敗北を確実に思い起こさせ、義父であるカルプルニウス・ピソの祖父はその戦いで戦死したのだから、自分にはその敵を討つ個人的な利害関係がある、ということを付け加えている。偵察隊の報告を受けると、カエサルは奇襲攻撃を決意し、夜明け前に軍勢を率いて出発した。ローマ軍はばらばらの無防備な部族民の集団のいくつかを襲撃したが、それは戦闘ではなく虐殺であった。多くの者が殺され、残りは荷馬車や財産を放り出し、散り散りになって逃げたのである。それからローマ軍はたった一日でソーヌ川に橋を架け、渡河した[14]。

ローマ軍が残ったヘルウェティイ族に接近すると、彼らの族長たちはこの属州総督のもとに再び使節団を派遣した。紀元前一〇七年の戦いとの関連をさらに強調するためにカエサルは、その使節団の長であるディウィコなる者は当時彼らの軍を指揮していたのと同一人物であったと述べているが、そうであれば彼はこの時かなり年を取っていたに違いない。彼らは、自分たちはどこであれカエサルが指示した場所に定住すると申し出て、ローマと講和を締結することを約束した。しかし、自分たちはティグリニ族に対する奇襲攻撃に狼狽したのではないとも述べ、半世紀前の戦いのことを思い出して、自分たちの軍事力を侮らないようローマ側に警告した。彼らは「父祖から、策略や奇襲によってではなく、正々堂々と戦って勝つよう[15]」教えられていた。ローマ人の読者はこれを、ローマの力を認めておとなしく従うのを拒む、向こう見ずな自負心であると考えただろう。カエサルは彼らに、紀元前一〇七年にカッシウスの軍勢が敗れたのはもっぱら、ヘルウェティイ族がローマ人と交戦状態にあったわけでもないのに、警告もなく攻撃したからだと述べた。この古い過ちを別としても、彼らが最近ローマの同盟者を攻撃したことをカエサルは指摘した。そして彼らが自信過剰に陥っていることを戒め、不死の神々は、罪ある人々を厳しく懲らしめる前に、少しの間だけよい思いをさせることがよくある、と断言した(カエサルはポンティフェクス・マクシムスであったが、これは、彼が著書で神々に言及した数少ない例のひとつである)。カエサルは、彼らがそのふるまいを改めるために自分に人質を与え、略奪行為によって被害を受けたアエドゥイ族その他に償いをする場合に限り、喜んで彼らと講和を締結するであろう、と述べた。ヘルウェティイ族は人質を「取ることはあっても、与えることは決してない」と反論して、ディウィコと使節団は立ち去った。カエサルが定住地の要求に対してどの程度応えることができたか疑問である。なにしろ、すでにガリア人は密集して住んでいたからである。カエサルは自分が担当する属州以外の領域をヘルウェティイ族に割り当てる権限を持たなかったし、属州内に定住させることなど考えられなかっただろう。どこへ行こうとヘルウェティイ族が混乱を生じさせることは避けられず、それはローマ人にとって有益ではなかったのである[*16]。

ヘルウェティイ族の集団は前進し続け、カエサルは四千の騎兵を先行させて、これを追跡した。そのなかに相当数のアエドゥイ族がいたが、彼らを率いるのはドゥムノリクス、彼こそはオルゲトリクスと盟約を結んでヘルウェティイ族に力を貸した人物であった。あまりにもうかつに前進したために、同盟者の騎兵は、それよりもはるかに少ないヘルウェティイ族の騎兵の奇襲を受けて敗走した。その敗走はドゥムノリクスとアエドゥイ族から始まった。このたやすい勝利に勇気付けられた敵の後衛はさらにゆっくりと動くようになり、戦う機会はさらに多くなった。カエサルは彼らと多くの小競り合いをする危険を冒したくなかったが、敵を監視下に置き続け、そこから集団が抜け出してその地を略奪することのないようにした。カエサル軍はヘルウェティイ族の後を追い、自分の前衛が彼らの後衛から五、六マイル以上離れることのないよう、あらゆる動きを追跡し続けたのである。この時点でカエサルは属州からかなり離れていて、食糧の状態についての心配はいっそう増していた。ソーヌ川の近くにいた時は、この販路を航行する多くの荷船に食糧を運ばせることができたので、問題はそれほど大きくなかった。しかし、ヘルウェティイ族が川から離れると、カエサルもそうせざるを得なかった。アエドゥイ族はカエサルに穀物を供給すると約束していたが——結局のところ彼らの土地に侵入して略奪を働いていた敵とカエサルは戦っていたのである——いまだに何も届いていなかったし、要求を繰り返しても、間もなく到着するという答えが返ってくるばかりで、結果は同じであった。数日後に軍団兵たちは穀物の配給を受けることになっていたが、今のところカエサルはそのための穀物を持っていなかった。短期間であれば、従軍中の軍団兵たちが最小限の配給で我慢するよう説き伏せられることはよくあったが、それも通常は強力な指導力あってこそである。カエサルとその将校たちはまだそれほど馴染んでおらず、兵士たちの三分の一はほとんど未経験の者だった[*17]。

最悪の事態を回避しようと、カエサルはアエドゥイ族の指導者たちを呼び出した。彼らの長はドルイド僧であるディウィキアクスと、毎年選出されるこの部族の最高公職であるウェルゴブレトゥスの地位にその時就いていたリスクスであった。自分たちを守るために戦っている軍勢に対して義務を果たすのを怠っているとカエサルから咎められて、リスクスはその責任を部族内の有力者たちに転嫁し、彼らが意図的に穀物の徴集と輸送を遅らせており、ローマ人よりも同じガリア人であるヘルウェティイ族に支配されるほうがましだと考えている、と主張した。これらの族長が情報を敵に漏らしていて、誰であれ反対しようとする人々を脅しているとも述べた。リスクスは名前を挙げはしなかったが、カエサルがすでにドゥムノリクスを疑い、彼が黒幕だと推測していたことは明らかである。カエサルが他の族長たちを帰らせて、このウェルゴブレトゥスと個人的に話をすると、彼は喜んでより打ち解けて話し、この属州総督の疑念を直ちに認めた。ドゥムノリクスは、ソーヌ川の通商関税を支配して得た利益によって数多くの戦士たちを味方につけ、王位を得ようともくろんでいたのである――この時代のものとされる、DUBNOREIXという名前が刻まれた貨幣はおそらく彼によって鋳造されたのであろう。彼がヘルウェティイ族と共謀していることがいまや白日のもとにさらされ、カエサルは厳罰に処するだけの十分な証拠を手にしたと考えたが、ディウィキアクスの忠誠心を評価していただけに躊躇した。それで、カエサルはこのドルイド僧ともっと親密な会話を交わすために、彼を本営の幕屋に呼び出した。そして普段用いていた通訳たちを遠ざけて、ガリア・トランサルピナ出身の貴族で、父親の代からローマ市民権を得ていたガイウス・ウァレリウス・プロキッルスを頼った。かつてローマの法廷で多くの時間を過ごしたカエサルは、いくつかの事実とドゥムノリクスに対する容疑を提示し、その兄かアエドゥイ族のどちらかがこの犯罪について彼を裁く必要があると提案した。ディウィキアクスは、弟は政界での成功について自分を頼りにしていたが、それ以降は政敵として自分に反抗するようになった、と述べた。ドゥムノリクスの苛立ちもわからなくはない。このドルイド僧が最近ウェルゴブレトゥスに就任した以上、その家族は誰であれ、彼が生きている間はその地位に就くことはできない決まりがあったからである。それでもディウィキアクスは、野心的な弟を処罰しないようカエサルに嘆願した。それは愛情からという面もあったが、おもな理由は、もし自分が弟に敵対してローマ人を支持したと思われると、個人的に大きな痛手となるであろうと考えたからだった。彼は涙ながらに、断固として訴えた。ドゥムノリクスは幕屋に呼び出され、兄の前で自分の罪を指摘された。属州総督は彼に、兄に免じてもう一度だけ機会が与えられるが、今後は疑いすらかけられないようにしなければならないことを告げた。このような直談判はガリア時代のカエサルによく見られる特徴であった。

ローマの政界においてと同様に、属州総督が行なうことの多くが個人対個人の次元だった。カエサルはローマでは即座に他人を赦すことと喜んで便宜を図ることで知られていた。ガリアでも同じ方針に従うことがよくあった。しかし彼が無邪気に何かを信用したことはこれまでもなかった。その面会の後でカエサルは、ドゥムノリクスを常に監視下に置き、その行動をすべて自分に報告するよう命令を下したのであった*18。

穀物供給の障害は取り除かれたが、それで問題が一気に解決したわけではなく、アエドゥイ族が彼の軍に穀物を搬入するにはまだ時間がかかりそうだった。カエサルにはこの作戦をすばやく決着させる必要があったが、あのような面会を行なったその日のうちに、その機会を見つけたと考えた。偵察隊が帰還して報告したところでは、ヘルウェティイ族は八ローマ・マイル離れた、ある程度の高台に隣接した場所に野営していた。カエサルは別の偵察隊を派遣して、その場所の詳細な調査を行ない、特にその高台の斜面が両側から、とりわけ敵から最も離れた場所からどのくらい簡単に登れるかを調べた。帰還したこの部隊の報告によれば、道は真っすぐな上り坂であった。カエサルは敵の野営地に総攻撃をかけると決め、ティグリニ族に対して行なったのと同様の奇襲を実現しようと考えたのである。ラビエヌスは二個軍団――おそらくは経験を積んだ軍団のうちの二つ――の指揮権を与えられ、高台を占拠するために早朝から出発した。二時間後、カエサルは残りの軍勢を率いて敵の野営地まで八マイルを行軍する予定であった。ラビエヌスは、カエサルの攻撃が開始されたのを見たら、自分の軍団で高所から攻撃する手はずになっていた。両軍は、前日の偵察に参加して日中に現場を見た者の案内で、ほとんど同じ経路を通過する予定だった。

これは大胆ではあるが、完全に実現可能な作戦であって、その本質において近代の軍隊と大した違いはな準備方法を用いている。カエサルは会戦の経験よりもむしろ奇襲攻撃の経験を豊富に持っていた。なにしろヒスパニア半島での戦いはそのような類の戦いになりがちだったからである。マリウスも、紀元前一〇二年のアクアエ・セクスティアエでは、テウトネス族の背後の死角に強力な伏兵を潜ませている。夜間の作戦行動は常に危険を伴う。というのも、混乱とか部隊が道を見失うといった可能性が常にあったからである。今回は物事が非常にすんなりと始まった。ラビエヌスが出発し、闇のなかへと消えた。予定されていた時刻にカエサルは主力とともにその後を追った。ラビエヌスという、優れた軍事的名声を有する経験豊富な将校の指揮下にあった。これらの偵察隊はプブリウス・コンシディウスという、騎兵が隊列を先導し、偵察隊を派遣して前方を捜索した。これらの偵察隊はプブリウス・コンシディウスという、優れた軍事的名声を有する経験豊富な将校の指揮下にあった。彼はスッラとクラッススに仕えていたから、少なくとも四十代であったと思われる。カエサルは彼の地位を明らかにしておらず、おそらく軍団副官か部隊長だっただろうが、百人隊長であったと言われることもある。彼は元老院議員コンシディウスの親族だった可能性もある。前年に、他の多くの元老院議員と異なり、自分は年を取り過ぎているから恐れることは何もないと言い切ったあの人物である*19(二五四ページ参照)。

夜が明ける頃には主力が敵の野営地から一マイル半の距離にまで迫り、ラビエヌスは配置についていたが、カエサルとの連絡は途絶えていた。ヘルウェティイ族は、他の多くの部族軍と同様に、偵察をそれほど重視していなかったので、両軍の存在にまったく気づいていなかった。この時にコンシディウスが駆け込んできて、実際に高台の上を占拠しているのはローマ軍ではなくガリア人だと報告したのである。彼はこのことを完全に確信していて、自分は敵の武器、羽飾りと軍旗をはっきりと目にしたと述べた。その知らせは、ラビエヌスが道に迷って目的地にたどり着けなかったか、敵に打ち負かされたことを意味した。どちらにせよヘルウェティイ族が準備を整えて彼らを待ち受けていることは明らかであった。カエサルはただちに隊列を停止させた。四個軍団のうち二個軍団はおそらく未熟練の第十一と第十二軍団だった。彼らは夜間の行軍で疲れていたが、積荷や家族を引き連れていた敵を攻撃して狼狽させ、追い散らすだけの元気はまだ十分に残っていた。しかし長時間の会戦に耐えられるほどでは必ずしもなかった。このような状況で攻撃することは、敵が選んだ戦場で深刻な数的不利を抱えて戦うことを意味したのである。カエサルは近くの丘まで後退するよう隊列に命じ、そこで敵の攻撃を待ち受けるために戦列を整えさせた。時が経過した。ヘルウェティイ族は気力を振り絞って旅を続けるために出発したが、追尾するローマ軍がいますぐ傍まで近づいていて、二手に分かれていることに依然としてまったく気づいていなかった。ラビエヌスは、カエサルの軍勢が攻撃を開始するのを見るまでは参戦するな、との命令を一字一句遵守した。いずれにせよ、手元のわずか二個軍団でラビエヌスができることはほとんどなかったのである。主力から派遣された偵察隊がラビエヌスの別働隊と連絡を確立し、敵ではなく味方が要所を押さえていたことを確認したのは、その日も暮れかかった頃であった。残された時間をカエサルの軍勢はヘルウェティイ族を追跡するのに費やし、その夜は彼らから三マイル離れた場所に宿営地を設置した[20]。

これは決まりの悪い失態であったが、もしヘルウェティイ族がその状況を完全に把握して、ローマ軍のどちらか一方に向かってきたとしたら、悲惨なことになるのは容易に想像がついた。特に高台の上にいたラビエヌスの軍勢は脆弱であった。カエサルは、自分が任命した上級の総督代理の判断と感性を信用することはできるが、その他の将校たちについては、たとえその者の名声が高かろうと、信用はできないことを学んだ。それは複雑な作戦に内在する危険と、戦場において偶然が果たす役割についての教訓であった。気が動転したことについてコンシディウスを処罰したか否かについて、カエサルは何も述べていないが、『戦記』の公刊によって彼の恥辱が広く知られたことは確かだった。その叙述でカエサルはこの失態の責任を自分の部下に転嫁した。これはまったく不当であるとは言えないが、彼の軍団兵たちは当時そうは考えていなかっただろう。命令を下したのはカエサルであり、誤った情報に基づいて主力の進軍を停止させ、その正確性を調査するのに非常に長い時間を費したのも彼であった。この間、ラビエヌスとともに二個軍団に属していた仲間たちはきわめて危険な状況におかれていたのである。ヘルウェティイ族の追跡は続けられたが、状況は芳しくなかった。穀物の配給日は二日後に迫っていたものの、これを賄うだけの補給はなかった。翌朝、カエサルはこのまま作戦を続行することはできないと判断して、その時点でヘルウェティイ族を慎重に追跡するのをやめる命令を下した。軍勢は方向転換して、およそ一八マイル離れたビブラクテに向かった。カエサルは、そこで物資を補給してから再度ヘルウェティイ族を追跡する計画を立てたのである。ヘルウェティイ族の進みが遅いことを考えれば、もう一度彼らを捕捉することは難しくないはずだった*21。

後から考えれば、これが今回の軍事行動の転換点であった。カエサルと同盟関係にあるガリア諸部族から参加している戦士のなかには、ただちに脱走して敵に寝返り、ローマ軍の退却を知らせる者もいた。ヘルウェティイ族がこれを追撃することを決意したのは、おそらくその動きを弱さの現れと解釈したからだろう。カエサルも、彼らが自分をビブラクテとそこにある物資から切り離そうとするのではないかと疑った。間もなくローマ軍の後衛が攻撃を受けた。カエサルはすべての騎兵を増援に回し、軍勢が戦列を整えるのを援護させた。しかるのち近くの丘を占拠し、経験豊富な第七、第八、第九、第十軍団を前線に配置した。もし彼が後年の習慣にこの時も従ったとしたら、第十軍団が戦列の最右翼という名誉ある場所に配置されただろう。各軍団は通常の隊形である三列横隊《トリプレクス・アキエース》を整えた。第一列は四個大隊で、第二列と第三列は三個大隊ずつで形成された。軍団兵は、戦いの邪魔にならぬよう、普段は棒に吊して肩に担いでいた荷物を降ろした。盾を保護する革製の覆いは、各部隊の徽章を見せるために取り去られ、羽飾りが兜に固定された。彼らの後ろ、斜面をさらに登ったところにカエサルは未熟練の第十一と第十二軍団を、補助軍の軽歩兵とともに配置した。彼らは輜重を守ることになっていて、小規模な壕をめぐらせ、自分たちを取り囲むように土塁を積み始めた。しかし、すべてのローマ軍が一日の行軍の終わりに本来は建設する形式の、本格的な宿営地をそっくり構築する余裕はおそらくなかった。重要なのは、戦列を形成する軍団兵が、自分たちの持ち物は安全だと知ることであって、カエサルがまだこれら経験の浅い軍団兵を信用する気にならなかったのは明らかである。経験豊富な四個軍団はおそらく斜面のほとんどを覆うように戦列を形成したはずだが、カエサルの戦闘のほとんどがそうであるように、この衝突の地点を特定することは不可能なので、この地勢について何らかの確信を持って論じることはできない。実際にカエサルが伝えているのは、その斜面のおかげで二個軍団と補助軍は間違いなく敵の目にはっきり見え、丘の中腹を埋め尽くしている彼らは、ローマ人が数の上で優位に立っていると強く印象付けることになった、ということである。

ローマ軍の配置には時間が――おそらく数時間が――かかり、騎兵がこれを援護していたが、ヘルウェティイ族も前進して戦闘態勢を整えるのに相当な時間を要した。彼らはそれまでに数週間も旅をし続けていて、必要に応じてある程度の協調体制を構築していたが、それでもローマ軍を打ち破るのに十分な数の戦士たちを一か所に集めるのは大仕事だった。戦闘員には家族や従者、さらには荷車も同行していたので、ヘルウェティイ族はその戦列の背後に彼らの荷車で大雑把な車陣を敷いた。彼らの軍勢も徐々に隊列を組み始めたが、いくつかの別働隊が到着する前に戦いは始まってしまった。カエサルは戦闘開始時点で対面した戦士たちの数をまったく知らせていないが、ヘルウェティイ族が攻撃する気になったことは、両軍が少なくともだいたい等しい数であったことを示唆していると思われる――ただし、この部族民がローマ人の戦場における武勇を完全に見くびっていたとすれば別だが。戦闘がなかなか始まらないことはこの時代にはよくあることであって、待つより他にすることがほとんどない以上、その間に必然的に緊張が高まっていったに違いない。カエサルは大げさな意思表示が必要だと判断し、公然と馬を下りると、自分の馬を上級将校全員の馬とともに後方に追いやった。それは、「全員が等しく危険を負い、逃亡の誘惑を断ち切る」ためであった。紀元前六二年にカティリーナが戦闘の前に同様のことを行なったのは、数で劣る彼の支持者たちが、元老院に忠誠を誓う軍によって窮地に落ちいった時のことであった。剣闘士だったスパルタクスは彼の最後の戦闘において一歩先をいっていた。それ以前の衝突でローマの将軍のひとりから奪い取った高価な馬の咽喉を切り裂いたのである。将軍は徒歩では機動性を欠くため、戦闘がどのように展開しているかを見ることが困難になったが、カエサルは実利を犠牲にしてでも、こうやって配下の者たちを鼓舞したのだった。これ以降の戦いで彼は二度とこうした行動を取ることはなかったが、この行動は、自分の軍団兵が自分のことをまだ十分に理解していないことと、この戦役がそれまでの数日間は特にうまくいっていなかったことを、カエサルが意識していたことを示唆している。そして同時にカエサルが軍司令官としての自分自身に、完全な確信を抱くまでにはまだいたっていなかったことをも暗示している。配下の者たちをさらに励ますために、彼はおそらく順番に各大隊の近くを歩いて話しかけたであろう。というのも、四個軍団すべてが同時に彼の話を聞くことができたとは考えられないからである*22。

戦闘は午後に始まり、ヘルウェティィ族はローマ軍の戦列に向かって斜面を駆け上がった。彼らは密集隊形を維持し、秩序だって前進した。双方の兵士たちは敵に達する前に、鬨《とき》の声、ラッパの音、そしてその凶暴な外見によって彼らを怖がらせようとした。一方が威圧された結果、最初の一撃が加えられてもいないのに背を向けて敗走することも珍しくなかった。召集されて間もない軍団を戦闘のプレッシャーに晒すのが危険だとされた、おもな理由のひとつがこれであった。今回、経験豊富な軍団兵は待ち構えていた。当時の一般的な戦術は、沈黙を保ち、落ち着きぶりを示すことで敵を怯えさせることだった。ヘルウェティィ族が――大体一〇から一五ヤード以内に――接近すると、ローマ軍はピールムと呼ばれる重い投げ槍を放った。それは盾を貫き、場合によっては重なり合った二つの盾をいっしょに釘付けにしてしまうことさえあった。戦士たちのなかには殺されたり傷を負ったりした者もいれば、手にしていた盾を放り出さざるを得なくなった者もいた。突撃の勢いが失われると、ローマ軍は自分たちの優勢をさらに高めようと、歓声を上げて剣を抜き、接近戦に突入した。彼らには地の利があり、攻撃には熱意と勢いがあったが、それでもヘルウェティイ族は、崩壊を始めて平地へと後退するまで、しばらくの間は持ちこたえた。ローマ軍の追撃は秩序だって行なわれたようである。間もなく敗走する敵を見失った彼らは、一マイルほど離れた谷の反対側にある高台に退却した。ところが、ここでローマ軍は新たな脅威に直面した。活力十分な一万五千人の別働隊が、ローマ軍の無防備な右側面に現れたのである。彼らはボイイ族とトゥリンギ族という、ヘルウェティイ族の隊列のさらに後方に付いていた同盟者であった。これが計画的な行動だったとか、最初の攻撃はローマ軍を平地に誘い出すための陽動にすぎなかったとは考えられない――それはヘルウェティイ族にとってたんに幸運な偶然であったと思われる。部族の軍勢がこういう状況になれば――ヘレニズム諸国の軍隊でさえ、原則的には十分な予備兵力を持たず、歩兵は単一の密集陣を形成した――深刻な状態に、すなわち戦列全体が新手の敵に取り囲まれる危険に陥ったことだろう。これに対してローマ軍の制度は予備兵力の果たす役割を重視し、通常は戦闘開始時に、総兵力の少なくとも三分の二が戦列の背後に控えていたのである。第三列を構成する大隊は皮をむくように離れて新しい戦列を形成し、ボイイ族とトゥリンギ族に対峙した。第一列と第二列は、援軍の登場に勇気づけられて戦いに舞い戻ったヘルウェティイ族と戦っていた。第十一軍団と第十二軍団は、カエサルがこの戦いで用意していた取っておきの予備兵力というわけではなく、前線に送り込まれず、この戦闘をただ傍観していただけだったようである[23]。

この戦闘は激戦であり、日没後もしばらくは続いたが、新手の軍勢が到着した当初の衝撃がおさまると、ローマ軍は着実に前進した。荷車の車陣をめぐる争いは熾烈を極めた。というのも、戦士たちは自身の財産と家族を守るために戦ったからである。カエサルは叙述の中で自分が戦闘中に何をしていたかについては言及せず、たんに「ローマ軍」が方向転換して戦列を形成し、二正面で敵と対峙したと述べてい

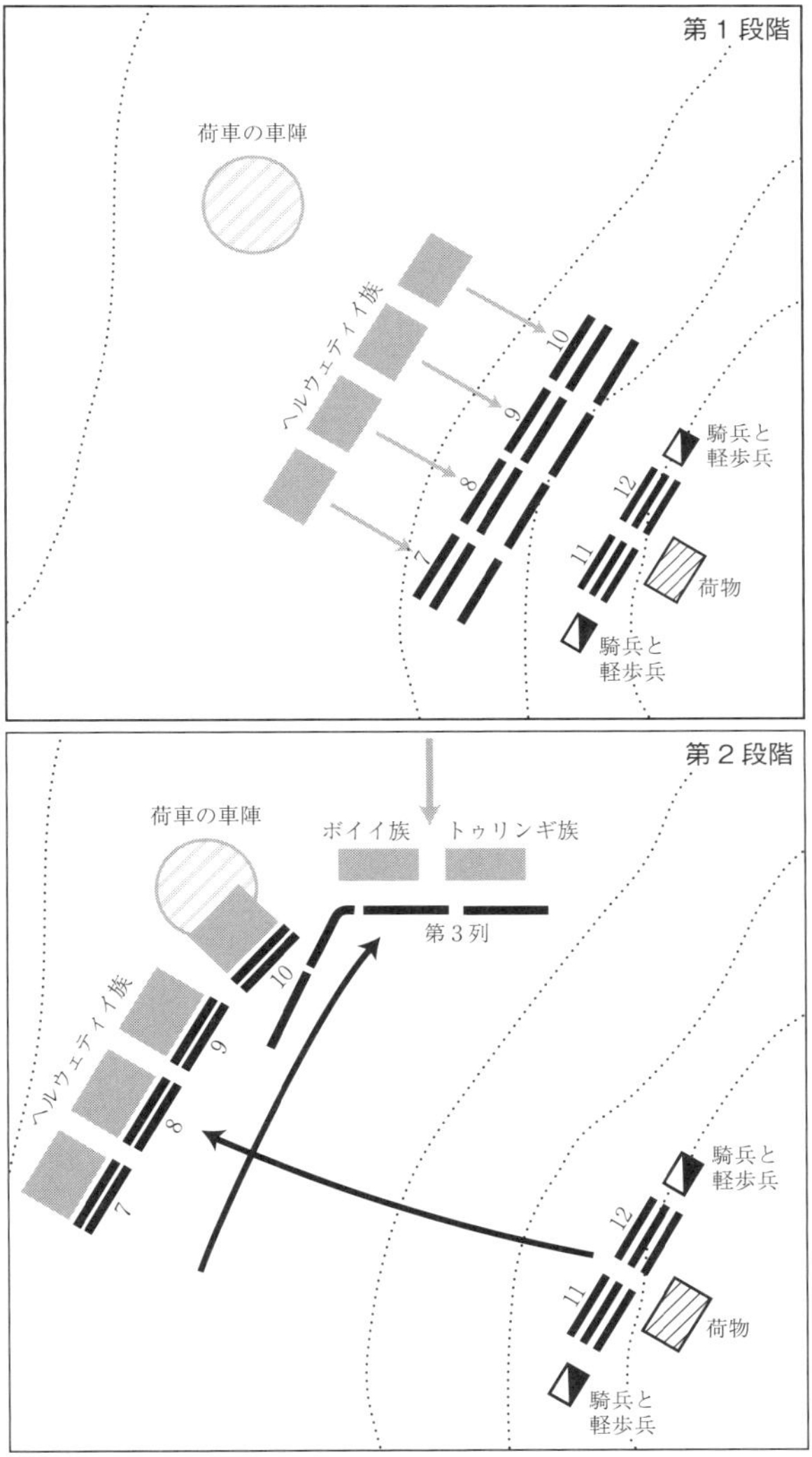
第１段階
荷車の車陣
ヘルウェティイ族
10
9
8
7
12
11
騎兵と
軽歩兵
荷物
騎兵と
軽歩兵
第２段階
荷車の車陣
ボイイ族
トゥリンギ族
第３列
10
ヘルウェティイ族
9
8
7
騎兵と
軽歩兵
12
11
荷物
騎兵と
軽歩兵

ビブラクテの戦い

る。おそらく彼は、ローマの軍司令官であれば誰でも為すべきことを為したのであろう。戦列のすぐ後ろに立って配下の者たちを励まし、必要に応じて予備兵力を投入したのである。最終的には完勝だったが、ローマ軍の損害は比較的大きく、傷の手当をしたり死者を埋葬したりするために三日間はその場に留まらなければならなかった。数多くの捕虜が得られ、そこにはオルゲトリクスの一男一女も含まれていたが、ほかに一三万人が戦場から脱出し、北東の方角にあるリンゴネス族の領地に逃れていったとカエサルは述べている。そうしたなかでは正確な数値を挙げるのは彼にとっても難しかったに違いないが、相当な数の移住者たちが戦場で生き残ったことは明らかである。戦場にたどり着くことすらなかった者も多かったと思われるが、巻き込まれた人々は荷物のほとんどを失った。カエサルはただちに追撃することはなかった。補給の問題は依然として解決されていなかったし、死傷者に対する配慮は、高まりつつあった兵士たちと軍司令官との信頼関係をさらに促進するためには欠かせなかった。かわりにカエサルは、リンゴネス族の族長たちに使者を派遣し、敵として扱われたくなければ、ヘルウェティイ族を援助しないよう命じた。

三日後、カエサルは追撃を開始して間もなく、降伏を申し出る使節団に行き会った。カエサルは彼らに、自分が彼らの所に行って決定を下すまで、停止して待てと部族民に命じるよう指示した。彼らがその指示に従ったことは、たんに時間稼ぎをしていたのでなかったことを示唆している。カエサルは到着すると人質を要求し、これを受け取った。さらに移動中にヘルウェティイ族のところに逃亡したり、彼らに奪い取られたりした奴隷を返還させた。戦士たちは武装解除された。その日の夜、ある氏族に属するおよそ六千人が宿営地を脱走し、ライン川に向かって東に進んだ。カエサルは彼らの行く先にいる諸部族に、さきにリンゴネス族に与えたのと同様の厳しい警告を携えた使者を派遣した。逃亡者たちは送り返され、奴隷として売られたが、それはカエサルが言い渡した降伏受諾の条件が守られなかったからであった。その後、ヘルウェティイ族とその同盟者たちのほとんどは、もといた土地へ戻ってまたそこに定住するよう命じられた。属州内にいたアッロブロゲス族には、戻って来る諸部族が自ら焼き払った定住地を再建し、再び農地を開墾して、もう一度自立するまで、彼らに穀物を供給するよう指示が出された。アエドゥイ族からの訴えによって、彼らがボイイ族を自分たちの領地に定住させることをカエサルは認めた。ガリア・トランサルピナを取り巻く土地は安定を取り戻したが、きわめて多くの人命が犠牲となったのであった。結局、ヘルウェティイ族から奪い取った記録簿に記載されていた三六万八千人のうち、もといた土地に戻ったのはおよそ一一万人にすぎなかった。ボイイ族の三万二千人は――そこから戦闘での死傷者を差し引いた人数が――ガリアに定住し、六千人の逃亡者たちは奴隷として売られたので、失われた人数は二二万人という膨大な数にのぼる。いつものように、この数値がどの程度正確なのか我々にはわからないし、ソーヌ川でティグリニ族がそうしたように、おそらく大多数の人々はローマ軍の攻撃を受けて散り散りになっただけなのであろう。だとしても、多くの者が――おそらく数万人が――殺されたのは間違いない。ただし、そのように莫大な人命の喪失を恐れる現代的な感覚から、ローマにいるカエサルの読み手がそのような統計に対して見せる反応について、盲目になってはならない。彼らにとっては、敵対する人々の危険な動きが押し止められ、イタリア本国からそれほど遠くない彼らの属州が将来的に守られたのであった。『戦記』でカエサルはしばしば pacare という動詞を用いているが、これは「平和な状態を取り戻す」という意味であり、場所と人を問わず、ローマの権威に従うよう求められて、これを拒絶した人々を打ち負かした時に用いられた。pax すなわち「平和」はローマの勝利の結果としてもたらされた。ローマ人の目には、北の辺境に平和が回復されたと映ったのである[*24]。

ローマ人の友

季節はすでに夏であった。軍事行動に適した季節はまだ数か月残っていたが、軍勢をバルカン半島の辺境に差し向けて現地で作戦を開始するのに十分ではなかったと思われる。カエサルはすでに偉大な勝利を手にしていたが、まだまだ貪欲であり、少しの時間でさえ無駄に過ごすことを嫌がった。間もなくさらなる軍事的冒険の機会が転がり込んできた。ガリア中部のガリア人／ケルト人諸部族のほとんどから使節団が訪れ、ヘルウェティイ族に対する彼の勝利を祝福した。ある程度は純粋な称賛だったが、誰であれその地域に入ってきた新たな権力者と良好な関係を築くほうが賢明なのは明白だった。これらの使節は、全部族の会議を招集して、そこでカエサルと面会して請願する許可を求めてきた。これとは別に、族長たちは泣きながらこの属州総督の足元に身を投げ出して、彼らの代弁者であるドルイド僧のディウィキアクスとともに、ゲルマン人の王アリオウィストゥスから自分たちを保護してほしいとカエサルに懇願した。彼らによれば、セクアニ族を援助するために招聘されたこの人物は、以来一二万人のゲルマン人をガリアに連れてきて住まわせ、すべての部族から人質を取っていたのであった。彼らはその圧制に不満を抱き、彼を「怒りっぽく制御不能の野蛮人」と呼んだ。さらに多くのゲルマン人がこの指導者に加勢するために押し寄せつつあると言われていて、カエサルは「アリオウィストゥスの襲来から全ガリアを防衛するよう」依頼されたのだった。セクアニ族の代表者たちはその請願に黙って頷いていたので、カエサルがそれを問い詰めると、かわりにディウィキアクスが答えて、口にしたことが少しでもゲルマン人に伝えられるのを恐れて、話せないのである、と述べた。カエサルは集まった族長たちに、自分がこの問題に取り組むこと、そして自分の権威《アウクトーリタース》を用いて、アリオウィストゥスがそのふるまいを加減するよう彼を説得することを約束した。個人的に彼はその問題をとても深刻に捉え、アエドゥイ族は昔から忠実なローマの同盟者であったのだから、彼らを助けなければならない、と考えた。そのうえで、ゲルマン人がライン川を越えて移住する習慣がつくことを自分は懸念している、というのも、これが頻繁に生じれば、キンブリ族とテウトネス族が移住した際の規模の民族移動を引き起こしかねないからである、とも述べている[*25]。

アリオウィストゥスのもとに派遣された使者は、両者の中間地点でカエサルと面会するよう彼に依頼した。王はそれを断り、カエサルが話をしたいというなら彼が自分のところに来るべきであると述べて、ローマ人がガリアのこの地域に介入する必要があると考えるのはなぜか、とも尋ねた。カエサルは新たな使者を派遣してこれに答え、自分が執政官の時にローマ国民から「王であり友」と認められたのだから、その恩義を感じるべきであろう、と思い起こさせた。今回は要求がはっきりと表明された。アリオウィストゥスはこれ以上ゲルマン人を、ライン川を越えてガリアに移住させてはならない。第二に、彼は人質をアエドゥイ族に返還しなければならないし、将来的に彼らを襲撃したり脅かしたりしてはならない。これらを遵守すればローマとの良好な関係がひき続き保障され、拒絶すれば、カエサルはアエドゥイ族その他のローマの同盟者を防衛するために、断固たる措置を取らざるを得ないであろう、と。アリオウィストゥスの返事はやはり妥協をよしとしない姿勢を示していた。自分は征服者であり、ローマ人と同様に、征服された者の取り扱いについて他人に指図されるいわれはないというのである。ローマ人はその属州を思うまま自由に走り回っているが、自分とその戦士たちが手に入れた土地についてそれと同じ権利を自分は要求している。自分はアエドゥイ族を打ち負かしたのであって、アエドゥイ族が年貢を納めている限り、人質たちが自分を恐れることは何もない。自分と自分の戦士たちはガリアに来てから負けたことがなく、いかなる敵も恐れない、と。カエサルはアリオウィストゥスの傲慢な自負心を読み手に印象付けたうえで、この返事を受け取ってから一時間もたたないうちに、アエドゥイ族の使節が、自分たちの土地がゲルマン人によって略奪されていると知らせてきた、と述べている。さらに、はるか北方のトレウェリ族から、とてつもない数のスエビ族が——アリオウィストゥスと配下の者たちが属していたゲルマン人部族である——ライン川のほとりでガリアに向かって渡河しようとしているとの知らせが入った。一〇〇の氏族がこれを試みようとしたと言われ、ヘルウェティイ族をはるかに上回る規模の移住であった[*26]。

カエサルは行動を起こすことにしたが、今回は動き始める前に穀物供給が確実であることを確認した。軍勢を足早に動かしたのは、もはや動きの遅いヘルウェティイ族を追跡していたのではなかったからで、三日後には、アリオウィストゥスとゲルマン人の軍勢が、セクアニ族の本拠地であるウェソンティオ（現ブザンソン）に向かって進軍しているとの知らせを受け取った。この時点でゲルマン人が従来の同盟関係を破ったことは明らかであった。ウェソンティオはセクアニ族の本拠地として重要な場所であり、自然の要害に守られ、大きな食糧貯蔵庫があったが、それはどの軍隊にとってもきわめて有用であったことだろう。ここが敵の手に落ちることを望まなかったカエサルは配下の者たちを率いて、その町までわずかな休息だけで昼夜を徹して行軍を続け、そこに守備隊を駐留させた。先手を打つと、カエサルは軍団兵に数日間の休暇を与えて疲労を回復させ、物資を補給することも許した。不満は常に、兵士たちが忙しい時よりはむしろ、時間に余裕がある時にいっそう広がりやすいものである。悪い噂がその町に広がり、

ガリア人や商人との会話の後で混乱が広がった。彼らによればゲルマン人は身体が大きく、信じられない武勇を誇り、武器の扱いに巧みな種族であった——ゲルマン人に会うと、その視線と鋭い表情にすら耐えられないことがしばしばだったと彼らは言うのである。そこからたちまち大きな混乱が全軍を襲い、すべての兵士の判断力と気力を萎えさせた。発端は軍団副官と部隊長、それからカエサルと知り合いになろうとローマからついて来た、戦闘経験のない人々だった。その地を離れなければならない口実をいくつか挙げた者もいれば、帰国の許可を求める者もいた。何人かはそれを恥じて

留まった。……彼らは落胆の色を隠すことも、時には涙を抑えることもできなかった。自分の運命を嘆いて幕屋に閉じこもったり、友人たちと集まって共通の危険を悲しんだりしていた。宿営地のあちこちで兵士たちは自分の遺言を書き始めた。このような絶望の声は、従軍経験の豊富な兵士、百人隊長、そして騎兵隊長にまで影響を与えたのであった*27。

心配なのはローマ軍が次の段階に進んだ場合に通過しなければならないであろう険しい地形についてだと主張する者もいた。穀物の供給について案じているのだと言う者もいた——ヘルウェティイ族に対する最近の作戦を考えればそれなりにもっともらしい心配事だった。数人の将校は、公然と暴動が起こるだろうとか、カエサルが前進するよう命じても兵士たちは従わないだろうと断言する始末であった。この逸話もまた、のちの戦役、特に内戦でカエサルの将校と兵士が示した狂信的な忠誠心は、カエサルがガリアに赴任してただちに湧き上がってきたのではなく、時間をかけて高められたことを示唆している。興味深いのは、カエサルが軍団副官その他の将校を不満の発信源として描いていることである。というのも、彼らは一般に騎士であり、元老院議員の子息であることも多かったからである。このことは、これらの階層が『戦記』にとって唯一の、あるいは必ずしも主要な読者層ではなかったという見解を補強する。ディオによれば、彼らのなかには、アリオウィストゥスとの戦いは元老院によって承認されていないのだから、自分たちは純粋にカエサルの個人的な野心のためにその命を危険に晒しているのだと、不満を漏らす者もいたのである*28。

属州総督は作戦会議を招集した。百人隊長全員が——もし六個軍団すべてに欠員がいなければ、およそ三六〇名が——おそらく他の上級将校とともに、同席するよう指示された。今こそ弁論家カエサルが、かつてフォルムで何度も群衆を動かしたように、道理を尽くして自軍を魅了する時であった。元老院とローマ国民から命令権を付与された将軍にふさわしく、彼は厳格に話し始め、法によって任命された軍司令官の計画に厚かましくも異議を唱えた人々を叱りつけた。彼らに衝撃を与えて規律を思い出させてから、カエサルは議論を切り替えた。諸君が不安に思う必要はおそらくないであろう。というのも、アリオウィストゥスが前年にローマから承認されたという自分への恩義を思い出し、道理をわきまえることになる機会はたくさんあるからである。たとえ戦いが必要になったとしても、ローマ軍は過去にゲルマン人の戦士たちと戦ってこれを打ち負かした。マリウスはキンブリ族とテウトネス族を粉砕したし、最近ではスパルタクスの奴隷反乱のなかに多くのゲルマン人がいたのである。アリオウィストゥスはアエドゥイ族その他のガリア人を打ち負かしたが、それは彼らを策略で欺いて不意打ちしたからであって、正々堂々とした戦いではなかった。そのように未熟な計略はローマ軍相手には通用しないであろう。穀物供給について公然と心配している人々は、自分の配慮と能力を疑うことで、またはすでに同盟諸部族からこちらへと向かっている輸送隊や、いまや畑で目にすることができる実った穀物を無視することで、自分を侮辱しているのである。兵士たちは前進するよう命じられても従わないだろうという主張について、自分はまったく心配していない。

軍が司令官の命令に耳を貸さない場合は常に、その人の命運が尽きているか、その人の重大な過ちが明らかにされていたかのどちらかである。……私自身の誠実さは生まれてこのかた示されているし、私の幸運はヘルウェティイ族との戦いにおいて示されている。ゆえに私は後日に延期しようと考えていた計画をただちに実行することにし、今夜の第四夜警時に宿営地を引き払うことにする。そうすることで私は、諸君の心中で義務と名誉とが恐怖を上回っているかどうかはっきり目にすることになるであろう。いずれにせよ、たとえ誰も付いて来なくても、第十軍団だけは私と行動を共にするであろう。というのも、私は彼らの忠誠心を疑っていないからである。そして彼らはまるで私自身の親衛隊であるかのように行動するであろう。

カエサルはこの軍団を気に入っていたし、その武勇を最も信頼していたのである[29]。カエサルの口調は彼らに対する失望の念を示していた。なぜなら、彼らがおびえて命令に従うのを拒絶している原因は、彼らの臆病さとカエサルの指導力に対する信頼の欠如だとしか言いようがなかったからである。第十軍団は大喜びし、その軍団副官たちはすぐさま、自分たちはカエサルの命令には何であれ従い、彼の信頼が間違っていないことを証明する用意がある、と報告した。その他の軍団の各部隊は、他の軍団に後れを取ってはならないと決意し、百人隊長たちは、不服従という問題が実際に起こることは決してないとカエサルに約束するよう、軍団副官や上級将校に依頼した[30]。

約束どおり、カエサルは翌日の夜明け前に宿営地を撤収して行軍を開始した。実際には一か所計画を変更したのだが、これは、いくつかの批判にはそれなりの道理があることを認めたことを示している。丘の間を通り抜けるという元々の計画を継続するよりは、ディウィキアクスに助言を求め、隊列に平地を進ませた。これは五〇マイルの回り道であったが、将校の間に新たな不満が噴き出すのを防いだ。一週間後、偵察隊はゲルマン人の軍勢がたった二四マイルしか離れていない場所にいると報告した。間もなくアリオウィストゥスからの使節団が到着し、今度は彼が、以前は拒絶していた直接会談を希望していると述べた。『戦記』でカエサルは、自分はまだこの問題を平和的に解決することを望んでいたと述べているが、それは読み手に対して自分の正当性を強調しようとしただけではなかっただろう。ローマの軍司令官の多くは、スッラも含めて、華やかで錚錚《そうそう》たる数多くのローマの公職者と、ずらりと並んだ軍団兵とに取り囲まれて、異国の王と対面して盟約の条件を伝えるという状況を歓迎した。そのような行為は、利益を得る見込みはほとんどなく、戦利品や奴隷を得る見込みはまったくなかったが、戦場で敵を打ち破るのとほとんど同様の大きな栄光だったのである*31。

五日後、会談は両陣営からほぼ等距離の中立地帯にある平地で行なわれた。唯一の大きな丘が平らな土地を遮っていた。会談がどのように行なわれるかの詳細は、それに先立つ数日の間に長時間の交渉によってたたき台が作られていた。アリオウィストゥスは、両者とも随行者を騎兵に限るべきであると主張した。同盟者の騎兵を完全には信用していなかったカエサルは、彼らの馬を借りて第十軍団の兵士たちに与え、随行させた。全軍のなかから選び出されたことに再び喜んだ兵士たちは、裕福な騎士階層がかつて果たした役割をもじって、この属州総督は自分たちを騎士に取り立ててくれたと冗談を言い合った。両陣営は二〇〇歩の距離で立ち止まった。アリオウィストゥスの希望に応じて、そこから各々の指揮官は随行者として十名だけを従えて馬を進めた。用いられた言語はガリア語であったが、アリオウィストゥスはそれをライン川の西岸にいた頃に学んでいた。おそらくカエサルはいつもの通訳のひとりを用いただろう。カエサルはアリオウィストゥスに、ローマが彼に与えた好意と、それが内包する義務について思い起こさせることから始めた。アエドゥイ族は長年にわたってローマの同盟者であって、彼らに対するゲルマン人の扱いは受け入れるわけにはいかず、ただちに止めるべきである。カエサルの要求は以前と同じであり、これ以上ゲルマン人はライン川を越えてガリアに入って来ることは許されず、アエドゥイ族にはその人質が返還されなければならない、ということであった。アリオウィストゥスの態度も変わらなかった。自分が得たものは、征服する権利に基づいて得られたものである。なぜカエサルは、これまでローマ軍が一度も足を踏み入れたことがない場所に介入するのか？　ガリア・トランサルピナがカエサルの属州であるように、ここは自分の「属州」であって、どちらも相手方の領地に干渉すべきではない。このゲルマン人は、

「カエサルは友情を隠れ蓑にして、ガリアに軍勢を送り込んで自分を破滅させようとしているのではないか」と疑っていたのである。ローマ軍が撤退するまで、アリオウィストゥスは彼らを敵として扱うつもりであった。『戦記』で彼は、自分がカエサルを殺害したならば、その知らせは「多くの指導者たちや貴族たち」に歓迎されるであろう、という辛辣な言葉を発している。これはその通りだったと思われるが、誰であれカエサルの政敵たちは愛国心に欠けた人物として描かれたくなかっただろうから、ローマ軍の敗北、それが意味するカエサルの死を喜ばなかったことだろう。脅しをかけた後でアリオウィストゥスは、今カエサルが撤退すれば、将来いかなる軍事作戦においてもカエサルを支援することを提案した*32。

カエサルはさらにローマ人の立場を正当化する答えを返したが、ゲルマン人の戦士たちが馬に乗ったローマの軍団兵に投げ槍を放ち、投石を始めたので、交渉は決裂した。カエサルは戦いを控えることにした。ローマ人が信義に違反したという印象を与えたくなかったからである。二日後、アリオウィストゥスは使者をよこして再度の会談を要請し、さもなければローマ人が自分の陣営に使節団を派遣するよう求めた。この任務で自分の上級将校をひとりでも危険に晒したくなかったカエサルは、再びウァレリウス・プロキッルスを信頼してその任務に彼を抜擢した。彼に同行したガイウス・メッティウスは、かつてアリオウィストゥスを訪問し、彼の歓待を受けた商人であった。今回は温かく迎え入れられることはなく、二人の使節は間諜の疑いをかけられゲルマン人によって捕縛されてしまった*33。

アリオウィストゥスがこの争いを軍事的に解決しようと決めていたことは明らかである。しかも彼は経験豊富な戦争指導者であり、自分の戦士たちを、どの部族軍よりも団結した軍勢にまとめあげていたし、行動は依然として慎重だった。ローマの使節団を逮捕したのと同じ日に、彼は前進してローマ軍から六マイル離れた高台に布陣した。おそらく高台を占拠したままで、翌朝に彼は再び軍勢を率いてカエサルの陣地の傍を行軍し、ローマ軍の後方二マイルの地点に新たな陣地を構築した。これはカエサルを同盟諸部族の補給線から切り離すことになった。五日間、属州総督は軍に宿営地を出て戦列を形成するよう命令し続けた。ゲルマン人は陣地を出ようとしなかったが、カエサルは明らかに、アリオウィストゥスの陣営に直接攻撃を仕掛ける危険を冒すのはまずいと見ていた。それは敵の陣営が強固であったことを示している。数日間は、主として騎兵同士の小競り合いが続いたが、大規模な戦闘には発展しなかった。アリオウィストゥスの騎兵は選り抜きの軽歩兵と――彼らはその後数世紀にわたって「百の者《ケンテーニ》」としてゲルマン人に知られることになった――緊密な連係プレーで戦っていた。軽歩兵は馬のたてがみをつかむことによって短距離であれば馬について行くことができたのだった。徒歩の戦士たちは堅実な援軍として行動し、最悪の場合でも騎兵は彼らの背後に後退し、休息して態勢を立て直し、再び前進することができたのである。ゲルマン人の戦士たちはその戦術と質の高さで、ガリア騎兵よりも優位に立つことが多かった*34。

　カエサルはそこに留まる余裕はなかった。彼はまだ何もなし遂げていなかったのに、軍勢は毎日、携えてきた物資を相当量消費していたからである。直接攻撃は危険すぎたので、かわりに補給線を再び確保しようと考えた。ローマ軍は三列縦隊に並んでいたが、各列はすぐに戦闘態勢を整えて通常の三列横隊を形成できるようになっていた。輜重とおそらくはいくらかの守備隊が宿営地に残された。というのも、カエサルはゲルマン人の陣地の背後に前哨基地を作ることだけを考えていたからである。ローマ軍はゲルマン人の宿営地の傍を行軍して、そこから千ヤードも離れていない場所に向かった。到着すると各軍団は敵に対峙した。ゲルマン人の騎兵は一万六千人の歩兵を伴ってローマ軍に対抗するために出陣した。これはアリオウィストゥスの歩兵のうちほんの一部であったが、彼がそれ以上に多くの兵士を武装させ、対抗するのに十分な速さで戦闘に投入できたとは考えられない。カエサルは第三列の大隊に、二個軍団を収容できる新たな陣地を設営すべく構築し始めるよう命じ、その間に第一列と第二列はゲルマン人の攻撃を受け止めた。その攻撃はおそらく総攻撃というよりはむしろ小手調べと陽動という形式を取ったと思われる。もし六個軍団のほとんどがこの作戦に参加していたとすると、兵力の三分の二に騎兵と軽歩兵を加えた数が、ゲルマン人の人数と少なくとも釣り合っていたのだろう。この数時間後、防御陣地が完成した。二個軍団がこれに入り、残りの軍勢は同じ順序で宿営地に帰還した。小さいほうの陣地のおかげで、同盟諸部族から来る物資輸送隊を防衛するのが楽になったことだろう。カエサルは手頃な勝利か不名誉な撤退かの選択をせまられることはなくなり、敵軍と交戦するまで、自分が機会と状況とを見極める余裕ができたのである*35。

翌日、カエサルは各軍団に両方の陣地から出て、敵に向き合って通常の三列横隊を形成するよう命じた。それは自信のほどを示すもので、配下の者たちを勇気づけ、敵に印象づけることを意図していた。それはこの数日間に毎日繰り返された行動だった、とカエサルは述べている。アリオウィストゥスは挑発に乗らなかったので、昼にはローマ軍の司令官は引き返した。午後も遅い時間にゲルマン人は積極的になり、歩兵を繰り出して小さいほうの陣地を攻撃したが、そこに入っていた部隊は攻撃を退けることができた。その夜、カエサルは自ら数名の捕虜を尋問した。彼らによると、アリオウィストゥスが大規模な戦闘の危険を冒そうとしないのは、ゲルマン人の軍勢のために巫女として働いている女性たちが、満月の夜まで待たないと勝利を得ることはできないであろうと宣言したからだった。儀式や犠牲は戦闘を前にしたほとんどの軍勢に付き物だったが、カエサルは、ポンティフェクス・マクシムスだったにもかかわらず、『戦記』『内乱記』を通じて、各軍団にとって非常に重要な日課だった儀式について、何も言及していない。今回、彼は敵の迷信を利用することにした。翌日、カエサルは必要最小限の守備隊を残して宿営地を丸裸にすると、それ以外の全軍で三列横隊を形成し、おそらくは騎兵を両翼に配置した。それから軍勢を率いてゲルマン人に向かって斜面を真っすぐに上っていき、前日よりもさらに近くまで敵陣に迫った。この挑戦はあまりにも大胆で、無視すれば恥辱となるのは間違いなかったし、戦士たちが敵を恐れてしまう

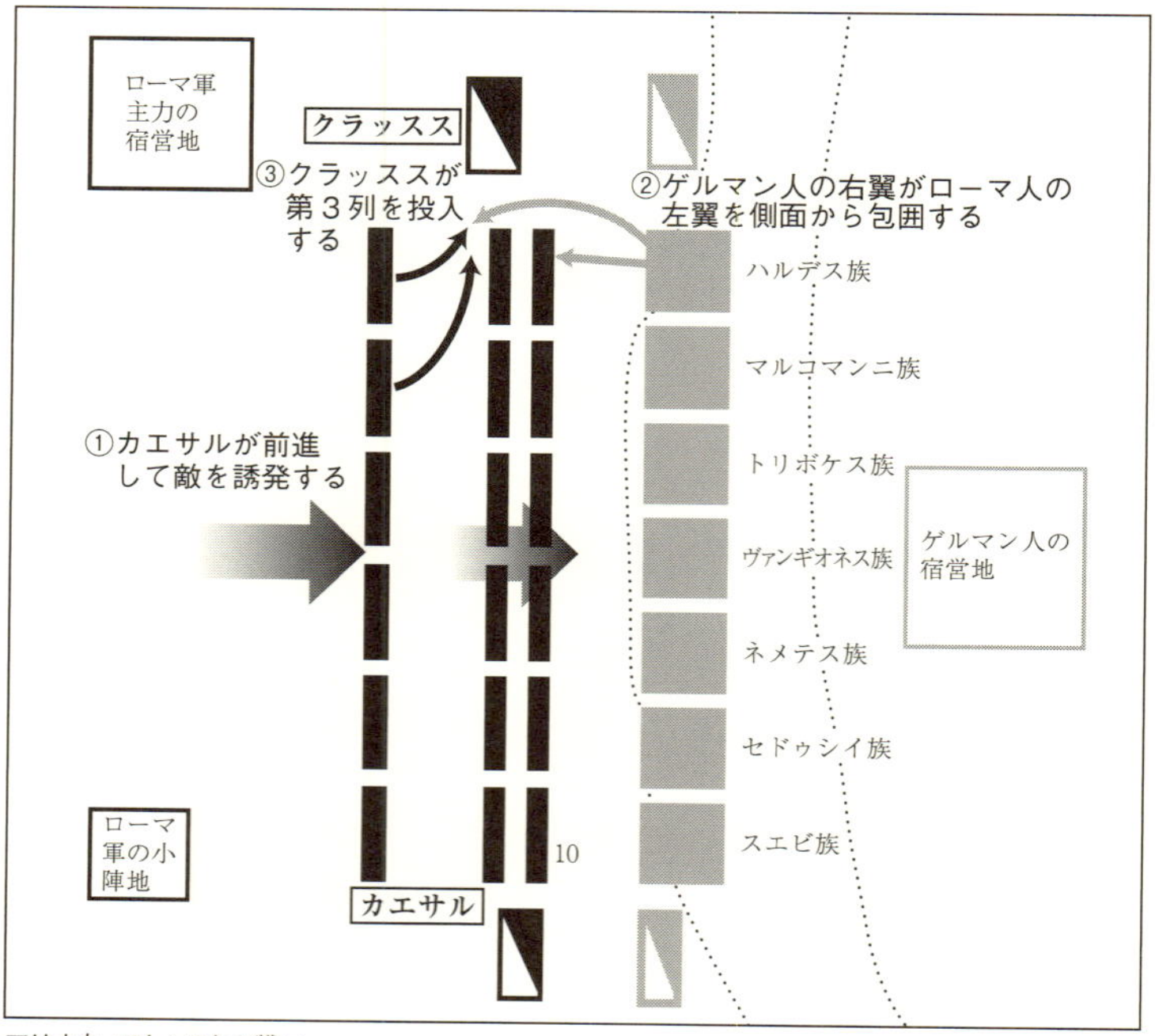

アリオウィストゥスとの戦い

危険性もあった。アリオウィストゥスは配下の者たちを率いて出陣すると、氏族や部族ごとに部隊を形成した――七つの部隊に分かれたことが言及されている。戦列の背後には戦士の妻たちが、荷車の上に腰を下して男たちを応援し、自分たちが敵の手で奴隷にされることのないよう守ってくれと懇願した*36。

この戦いには六個軍団すべてが戦列に参加したので、第十一軍団と第十二軍団もう十分に従軍経験を積んで、戦闘の緊張に堪えることができると、カエサルが考えたことは明らかである。おそらく彼らはより経験豊富な部隊の間に挟まれただろうし、古参の軍団が両翼に配置されたことは十分考えられる。カエサルの五人の総督代理と一名の財務官はそれぞれ各軍団の指揮権を与えられ、「すべての軍団兵は自分の武勇の証人を持つことになった」。カエサル自身は右翼に陣取ったが、彼の考えでは、そこは敵の戦列が最も弱く、破れる見込みが最も高い場所であった。戦闘は突然始まり、両軍とも通常の飛び道具の応酬もなく接近戦に突入した。カエサルはなんとかして敵の左翼を突破したが、あまりにも深入りしたために、他の箇所での戦闘を十分に監視下に置くことができなかった。ゲルマン人の右翼がローマ軍の左翼の背後に回り込もうとし始めたが、その窮地を脱することができたのは、若きプブリウス・クラッススの迅速な行動があればこそであった。彼は騎兵隊長として「最前線にいた将校たちよりも容易に移動することができたのである」。クラッススは第三列の各大隊に命令を下し、彼らが戦況を挽回した。

じきに反対側も突破したことで混乱がゲルマン人の軍勢全体に広がり、戦列が崩壊して逃亡が始まった。カエサル自ら騎兵を率いて追撃の先頭に立ったが、追撃は徹底的かつ完全に無慈悲であった。おそらくこの戦闘に言及していると思われる後世の史料のひとつによれば、カエサルは、死に物狂いで抵抗していたゲルマン人の集団に対して、わざと逃げ道を開けておき、逃げていくところをよりたやすく殺せるようにしたという。アリオウィストゥス自身は逃げられたものの、それっきり歴史の表舞台から消えてしまった。彼の二人の妻――そのうちのひとりはノリクムの王の妹であった――と娘たちのひとりは運悪く大虐殺のさなかに殺されてしまった。もうひとりの娘は捕らえられた。ライン川を越えて逃げおおせても、後で別の部族に攻撃された者もいる。スエビ族は、ガリアにいる親族と合流するために待機していたのだが、自分たちの故郷に戻っていった。カエサルの喜びを大きくしたのは、一緒にいた部隊がウァレリウス・プロキッルスと遭遇し、彼を囚われの身から救い出すことができたことであった。属州総督は、この再会は「勝利そのものにも匹敵する喜び」をくれた、と述べたのである。その感情が本物だったのは確かだが、もちろん、カエサルは友人に対して誠実であるという名声を裏付けるのにも役立ったのだった。ましてやプロキッルスが安堵したのは間違いない。というのも、彼の話では、ゲルマン人たちは彼を焼き殺すべきか否か、三回も巫女にお伺いを立てたが、三回ともくじによって命拾いしたからである。もうひとり、一緒に捕らえられた商人のメッティウスも、無事解放された*37。

軍事行動の季節は終わりを迎え、カエサルは――彼の言葉を借りれば――「ひと夏で二つの非常に大きな戦争を」なし遂げたのであった。どちらもこの属州に赴任するまでは彼も予期していなかっただろうが、彼は与えられた機会をつかんだのである。少なくとも当分の間、彼の関心はガリアに向けられたし、当面はそこに留まることになった。カエサルはその冬のほとんどをガリア・キサルピナで過ごし、ローマの属州総督に求められる行政上および司法上の職務に従事しながら、ローマにも目を向けていた。彼の軍はセクアニ族の領地に留まり、冬季宿営地に駐留した。春が来れば、さらにガリアの奥深くでの作戦行動へ向けた準備が整うことになるのだった*38。

第11章 「ガリア人のなかで最も勇猛な人々」ベルガエ人、紀元前五七年

彼らは商人たちが入り込んでくるのを許さなかった。
葡萄酒その他の贅沢品が輸入されることも認めなかった。
そうしたものは、精神力を弱め、勇気を萎えさせると彼らは信じていたからである。
カエサル＊1

今日ガリア人とかガラタエ人と呼ばれている種族は全員、戦争狂である
……もっともその他の点ではそれほど単純ではないが……それゆえ、もし奮起すれば、
彼らは全員が一丸となって、正面から用心もせずに戦いに押し寄せるので、
策略を用いて彼らを打ち負かそうとする者にとっては、扱いやすい相手である……。
ストラボン、一世紀初頭＊2

紀元前五八年から五七年にかけての冬の数か月間、カエサルはさらに二個軍団、第十三軍団と第十四軍団を編成した。またもや完全に自身の独断で行動し、兵士たちの給料と装備品の費用を、属州総督として管理している資金から支出したのである。こうして十二か月の間に、カエサルは属州で割り当てられた軍

勢を二倍に増やしたのだった。経験豊富な各軍団出身の百人隊長たちが昇進の機会を与えられ、新しい部隊に移籍した。未経験の新兵を古参の将校が少しずつ鍛えていくには、これは軍事的に見て理に適っていたし、カエサルの戦役を通じてその基本的な習慣になったように思われる。移籍によって既存の軍団にポストの空きができれば、内部での昇進や外部からの任命によって埋められたことだろう。『戦記』では人目を引く勇敢な行為は常に、百人隊長の昇進や報奨の理由として挙げられている。スエトニウスによれば、カエサルは配下の者の「生活態度や財産ではなく、その武勇にのみ」関心を抱いていたという。カエサルの軍団副官と部隊長は、その多くが推薦や情実に基づいて任命されていたが、前年の夏に期待はずれだと判明していた。ウェソンティオでの不満が誰かの罷免につながったかどうかはわからない。パトローネスとクリエンテスの関係はローマ社会の隅々にまで広がっていたから、それがカエサルによる百人隊長の任命に何の役割も果たさなかったとは考えられないが、個人の能力が彼のおもな関心事だったことは明らかである。カエサルの百人隊長たちが、能力は必ず報いられると考えるようになっていたのは間違いない。カエサルは注意深く彼らを育成し、名前を覚えたが、それは彼やその他の元老院議員たちが、フォルムで通行人にわざわざ名前を呼んで挨拶するのと大差なかった。カエサルとこれらの将校たちの間にはきわめて個人的な絆が生まれた。百人隊長たちは最前線で指揮を取るので、結果として不釣合いなほど多くの犠牲を被った。このことが、カエサルの軍勢が継続的に拡大したこととあいまって、常に多くの地位に空きがあり、多くの若くて勇猛な将校たちが確実に報いられることになったのである。ガリア戦争が終わるまでに、カエサルの軍団に属する百人隊長たちの大多数が、カエサルその人によって初めてその地位に任官され、あるいは上級の地位に昇進させてもらった。そのどちらもカエサルのおかげという者もいる。これは、彼の率いる軍団が、たんに彼がたまたま統治することになった属州の軍勢になっただけではなく、カエサルの軍になった、その過程の重要な点だった*3。

冬場の数か月間は訓練の期間でもあった。ローマ古来の伝統では、厳格な軍司令官たちが兵士たちに堅固な規律を植え付けるために鞭打ったり処刑したりするものだったが、カエサルはそこまで規律にやかましくはなかった。罰を用いることはほとんどなく、任務放棄と暴動のみを深刻な犯罪と考えていたようである。非番の日と冬営期間中には、兵士たちはかなり自由に行動することが許された。あるときカエサルは、自分の軍団兵は、たとえ「香水の匂い」をさせていても、いつもと同じように戦うだろう、と述べたと言われている。マリウスも同じように自分の軍勢を率いていたから、カエサルはよく知られた親戚を意図的に模倣したのかもしれないし、そのようにすることが民衆派の取るべき方策として適切だと考えたのだろう。もっとも、平時におけるその寛大さとは裏腹に、マリウスもカエサルも、実際の作戦行動において自分の軍団に求める品行の基準は高かった。要は引き締まった規律、すばやい服従、熟達した行動であって、これらを確実に得るためにカエサルは自分の軍を厳しく鍛え上げたのである。この点では、貴族層が抱く軍司令官の理想像に一致していた。というのも、一流の将軍たちはみな、厳しい訓練を通じて自分の軍に入念に戦闘準備を整えさせると考えられたからである。カエサルは「理由もないのに、特に祝祭日や雨の日にはよく兵士たちを出陣させた。時には自分から目を離さないよう彼らに命じたうえで、昼でも夜でもいきなり抜け出して、彼らをきわめて長時間の行軍に駆り出したが、それはついて来られなかった者たちを疲れさせるのが目的であった*4」。彼が自ら模範を示すことは、彼の基準に合わせようと兵士たちに思わせるには不可欠だった。カエサルが縦列を指揮する時は、騎乗することもあったが、行軍の訓練だろうと戦場だろうと、一般の軍団兵とまったく同様に、徒歩であることのほうが多かった。そうした態度は、カエサルが自らやらないことを兵士たちにさせるつもりがないことを、彼らに示そうとするものであった。プルタルコスによれば、軍団兵たちが驚いたのは、カエサルが、はたから見て彼の身体の耐久力を超えるような苦労を引き受けることであった……というのも、痩せ型で、柔らかく白い肌を持ち、癲癇の発作に悩まされていたからである。……にもかかわらず、身体が弱いことを言い訳にして軟弱な生活を送ったのではなく、むしろ軍務によって身体の弱さを克服したのであった。なぜなら退屈な旅、質素な食事、毎日の野宿、そして絶えざる苦難によって、カエサルは自分の病を克服し、その症状に対しても体を強靭に保ったからである。カエサルはほとんどの睡眠を少なくとも馬車や輿で取ることで、休息すると同時に行動し、日中には駐屯地や諸都市あるいは宿営地に自ら赴き、旅先では、口述筆記に慣れているひとりの奴隷を傍に座らせ、剣を持ったひとりの兵士を背後に立たせていた*5。

カエサルは兵士たちに、「お前たち」とか「兵士諸君」ではなく、常に「戦友諸君《コンミリテイオーネス》」と呼びかけた。彼も彼らも全員が良きローマ人であり、敵と戦うことで共和政に奉仕し、それに伴って栄光と戦利品を獲得したが、それを全員が共有するよう、カエサルは持ち前の気前良さで配慮したのである。彼らはすでに二つの偉大な勝利を手にしていた。軍司令官およびその将校たちと軍団兵との間の相互的な信頼関係は、彼らが互いのことを知り、信頼しあうにつれて徐々に高まっていた。自分たちとその部隊に対する誇りもまた時間をかけて育まれた。銀や金の象嵌《ぞうがん》で飾られた武器が作られ、たいていは勇気の証として与えられて、受け取った者を並外れた兵士として際立たせ、特別な存在という自覚をもたせたのであった。ローマ軍の制度は常に、兵士たちの大胆さを奨励するよう求めていたが、カエサルの軍団ではこの理想が極限まで推し進められたのである*6。

カエサルはその冬のほとんどをアルプスの南側で過ごしたから、訓練の大部分はおそらくその総督代理、軍団副官、百人隊長たちが監督したのだろう。かつてカエサルはガリア・キサルピナの住民たちの権利を代弁したが、今では属州総督としてこの地域の人々のとりわけ貴族層の継続的な支持を得るために最善を尽くしたのである。ガリア出身の多くの市民を自分のスタッフとして登用したが、その多くはガリア・トランサルピナの諸部族出身の貴族だった。最初の戦役であのように際立った役割を果たしたウァレリウス・プロキッルスの他にも、のちに『戦記』で言及された人々がいる。ガリア人の歴史家ポンペイウス・トログスの父もカエサルの部下として仕え、その書簡の一部を管理する責任者となった。カエサルはこの人物には言及していないが、数多くの書記のひとりで、この属州総督の膨大な通信を取り扱うのを手伝ったのかもしれない。軍勢の戦列を見回るために馬に乗って走っている時でさえ、カエサルは一度に二名の秘書に口述することができたと言われている。手紙はローマの有力者たちに送られることが多く、たいていは代理人のバルブスによる個人訪問で補強された。手紙の流れは一方通行ではなく、プルタルコスが伝えるところでは、当初から多くの人々がカエサルに、スタッフとしての登用といった便宜を図ってもらおうと北をめざして旅したという。カエサルはいつも、依頼に応えて貸しをつくるのに熱心で、ほとんど常に喜んでいかなる要求にも応えたのである。もっとも、彼に近づいてきた人々の大部分は依然として、落伍者か、有力者との人脈を持たない者だったようである[*7]。

カエサルは社交上、地元の貴族層を歓待し、歓待されたが、彼らの多くは市民権を得てからまだ一世代かそこらしか経っていなかった。スエトニウスによれば、カエサルの二つの食堂は通常、一方は将校たちとギリシア人のスタッフたち、他方は一般の市民たちで満員だった。メディオーラーヌム（現ミラノ）でのこと、カエサルがウァレリウス・メトなる人物の邸宅で晩餐をとっていたところ、出席者に出されたアスパラガスに、普通のオリーブ油ではなく、誤って苦い没薬が振りかけられていた。カエサルは何も言わず、表情も変えずにそれを口にし、同行者たちが大声で不満を鳴らすのを叱責した。ローマで最古の家系のひとつに生まれたパトリキは完璧な客人で、いつも陽気な仲間であった。ローマのエリート層にはおなじみの、気の利いた、時に哲学的あるいは文学的な会話を、現地の貴族層の多くがカエサルに提供することができたかどうかは不明である。たとえ彼らがローマでの洗練された晩餐の基準に合わなかったとしても、多くの将校たちの高度な文学的関心が、カエサルにそうした気分転換を提供したことは間違いない。カエサルはポー川流域の出身であった詩人カトゥッルスの父とも親交があった。息子はローマに行って、政界でいくつかの階段を上ったのち、それを放棄して詩作に専念したのである。作品の多くが恋愛を題材としているが、カトーやカエサルといった当時の有力者に対する強烈な風刺も少なくない。そのひとつでカトゥッルスはカエサルを「貪欲で恥知らずないかさま師」と評しているが、別の詩ではさらに下品に、——他の事柄に加えて——この将軍と彼の部隊長のひとりであるマムッラとが同性愛関係にあると述べている*8。

女のようなマムッラとカエサルとが憎むべき放蕩者たちであることは衆目の一致するところであって、どちらについても驚くに値しない。染みのように、一方はローマから、他方はフォルミアエから、互いに深く痕を残し、決して拭い去られることはないであろう。病人のように、ひとつのソファに揃って座る姿はまるで双子であり、どちらも素人作家のくせに、互いに道ならぬ恋に貪欲で、恋愛の敵であり友である。彼らが憎むべき放蕩者たちであることは衆目の一致するところである*9。

カエサルは激怒したが、この詩人の父と絶交したりはせず、カトゥッルス本人が謝罪すると、すぐに彼を晩餐に招待したのであった*10。

カエサルとマムッラが愛人関係にあると真に受けた者は誰もいなかっただろうが、マムッラは人望のある人物ではなく、他の詩でもカトゥッルスの悪意にさらされている。ニコメデス王との噂があってから、カエサルはいまだにこの手の話には神経質だった。しかし、この属州総督がガリアにいた間も女遊びを続けていたという見方は広く――確実に正しく――受け入れられていた。数年後の凱旋式でカエサルの軍団兵たちは、彼がローマで借りた金をガリア人の愛人たちに無駄遣いしたと歌うことになる。タキトゥスは、紀元後七〇年のラインラントでの暴動にかんする叙述のなかで、あるガリア人の貴族がカエサルの子孫だと主張したことを伝えている。カエサルはガリア戦争の一時期、その人物の曾祖母を愛人にしていたというのである。その時期誰がカエサルの愛人であったかを知るのは困難だが、おそらくほとんどが属州内の貴族層の出身で、ひょっとしたらそれ以外の諸部族の出身者もまじっていたかもしれない。そのなかでも、特にローマ市民権を持つ女性たちは高い教育を受けており、カエサルがローマの既婚女性たちにあれほど求めてきた、気の利いた刺激的な会話を提供することができたことだろう。時にはたんに肉体的な快楽を求めたにすぎないこともあっただろうが[*11]。

ベルガエ人

冬場に自軍をセクアニ族の土地に残したことは、カエサルがガリア人の問題に対する介入を一時的なものとは考えていなかったことを示していた。カエサル自身も、これがいくつかの部族の指導者たちに動揺を与えたことを認めている。彼らは、アリオウィストゥスが追放されても、今度はローマの属州総督によって支配されるとしたら、自分たちは本当に得をしたのであろうか、という疑問を感じていたのである。冬の間中、アルプスの南側にいたこの属州総督のところには、ガリア北部の諸部族のひとつベルガエ人が非常に動揺していて、ローマに対する「陰謀」さえ計画している、といった噂や報告が届いていた。彼らはいくつかのガリア人・ケルト人諸部族の族長たち――カエサルによれば、王位をめざしていた者たち——に扇動されており、その族長たちは、そのような革命をローマの支配下にある地域で達成するのは困難だろうと判断したのであった。ベルガエ人も、ローマ人がひとたびガリア中部に住むケルト人を支配下に置いた——『戦記』では「平定した」という言葉が用いられている——なら、すぐにローマ軍は自分たちに向かって進軍してくるだろうと考えていた。その後の出来事を考慮すれば、これは理由のない心配ではなかった。カエサルはまさにそうしようとしていたからである。前年にガリア・トランサルピナの外に軍勢を連れ出して、まずはヘルウェティイ族を、ついでアリオウィストゥスを追い払ったことで、ローマは同盟者の利益を守るため積極的に介入するとカエサルは示したのであった。かつて、ローマの属州は境界線の周辺国と友好関係を維持していた。カエサルはローマの影響力が及ぶ範囲をもっと北に押し広げようとして、他の勢力がその地域を支配し、ついには属州の安全を脅かすのを防ぐために、それが必要なのだと主張した。これらの動機はローマの属州総督としてはまったく適切であったし、たとえカエサルの行動はその義務を過度に攻撃的な仕方で解釈していたとしても、依然として共和政の公職者としては適切な行為の範囲内に留まっていたのである。ポンペイウスも東方での戦役において同様にふるまったが、彼やカエサルの戦役は、これまで多くのローマの将軍たちが取った行動と規模において異なるにすぎない。彼らのうちでその後に自分の行動を理由として訴追された者はほとんどいないし、実際に処罰された者はさらに少ない。『戦記』でカエサルは、ベルガエ人はローマ軍に対抗して先制攻撃を計画し、これに着手したと述べているが、実際は彼も同じことをしていた。当時の基準では、どちらの行動も理由のないことではなかったのである[*12]。

カエサルはベルガエ人すなわちベルギー人という言葉をかなり曖昧に、北方に住むすべてのケルト諸部族を指して用いている。その地域はこんにちのベルギーよりも広く、オランダの一部だけでなく北フランスの大部分も含んでいる。「本当の」ベルガエ人は、こんにちのパ・ドゥ・カレーとノルマンディ北部に住んでいた諸部族であったと思われる。カエサルはベルガエ人は全員ガリア人だと考えていたが、彼らの多くはゲルマン人移住者の子孫であるとも述べている。すでに見たように、ガリア人とゲルマン人の区別は当時の史料が示唆しているほど常に明確ではないが、史料にはある程度の真実が含まれているであろう。紀元後一世紀末、タキトゥスもまた、ネルウィイ族とトレウェリ族はどちらもゲルマン系であると信じていた。カエサルの場合、ゲルマン人との関係について言及することは、ベルガエ人を非常に危険な、それだけにローマによって「平定」されるにふさわしい存在であると思わせる意図があったのだろう。ある部族が、自分たちは移動するキンブリ族とテウトネス族に抵抗した唯一の民族であり、他の部族はこれらローマの強敵の子孫であると誇ったことを、カエサルは念入りに伝えている。ベルガエ人はケルト諸部族以上に好戦的だったが、それはひとつには、彼らがローマの影響から非常に離れていたためだった。古代の著述家たちは、文明の贅沢品に触れることは人間を軟弱にするのに対し、質素な暮らしは生まれつき備わっている徳と勇気とが失われるのを防ぐと信じていた。考古学上の記録によれば、ローマの葡萄酒はその販路の近くの住民に比べ、ガリア北部ではあまり一般的ではなかった。ネルウィイ族はあらゆる輸入品を禁じていたが、その他の諸部族では貴族たちは葡萄酒を大切にしており、たとえ少量でも所持していれば、地位を固めるのに役立ったのである。ケルト人諸部族のオッピダに比べて、ガリア北部の城壁で囲まれた都市についてはほとんど知られていないが、概していくらか小規模であまり発展していなかったようである。いくつかの部族にはまだ王がいて、なかには強力な王も数名いたが、他の諸部族では貴族の評議会のほうが重視されていた。ひとりの王がその地域の大部分とブリテン島の一部までを支配していると言われたのは、わずか一世代前かそこらのことであった*13。

ひとりの強力な指導者の下での政治的統一はもはや存在しなかったが、ベルガエ人諸部族は、ローマ人に脅かされていると感じたなら協力して対処する意気込みを示したのであった。冬の間に、彼らは人質を交換して連合軍を形成することに合意し、それに各部族が一定数の戦士を派遣することになった。全軍を率いることになったのはガルバというスエッシオネス族の王で、これはそうした権利を有していたわけではなく、他の指導者たちが彼の能力を認めたからだった。カエサルは軍事行動に適した季節が始まる前に、自軍を集結させ始め、総督代理クィントゥス・ペディウス指揮下の二つの新しい軍団を、残りの軍に合流させるために送り出した。属州総督はガリア・キサルピナに留まり、指揮を引き継ぐために北に向けて出発したのは、軍用動物に飼料を与えられるほど十分に春になった頃であった。彼はすぐさま同盟諸部族に、さらに北方で起きている事を知らせるよう要請し、ベルガエ人が戦争の準備をしているとの報告を受けた。ローマ軍は北に進軍し、属州総督がいつもの速度で前進した結果、二週間以内にレミ族と接触した。彼らは、ケルト人ではなくベルガエ人であるとみられていた最初の部族だった。使節団が到着して、自分たちはローマに敵対したことはないと断言し、人質と穀物の供給というカエサルの要求をただちに受け入れた。カエサルが彼らに、自分が直面することになりそうな戦士の人数を尋ねたところ、部族が派遣する戦士の正確な一覧表がもたらされた。ベッロウァキ族は六万人を約束し、スエッシオネス族とネルウィイ族はどちらも五万人、モリニ族は二万五千人、アトゥアトゥキ族は一万九千人、アトレバテス族は一万五千人、アンビアニ族とカレティ族はどちらも一万人、その他の六部族がすべて合わせて五万人を提供し、戦士たちの総計は二八万九千人であった。これらレミ族が報告した数字を、カエサルは『戦記』に律儀に記載している。その計算を正確だと信じているかどうかまでは書かれていないが。この戦役の叙述は、連合軍が並外れて巨大であり、ローマ軍と比べても相当に大きかっただろうが、むしろ烏合の衆であった、ということを示唆しているのである。カエサル自身も、各部族の全員が集結しないよう確実な手を打つべく、ディウィキアクスに話をつけてアエドゥイ族にベッロウァキ族を攻撃させ、その戦士たちを防御に専念させ彼らの土地に釘付けにすることにした*14。

レミ族はスエッシオネス族と密接な関係にあり、同じ慣習と法律に従い、時には共通の指導者たちに支配された。彼らがただちにローマ人に帰順したのが、突然現れたカエサルに抵抗しきれないと現実的に悟ったからなのか、それとも他の諸部族との敵対関係やそれらの脅威に基づくものなのかを知ることは難しい。確かなのは、レミ族がベルガエ人連合軍の最初の標的であり、その軍勢はレミ族の主要な町のひとつであるビブラクス（おそらく現ヴィユー・ラン）を攻撃するために進軍していたことである。カエサルはこの部族の境界線に流れていたエヌ川を渡って進軍し、向こう岸に宿営地を建設した。総督代理サビヌスが指揮する別働隊は川の反対側に残して、橋を守る砦を建てさせた。ビブラクスとはおよそ八マイル離れていたが、その指導者は――カエサルへの使節団を率いた族長のひとりであった――このとき使者をよこし、援軍なしではこれ以上持ちこたえられないと伝えてきた。この知らせを持ってきた者たちに案内させて、属州総督はヌミディア兵、クレタ兵、バレアレス諸島の軽歩兵を闇に紛れてその町に忍び込ませた。ベルガエ人が用いた要塞の攻略方法は単純だった――投石器による石やその他の飛び道具を一斉射撃して守備兵を釘付けにし、他の戦士たちが頭上に盾をかざしつつ前進して城壁の土台を破壊するのである。カエサルから派遣された腕の立つ弓兵と投石兵のせいでこれがきわめて困難になったのだろう、ベルガエ人はその試みを放棄し、周辺地域を略奪し、田舎に点在する小さな村々や農場に放火することで満足した。それから彼らはカエサルに対峙するために移動し、ローマ軍から二マイルの距離に野営したが、両者の間には谷があった。カエサルによれば、ベルガエ人たちの無秩序に広がった野営地での焚き火は、およそ八マイルの範囲に及んだ*15。

その後の数日間、両軍は互いに様子を見ていた。騎兵の小競り合いがあり、それによってカエサルはこの新しい敵の強さを見極め、自軍の兵士たちがほとんどの場面で敵の強さをはるかに上回るだろうと判断した。カエサルの宿営地はエヌ川を背にした高台の上にあった。正面の斜面には戦闘経験の豊富な六個軍団を配置し、最近召集したばかりの二個軍団は宿営地の守備に残した——ヘルウェティイ族相手の配置をくり返したのである。自然の地形で側面を保護することはできなかったので、軍団兵たちは戦列に対して直角後方に向かって伸びる四〇〇歩（およそ一三〇ヤード）の壕を両側にめぐらせた。それぞれの壕は小さな砦に続き、そこにはスコルピオすなわち小型投射器が据え付けられた。スコルピオは、ベルガエ人が持っているどんな飛び道具よりもはるかに遠くまで、とてつもない威力で正確に、重たい木製の矢を発射することができる兵器だった。かつてスッラも、数ではるかに上回る敵軍から自軍の側面を守るため、陣地にほぼ同様にして塹壕を掘ったことがあった。ベルガエ人は、ローマ軍の陣地を正面から攻撃するまでに、ゆるい斜面を上りながら前進しなければならず、そのような布陣の利点は前年のビブラクテ近郊で十分に証明されていたのである。ベルガエ人にとってさらに不利なことに、両軍をへだてる谷の底には小川と湿地帯があった。これらは突破不可能な障害物ではなかったが、攻撃を遅らせ、戦列が秩序を乱すおそれがあった。攻撃者に相手が、前進を続ける前に立ち止まって戦列を整える機会を与えてくれるとは考えられなかった[16]。

カエサルの陣地は強固だったから、最も激しい敵の攻撃でさえ撃退する自信が彼にはあった。しかし、地元のベルガエ人は自分から破滅へと進む気配はなく、谷の向こう側に整列することで満足し、ローマ人が沼地を渡ってきて、不利な状況で戦うのを待っていた。これは、非常に強固な陣地を手に入れた軍司令官が常に負うべき危険であった。というのも、あまりにも有利なことが明らかであれば、敵方から仕掛けてくる動機はほとんどないからである。両軍ともその騎兵を前進させ、同盟者の騎兵は、カエサルが彼らを引き上げさせるまで、ベルガエ人の騎兵に対してわずかに優勢であった。大規模な戦闘には発展しないとわかると、ローマの各軍団は宿営地に戻って休むよう命じられた。同様の結論に達したのか、ベルガエ人の指揮官たちは軍勢の一部をエヌ川の浅瀬に送り、橋を守っている砦を落とすことでローマ軍の補給線を脅かそうとするとともに、新しい同盟者であるレミ族の農地を略奪してカエサルを引っ張り出そうとした。橋にある前哨基地から新たな脅威を知らされると、カエサルはこれに応えて、自らヌミディア騎兵と他の軽歩兵を率いて川の向こう岸に戻った。彼らはベルガエ人の戦士たちを、まだ数名しか渡河していなかった時点でなんとか捕捉した。騎兵が彼らを取り囲んで攻撃した一方、飛び道具部隊は、他の戦士たちが水中を歩いていたところへ一斉射撃を浴びせかけた。甚大な損害を被って、ベルガエ人は退却したのであった。

いかなる部族であれ、軍勢を一定期間戦場に留めておくことは至難の業だった。なぜなら、彼らの補給対策は本当に必要最小限となる傾向があったからである。戦士たち、あるいは多くの部族で戦闘に同行していたその妻や従者たちは、一定量の食糧だけを携行していたことだろう。夏の数か月間は、食糧を発見したり農村から略奪したりすることが多かったが、この方法で得られる量は限られていて、もしその軍勢が一定期間一か所に留まれば、たちまち食べ尽された。紀元前五七年におけるベルガエ人の軍勢は、たとえ我々がその数字をいくらか慎重に取り扱わなければならないとしても、並外れて巨大であって、補給の問題は相当に深刻化していた。ビブラクスに対する攻撃も、渡河してローマ軍の背後に回りこむ作戦も失敗した。カエサルは、ベルガエ人がきわめて不利な場所へ敢えて進んだ場合に限って、戦う意志があることを見せていた。敵がローマ軍の陣地を攻撃しようとしないのは、彼らがおじけづいているからだと兵士たちに伝えてあったのは間違いない。ガルバとベルガエ人の族長たちも同じように、ローマ軍が丘の上から降りてこようとせず、壕をめぐらせたのは、こちらの力を恐れていることの証であると、戦士たちに断言していたことだろう。この戦役は今までのところ特にベルガエ人の優勢ではなかったが、彼らはこの新たな敵に対して人数と自信とを示してきたから、カエサルは彼らの主力を攻撃する危険を冒そうとはしなかった。ガルバとその他の指導者たちが、自分たちが強さを示したことで、カエサルにさらなる侵攻を思い留まらせるには十分だろうと考えた可能性もある。部族間の戦いではしばしば、誇示と意思表示の要素が強かったように思われる。だから我々は必ずしもカエサルに従って、ベルガエ人の次の行動を純粋に実務的な意味に解釈する必要はないのである。もっとも、実務上の要因は否定できない。なにしろ、その軍勢の食糧はほとんど尽きていて、これ以上長くその地に滞在することはできなかったからである。さらに、アエドゥイ族がカエサルとディウィキアクスとの取り決めに従って、ベッロウァキ族との境界線に進軍しているとの知らせが届いた。軍勢に同行していた長老の族長たちの会議で、ベルガエ人は解散して、おのおの食糧を簡単に調達できる故郷に帰還することになった。今後数か月間にカエサルに攻撃された部族があれば救援しに行くことを互いに約束して、この大軍勢は解散した。それは秩序だって行なわれたわけではなく、個々の指導者と集団とが荷物をまとめ、夜のうちに立ち去っただけであった*17。

ローマ軍の前哨基地はベルガエ人の軍勢の騒がしい出発を知らせたが、カエサルは罠かもしれないと疑った。前年のヘルウェティイ族に対する奇襲攻撃の失敗から、夜間の作戦行動にかんして慎重になっていたのかもしれない。夜明けとともに偵察隊が派遣され、敵は本当に立ち去ろうとしているだけで、退却を隠そうとすらしていないことが確認された。ペディウスとコッタが指揮する騎兵が出発し、近接支援のためにラビエヌスが三個軍団とともに彼らに続いた。抵抗はほとんどなく、ローマ軍の追撃から逃れる際に、多数のベルガエ人戦士が殺害され、あるいは捕らえられた。当分の間はこの大軍勢は散り散りになった——各部族が再びその兵力を再結集することができるようになるまでには、しばらく時間がかかるだろう。彼らにそのような時間はないとカエサルは確信したのだった。翌日には、レミ族の領地と境を接するスエッシオネス族に向けて行軍した。強行軍で彼らの主要な町のひとつであるノウィオドゥヌムに到着した(カエサルが言及している他のベルガエ人のオッピダのほとんどと同じく、その正確な場所は不明だが、おそらくこんにちのソワソン近郊か)。その町には守備隊がいないとの報告を信じたカエサルは、兵士たちをまっすぐ攻撃に送り出した。実際に抵抗してきた戦士はわずかだったが、ローマ軍ははしごその他の攻城兵器もなく、わずかな手勢では反撃を押し返せなかった。この失敗ののち、カエサルはこの攻撃にきちんと取り組むべきだと確信し、兵士たちに城壁を乗り越えさせるために、接城提、攻城塔、移動小屋を作成させた。町はまだ封鎖されておらず、散り散りになった軍勢から多くの戦士たちがなかに避難していた。だが彼らの士気はゆらぎ、ローマ軍の攻城兵器を見ると意気消沈してしまったのであった。スエッシオネス族は降伏し、レミ族が彼らのためにとりなしたので、有利な条件を得た。彼らは有力者の家族から人質を差し出したが、そのなかにはガルバ王の二人の息子も含まれていた。そしてまとまった数の武器を引き渡した——おそらくは武装解除を象徴する量だったと思われる*18。

カエサルは、有利な状況にあるうちに移動する必要があり、今度はベッロウァキ族を攻撃した。彼らも同じように大した抵抗を見せず、速やかに降伏した。今回、彼らのためにとりなしたのはアエドゥイ族のディウィキアクスで、彼は両部族の間の長きにわたる友好関係を説明したのだった。ベッロウァキ族が最近敵対的であった責任は、アエドゥイ族とローマとの同盟を隷属と考えた数人の族長たちにある、彼らはいまやブリテン島に逃亡し、もはやこの部族の政策に影響を与えることはできない、と。カエサルは喜んで嘆願を聞き入れ、先と同様の寛大な条件でその降伏を受け入れたが、実際には六〇〇人の人質を要求して受け取っており、これは明らかに通常よりもはるかに多かった。カエサルがディウィキアクスとアエドゥイ族の顔を立てようとしたこともこの理由のひとつであるが、可能な限り多くの構成員を取り除くことで、自分に刃向う連合軍を弱体化させることも重要だった。人質の数の多さから、スエッシオネス族の貴族層に属する家族のほとんどがカエサルの宿営地に誰かを送った可能性が高く、彼らが間違っても再び戦争を引き起こす気にならないようにする意図があったことは明らかである。『ガリア戦記』を通じて人質にかんする言及は頻繁にあるが、カエサルとの条約を破った諸部族から人質となっていた者がどうなったのか、カエサルは一度も述べていない。そのような場合に、ほとんどが処刑されなかったとしたら驚くべきことであろう。このようにして二つの強力な部族を個々に処理した後で、カエサルが次に攻撃したのはより小規模なアンビアニ族で、彼らもただちに降伏した。ベルガエ人がその年の初めに召集したと言われていた兵力のうち、優に三分の一以上がすでに打ち負かされ、カエサルの勝算が高まってきた。しかし、昨日までのたやすい勝利は過去の物となり、抵抗は激しくなっていったのである*19。

サンブル川の戦い

次にカエサルが向かったのは北西の方角にいたネルウィイ族で、彼らは依然として戦う意志を見せている最大の部族であった。

三日後、ローマ軍の縦隊はサンブル川までおよそ一〇マイルのところにいたが、尋問の結果捕虜が明らかにしたところによると、ネルウィイ族の軍勢は向こう岸で待ち構えていた。彼らにアトレバテス族とウィロマンドゥイ族も合流していて、もうひとつの部族、アトゥアトゥキ族がこちらに向かっている途中だった。レミ族の見積もりによれば、ネルウィイ族、アトレバテス族、ウィロマンドゥイ族は初夏に召集された連合軍に七万五千人を派遣していたが、カエサルはこの戦いでネルウィイ族をさらに一万人多く勘定している。すでに見たように、この数字の信頼性は疑わしく、おそらく個々の軍勢はさきの作戦によって弱体化していたであろうし、まだ軍勢に合流することができなかった戦士たちの分、数も減っていたはずである。おそらくその地域のどこかに集結したカエサルの八個軍団は三万から四万人、数千の騎兵と同数の軽歩兵によって支援されていた。ネルウィイ族とその同盟者たちは少なくともカエサル軍とほぼ同数、おそらく数的にかなり優位に立っていたと思われるが、ローマ軍の二倍まではいたらなかっただろう。ベルガエ人は戦いを決意し、女子どもその他の非戦闘員を、近づきにくい沼地の奥にある避難場所へ送った。彼らのところには、同盟者あるいは人質としてカエサルとともに行軍しているガリア人やベルガエ人によって、情報が秘密裏に送られていた。それによれば、カエサル軍の通常の行軍隊形は、各軍団が離れて、自分たちの輜重を守るように隊列を形成するというものであった。つまり、戦闘部隊が八つの主要な部分に分かれ、それらの間に奴隷、輜重、軍用動物の煩わしい隊列が挟まれていたわけで、戦列を形成するのが難しくなっていたと思われる*20。

そのような隊形はローマ軍を脆弱にしていて、ネルウィイ族は慎重に自分たちの場所を選んだ。いつものように、この戦闘が行なわれた正確な場所について確実なことは何もないが、モーブージュの数マイル以内であった可能性がきわめて高いと思われる。ネルウィイ族は前にもこの場所で侵入者を撃退していたのかもしれない。彼らは明らかにカエサルがどこで渡河するかを知っており、おそらくそれはカエサルが通ったルートが、彼らが取引のための移動に用いたり車を動かしたりした、十分に踏みならされた道だったのかもしれない。その川は、両側が低い丘になっていて、この季節には深さもおよそ三フィートほどしかなく、渡河は容易だった。向こう岸は、谷の斜面が二〇〇歩ほどは開けているが、そこから先は木々が生い茂り、待ち伏せに格好の場所だった。ローマ軍が近づきつつある側の岸では、地面が濃く高い生け垣で分断されていたが、それは敵の騎兵による襲撃を防ぐためにネルウィイ族が作ったものだった。これらは移動と視野の両方を妨げる障害物となっていて、ひとたびこの地点を越えたら、武勇の誉れ高い部族が迎え撃つであろうという、明確な意思を侵入者に示そうとしていたのである。いまや彼らはカエサル相手にこれを実証しようとしていて、先頭の軍団の背後に輜重隊が現れたらただちに総攻撃を開始することになっていた*21。

捕虜たちは――おそらく主力に先行していた騎兵の偵察隊や斥候によって捕らえられたのだろう――渡

河は激戦になるであろうとカエサルに警告した。その結果彼は行軍隊形を変更し、敵軍に遭遇する危険がある時の標準的な配置と彼が呼ぶ形を取った。騎兵と軽歩兵を先遣隊として、経験豊富な六個軍団が荷物を背負わずに行軍し、荷物はすべて集積されて最後尾に付いている新しい二個軍団によって守られた。特にこの日は第十軍団が先頭であり、第九、第十一、第八、第十二、第七軍団と続いていた。

百人隊長たちの一団は前方の偵察隊に同行し、その夜の宿営地の用地を選択して境界を確定する任務を帯びていた。壕と掘り上げた土で作られた土塁とで守られた宿営地の建設は、戦場におけるすべてのローマ軍の標準的な慣行で、近代の歩兵が移動後に塹壕を掘るのと同じだった。宿営地は、建設に数時間を要したが、突然の敵襲に対しては安全だった。決められたデザイン通り配置されていたので、どの部隊も自分の居場所を知ることができた。百人隊長たちは川岸に近い丘の上に用地を定めた。主力が到着し始めると、騎兵と軽歩兵が水しぶきを上げて川を渡り、敵が占領している土手に対して立ちはだかった。部族の軍勢は大部分が木々の間に隠れていたが、いくつかの集団が飛び出してきてローマ軍と小競り合いを始めた。ネルウィイ族には騎兵がほとんどいなかったので、その戦いで補助軍は容易に持ちこたえたが、追撃しすぎて森に入らないように気を配っていた。各軍団は到着すると宿営地を建設する仕事を開始し、荷物が下ろされ、兜、盾、ピールムが積み上げられたが、軍団兵たちは普通、作業中も鎧を身に着けていた。それぞれの総督代理は自分が指揮する軍団を監督した。カエサルが彼らに――おそらくは常駐の監督者として――宿営地が完成するまでは兵士たちの傍にいるように指示していたからである。武装したままの軍団兵からなる小規模な分遣隊が前哨として派遣されたかもしれないが、敵の総攻撃から働き手を守るための現実的な方策ではなかった。

前年にカエサルは、アリオウィストゥスの軍勢の間近で行なった宿営地の建設を援護するために、各軍団の第一列と第二列は敵に対峙する戦列として残しながら、第三列の各大隊を作業に回していた。ナポレオンもその他の解説者も、ここで同様の手段をとらなかったカエサルを批判しているが、それはもっともである。カエサルは、敵が川の向こうのどこかに集結していることをすでに知っていたし、向こう岸で自軍の騎兵と軽歩兵が彼らと小競り合いしているのを見ていたことだろう。ネルウィイ族とその同盟者たちが近くにいるのだから、攻撃される可能性はあったが、カエサルはその可能性は低いと判断したのだろう。その日はかなりの距離を前進し、敵も自軍の前哨部隊を悩ませる以上のことは何もしてこなかった。数週間前にはこれ以上に大きな軍勢と対峙していたが、彼らはいくらか困難な地形を越えて攻撃しようとはしなかったし、川は安全な障壁のように思われた。自軍の大部分を武装させたままにしておくことは宿営地の建設を遅らせることになったであろう――紀元前五八年に第三列の各大隊が建設したのは全軍のではなく、たった二個軍団のための宿営地であった。意識的な決断かたんなる怠慢か、おそらくはこの数週間に三つの部族を簡単に打ち負かした後で油断したせいだろうが、カエサルは作業中の軍団を守らないという危険を冒した。それはあやうく致命的になるところであった[*22]。

ベルガエ人は、攻撃を待つ間驚くべき規律を発揮した。軍勢の指揮官たちは――ネルウィイ族の族長であるボドゥオグナトゥスという人物が全体の責任者であった――ローマ軍の輜重隊が現れるまでは待つことで意見が一致していた。この輜重隊は彼らが予期した先頭の軍団の後には付いていなかったのに、戦士たちは落ち着いていて、密集したローマ軍の輜重隊が谷の向こう岸に見えて初めて、森から抜け出て前進したのであった。ローマの補助軍である騎兵と軽歩兵に敵の総攻撃に対する抵抗を期待することはできず、彼らはただちに退却した。ベルガエ人は各部族の軍勢ごとに木々に隠れながら戦列を形成し、急速に斜面を駆け下りて川を渡った。その過程で多少は秩序が失われ、対岸の垣根のために、さらに戦列は分散しただろう。にもかかわらず、彼らはローマ人よりもきちんと戦闘準備を整えており、ローマ人は戦列らしきものを形成するのがやっとだった。ヘルウェティイ族とアリオウィストゥスとの戦闘は――実際にこの時代で最も大きな衝突であった——周到に準備され予想された事柄であって、来たるべき衝突に備えて慎重に戦列を配置し、兵士たちを勇気づけるのに数時間が費やされた。今回はまったく違っていて、「カエサルはすべてを同時に行なわなければならなかった。武装して起立する合図である軍旗を掲げ、兵士たちを作業から呼び戻すためにラッパを鳴らし、土塁のための資材を探して遠く離れていた兵士たちを連れ戻し、戦列を形成させ、兵士たちの名前を呼び、戦闘開始の合図を下した*23」。

属州総督は同時に一か所にいることしかできなかったので、のちに、彼の指示を待つことなく最寄りの部隊の組織に取りかかった総督代理たちに敬意を表したのであった。同様に、軍団兵も百人隊長も取り乱すことなく、しばしば、たまたま居あわせた者でその場しのぎの部隊を形成し始めた。驚くべき速さで戦列がひとつにまとまり始め、いつもよりは整っておらず、立派でもなかった——盾から革製の覆いをはいだり、徽章と羽飾りを兜に取り付けたりするひまはなかった——としても、抵抗を始めることはできた。その一年前であれば、カエサル軍がこのような危機にこれほどまでうまく対応したかどうかは疑問である。その時は軍と指揮官がまだお互いになじみがなく、訓練と勝利から生まれる自信とに基づく団結力を、まだ築き上げていなかったのである。カエサル自ら馬に乗って各軍団を順番に回ったが、最初に来たのはお気に入りの第十軍団で、ぼろぼろの戦列の左翼にいた。彼らに励ましの言葉をいくつかかけると、落ち着いて証明済みの勇気を思い出すよう命じた。ベルガエ人は——この翼にいたのはほとんどがアトレバテス族であった——およそ一〇〇ヤード以内にいたので、カエサルは第十軍団に攻撃を命じ、彼らはかなり効果的に働いた。ピールムの一斉投擲は敵の最前列を突き破り、アトレバテス族を停止させた。この地点の斜面はローマ側にきわめて有利で、敵は急襲したことで疲れていたので、第十軍団とお隣の第九軍団は間もなく斜面を下って敵を押し返した。中央では第十一軍団と第八軍団も持ちこたえていて、ウィロマンドゥイ族を川へと追い払った。右翼と中央のベルガエ軍は崩壊寸前であり、第十軍団と第九軍団はサンブル川を渡ってはるか斜面のほうまで敵を追撃したほどだった。しかし、ベルガエ人の攻撃の中核である、ボドゥオグナトゥス本人が指揮するネルウィイ族の大半は、ローマ軍の右翼にのしかかっていた。何が起こっていたのかをローマ軍の将校たちが理解するのは難しかった。高い垣根によって視野が制限されがちだったからである。しかし本能的にか、明確な認識によってか、属州総督はその場所へ全速力で駆けていった[*24]。

第十軍団に声をかけた後で、カエサルは右翼へと急ぐと、そこでは兵士たちが追い詰められているのを目にした。第十二軍団の軍旗は一か所に集まり［部隊の隊形にかんする省略表現である］、軍団兵はひしめき合って、それがお互いの戦いを邪魔していた。第四大隊の百人隊長は全員倒れ、旗手は死亡し、その軍旗は奪われた。残る大隊の百人隊長もほとんど全員が戦死したか傷を負っていた。第一中隊のセクストゥス・ユリウス・バクルスもそのひとりであり、並外れて勇敢な男であったが、多くの深手によって弱り果て、もはや立っていられなかった。他の兵士たちも疲れており、戦いを止めて後方に下った者のなかには、飛び道具の届かないところまで退却する者もいた。敵は正面から少しずつ前進して斜面を上り、両側面に肉薄した。状況が切迫し、使える予備兵も残っていないことを見て取ったカエサルは、後方の兵士のなかのひとりから盾をもぎ取ると――彼は自分の盾を持ってきていなかった――前進して最前線に入ると、百人隊長の名前を呼び、兵士たちを勇気付け、彼らが剣を使いやすいように、戦列を前進させ、部隊を横に広げるよう命令した。カエサルの到着は兵士たちに希望を与え、戦意を甦らせたので、誰もが、たとえこのような絶望的状況であっても、将軍の見ている前で最善を尽くそうと思ったのであった。敵の前進はしばらく食い止められた[*25]。

ローマの将軍たちは最前列のすぐ後ろで指揮を取るのが普通であって、飛び道具や、敵の指揮官を倒して名声を得ようとはやる豪胆な者による攻撃を受ける危険を冒していた。このように将軍たちが自軍の兵士たちとある程度の危険を共有することは、指揮する者とされる者の絆を深める重要な要素のひとつであった。今回カエサルがさらに一歩進んで、ただちに最前列に加わり、個人的な武勇を示したのは、指揮官に求められる高い能力と同等に不可欠な、貴族の武勇の一側面であった。兵士たちとともに踏み留まって戦い、必要ならば兵士とともに死ぬのを厭わないことは、カエサルとその兵士たちの間に育まれた信頼感が高まってきたことの確かな証だった。カエサルはその場で自分の周りにいる兵士たちを——百人隊長は個人的に、一般の軍団兵たちは「戦友たち」とか部隊ごとに——励ますと、彼らの配置を改善した。ポンペイウスについては、兵士たちと前線で戦ったり、剣や槍で英雄的に敵を打ち倒したりといった数多くの逸話がある。アレクサンドロス大王もこのようにして戦闘に臨んだから、ポンペイウスは彼と比較されることを大いに喜んだ。カエサルも個人的な武器の扱いには非常に長けていたと言われているが、実際に戦ったことはこの叙述のなかで言及されていない。それは意図的に謙遜してみせたのであって、盾を借りたという事実に触れることで属州総督の英雄的な行為を暗示し、読み手自身に想像させようとしているのかもしれない。ただし、カエサルが自分の個人的な武勇を強調しようとしているようには思えず、むしろ指導者、軍司令官としての自分の役割に光を当てようとしている。結局のところ彼の叙述が伝えているのは、サンブル川の戦いは兵士たちの戦いであって、最終的に勝利したのは軍団兵たちの決意と規律のおかげだったということなのである。

戦闘中の小休止の間に、カエサルは第十二軍団と第七軍団を再配置し、彼らを後退させて、おおよそ方陣あるいは円陣を形成し、どの方向からの攻撃も防御できるようにした。戦闘中のこのような小休止はよくあることで、全員が前方に殺到して敵と入り乱れ、一対一で戦って、ものの数分で戦闘が決着するとい

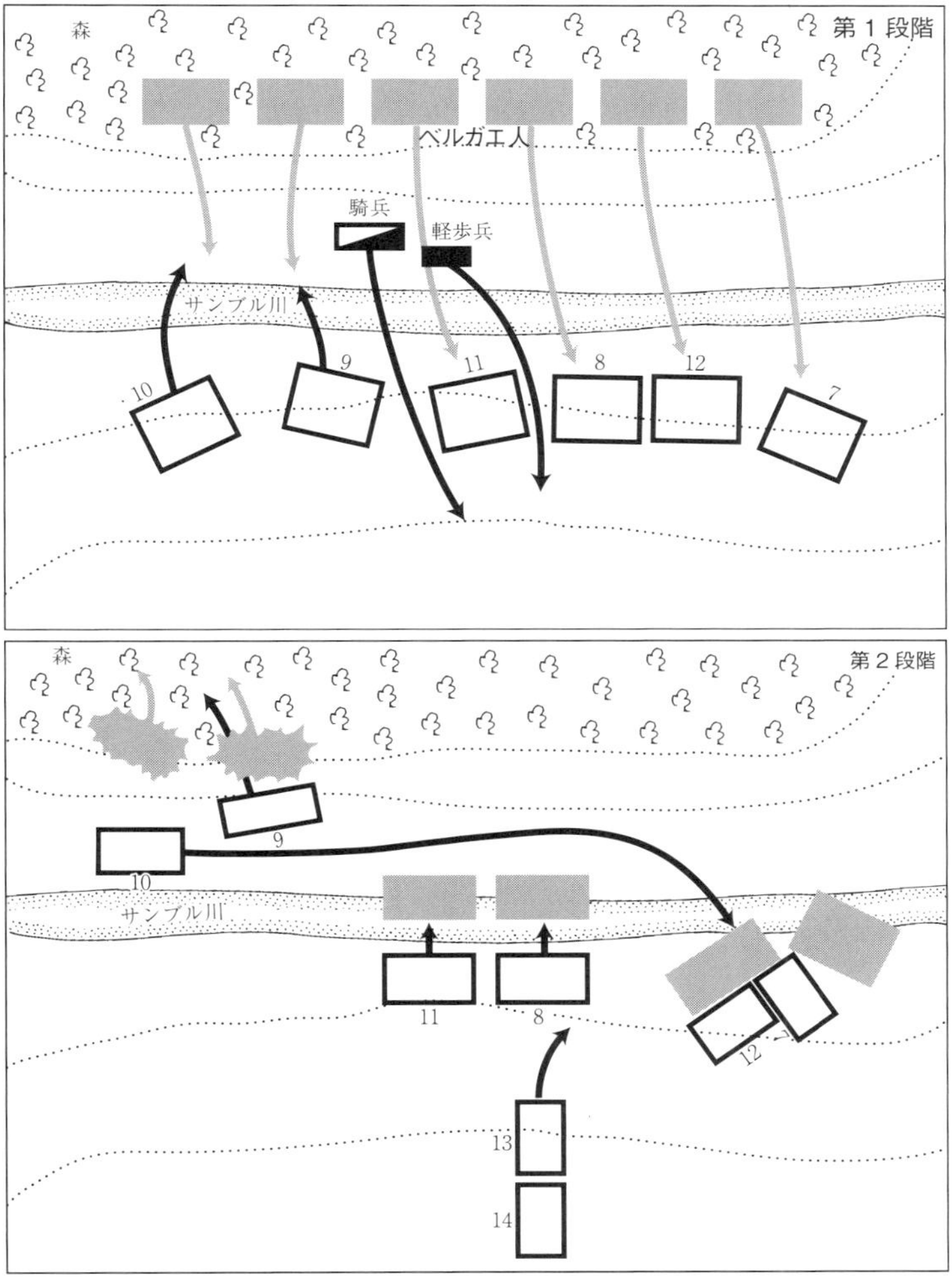
森
第１段階
ベルガエ人
騎兵
軽歩兵
サンブル川
10
9
11
8
12
7
森
第２段階
9
10
サンブル川
11
8
12
7
13
14

サンブル川の戦い

う、ハリウッド的な壮絶な戦いのイメージとは対照的である。戦闘は通常、数時間は続くが、接近戦は肉体的にも精神的にも過酷であり、短時間の猛烈な突進の際に行なわれると、いったん戦列と戦列はわずか数ヤードの距離で隔てられ、呼吸を整えて、興奮を十分に高めてから再び接近するのが一般的だったようである。カエサルが到着した時、戦列は崩壊しつつあり、兵士たちは危険から逃れようと後方の列から抜け出そうとしていた。百人隊長の多くが戦死したか傷を負っていて、敗走は目前に迫っているかのようであった。彼が模範を示したことで――その対象がそこにいた他の将校たちであったことは間違いない、というのも、彼は百人隊長たちを勇気付け、軍団副官たちを通して隊形の変更を命じていたのである――さしあたり状況は安定したが、二個軍団は依然として猛攻を受けていて、崩壊はまさに時間の問題だった[*26]。

ローマ軍の右翼はもちこたえている状態だったが、他の所では戦闘の決着は付いていた。輜重隊を守って隊列の後方を行軍していた二個軍団がベルガエ人の視界に入った時、彼らはローマ軍の右翼を迂回して丘を駆け上がり、宿営地そのものを攻撃しようとしていた。新手のローマ軍の到着はそのベルガエ人を意気消沈させ、彼らを目にしたローマ軍を勇気付けたのである。ラビエヌスは勝利を収めたローマ軍の左翼を担当していたが、彼自身の判断で第十軍団を、再び川を渡って他の軍勢を援護するために派遣した。この軍団は、事態がうまくいっていないことを認識し、ネルウィイ族のところに急行してこれを後方から攻撃した。これでローマ軍の右翼は前進できるようになり、対峙している戦士たちを追い払った。その間に、輜重隊に同行していた奴隷までも再結集した騎兵と軽歩兵と合流して、宿営地の周囲にいたベルガエ人に反撃した。ネルウィイ族はすぐには退くことなく、多くの者がしばらくの間戦い続けた。カエサルによれば、戦士たちのなかには仲間の死体の山の上に立ってまで戦い続けた者もいた。これが誇張であることは間違いないが、彼がきわめて間近から見た戦闘の激しさを証言している。彼が伝える、この部族が被った犠牲者の数は——六万人の戦士たちのうち生き残ったのはわずか五〇〇人、六〇〇人の族長たちはたった三人になった——これまた大いに水増しされていることは明らかで、実際に『戦記』の後のほうの巻における彼自身の言葉によって反証される。とはいえ、損害は甚大であり、争いを続けようというネルウィイ族とその同盟者の意志は完全に打ち砕かれたのであった。使節団が派遣されて属州総督に降伏の意を伝えると、カエサルは彼らに、今後は自分たちの境界内に留まること、そしてどの部族に対しても攻撃を仕掛けないことを命じた。カエサルは近隣の諸部族にも、現在脆弱な状態にあるネルウィイ族を襲撃しないよう指示を与えた*27。

掃討戦

アトゥアトゥキ族はこの戦闘が終わるまでに他の諸部族と合流していなかった。敗北を知った彼らは祖国に帰還したが、ローマに服従する姿勢を示すことなく、自暴自棄になって防衛戦の用意を整えた。彼らは、岩だらけの丘の上という自然の要害に位置する、城壁で囲まれた町ひとつだけに陣取ることにし、それ以外の町から人々を呼び集めた。カエサルが包囲を試みた場合に備えて、人々を支えるために食糧が集められた。守備隊は自信に満ちており、そのことを示すように、ローマ軍が到着して町の外に宿営地を建設すると、出撃して彼らを攻撃しようとした。カエサルは各軍団に命じて丘の周囲に壕と土塁とをめぐらせ、町をぐるりと囲むように狭い間隔で砦を建ててこれを強化した。それは全部でおよそ四三〇〇ヤード続き、比較的小規模な要塞であったことをいくらか示唆している。おそらくその砦には以前にエヌ川で用いられたような小型の投射器が設置され、じきに守備隊が危険を冒して城壁の外に出るのを阻止した。アトゥアトゥキ族は出撃することができなくなったが、初めのうちはローマ軍によって作られた接城提や攻城塔を侮っていた。カエサルは、彼らが「ちびのローマ人」と嘲笑したことを伝え、ガリア人は全般的に、イタリアの軍団兵が小柄なことを軽蔑していたと付け加えている。攻城塔は未知の道具であり、それをローマ軍が転がして接城堤の上まで押し上げ、城壁に向かって置くと、動揺が広がった。一転して絶望した状態で、守備隊は使節団を派遣して降伏を申し出たが、唯一要求したのは、近隣の諸部族が自分たちを襲撃する気を起こさないように、自分たちから武器を取り上げないでほしいということだった。カエサルはこの懇願を拒否し、自分はお前たちをローマの保護下に置き、近隣の諸部族にはいかなる敵対的行為も控えるように命令することで、ネルウィイ族を守るのと同様に、お前たちを守るであろう、と述べた。守備隊は土塁の上から武器を放り投げ始め、最終的に城壁の高さとほぼ等しい山ができたほどであった[*28]。

城門は開かれたままだったが、カエサルの部隊で城内に入ることが許された者はわずかだった。夜になると、カエサルは彼らに対しても宿営地へ戻るように命じた。彼らが将校たちの眼の届かない暗い夜道でも規律を維持できるとは信じていなかったからである。兵士の給料は安く、その仕事を魅力的だと考えたのは貧しい者か社会的落伍者だけであって、ほとんどの軍団には、軽犯罪者や手におえなくなりがちな者がある程度含まれていたのである。カエサルは他の場面でも同様の用心を繰り返すことになる。ローマの信義にその身を任せた部族民を守るために、カエサルは城門を閉じさせた。しかし、部族民のなかには降伏の決断を後悔する者や、共感していなかった者もおり、ある夜、隠していた武器と急造の盾で武装し始めた。未明に彼らはカエサルの防衛線のうち最も弱い部分と見た箇所を攻撃するために飛び出した。ローマ軍は警戒していたので、歩哨は用意していた松明に火をつけて、戦闘態勢を取るための合図を送った。標的とされた地点には援軍が送られ、攻撃隊は飛び道具の一斉投擲にさらされた。全員が殺されるか町に逃げ込んだ。翌日、カエサルはこの和約に違反した責任を全住民に負わせた。兵士たちは城門を打ち壊し、町にいた全員を逮捕した。軍団兵が厳しい規律のもとに置かれ続けたことには疑問の余地がある。全員が――カエサルによれば、男女に子どもを合わせて五万三千人であった――一律の値段で商人の一団に買い取られ、彼らは奴隷として売られたことだろう。売られる前にほとんどの女性たちが兵士らに乱暴されたとしても、この時代にはごく普通のことだったはずである。売買代金は軍団兵全員に分け与えられ、百人隊長たちと軍団副官たちがかなりの分け前を得た。戦争捕虜の売却は収益源のひとつであった。もうひとつの源は戦利品だが、これが『戦記』で言及されることは稀である。カエサルによれば、ガリア人は多くの聖域を有していて、そこには黄金や貴重品が神々に捧げられ、人々に見えるように積み上げられたままになっていた。すべての部族がこのような聖域に敬意を払い、敢えてそこから盗もうとする者は誰もいなかったのである。スエトニウスによれば、カエサルはそのような禁忌を気にすることなく、聖域で略奪を行なうのが常であった。獲得した富はカエサル自身の経済状況を改善したが、軍とともにいようとイタリアに戻ろうと、金銭に対する彼の主要な関心はあい変わらず、それによって友人と人気を買うことであった[*29]。

ベルガエ人諸部族の征服は、前年に続くもうひとつの偉大な勝利だった。『戦記』の各巻が毎年の冬に刊行されたという推測が正しければ、ローマの人々はヘルウェティイ族とアリオウィストゥスの敗北をすでに知っていたことになる。そこに新たな勝利の知らせがローマに届けられ、大変な熱狂をもって迎えられた。カエサルが誇らしく伝えているように、元老院は十五日間の公的な感謝祭を決議したが、それは、これまでポンペイウスを含むどの将軍に与えられた期間よりも長かった。この公的な祝祭はカエサルの行動を正当化し、敵対者たちがその任命の合法性を否定しようとするのを難しくしたのである。しかしローマで起きることすべてがカエサルの望むように進んでいたわけではなかった。ポンペイウスは義父の勝利と名声に内心穏やかでなく、ディオによれば、五年間の任期が終わる前にカエサルを呼び戻すことを話題にし始めていた。三頭政治は崩壊しかけていたのである。カエサルが直面することになる次の危険は外敵からもたらされたのではなかった[*30]。

第12章 政治と戦争──ルーカ会談

ポンペイウスは彼〔カトー〕にむきになって反論し、自分は己の命を守るために、ガイウス・カルボにより殺害されたアフリカヌスよりも周到な備えをするつもりだと率直に述べたが、それはあからさまにクラッススのことをほのめかしていた……
ガイウス・カトーはクラッススに支援されているし、クロディウスも資金援助を受けている。どちらもクラッススによって後押しされていたのだ。

キケロ、紀元前五六年二月十五日*1

私は君とも、元老院の選ばれた父たちとも同じ意見である……
君は彼に賛同していなかったし、私も彼と心を同じくしたことはなかった。しかしいまや、彼の業績のせいで君は意見と気持ちを変えてしまい、私がこの見解を共有しているだけでなく称賛しているとさえ考えているのだ。

キケロ、紀元前五六年五月*2

カエサルが去ってからすでに二年が経過したが、その間にローマでは時が静かに流れていたわけではなかった。カエサルの執政官職は議論の的だったが、それに続く嵐のような数か月間に、組織的な民衆暴動が政界で日常茶飯事になったのに比べれば、多くの点で穏やかであった。政治の世界で永遠に続く物事はほとんどないが、これは特にローマ共和政に当てはまる。個々の元老院議員は、影響力を得たり失ったり、古い盟約を破って新しいほうに乗り換え、かつての不和を乗り越える場合もあったが、新たな揉め事を抱えるほうがもっと多く、そしてある問題についてここで見解を変えることが自分の利益になると考えたのだった。紀元前五九年にキケロは三頭政治を、自分の個人的な敵であるクロディウスをプレブスにして護民官になる道を開いてやったとして、公に批判した。二年後、カエサルの公的な感謝祭は、キケロその人が提案した動議に対する元老院の投票によって承認された。この間数か月にわたってこの弁論家は追放されていたが——必ずしもカエサルが積極的に協力したのではないにしろ、同意したことは確実である——しばらくしてから、カエサルが黙認して初めて呼び戻されたのだった。キケロ個人にとってはきわめて重要なことで、公刊された往復書簡には感情的なやり取りが詳細に記録されていたとはいえ、ほとんど何事も、そして誰も攻撃をまぬがれられないような、この数年間の政治闘争においては、キケロがローマから追放されたことは比較的ささいな出来事であった。これにかんしてカエサルの役割はほぼ傍観者だったが、深いかかわりをもった傍観者でもあった。なぜなら、自らはローマに行けないにもかかわらず、その出来事によって大きな影響を受ける可能性があったからである。政治の舞台における主要な役者を操れないのは確かだったから、彼らに影響を与えたいと考えるのがせいぜいだった。物事がどちらの方向に進むのか、あるいはそれが最終的にどのように解決されるのか、必然的なことは何ひとつなかった。結局のところカエサルの地位は少なくとも当分の間は安泰となったが、そうはいかなかった可能性もあったし、彼の執政官としての仕事が台無しにされ、ガリアにおける例外的な軍指揮権が打ち切られる危険性の高い時期はしばらく続いた。そうならずにすんだのは、自分の人脈と影響力、そして想像力を用いるカエサルの手腕に負う部分もあった。それと同じくらい、あるいはそれ以上に大きな役割を果たしたのは運であり、戦場におけると同様にローマでも、幸運の女神フォルトゥーナはカエサルに微笑み続けたのである。

紀元前五九年に、ローマで最も裕福で最も影響力を有する二人は、眼前の目的を達成するために力を合わせ、それまで強固だと思われていた反対派に打ち勝つためにカエサルを道具として利用したのだった。ポンペイウスは東方再編を確実にし、自分に仕えた退役兵に農地を与えたのに対して、クラッススは徴税請負人の契約条件を再交渉して改善した。どちらも満足したし、農地法を可決して軍指揮権を獲得したカエサルも同様だったが、それも一時のことで、三頭政治の誰もが将来的にさらなる野心を持っていた。つまるところ、あらゆるローマの政治家たちと同様に、彼らの目的もまた個人的でありそれぞれ異なっていたのである。一定期間協力して努力することは各人の目的に適っていて、誰もが独力ではなし得ない成功を収めることがある程度可能になった。しかしその同盟は、イデオロギーを共有しているとか、ひとつの目標に献身するということに深く根ざして締結されたわけではなく、続いたとしても、他の二人と袂を分かつよりは忠実であり続けるほうが得になると、各人が考える限りにおいてであった。カエサルと他の二人それぞれとの関係は友好的だったが、彼も他の二人もこれまでの盟友に背を向けることを決して考えなかったとまでは言えない。最近のガリアにおける成功があろうと、カエサルは依然として格下の提携者であって、他の二人との協調関係を継続することで、とりわけ彼らがローマにいて自分は不在の間は、一番の受益者だった。ポンペイウスとクラッススは決して親密ではなかった。結局のところ彼らは互いを激しく嫌っていて、ひと皮むけば、彼らの人生の特徴のひとつでさえあるライバル関係はそのままだった。彼らは、カエサルのような自分たちの代理人としての執政官と協働することで、望む物を手に入れることができたが、障害がなかったわけではない。紀元前五八年の執政官たちは三頭政治に対して好意的な姿勢を示したが、どちらもカエサルほどの資質と行動力を持ってはいなかった。ローマでポンペイウスとクラッススの財力、名声、そして権威《アウクトーリタース》に適う者などいなかったが、これらがひとりの人物に与えたのは権力というよりは影響力であって、二人が力を合わせたとしても政界のあらゆる側面を恒常的に支配することはできなかった。カトーを黙らせることはできなかったであろうし、「善きboni」あるいは「最良のoptimates」人士を構成する彼や他の人々も名声、富、クリエンテスを有していたのである。自分自身の目的を持った他の多くの野心的な人物も同様だった。人々が集団としてのあるいは一人ひとりとしての三頭政治に対してどのような感情を持っていたかは、そのふるまいに影響を与える要因のひとつにすぎなかった。公職者、特に元老員の会議や民会を主宰することができる者は、いかに優れていようと、他の元老員議員の行為を何らかの形で否定できる可能性を常に持っていた。紀元前七〇年にポンペイウスとクラッススは、護民官の権限を完全に回復した。今度はまさにこの公職から、彼らの最近の支配に対して挑戦状が叩きつけられることになったのである。

「パトリキの」護民官

ポンペイウスとカエサルが——おそらくはクラッススの同意を得て——プブリウス・クロディウス・プルケルがパトリキからプレブスに移籍するのを取り仕切ったのは、紀元前五九年のことであった（二五四ページ参照）。その時もそれ以降も、クロディウスを二人の手下とみなすのは、カエサルをポンペイウスとクラッススの手下とみなすのと同じくらい間違っているだろう。二人はクロディウスに便宜を図ったのであって、常識的には、彼は二人に感謝し見返りとして二人を積極的に支援することが期待されていたが、どんなに想像力をたくましくしても、二人の支配下に入ったとは見られていなかっただろう。ローマの政治が究極的には個人の成功の問題だったこともその理由のひとつではあるが、彼の激しい独立心とも大いに関連していた。これまで実際にクロディウスを支配できた者などおらず、その点に関してはカエサル、ポンペイウス、クラッスス、カトー、キケロその他あらゆる指導的な立場にある元老院議員も同様であった。クロディウスの家族は最も偉大なパトリキの氏族のひとつであって、ユリウス氏族とは異なり、何世代にもわたって共和政の中心になんとか留まり、長年継続的に執政官や著名な指導者を輩出していた。クラウディウス氏族の誇りあるいは傲慢さは有名で、第一次ポエニ戦争に際してローマ軍の艦隊を災難へと導いた、プブリウス・クラウディウス・プルケルのような人物の逸話によってさらに裏付けられていた。彼はその戦闘の前に、神聖な鶏たちがしかるべき仕方で餌をついばもうとしなかったので、不機嫌になった。本来それは、神々がローマ人に味方し、カルタゴ軍の艦隊に対する彼らの攻撃が成功する証となるはずだった。プブリウスはただちに鶏たちを捕まえると船べりから海へと放り投げて、「やつらは食べたいのでなく、飲みたいのだろう」と言い放ったのである。数年後、彼の妹はローマの通りを運ばれていた時、群衆が輿の進みを遅らせたことに苛立ち、兄が生き返ってもう一度多くの貧しい者を溺死させればいいのに、と大声で願ったのだった。クラウディウス氏族はいつも特に好かれていたわけではなかったが、常に重要な人物たちであった。クロディウスが公式にはプレブスになったとしても、人々にとってはクラウディウス氏族の者であり続け、その名前の権威《アウクトーリタース》、クリエンテスたちの堅い支持、そして数世紀にわたって偉大なパトリキの氏族が作り上げてきたその他の人脈を享受したのである*3。

　クラウディウス〔・プルケル〕家は他の貴族と同様に栄達した。クロディウスの父は若くして亡くなり、家族の長となった長兄のアッピウス・クラウディウス・プルケルは、自分たちの名声を維持することで頭が一杯だった。その名前だけでもクラウディウス家が無視されることはあり得なかったが、この世代の華麗さによって彼らはローマの政界で一大勢力となったのである。彼らは数でも強力であった。クロディウスにはさらにもうひとりの兄であるガイウスと三人の姉妹がいて、三人ともそれぞれ名門家系出身の夫に嫁いでいた。そのうちの一人はカトゥッルスの詩に出てくるレスビアとして不朽の名声を与えられ、愛人であった詩人と短期間の、情熱的で、不義の情事を分かち合ったのち、彼を拒絶したことできわめて辛辣ないくつかの詩文の着想を与えた。プブリウスは六人の兄弟姉妹のなかで最も若く、おそらく最も気性の荒い人物であったが、彼らはみな予想もつかないふるまいと恥ずべき性的な所業の両方で一般大衆の評判となっていた。善の女神の祭日の醜聞は、クロディウスが神聖な伝統を軽視していることの現われだったが、その後で免罪されたことは、彼が逆境に強く、侮れない人物であることを明らかにしたのである。不倫関係以外にも、彼が実の姉妹たちとの近親相姦関係にあったという噂が広く信じられていた。これは彼女たちの夫のひとりであったマルクス・ルクッルスが最終的に妻を離縁する際に、公の場で述べている。他にも有力なローマ人が何人も同じ理由で非難されていたから、これは悪意に満ちた風説にすぎなかったのかもしれないが、当時もその後もクロディウスとその姉妹について何であれ確認することは非常に難しい。クロディウスとルクッルス兄弟との間には、アシアでルキウス・ルクッルスの部下として仕えていた時からの因縁があった。若い貴族が親戚や友人の指揮下で軍事的経験を積むのはごく普通のことだったが、クロディウスは決して慣行に縛られるような人物ではなく、義兄に対する暴動を指揮しようとしたのであった。その後間もなくしてクロディウスはもうひとりの姉妹の夫の配下に移籍し、こちらとは不和になることなくなんとか任務を完了したようである*4。

紀元前五九年十二月にクロディウスが護民官に就任した時、彼が何をしようとしていたかを確信していた者は誰もいなかった。もしかしたら彼はまだ、カエサルの立法を攻撃しようという数か月前の脅迫を果たすかどうか、決心していなかったのかもしれないが、これは自分を甘く見ないほうがよいと三頭政治に知らしめるつもりであった可能性のほうが高い。クロディウスのおもな目的は個人的なもので、ローマの住民、特にあまり裕福でない市民の間で現在得ている人気を確実にすることだった。そのための、彼の最も重要な立法の一端は、国家の出費でイタリアに穀物を供給するという大規模な革新に関わっていて、実際にローマに住んでいる市民は無料で穀物の定期的な配給を受けるという規定を含んでいたのである。彼は紀元前六四年にコッレギア――市内で商売あるいは地縁に基づいて形成されるギルドまたは組合である――に課せられていた禁止をも取り払った。その他の改革では、公的行事を妨げるために好ましくない前兆を利用する試みを違法とした――ビブルスの近年の行動に言及しているのは明らかだが、法律は遡及効を持たないので、実際に彼の宣言を撤回させることはできなかった――そして監察官が元老院から議員を追放する自由を制限した。四つの法案はすべて紀元前五八年の一月初旬に可決された。無料の穀物配給は都市のプレブスにきわめて好評であったし、クロディウスはコッレギアを用いて支持者たちを組織化した。新しい二人の執政官とは、実入りがよい属州を確保できるよう支援することで取引が成立し――両者とも負債があり、金になる属州の命令権を必要としていた――ついに彼は自分の力を誇示しようと決意したのであった*5。

最初の標的となったキケロは、間もなく、自分がポンペイウスから得たあらゆる保証が、のちにはクロディウス本人から得た保証でさえ、中身がないことに気づいた。紀元前六三年の共謀者たちの処刑が彼に対するおもな訴追理由であった。紀元前五八年初頭に攻撃は始まり、その間カエサルは依然としてローマ市外に留まり――彼は属州の命令権を受け取って以来、もはや市内に入ることはできなかった――事の成り行きを静観し、二人の新しい法務官からの攻撃に対して自分の身を守っていた。公的な集会は、ローマの公式な境界線の外側に位置する、戦車競争の競技場であったキルクス・フラミニウスで行なわれたので、カエサルも出席することができたのである。けれども、彼がクロディウスに与えた支持は限られていた。カエサルは共謀者たちの運命にかんするあの討論で展開した論拠を繰り返し、彼らが処刑されることが正しかったとは考えていない、と再び述べた。ただし、キケロを訴追するために過去の行動を公的に違法とする遡及的な立法を行なうことは間違っているのではないか、とも彼は付け加えた。同じころこの弁論家に対して、自分の総督代理のひとりになって訴追から身を守るよう申し出を繰り返していた。もしキケロがこれを受け入れれば、それはカエサルにとって見事な作戦になったと思われる。そうすれば弁論家はカエサルに対して大きな恩義を負うことになったからである。ローマから強力かつ敵対するおそれのある声を取り除くことにもなっただろう。キケロはこの申し出を辞退し、同時に元老院の特別な使節団として公的な業務のために海外に派遣されるという機会も断った。ポンペイウスの支援も、誠実だと期待していた多くの指導的な立場にある元老院議員たちの支援も、当てにすることができないとわかると、当初の自信は揺らぎ始めた。重要人物のほとんどはクラウディウス家と何らかのつながりを持っていたので、ひとりの「新人」のためにクロディウスと縁を切る理由はなかったのである。三月の半ばに——カエサルがガリアに向けて出発したのとほぼ同時期であった——キケロはローマを逃れて自発的な亡命生活に入ったが、間もなく重いうつ状態に陥り、自分の窮状について誰彼構わず非難し、自らの一時的な臆病さを嘆いた。クロディウスはキケロの追放を公式なものとし、その財産を没収する法案を可決させた。彼の家は護民官支持者の暴徒によって焼き払われ、その場所には自由の女神リーベルタースに捧げられた神殿が建てられた。クロディウスはたとえ相手が強力な家族関係を持たない自慢好きの「新人」にしろ、有名な執政官経験者を排除することで、その権力を誇示したのであった。カトーはもっと遠まわしに脇へと追いやられた。この護民官は、キュプルスをローマに併合するのを監督するためにカトーが派遣されるよう仕組んだ。この裕福な王国は、ひとつには新たな穀物配給の経費を支払うために併合されたのであって、この仕事を監督するために任命された者がさらされる誘惑はきわめて大きいので、ローマで最も道徳的なことで知られた市民が派遣されるべきだと考えられたのである。カトーは、その背後にある真の動機に気づいていたことは間違いないにしろ、この名誉を受け入れ、それは厳格であるという彼の名声をさらに高めた。彼もまた事実上、元老院が伝統的にこの領域を担当してきたことを容認するよりはむしろ、クロディウスのような護民官が外交上の問題に介入することは正しいと認めたのである*6。

キュプルス問題はポンペイウスに対する一種の侮辱であった、というのも、彼の東方再編の一部に変更を加えるものだったからである。もっとひどい辱めは、ポンペイウスの屋敷に人質として置かれていたアルメニア王の息子の逃亡をクロディウスが手配したことだった。この護民官は手下たちを執政官のガビニウスへと差し向け、彼を打ちのめしてファスケースを打ち砕いてもいるが、それはたんにガビニウスが論争でポンペイウスの側に立ったからだった。紀元前五八年の夏までに、クロディウスはカエサルが執政官として行なった立法の有効性を公然と問題にし始め、証人としてビブルスを公的な集会に呼び出し、かつての同僚に不利な証言をさせた。クロディウスの立場が前年四月の時点に回帰したことは注目すべきであって、おかげで彼自身のプレブスとしての地位と護民官職に就任する権利について疑問が生じることになったが、彼はそれを一笑に付したのである。六月、ポンペイウスはキケロを呼び戻すことに賛成するよう元老院に促したが、その動議に対して拒否権が発動された。八月、クロディウスは自分の奴隷のひとりに公的な集会で短剣を落とさせるよう手配し、尋問された奴隷は、ポンペイウスを暗殺するために送り込まれたと供述した。ポンペイウスは戦場では勇敢な男だったが、暗殺を心底恐れていたのである。彼が若い頃に目撃した出来事を考えれば、それは驚くべきことではなかったかもしれない。彼は自宅に引きこもり、数か月間は外出しなかった。クロディウスは護民官としての任期が終了した時点でその権力のいくらかを失ったので、キケロを呼び戻す動きが再開された。クロディウスは依然としてコッレギアを基礎とする支持者の集団を従えていて、反対派を脅迫したり集会を解散させたりするためにしばしば用いていた。ポンペイウスは二人の新しい護民官、ティトゥス・アンニウス・ミロとプブリウス・セスティウスを後押しすることで対抗し、彼らはクロディウスと戦うために、ならず者の集団を組織した。どちらもその集団に多くの剣闘士を抱えていて、時に大規模な抗争となって双方に死傷者が出ることもあった。このような騒ぎは、カエサルが執政官だった当時の抗争よりも頻繁で、大規模であるとともにはるかに暴力的であった。ポンペイウスもイタリア各地を回って多くのクリエンテスを訪ね、ローマに来てキケロを呼び戻す法案を支持するよう促した。紀元前五七年の夏、元老院はそのような趣旨の決議を可決したが、その動議に反対票を投じたのはクロディウスだけで、決議はただちに民会によって承認された*7。

当初は渋ったものの、カエサルはポンペイウスの例に倣って、その動きを支持するよう手紙でクリエンテスたちに促した。そもそもキケロの追放を特に望んでいたわけではなかったのだが、自分が執政官の時に押し通した立法に対する攻撃が、この弁論家のせいで勢いを増すのを阻止したかったのだった。いまやキケロの目的達成を応援することで彼に恩義を追わせる好機が訪れ、カエサルは彼らしくそれを摑み取ったのである。当初のためらいは――プブリウス・セスティウスがある時期に彼を説得するために属州を訪れた――キケロに、自分が負うことになる恩義を確実に意識させるつもりだったのかもしれない。元老院で感謝祭の実施を議決する動議やその他の公的な発言は、これがうまくいった証である。ポンペイウスへの借りはもっと大きかったが――とはいえ最初から彼を守ろうとしなかったという記憶を消し去るのに十分とは決して言えなかった――キケロはこれにいくらか報いる機会をすでに得ていた。イタリアへの穀物の輸入は不安定であり、クロディウスが構築した、国家が供給を調整する新しい制度はいまだ十分に機能していなかった。キケロはポンペイウスにこの問題を解決するための特別な命令権を与える動議を提出したのである。最終的な形としてはこの命令権は五年間であったが、護民官のひとりが――おそらくポンペイウスの暗黙の後押しによって――他のすべての属州総督を上回り、相当な数の陸軍と海軍を配下に置く、帝国全土で有効な命令権を彼に付与しようと試みて失敗していた。ポンペイウスは再び権力を得、それにより理論上はローマ市外に留まらなければならなかったが、元老院は喜んでこの規則の適用から特別に除外される特権を彼に与え、または都市の公式の境界線の外で会議を開いたりしたのである。その後にエジプトで起こった騒乱は、現地の事態を収拾するためにさらなる命令権を彼に与えようとする動きにつながったが、これについては他の者たちも意欲的であったので、最終的に沙汰止みとなった*8。

紀元前五六年が始まるとポンペイウスは公的な立場を得たが、クロディウスも同様で、今度は按察官に選出されていた。彼は政治の場における暴力の咎でミロを訴追したが、ポンペイウスとキケロがミロの弁護に立ち、両陣営とも相手方を黙らせたり脅かしたりするために支持者の集団を連れて来た。のちにキケロはその場面を弟のクィントゥスのために描写している。

ポンペイウスは演説した、または少なくともそうしようと試みた。しかし彼が立ち上がると、クロディウスの手下が野次り始め、彼は演説していた間ずっとこれを我慢しなければならなかったし、叫び声だけでなく、野次や侮辱によっても遮られた。彼が話し終わると――その状況を考えれば、彼はしり込みすることなく偉大な決意を示し、言おうとしたことはすべて言い、なかには彼の性格から来る沈黙によって語られたことさえあった――しかしともかく話し終わると、クロディウスが登場した。彼は我々の支持者からの野次によって迎えられて――我々は喜んでお返しをしたのだ――精神力と声と表情をコントロールできなくなった。これは第六時から始まり、ポンペイウスがあらゆる類の罵倒とクロディウスとクロディアにかんする野卑な詩文で演説を終えたのは第八時であった。激高し、怒りで真っ白になって、彼は自分の手下に質問を投げかけた――それは怒号の向こうからはっきりと聞こえてきた――人々を飢えさせたのは誰だ？「ポンペイウス！」とその仲間たちは答えた。アレクサンドリアへ行きたがっていたのは誰だ？「ポンペイウス！」と彼らは叫んだ。お前たちは誰に行ってほしいのか？「クラッスス！」と彼らは答えた。当のクラッススはその場にいたが、ミロに対して好意を持ってはいなかった*9。

二人の旧敵の間の敵対関係が再び煮えたぎってきたように思われた。ポンペイウスはキケロに、自分はクラッススがクロディウスとガイウス・カトーを後押ししていると思う、と語っている。後者は紀元前五九年に独裁の咎でポンペイウスを訴追し、今は護民官に就いていた若者であった。ポンペイウスは、クラッススが自分を暗殺しようと計画しているとも主張し、またもや病的な恐怖へと逆戻りして、田舎のクリエンテスのなかから追加の護衛を呼び寄せた。クラッススに対する不信感は、ポンペイウスが、自分はまだカエサルを必要としているのかどうかを疑問に思い始めたことも示唆している。穀物供給の維持という問題は簡単に、あるいはただちに解決するものではなかったし、国庫の資金不足が深刻だったことから状況は悪化していた。カトーはまだ国庫を満たすはずのキュプルスの富とともに戻ってきてはいなかった。紀元前五九年以来、共和政はカンパーニアの公有地を分配したために主要な歳入源を失っていたのである。キケロたちは今こそカエサルの立法を廃止し、この重要な収入源を国家に戻すよう主張した。そのような動きにポンペイウスが激しく反対するとは、キケロは考えていなかったのだろう。カエサルの立法は脅威にさらされていたし、彼の命令権も異なる方向から脅かされた。護民官のひとりが彼をただちに呼び戻すよう提案したと思われるが、紀元前五五年の執政官選挙の有力な候補者のひとりは、自分の任期終了後にはカエサルに取って代わることを公然と希望していたのである。彼の名はルキウス・ドミティウス・アヘノバルブス、象に乗ってガリア・トランサルピナを平定するのに貢献した人物の子孫で、彼の家族とその地域との人脈は彼の主張にとって有利だった。彼がカエサルを攻撃するのは初めてではなかった。紀元前五八年の初頭にカエサルの執政官としての行動の有効性を問題にした、法務官たちのひとりだったからである。キケロは彼を、事実上生まれながらにして執政官にふさわしい人物と描写している。今回、カエサルはある意味で自分の成功の犠牲者であった。なぜなら、その偉大な数々の勝利の後で彼が受けた公的な感謝祭は、その戦争は勝利で終わったのだから、彼がその命令権を五年間目いっぱい保持し続ける必要はもはやない、という主張がなされる可能性があったからである。ここでも、ポンペイウスがこれに断固として反対するとは思われていなかったし、クラッススはただ黙っているだけであった。彼が最近クロディウスを後押ししていたことは、公にされていなかったとしても広く知られていたが、彼が依然として有力であって、ポンペイウスも彼を無視する余裕はないことを思い起こさせた。ポンペイウスは新しい命令権を手に入れ、彼の活動の資金となる相当額の予算が元老院によってまさに可決されており、盟約を維持する価値があるかどうか、考えているように思われた。三頭政治は崩壊寸前に見えたのである[*10]。

後年、この後に行なわれたのは公式な首脳会談であって、そこで三頭政治がローマ世界をお互いの利益のために切り分けることに合意した、と考えられた。スエトニウスは次のように述べている。「カエサルはポンペイウスとクラッススを、自分の属州の町であるルーカに呼び寄せて、二人が二度目の執政官職に立候補し、ドミティウスを挫折させて自分の属州の命令権を五年間延長するよう説得した[*11]」。アッピアノスとプルタルコスは、二〇〇人の元老院議員が彼らの取り巻きたちとともに――彼によると一二〇人以上の先導吏がいた――ルーカに向かって北上し、三人の偉大な人物たちが取り決めに同意するのを屋外で待っていた、と伝えている。この逸話が誇張されているのは明らかで、その時代から間もない頃に書かれた数少ない報告が示唆しているのは、これがあまり計画的ではなく、ほとんど土壇場の思いつきであったということである。クラッススは紀元前五六年の春頃には、ポンペイウスの新たな力が心配になって北へ急ぎ、ちょうどカエサルの属州にあるラウェンナへと到着した。会談では、カンパーニアの農地にかんする問題を蒸し返そうとする、キケロの新たな試みについて話し合われた。ポンペイウスは四月十一日にローマを発ち、穀物の供給を監督する職務の一環として、最初にサルディニア、次いでアフリカを訪れることになっていた。キケロによれば、ポンペイウスは少なくともこれについて何も知らなかったが、公務としての旅行に出発する前に、ガリア・キサルピナの西海岸沿いにあるルーカへと方向転換し、カエサルに会ったという。キケロの叙述から推測するなら、クラッススは出席せず、カエサルが彼の利害を代表したというのが自然であろうが、これは決して確実ではない。後世の史料によれば会談の結果は、ポンペイウスとクラッススが紀元前五五年の執政官選挙に立候補するという密約と、カエサルの命令権を五年間延長することだった。そうすれば、執政官職の後でポンペイウスとクラッススは主要な属州の命令権を獲得できるので、三人全員が続く数年間公式に軍とインペリウムを保持することになる。

このような取り決めからすると、三頭政治が形成された頃の状況に比べれば、カエサルはこの協力関係においてそれほど従属的な立場ではなくなっていたようだし、これを実現した原動力として見たくなる。その個人的な魅力が、ポンペイウスとクラッススの間の敵対心や疑念を和らげるための重要な武器であったことは間違いない。妥協を発案したのは彼かもしれないが、その秘訣は、最初の同盟と同様に、この協力関係が自分自身の個人的な利益となることを、各人が理解している点にあった。執政官として、その後は軍を率いる属州総督として、ポンペイウスとクラッススは個人的な安全と行動する権限を持つことになる。それによって新たな軍事的冒険を求めるという選択肢も生まれ、それはこの時点で特にクラッススにとって魅力的だったと思われる。彼は軍事的な業績の点で、ポンペイウスだけでなくカエサルにまで凌駕されたと感じ始めていたからである。ポンペイウスも満足であった。他の二人以上に彼はこの数か月間に疎遠になりつつあったが、結局のところ彼もまた三頭政治が崩壊してしまえば安泰ではいられなかったのであろう。カエサルに背を向けたところで、元老院で指導的立場にある多くの貴族たちに受け入れてはもらうまでにはいたらないだろうし、カトーの批判やクロディウスの敵意に直面し続けることになる。数か月前に、ユリアと離縁するようにという友人の忠告を受け入れなかったことも重要である。愛がその理由の一部であったかもしれないが、当分の間はカエサルとの関係を重視しておこうと考えた可能性もある。最も基本的な次元で、軍勢を指揮している義父が北イタリアに駐留していることは、特に自分が自ら指揮する軍勢を手にするまでは、有益であり続けた。いろいろな意味で三頭政治の三人ともが、最初の同盟時よりも多くを紀元前五六年の合意から得たのである*12。

この取り決めの規模とその意味するところが完全に理解されるまでには時間がかかった。キケロは心から驚いたようだが、すぐに現実の状況を受け入れてこれに対処した。四月のはじめには、マルクス・カエリウス・ルフスという貴族の若者の弁護に成功したことで、クロディウスとその家族に対して個人的な勝利を収めていた。この若者は政治の場での暴力を組織したこと、殺人、それにクロディウスの姉クロディアの殺人未遂の容疑で訴追されたのであった。キケロの演説は巧妙で、実に悪辣にこの姉と弟をこき下ろした。彼は「その女性の夫が――これは失礼、その女性の弟が、と言うつもりでした」と述べて、他の多くの問題に加えて近親相姦というかつての噂をほじくり返したのである。この個人的な復讐のおかげで、その後に三頭政治の盟約が更新されたことにもなんとか耐えられたのかもしれない。キケロの弟クィントゥスは、穀物配給委員会でポンペイウスの補佐のひとりであったが、兄に、ポンペイウスとカエサルは自分たちを批判させるために彼の復帰を支持したのではない、という単刀直入な催促を伝えるよう言われた。おそらく五月初旬、キケロは元老院で演説を行ない、ガリア・トランサルピナとガリア・キサルピナをカエサルの支配下から外して、新しい属州総督を派遣するという動議に、反対を表明した。カエサルに対する称賛は度を越しており、ふたりがこれまであれほど対立してきたにもかかわらず、キケロ自ら述べているように、それはガリアにおいて得られた勝利によって正当化された*13。

ガイウス・カエサルの指揮下で、我々はガリアの内部で戦争を遂行してきた。これまではたんに攻撃をはね返すだけであった。これまでの将軍たちはいつも、このような人々を戦争によって押し返さなければならないと考えてきた。ガイウス・マリウス、その神々しく並ぶ者のない武勇がローマ国民を恐ろしい災難と犠牲から守り、イタリアになだれ込んできたガリア人の群れを追い返したその人さえ、彼らの町や巣窟を攻撃したことはなかったのである……ガイウス・カエサルの考えていることはまったく異なっているのを私は知っている。というのも、彼はすでに武装していてローマ国民と対峙している敵と戦うだけでは十分でなく、ガリア全土を我々の支配下に置こうと考えているのである。だから彼は、驚くべき幸運もあって、最も手ごわく最も凶暴なゲルマン人諸部族とヘルウェティイ族とを戦闘で打ち破り、その他の部族を恐れさせ、彼らを探索して我々の支配とローマ国民の権力のもとに置いたのである。我々の将軍、我々の兵士たち、ローマ国民の軍はいまや、これまで物語や書かれた記録によって知られてもいなかった地域や国々を通って、その道を切り開いているのである*14。

キケロの雄弁、そして手を結んだポンペイウスとクラッススの影響力に後押しされ、カエサルの命令権は確認され、後日延長された。元老院はカエサルが追加的に募集した各軍団の費用を支払う責任を受け入れることも議決したが、それはキケロが断言するように、カエサルが属州から得られる資金を欠いていたからではなく、彼のように優れた共和政の僕に対して出し惜しみするようなことは見苦しいからである。カエサルは命令権を確保したが、努力を必要としたのは、クラッススとポンペイウスを確実に紀元前五五年の執政官にすることであった。護民官のガイウス・カトーによって組織され、明らかにクロディウスによって後押しされた妨害工作は、紀元前五六年の残された数か月で選挙が行なわれるのを妨げた。両者が更新された三頭政治と協調するよう説得されていたことは明らかである。その判断は現実的だったが、クラッススも両者を説得したことだろう。なぜなら彼はここ数年両者を後援してきたと広く信じられていたからである。ポンペイウスとクラッススは法定の期日までに立候補を宣言せず、選挙を主宰する予定だった執政官のグナエウス・コルネリウス・レントゥルス・マルケッリヌスは、二人をこの規則の適用対象から外すことを拒否した。ゆえに選挙は、紀元前五五年の一月にマルケッリヌスがその職を退くまで行なわれず、インテルレクスとして知られる暫定的な公職者の下で開催され、彼が二人の立候補を承認したのだった。他の候補者たちは大方脱落したが、アヘノバルブスは引き下がるような人物では決してなく、その野心をあきらめなかった。

この頃クラッススの息子プブリウスがガリアから、選挙に参加するために特別休暇を与えられた数多くの軍団兵たちを引き連れて帰還した。そのなかには将校たちも――おそらく百人隊長も、そして確実に、軍団副官や部隊長が――いたが、それ以外はまさに頑丈な一兵卒たちであったはずである。選挙当日は大規模な暴力沙汰で彩られ、その中でアヘノバルブスは傷を負い、従者のひとりが殺害され、その後でクラッススとポンペイウスは勝利を宣告された。三頭政治は再びローマの覇権をしっかりと握ったが、最初の時よりもはるかに多くの血が流れたのである。小カトーは脅迫によって法務官選挙での勝利を阻止された。高級按察官の選挙では乱闘があまりに広がり激化したので、ポンペイウスでさえ誰かの血しぶきを浴びる始末であった。ポンペイウスとクラッススが執政官となり、彼らを攻撃するのは誰にとっても難しくなっただろうが、その任期が終了し、特に一人あるいは二人ともが属州を統治するために出発すれば、状況は変わるかもしれなかった。クロディウスは依然として健在で、このさき彼が何をするか判断するのは困難だったし、アヘノバルブスやカトーのような人々は、これまでよりもさらに激しく三頭政治に敵対した。ローマでは権力は決して長続きしなかったが、当分は三頭政治が波に乗ったのである[*15]。

大西洋へ

紀元前五六年にガリアではかなりの軍事行動が展開されたが、それまでの年に比べれば作戦はかなり小規模であった。ヘルウェティイ族、アリオウィストゥス、そしてベルガエ人連合軍を打ち破った結果、カエサルが「ガリアは平定された」と考えたのもそれなりの理由があったのである。この夏には大規模な戦役が計画されていなかったが、そのほうが四月に入るまでガリア・キサルピナで時を過ごして、ルーカで協定を結ぶには都合が良かったといえる。ガリアにはこれといった敵も残っていなかったし、もしかしたらカエサルは再び注意をバルカン半島に向けることを考えていたのかもしれない。翌年にはブリテン島の探検に出かけることになるが、この可能性がすでに彼の頭の中にあったことは大いに考えられる。ルーカでの会談までは、彼の関心のほとんどを政治的問題が占めていたが、その後にさらに五年間の命令権を確保したことで、カエサルは時間に追われず、大きな攻勢をかけることなしにその年を終わらせる余裕ができたのである。その軍の別働隊は総督代理たちの指揮の下でいくつかの作戦に従事していたが、それらは軍司令官とその主力を必要としないくらい規模が小さかった。紀元前五七年の秋に、第十二軍団はスルピキウス・ガルバの指揮の下、グラン・サン・ベルナール峠を占拠しようと試みたが、それはアルプスを越えるこの経路を確保して、軍事物資の輸送と交易を保護するためであった。その試みは失敗し、ガルバは退却を余儀なくされた。他の部隊はその冬をガリア・コマータの奥地で過ごした。プブリウス・クラッススは第七軍団とともに西へ向かい、前年の夏遅くに彼に降伏していた諸部族のなかにいた。部族の指導者たちはローマ人の標準的な要求に従って人質を提供し、すべては平穏無事かに思われた*16。

紀元前五六年の春か初夏のある時点で、これら西方の諸部族の雰囲気は一変した。軍勢に供給される穀物を手配するために部族の中心地に派遣されたローマ軍の将校たちが捕らえられ、クラッススのもとに送られた使者は、自分たちの人質を返せば将校たちを返してやろう、と述べた。もしかしたら地元民は当初、ローマ軍がそこに滞在して継続的に食糧を要求するつもりなのを理解していなかっただけで、理解するにつれて憤りに変わったのかもしれない。最初に行動したのはウェネティ族で、こんにち南ブルターニュと呼ばれる場所に住んでいた。彼らは海洋部族で、大西洋沿岸の交易に深く関わっていた。ディオによれば彼らは、カエサルがブリテン島の探検を計画していることを噂で聞いて、それがこの島との交易を台無しにするか、市場を競争者に開放することになるのではないかと心配した。カエサルにとって、そして間違いなくローマ人の読み手にとっても、その部族がつい最近受け入れたばかりの条約を破って、カエサルの将校たちを——そのなかの数人は騎士であった——人質に取ったことは、反乱であった。カエサルはロワール川で艦隊を建造するよう命じると、その地域に急行した。反乱はあっというまに広がり、カエサルは、もし他の諸部族がローマ人弱しと判断したならば、彼らも反乱に加わろうとするのではないかという懸念を抱いた。というのも、民族としてのガリア人は「反乱を起こしやすく、すぐに戦争に駆り立てられる」からであった。また、すべての人間と同様に、彼らもまた「自由をこよなく愛し、隷属を憎んだ」こともカエサルは認めている。そこで軍をいくつかの独立した部隊に分けた。ラビエヌスは前年に打ち負かしたベルガエ人の諸部族を監視するために不在だったので、クラッススが十二個大隊を率いて——おそらく第七軍団がいくつかの追加的な部隊によって増強されたのであろう——アクィタニアに向かった。三個軍団の大部分はサビヌスの指揮の下でノルマンディに派遣された[*17]。

　カエサル自身は残りを率いてウェネティ族と対峙し、反乱の中心になっていると思われる所を攻撃した。その部族は軍勢を形成してローマ軍と正面から対峙したがらなかったので、ローマ軍は彼らの町を標的とし、その多くは沿岸部の岬に作られていた。これらのいくつかを猛攻撃したが、いずれの場合も住民は財産の大部分とともに船で逃亡した。この部族のおもな強みはその艦隊で、カエサルによればおよそ二八〇隻を数え、新たに建造されたローマの海軍が到着しなければ、これに立ち向かうことはできなかったのである。ガリア人の船は大型帆船で、軍艦というよりは商船であったが、それでもやはりローマ軍の用いたガレー船にとっては難問だった。地中海世界における海戦の標準的な戦法は、衝突することと乗り込むことだった。第一の戦法はウェネティ族の船の分厚い木製の船体に対しては有効でなかったし、第二の戦法をきわめて困難にしたのは舷側の高さだった。ローマ軍の艦隊はデキムス・ブルートゥスによって率いられ、創意工夫と幸運とによって、一回の交戦で敵の艦船をなんとか破壊することができたのである。攻城戦で用いられるのと同様の道具が作られ、敵船の帆と索具を切り裂き破壊したが、突然風が止んだため、ウェネティ族は足止めを食らい、無防備となった。彼らの船にはオールがなかったのである。カエサルとその軍の大部分はこの戦いを沿岸から眺めるだけの観客だった。艦隊を失い、町や村に対するローマ軍の攻撃に抵抗することができなくなっては、ウェネティ族は降伏するほかなかった。

ローマと同盟を結んでいるどの部族も、彼らのために口添えをしようと名乗り出ることはなかったようで、カエサルは彼らを厳しく罰しようと決意した。部族を支配していた評議会の議員は――おそらく数百人を数えたであろうが――すべて斬首され、残った部族民は奴隷として売られた。その地域全体から人がいなくなったかは疑問であり、純粋に実際問題として、大人数を一網打尽にすることを考えると、全員が発見されてこのように取り扱われたとは考えられない。もしかしたら、捕らえられたり降伏したりして奴隷に売られたのは、戦闘可能な年齢の男性だけだったのかもしれない。とはいえ、自分たちの指導者と年長者の全員が残りの部族民の大多数とともにいなくなったことが、ウェネティ族にとって恐るべき打撃だったことは明らかだった。これが巨大な社会的政治的混乱を引き起こした可能性はある。カエサルはこの恐ろしい処罰を、使節団や代表者はそれにふさわしい敬意を払われるべきだということを示すのに必要であったとして、正当化したのである。研究者のなかには、穀物を集めるために派遣された将校たちは、通常は使節に分類されないだろうと正当な指摘をしている者もいる。もっとも、カエサルの態度はおそらく同時代のローマ人のほとんどによって共有されたことだろう。彼の将校たちが捕らえられたのは、ローマと同盟を結んだことになっている人々を訪れた時のことだった――カエサルは彼らの運命について、彼らのうち誰かが、それとも全員が救出されたのか否かについてまったく言及していないのである。ウェネティ族に与えられた厳罰は、ローマ人に対して――特に上級将校や騎士は――間違った扱いをすれば、恐ろしい結果を迎える危険をまぬがれられないのだという、一種の警告であった。カエサルにとって諸部族から人質を取ることは、彼らの忠誠心を保つための重要な手段のひとつであって、ローマを歓迎した共同体にも、ローマによって打ち負かされた共同体にも等しく要求された。ローマ人を人質に取ることによってその仕組みをひっくり返そうとする試みが成功することなどあってはならなかった。したがってウェネティ族に対する処罰は他の諸部族に対する一種の警告として意図的に厳しかったのである。そのような残虐な行ないに対するローマ人の態度は完全に現実的であった。残酷さ自体は非難されたが、ローマの立場に現実的な利益をもたらす――そして外国人に課される――残虐行為は受け入れられたのである。極端な例が、紀元前七一年にクラッススがスパルタクスの支持者たちを大量に磔刑に処したことである。それが自分の利益になると考えればいつでも、カエサルは徹底的に冷酷であった[*18]。

ラビエヌスの存在によって、その地域で戦争を再開しようとする試みがないことは確実だった。クラッススとサビヌスはそれぞれアクィタニアとノルマンディで勝利を収めた。その夏の終わりにカエサルは単独でメナピイ族とモリニ族に向けて部隊を率いた。彼らはこんにちパ・ドゥ・カレーとベルギーに当たる沿岸に住んでいた。この攻撃が行なわれたのは、彼らがカエサルのもとに一度も使節団を送らず、友好を求めることでカエサルとローマの力を認めようとしなかったからである。両部族は前年に戦ったベルガエ人の大連合軍に戦士たちを派遣したと考えられていた。彼らは大きな町を持たず、散らばった集落に暮らしていた。ローマ軍が侵攻するとこれらさえ放棄され、人々は牛、家畜の群れを連れ持てる財産を持って、領土にある深い森や湿地帯のなかに避難した。ローマ軍が作戦行動を取るのは困難な地形で、各軍団は戦うべき特定の目標を定められなかった。発見した村落や農場を焼き払ったが、敵を降伏させることはできなかった。そこで軍団兵たちは森林地帯の掃討を開始し、いくつかの敵の集団をその家畜とともになんとか捕らえることができたが、奇襲によって損害も被った。この種の戦いはこれまでに行なわれた戦役とは異なっており、作戦行動に適した季節もあと数週間という時点で、目立った戦果はほとんどなかったのである。天候も悪くなってきたので、カエサルはまだ打ち負かされていない両部族を残して退却した。これは失敗であったが、大きな失敗でも取り返しのつかない失敗でもなかった。全体として見ればガリアでも、特に問題の解決という点ではローマでも、その年はかなり充実していた。命令権を確保したカエサルは、翌年の夏に向けて自由に大冒険を計画できたのである。これはカエサルがウェネティ族を厳しく処罰したもうひとつの理由であった。彼はすでにブリテン島を次の目標に選んでいたかもしれないが、再びその関心をイッリュリクムの辺境に向けることを検討していた可能性もある。どちらにせよ、彼とその軍勢の大半が別の場所にいる間に、ガリアで戦争が勃発しないことを確実にしておく必要があったのである。反乱を起こしたひとつの部族を厳しく処罰したことは、カエサルを怒らせると怖いのだという、一種の警告であった*19。

訳者略歴
宮坂　渉（みやさか・わたる）
一九七七年生まれ。早稲田大学法学部卒業後、同大学院法学研究科博士課程単位取得満期退学。現在、筑波大学人文社会系准教授。
ローマ法専攻。
主要共著書として、『法文化（歴史・比較・情報）叢書⑤コンセンサスの法理』（津野義堂編著、国際書院刊）第六章「引渡の正当原因IUSTA CAUSA TRADITIONISにかんするコンセンサス」担当

カエサル　上

二〇一二年　九　月一〇日　第一刷発行
二〇一五年　一　月一〇日　第二刷発行

著　者　エイドリアン・ゴールズワーシー
訳　者©宮　坂　　涉
装　幀　日　下　充　典
発行者　及　川　直　志
印刷所　株式会社　理　想　社
発行所　株式会社　白　水　社
東京都千代田区神田小川町三の二四
電話　営業部〇三（三二九一）七八一一
　　　編集部〇三（三二九一）七八二一
振替　〇〇一九〇-五-三三二二八
郵便番号　一〇一-〇〇五二
http://www.hakusuisha.co.jp
乱丁・落丁本は、送料小社負担にてお取り替えいたします。

誠製本株式会社

ISBN978-4-560-08229-4
Printed in Japan

原注

文献略語表

Ampelius, *lib. mem* = Lucius Ampelius, *Liber memorialis*　アンペリウス『リベル・メモリアーリス』

Appian, *BC* = Appian, *Civil Wars*　アッピアノス『内乱記』

Appian, *Bell. Hisp.* = Appian, *Spanish Wars*　アッピアノス『ヒスパニア戦記』

Broughton, *MRR* 2 = Broughton, T., & Patterson, M., *The Magistrates of the Roman Republic*, Volume 2 (1951)　T. ブロートン・M. パターソン『ローマ共和政の公職』第 2 巻（1951 年）

Caesar, *BC* = Caesar, *The Civil Wars*　カエサル『内乱記』〔カエサル『内乱記』国原吉之助訳、講談社学術文庫、1996 年〕

Caesar, *BG* = Caesar, *The Gallic Wars*　カエサル『ガリア戦記』〔カエサル『ガリア戦記』近山金次訳、岩波文庫、1980 年〕

CAH^2 IX = Crook, J., Lintott, A., & E. Rawson (eds.), *The Cambridge Ancient History* 2nd edn, Volume IX: *The Last Age of the Roman Republic, 146-43 BC* (1994)　J. クルック・A. リントット・E. ローソン編『ケンブリッジ古代史』第 2 版、第 9 巻「ローマ共和政末期、紀元前 146 年から 43 年まで」（1994 年）

Cicero, *ad Att.* = Cicero, *Letters to Atticus*　キケロ『アッティクス宛書簡集』〔キケロー「アッティクス宛書簡集 I 」根本和子・川崎義和訳、キケロー選集 13『書簡集 II 』所収、岩波書店、2000 年〕

Cicero, *ad Fam.* = Cicero, *Letters to his friends*　キケロ『縁者・友人宛書簡集』〔キケロー「縁者・友人宛書簡集 I 」高橋宏幸・五之治昌比呂・大西英文訳、キケロー選集 15『書簡集 III 』所収、岩波書店、2002 年、同「縁者・友人宛書簡集 II 」大西英文、兼利琢也、根本和子訳、キケロー選集『書簡集 IV 』所収、岩波書店、2002 年〕

Cicero, *ad Quintum Fratrem* = Cicero, *Letters to his brother Quintus*　キケロ『弟クイントゥス宛書簡集』〔キケロー「弟クイントゥス宛書簡集」大西英文、兼利琢也、根本和子訳、キケロー選集『書簡集 IV 』所収、岩波書店、2002 年〕

Cicero, *Cat.* = Cicero, *Catilinarian Orations*　キケロ『カティリーナ弾劾第四演説』〔キケロー「カティリーナ弾劾」小川正廣訳、キケロー選集 3『法廷・政治弁論 III 』所収、岩波書店、1999 年〕

Cicero, *de Sen.* = Cicero, *de Senectute*　キケロ『老年について』〔キケロー「大カ

トー・老年について」中務哲郎訳、キケロー選集 9『哲学Ⅱ』所収、岩波書店、2000 年〕

Cicero, *Verr.* = Cicero, *Verrine Orations*　キケロ『ウェッレース弾劾』〔キケロー「ウェッレース弾劾Ⅰ」・同「ウェッレース弾劾Ⅱ」大西英文・谷栄一郎・西村重雄訳、キケロー選集 4『法廷・政治弁論Ⅳ』・同 5『法廷・政治弁論Ⅴ』所収、岩波書店、2001 年〕

CIL = *Corpus Inscriptionum Latinarum*　『ラテン金石碑文集成』

Comp. *Nic.* = Fragment of Nicolaus of Damascus, *History*　ニコラウス・ダマスクスの断片『歴史』

de vir. Ill. = *the anonymous de viris illustribus*　作者不明『偉人伝』〔松原俊文訳「ローマ共和政偉人伝 De viris illustribus urbis Romae 解題・訳」、『地中海研究所紀要 第 4 号』所収、2006 年〕

Dio = Cassius Dio, *Roman History*　カッシウス・ディオ『ローマ史』

Gellius, *NA* = Aulus Gellius, *Attic Nights*　アウルス・ゲッリウス『アッティカの夜』

ILLRP = Degrassi, A. (ed.) (1963-1965), *Inscriptiones Latinae Liberae Rei Publicae*　Ａ．デグラッシ編『共和政期ラテン金石碑文集成』（1963−1965 年）

ILS = Dessau, H. (1892-1916), *Inscriptiones Latinae Selectae*　Ｈ．デッソー『ラテン金石碑文選集』（1892−1916 年）

JRS = *Journal of Roman Studies*　『ローマ史研究雑誌』

Justin = Justinus, *Epitome*　ユスティヌス『抄録』〔ポンペイウス・トログス著、ユニアヌス・ユスティヌス抄録『地中海世界史』合阪學訳、西洋古典叢書、京都大学学術出版会、1998 年〕

Livy, *Pers.* = Livy, *Periochae*　リウィウス『摘要』

Pliny the Elder, *NH* = Pliny the Elder, *Natural History*　大プリニウス『博物誌』〔プリニウス『プリニウスの博物誌』中野定雄訳、雄山閣出版、1986 年（第 1 巻から第 37 巻まで）〕

Pliny the Younger, *Epistolae* = Pliny the Younger, *Letters*　小プリニウス『書簡集』〔プリニウス『プリニウス書簡集：ローマ帝国一貴紳の生活と信条』國原吉之助訳、講談社、1999 年〕

Quintilian = Quintilian, *Training in Oratory*　クィンティリアヌス『弁論家の教育』〔クィンティリアヌス『弁論家の教育』森谷宇一・戸高和弘・渡辺浩司・伊達立晶訳、西洋古典叢書、京都大学学術出版会、2005 年（刊行継続中）〕

Sallust, *Bell. Cat.* = Sallust, *The Catilinarian War*　サッルスティウス『カティリーナ戦記』〔ガイウス・サッルスティウス・クリスプス『カティリーナの陰謀』合阪學・鷲田睦朗訳、大阪大学出版会、2008 年〕

Serv. *Ad G.*= Servius　セルウィウス『ウェルギリウス「農耕詩」に対する註釈』

Serv. *on E* = セルウィウス『ウェルギリウス「牧歌」に対する註釈』

Strabo, *Geog.* = Strabo, *Geography*　ストラボン『地理誌』〔ストラボン『ギリシア・ローマ世界地誌』飯尾都人訳、竜渓書舎、1994 年〕

Valerius Maximus = Valerius Maximus, *Memorable Doings and Sayings*　ウァレリウス・マクシムス『著名言行録』

Velleius Paterculus = Velleius Paterculus, *Roman History*　ウェッレイウス・パテルクルス『ローマ史』〔ウェレイユス・パテルクルス『ローマ世界の歴史』西田卓生・高橋宏幸訳、西洋古典叢書、京都大学学術出版会、2012 年〕

序章

1. M. Booth, *The Doctor, the Detective and Arthur Conan Doyle* (1997), p.204.

第 1 章 ◆ カエサルが生きた世界

1. Velleius Paterculus, *History of Rome* 2. 1. 1 (Loeb translation by F. Shipley (1924), pp. 47-49).
2. Suetonius, *Caesar* 77.
3. Polybius, 6. 11. 1-18. ポリュビオスによるローマ共和政についての叙述と分析にかんしては 8. 43. 1-57. 9、および F. Walbank, *A Historical Commentary on Polybius*, 1 (1970), pp. 663-746 も。この問題にかんする近年の詳細な考察は A. Lintott, *The Constitution of the Roman Republic* (1999) で見つかるはずである。
4. これらの戦役の叙述にかんしては A. Goldsworthy, *In the Name of Rome* (2003), pp. 126-136 を参照。
5. サトゥルニヌスとグラウキアにかんしては Appian, *BC* 1. 28-33, Plutarch, *Marius* 28-30 を参照。
6. Suetonius, *Caesar* 77.
7. Valerius Maximus 3. 7. 8.
8. 人口と、これを正確に計算しようとする場合の問題点については N. Purcell, 'The City of Rome and the *Plebs Urbana* in the Late Republic', in *CAH*² IX, pp. 644-688, esp. 648-656、および K. Hopkins, *Conquerors and Slaves* (1978), pp. 96-98 も参照。ローマにおける政治活動のための物理的環境としてのフォルムの重要性については F. Millar, *The Crowd in Rome in the Late Republic* (1998), esp. pp. 13-48 を参照。
9. ローマの帝国主義についての最も影響力のある考察は E. Badian, *Roman Imperialism in the Late Republic* (1968)、W. Harris, *War and Imperialism in Republican Rome, 327-70 BC* (1979)、および Hopkins (1978), esp. 1-98 でなされている。
10. E. Badian, *Publicans and Sinners* (1972) を参照。
11. 特に Hopkins (1978) の各所を参照。

12. グラックス兄弟のキャリアにかんしては D. Stockton, *The Gracchi* (1979) を参照。おもな史料としては Plutarch, *Tiberius Gracchus* および *Caius Gracchus* そして Appian, *BC* 1. 8-27 がある。ガイウス・グラックスの首級の話については Plutarch, *Caius Gracchus* 17 を参照。
13. マリウスのキャリアについての詳細な説明にかんしては R. Evans, *Gaius Marius: A Political Biography* (1994) を参照。

第2章◆幼少期のカエサル

1. Velleius Paterculus 2. 41. 1.
2. Suetonius, *Caesar* 1. 3.
3. ローマ人の名前が持つ意味にかんする全般的な研究については B. Salway, 'What's in a Name? A Survey of Roman Onomastic Practice from 700 BC-AD 700', *JRS* 84 (1994), pp. 121-145, esp. 124-131 を参照。
4. カエサルという名前の由来についての話は Historia Augusta, Aelius Verus 2 を参照。カエサルの家族についての考察にかんしては M. Gelzer, *Caesar* (1968), p. 19、C. Meier, *Caesar* (1996), pp. 51-55、および E. Gruen, *The Last Generation of the Roman Republic* (1974), pp. 75-76 を参照。
5. Suetonius *Caesar* 6. 1. アエネアスとその子にかんする曖昧な点については Livy 1. 3 を参照。
6. Plutarch, *Tiberius Gracchus* 1.
7. *Historia Augusta, Aelius Verus* 2.
8. B. Rawson, *Children and Childhood in Roman Italy* (2003), esp. pp. 99-113、帝王切開にかんする古代の知識については p. 99 および references を参照。B. Rawson (ed.). *Marriage, Divorce and Children in Ancient Rome* (1991) 所収の各論文も参照。
9. Plutarch, *Cato the Elder* 20. 3. この問題についてのより詳細な考察にかんしては K. Bradley, 'Wet-nursing at Rome: A Study in Social Relations'（B. Rawson, *The Family in Ancient Rome* (1986), pp. 201-229 所収）を参照。
10. Tacitus, *Dialogues* 28. 6 (Loeb translation by Sir W. Peterson, revised M. Winterbottom (1970), p. 307).
11. Plutarch, *Coriolanus* 33-36, Livy 2. 40.
12. H. Marrou, *A History of Education in Antiquity* (1956), pp. 229-291, A. Gwynn, *Roman Education: From Cicero to Quintilian* (1926), esp. 1-32; Cicero, *de Re Publica* 4. 3 を参照。
13. Cicero, *Orator* 120.
14. R. Saller, *Personal Patronage in the Early Empire* (1982) にはパトローヌス・クリエンテス関係についての有益な考察がある。仕事に出かける父について行く少年にかんしては Gellius, *NA* 1. 23. 4、Pliny, *Epistolae* 8. 14, 4-5 を参照、そし

て7歳を過ぎてからの父の影響力の重要性については Quintilian 2. 2. 4 および Marrou (19S6), pp. 231-233 の論評を参照。

15. Rawson (2003), pp. 153-157; グニフォについては Suetonius, *Grammaticis et rhetoribus* 7; カエサルの初期の作品については Suetonius *Caesar* 56. 7.

16. Cicero, *Brutus* 305, Suetonius, *Caesar* 55. 2.

17. Plutarch, *Caesar* 17, Suetonius, *Caesar* 57, 61.

18. Plutarch, *Marius* 30, 32.

19. 同盟市が提供する軍勢の問題にかんしては E. Gabba, *The Roman Republic, the Army and the Allies* (trans. P. Cuff) (1976)、P. Brunt, *Social Conflicts in the Roman Republic* (1971), pp. 101-104、A. Sherwin-White, *The Roman Citizenship* (1973), pp. 119-149 を参照。

20. 同盟市戦争にかんする古代で最も詳細な叙述は Appian, *BC* 1. 34-53、さらに Velleius Paterculus 2. 13. 117. 3 も参照。最近の研究については E. Gabba, 'Rome and Italy: The Social War', in *CAH²* (1994), pp. 104-128 を参照。

21. Appian, *BC* 1. 40-46, Plutarch. *Marius* 33, *Sulla* 6.

22. スッラのキャリアについては A. Keaveney, *Sulla: The Last Republican* (1982), 1-63 を参照。

23. Plutarch, *Marius* 34-35, *Sulla* 7-8, Appian *BC* l. 55-57, and Keaveney (1982), pp. 56-77.

24. Plutarch, *Sulla* 9-10, *Marius* 35-40, Appian, *BC* 1. 57-59.

25. Appian, *BC* 1. 63-75; Plutarch, *Marius* 41-46, *Sulla* 22, *Pompey* 3, Velleius Paterculus 2. 20. 1-23.3、さらに R. Seager, *Pompey* (2002), pp. 25-29 も。

第3章◆最初の独裁者

1. Plutarch, *Sulla* 31 (translation by R. Waterfield in *Plutarch: Roman Lives* (1999), p. 210).

2. リベラリア祭の重要性については Ovid. *Fasti* 3. 771-788 を参照。ユウェントゥス神への犠牲式にかんしては Dionysius of Halicarnassus 4. 15. 5 を参照。トガ・ウィリリスの着用を含む成人式一般にかんしては B. Rawson, *Children and Childhood in Roman Italy* (2003), pp. 142-144 を参照。

3. Suetonius, *Caesar* 1.1、カエサルの父の突然の死については Pliny, *Natural History* 7. 181 を参照。トガ・ウィリリスの着用にかんしては H. Marrou, *A History of Education in Antiquity* (1956), p. 233、A. Gwynn, *Roman Education: From Cicero to Quintilian* (1926), 16、および B. Rawson, 'The Roman Family'（B. Rawson (ed.), *The Family in Ancient Rome* (1986), pp. 1-57 所収）41 を参照。

4. フラーメン・ディアーリスに課せられた制約にかんしては Gellius, *NA* 10. 15 を参照。

5. Velleius Paterculus, 2. 22. 2, Appian. *BC* 1. 74. メルラと、フラーメン職へのカエサルの推薦については L. Ross Taylor, ‘Caesar’s Early Career’（*Classical Philology* 36 (1941), pp. 113-132 所収）esp. pp. 114-116 を参照。
6. コンファルレアーティオについては S. Treggiari, *Roman Marriage: Iusti Coniuges from the Time of Cicero to the Time of Ulpian* (1991), 21-24 を参照。その名称およびエンマー小麦との関係にかんしては *Gaius* 1. 112、Pliny, *NH* 18. 10、Festus 78L を参照。その儀式については Servius, *Ad G*. 1. 31 を参照。
7. Velleius Paterculus 2. 22. 2 は、カエサルがフラーメン・ディアーリスに就任したと述べているが、Suetonius, *Caesar* 1. 1 は、「推薦された（destinatus）」だけだったと明確に述べている。M. Gelzer, *Caesar* (1968), pp. 19-21 および Taylor (1941), pp. 115-116 を参照。Tacitus, *Annals* 3. 58 および Dio 54. 36. 1 はどちらも、メルラが最後のフラーメン・ディアーリスだったと断言している。
8. この数年間にかんする有益な考察については *CAH*[2] IX (1994), pp. 173-187 を参照。この間のキケロと彼の先輩たちのふるまいにかんしては T. Mitchell, *Cicero: The Ascending Years* (1979), pp. 81-92 を参照。
9. Appian, *BC* 1. 76-77.
10. スッラの外見については Plutarch, *Sulla* 2、法務官選挙での落選については同 5、墓碑については同 38。スッラ一般については A. Keaveney, *Sulla: The Last Republican* (1982) を参照。睾丸がひとつしかなかった件は Arrius Menander Bk. 1 *On Military Affairs* を参照。Keaveney (1982), p. 11 は、その話はおそらくスッラの軍団兵たちが創作した下品な歌に由来していたと論じている。
11. スッラの強運にかんしては Keaveney (1982), pp. 40-41 を参照。
12. Appian, *BC* 1. 78-80, Plutarch, *Pompey* 5.
13. この内戦については Keaveney (1982), pp. 129-147 を参照。
14. Plutarch, *Sulla* 27-32, Appian, *BC* 1. 81-96.
15. Plutarch, *Sulla* 31.
16. 追放公示にかんしては Keaveney (1982), pp. 148-168、Appian, *BC* 1. 95、Velleius Paterculus 2. 28. 3-4、およびアルバの地所についての逸話を含む Plutarch, *Sulla* 31 を参照。
17. Keaveney (1982), pp. 160-203. オフェッラの処刑にかんしては Plutarch, *Sulla* 33 を参照。
18. Taylor (1941), p. 116.
19. Suetonius, *Caesar* 1. 1-3、Plutarch, *Caesar* 1、そして L. Ross Taylor, ‘The Rise of Julius Caesar’, *Greece and Rome* 4 (1957), pp. 10-18, esp. 11-12 および Taylor (1941), p. 116 も参照。
20. Suetonius, *Caesar* 74.
21. Suetonius, *Caesar* 1.

22. Plutarch, *Sulla* 1. 104, Suetonius, *Caesar* 77.

23. Keaveney (1982), pp. 204-213.

第4章◆若きカエサル

1. Cicero, *Brutus* 290 (Loeb translation by G. Hendrickson (1939), p. 253).

2. スエトニウスによる、カエサルの外見の描写については Suetonius, *Caesar* 45. 1 を参照。Plutarch, *Caesar* 17 にも若干の言及がある。カエサルの奇抜な衣装と、それに対するスッラの評価は Suetonius, *Caesar* 45. 3.

3. Suetonius, *Caesar* 45. 2.

4. キケロの家にかんしては Velleius Paterculus 2. 14 および E. Rawson, 'The Ciceronian Aristocracy and its properties'（M. I. Finley (ed.), *Studies in Roman Property* (1976), pp. 85-102 所収）esp. 86 を参照。スブラのシナゴーグについては *Corpus Inscriptionum Judaicarum* 2. 380 を参照。

5. Velleius Paterculus 2. 14. 3.

6. Suetonius, *Caesar* 46-47.

7. Suetonius, *Caesar* 2.

8. L. Ross Taylor, 'The rise of Julius Caesar', *Greece and Rome* 4 (1957), pp. 10-18 および M. Gelzer, *Caesar* (1968), p. 22 を参照。市民冠については Gellius, *NA* 5. 6. 13-14, Pliny, *NH* 16. 12-13 を参照、なお V. Maxfield, *The Military Deco-rations of the Roman Army* (1981), pp. 70-74, 119-120 はそれについて論じている。

9. Suetonius, *Caesar* 2 および同 49. 4-1, 52. 3.

10. Plutarch, *Marius* 13-14, Polybius 6. 37; 監察官カトーについては Plutarch, *Cato the Elder* 17 を参照。

11. Suetonius, *Caesar* 22 および同 49. 1-4.

12. 公衆の面前でのカエサルの宣誓については Dio 43. 20. 4 および Catullus 54 を参照。Suetonius, *Caesar* 73 も比較参照せよ。

13. カトーについては Plutarch, *Cato the Elder* 24 および Plutarch, *Crassus* 5 を参照。ゲルマン人にかんしては Caesar, *BG* 6. 21 を参照。ローマ人のふるまいにかんする研究については P. Grimal, *Love in Ancient Rome* (trans. A. Train) (1986) を参照。

14. Suetonius, *Caesar* 3.

15. Catullus 10; Cicero, *Verr.* 1. 40.

16. Cicero, *Brutus* 317.

17. Suetonius, *Caesar* 4. 1, 55、Velleius Paterculus 2. 93. 3 および Gelzer (1968), pp. 22-3 を参照。属州統治一般については A. Lintott's *Imperium Romanum: Politics and Administration* (1993) を参照。カエサルの甲高い声による演説にかんしては Suetonius, *Caesar* 55. 2 を参照。

18. Plutarch, *Caesar* 4.

19. Cicero, *Brutus* 316.
20. 海賊問題については Appian, *Mithridatic Wars* 91-93 と Plutarch, *Pompey* 24-5 を参照。カエサルの捕獲にかんしては Suetonius, *Caesar* 4. 2 と Plutarch, *Caesar* 2 を参照。
21. Plutarch, *Caesar* 2（Loeb translation by B. Perrin (1919), p. 445 を若干修正した）。
22. 海賊の咽喉をかき切った行為については Suetonius, *Caesar* 74 を参照。
23. Suetonius, *Caesar* 4. 2.
24. L. Ross Taylor, 'Caesar's Early Career', *Classical Philology* 36 (1941), pp. 113-132, esp. p.117-118.
25. ローマへの帰路については Velleius Paterculus 2. 93. 2 を参照。法廷での活動にかんしては E. Gruen, *The Last Generation of the Roman Republic* (1974), p. 528 を参照。キケロの論評については Suetonius, *Caesar* 49. 3 を参照。
26. Taylor (1941), pp. 120-122. 奴隷反乱については Plutarch, *Crassus* 8-11 と Appian, *BC* 1. 116-121 を参照。
27. クラッススとスッラにかんしては Plutarch, *Crassus* 6 を参照。
28. Suetonius, *Caesar* 5.

第5章◆候補者

1. Plutarch, *Caesar* 5.
2. 娘ユリアの誕生にかんしては M. Gelzer, *Caesar* (1968), p. 21、C. Meier, *Caesar* (1996), p. 105 および P. Grimal, *Love in Ancient Rome* (1986), p. 222 を参照。
3. Grimal (1986), pp. 112-115.
4. プラエキアとルクッルスの話については Plutarch, *Lucullus* 6. 2-4 を参照。ケテグスの影響力にかんしては Cicero, *Brutus* 178 を参照。ポンペイウスとゲミニウス、フローラの逸話については Plutarch, *Pompey* 2 を参照。
5. キュテリスについては Cicero, *ad Fam*. 9. 26、Cicero *ad Att*. 10. 10、Servius, on E10、*de vir. Ill*. 82. 2 を参照。彼女に対する嫌悪感をキケロは *Philippics* 2. 58, 69, 77 で公にした。
6. Suetonius, *Caesar* 47, 50. 1-52.
7. Suetonius, *Caesar* 50. 2, Plutarch, *Caesar* 46, 62, *Brutus* 5, Cicero, *ad Att*. 15. 11; R. Syme, *The Roman Revolution* (1939), pp. 23-24, 116 も参照。カエサルの愛人セルウィリアの妹のほうのセルウィリアとルクッルスとの離婚にかんしては Plutarch, *Lucullus* 38 を参照。
8. Grimal (1986), pp. 226-237, S. Treggiari, *Roman Marriage* (1991), esp. pp. 105-106, 232-238, 253-261, 264, 270-275, and 299-319.
9. Sallust, *Bell Cat*. 25.
10. Plutarch, *Pompey* 55 (translation by R. Waterfield in *Plutarch: Roman Lives* (1999),

p. 273).

11. セルトリウスのキャリアにかんする研究は A. Goldsworthy, *In the Name of Rome* (2003), pp. 137-151 を参照。

12. スッラの立法については A. Keaveney, *Sulla: The Last Republican* (1982), pp. 169-189 を参照。

13. 「若き死刑執行人」にかんしては Valerius Maximus 6. 2. 8 を参照。ブルートゥスの父の処刑については Plutarch, *Brutus* 4 を参照。ポンペイウスの初期のキャリアにかんしては R. Seager, *Pompey the Great* (2002), pp. 20-39 を参照。

14. キャリアにおける軍事的敗北の影響にかんしては N. Rosenstein, *Imperatores Victi* (1993) の各所を参照。

15. ポンペイウスと監察官らにかんしては Plutarch, *Pompey* 22 を参照。クラッススの盛大な宴会については Plutarch, *Crassus* 2. 2, 12. 3、*Comp. Nic.* Crassus 1. 4、A. Ward, *Marcus Crassus and the Late Roman Republic* (1977), pp. 101-2 を参照。

16. Suetonius, *Caesar* 5, Gellius, *NA* 13. 3. 5. 紀元前 70 年の出来事にカエサルが大きな役割を果たしたという説については Ward (1977), pp. 105-111 の考察を参照。

17. 選挙にかんする考察については L. Ross Taylor, *Party Politics in the Age of Caesar* (1949), esp. pp. 50-75 ならびに *Roman Voting Assemblies: From the Hannibalic War to the Dictatorship of Caesar* (1966), esp. pp. 78-106、A. Lintott, 'Electoral Bribery in the Roman Republic', *JRS* 80 (1990), pp. 1-16、F. Millar, *The Crowd in Rome in the Late Republic* (1998)、H. Mouritsen, *Plebs and Politics in the Late Roman Republic* (2001), esp. pp. 63-89、A. Yakobson, 'Petitio et Largitio: Popular Participation in the Centuriate Assembly of the Late Republic', *JRS* 82 (1992), pp. 32-52 を参照。墓石に刻まれた銘文については *ILS* 8205-8207 を参照。

18. Taylor (1966), pp. 78-83 と A. Lintott, *The Constitution of the Roman Republic* (1999), pp. 43-49 を参照。

19. 財務官職については Lintott (1999), pp. 133-137 を参照。市民冠の獲得者が元老院に議席を得たという説にかんしては L. Ross Taylor, 'The Rise of Caesar', *Greece and Rome* 4 (1957), pp. 10-18, esp. 12-13 を参照。

20. Polybius, 6. 54. 1-2.

21. Suetonius, *Caesar* 6. 1, Plutarch, *Caesar* 5. マリウスに対するキケロの本音と建前にかんしては T. Mitchell. *Cicero: The Ascending Years* (1979), pp. 45-51 の考察を参照。

22. *Spanish War* 42, Suetonius, *Caesar* 7. 1-2. Velleius Paterculus 2, 43. 4. Gelzer (1968), p. 32 に若干の言及がある。アレクサンドロス大王の立像を見た時のカエサルの反応と、カエサルを動揺させた夢については Plutarch, *Caesar* 11、Suetonius, *Caesar* 7. 1-2 および Dio 37. 52. 2 を参照。キケロが財務官を終えて

帰還した際の話にかんしては *pro Planco* 64-6 を参照。

23. Suetonius, *Caesar* 8.

24. Suetonius, *Caesar* 6. 2, Plutarch, *Caesar* 5. 結婚式についての考察にかんしては S. Treggiari, *Roman Marriage* (1991), pp. 161-180 を参照。

25. Dio 36. 20. 1-36, Plutarch, *Pompey* 25-26. ガビニウス法の導入にかんする詳細な考察については P. Greenhalgh, *Pompey: The Roman Alexander* (1980), pp. 72-90 を参照。

26. ガビニウス法に対するカエサルの支持にかんしては Plutarch, *Pompey* 25 および T. Rice Holmes, *The Roman Republic*, 1 (1928), pp. 170-173 も参照。〔ポンペイウスの〕海賊征伐については Appian, *Mithridatic Wars* 91-93 と Plutarch, *Pompey* 26-28 を参照。

27. ルクッルスのキャリアについては A. Keaveney, *Lucullus: A Life* (1992) を参照、特に東方での戦役については pp. 75-128、ポンペイウスとの交代にかんしては Plutarch, *Pompey* 30-31, *Lucullus* 36 を参照。

28. カエサルの支持については Dio 36. 43. 2-3 を参照。マニリウス法に賛成を表明したキケロの弁論である *pro Lege Manilia* は現存している。

29. Plutarch, *Caesar* 5-6, Suetonius, *Caesar* 10-11, Velleius Paterculus 2. 43. 4. 按察官職については Lintott (1999), pp. 129-133 を参照。カエサルのキャリアについては Gelzer (1968), pp. 37-39、L. Ross Taylor, 'Caesar's Early Career', *Classical Philology* 36 (1941), pp. 113-132, esp. 125- 131、ならびに (1957), pp. 14-15 を参照。

30. Suetonius, *Caesar* 10. 1.

31. Dio 37. 8. 1-2, Pliny; *NH* 33. 53.

32. Plutarch, *Caesar* 5.

33. Plutarch, *Caesar* 6、Suetonius, *Caesar* 11、Veileius Paterculus 2. 43. 3-4、そして、その記念碑が複製品であったとは考えられない、という説を唱えている R. Evans, *Gaius Marius: A Political Biography* (1994), p. 4 も参照。

第6章◆陰謀

1. Sallust, *Bell. Cat.* 12. 1-2.

2. Dio 36. 44. 3-5, Cicero, *pro Sulla* 14-17, Sallust, *Bell. Cat.* 18.

3. Suetonius, *Caesar* 9, Sallust, *Bell. Cat.* 17-19 を参照。「第一次カティリーナの陰謀」にかんする考察については E. Salmon, 'Catiline, Crassus, and Caesar', *American Journal of Philology* 56 (1935), pp. 302-316, esp. 302-306、E. Hardy, *The Catilinarian Conspiracy in its Context: A Re-study of the Evidence* (1924), pp. 12-20、T. Rice Holmes, *The Roman Republic*, 1 (1928), pp. 234-235、D. Stockton, *Cicero* (1971), pp. 77-78、および M. Gelzer, *Caesar* (1968), pp. 38-39 を参照。

4. クラッススとポンペイウスの対抗関係にかんしては A. Ward, *Marcus Crassus*

and the Late Roman Republic (1977), pp. 128-168 と Rice Holmes (1928), pp. 221-283, esp. 242-249 を参照。ポンペイウスの帰還に対する帝政期の見方にかんしては Velleius Paterculus 2. 40. 2-3、Plutarch, *Pompey* 43、Dio 37. 20. 5-6 を参照。

5. Plutarch, *Crassus* 2-3 および Ward (1977), pp. 46-57 を参照。リキニア事件については Plutarch, *Crassus* 1 を参照、Ward (1977), 71-75 には懐疑的な論評がある。

6. Cicero, *Brutus* 233.

7. Plutarch, *Crassus* 3, Cicero, *de Officiis* 1. 25, Sallust. *Bell. Cat.*48.5-7.「あの人の角には麦わらが」と、考えられる言葉遊びにかんしては Ward (1977), pp. 78 を参照。

8. Plutarch, *Crassus* 13, Suetonius, *Caesar* 11, Dio 37. 9. 3-4; Ward (1977), pp, 128-135, Gelzer (1968), pp. 39-41.

9. Plutarch, *Cato the younger* 16-18, Suetonius, *Caesar* 11, Dio 37. 10. 1-3.

10. Suetonius, *Caesar* 74. カティリーナにかんしては Asconius 84C を参照。オフェッラにかんしては Plutarch, *Sulla* 33 を参照。

11. Sallust, *Bell. Cat.*5, 14-17, Plutarch, *Cicero* 10, Ward (1977), pp. 136, 145, Rice Holmes (1928), p. 241, Stockton (1971), pp. 79-81, 97, 100.

12. 大カトーにかんしては Plutarch, *Cato the Elder* および A. Astin, *Cato the Censor* (1978) を参照。小カトーについては Plutarch, *Cato the Younger*, esp. 1, 5-7, 9, 24-25 を参照。

13. Stockton (1971), esp, pp. 71-81、E. Rawson, *Cicero* (1975)、T. Mitchell, *Cicero: The Ascending Years* (1979), esp, p. 93 ff を参照。*ILS* 8888/*ILLRP* 515 は、ルキウス・セルギウスが――通常はカティリーナのことだとされている――ポンペイウス・ストラボの部下であったことに言及している碑文である。

14. この数年間についての素晴らしい研究にかんしては T. Wiseman, 'The Senate and the Populares, 69-60 BC', in *CAH*[2] IX (1994), pp. 327-367 を参照。ルッルス農地法案については Gelzer (1968), pp. 42-45、Stockton (1971), pp. 84-91、Rice Holmes (1928), pp. 242-249、Ward (1977), pp. 152-162 を参照。

15. ピソについては Sallust, *Bell. Cat.* 49. 2 と Cicero, *pro Flacco* 98 を参照。ユバについては Suetonius, *Caesar* 71 を参照。

16. ポンペイウスに与えられた名誉にかんしては Dio 37. 21. 4 を参照。ラビエヌスの出自にかんする考察については R. Syme, 'The Allegiance of Labienus', *JRS* 28 (1938), pp. 424-440 を参照。

17. ペルドゥエッリオ裁判については Dio 37. 26. 1-28. 4、Suetonius, *Caesar* 12、Cicero, *Pro Rabirio perduellionis*、さらに W. Tyrrell, *A Legal and Historical Commentary to Cicero's Oratio Pro Rabirio Perduellionis* (1978) を参照。作者不明の *de viribus illustribus* にはラビリウスがサトゥルニヌスの首級を飾ったという主張が含まれている。

18. L. Ross Taylor, *Roman Voting Assemblies: From the Hannibalic War to the Dictatorship*

of Caesar (1966), p. 16 を参照。

19. ポンティフェクス・マクシムス選挙にかんしては Suetonius, *Caesar* 13、Plutarch, *Caesar* 7、Dio 37. 37. 1-3、Velleius Paterculus 2. 43. 3 を参照。

20. レギアとその歴史にかんする有益な考察については T. Cornell, *The Beginnings of Rome* (1995), pp. 239-241 を参照。

21. Sallust, *Bell. Cat.* 23-24, Cicero, *pro Murena* 51-58, Dio 37. 29. 1-30. 1, Plutarch, *Cato the Younger* 21. 2-6.

22. Sallust, *Bell. Cat.* 22. 1-4, 26. 1-31. 3.

23. Sallust, *Bell. Cat.* 31. 4-48. 2, Rice Holmes (1928), pp. 259-272, Stockton (1971), pp. 84-109.

第7章◆醜聞

1. Cicero, *In Catilinam* 3. 1-2 (Loeb translation by C. MacDonald (1977), p. 101).
2. カティリーナへの選挙協力については Cicero, *ad Att.* 1. 2 から引用した。
3. Cicero, *In Catilinam* 2. 22 (Loeb translation by C. MacDonald (1977), p. 91).
4. Plutarch, *Caesar* 4. 4 (Loeb translation by B. Perrin (1919), p. 451).
5. Sallust, *Bell. Cat.* 48. 5.
6. Sallust, *Bell. Cat.* 48. 9; Plutarch, *Crassus* 13.
7. Cicero, *pro Murena* および Plutarch, *Cato the Younger* 21. 3-6.
8. Sallust, *Bell. Cat.* 49. 1-4、Plutarch, *Crassus* 13 および *Cicero* 20. D. Stockton, *Cicero* (1971), pp. 18-19 も参照。
9. Sallust, *Bell. Cat.* 41-47, Plutarch, *Cicero* 19, Dio 37. 34. 1-4, Appian. *BC* 2. 4-5.
10. この論争一般については Sallust, *Bell. Cat.* 50. 3-53. 1 を参照。カティリーナが最後に元老院に出席した時のことについては Cicero, *Cat*.1. 16 を参照。
11. アッピウス・クラウディウス・カエクスにかんしては Cicero, *de Sen*.16, *Brutus* 61 を参照。
12. Sallust, *Bell. Cat.* 51. 1-3.
13. Sallust, *Bell. Cat.* 51. 33.
14. Sallust, *Bell. Cat.* 51. 20.
15. カエサルの弁論については Sallust, *Bell. Cat.* 51 を参照。
16. カエサルの見解にかんする考察については Gelzer (1968), pp. 50-52 および C. Meier, *Caesar* (1996), pp. 170-172 を参照。
17. Plutarch, *Cicero* 20-21, *Caesar* 7-8、Suetonius, *Caesar* 14 そして Appian, *BC* 2. 5 を参照。
18. Cicero, *Cat.* 4. 3 (Loeb translation by C. MacDonald (1977), p. 137).
19. カエサルについては Cicero, *Cat.* 4. 9-10、クラッススについては同 4. 10、恐怖の情景については同 4. 12 を参照。

20. Sallust, *Bell. Cat.* 52. 12.

21. Sallust, *Bell. Cat.* 52. 17-18, 24-25.

22. Plutarch, *Brutus* 5 and *Cato the Younger* 24. 1-2. この論争にかんする、ブルートゥスの叙述へのキケロの反応については Cicero, *ad Att.* 12. 21. 1 を参照。

23. Sallust, *Bell. Cat.* 55. 1-6, Plutarch, *Cicero* 22 ならびに *Caesar* 8, Dio 37. 36. 1-4, Ampelius, *lib. mem.* 31. サッルスティウスがカエサルに対する危険をそれ以前の出来事としていることについては Sallust, *Bell. Cat.* 49. 4 を参照。

24. Cicero, *ad Fam.* 5. 2. 7-8.

25. Suetonius, *Caesar* 15, Dio 37. 44. 1-3.

26. Dio 37. 43. 1-4, Plutarch, *Cato the Younger* 26. 1-29. 2.

27. Suetonius, *Caesar* 16.

28. カティリーナの死については Sallust, *Bell. Cat.* 60. 7, 61. 4 を参照。内通者については Suetonius, *Caesar* 17 を参照。

29. Plutarch, *Caesar* 9-10.

30. Cicero, *ad Att.* 1. 12. 3, 1. 13. 3, Suetonius, *Caesar* 74. 2, Plutarch, *Caesar* 10. 離婚一般については S. Treggiari, *Roman Marriage* (1991), pp. 435-482 ならびに 'Divorce Roman Style: How Easy and Frequent Was It?'（B. Rawson (ed.), *Marriage. Divorce and Children in Ancient Rome* (1991), pp. 131-146 所収）を参照。

31. Cicero, *ad Att.* 1. 13. 3 参照、そしてカトゥルスについては Cicero, *ad Att.* 1. 16, Dio 37. 50. 3-4.

32. Plutarch, *Caesar* 11, Suetonius, *Caesar* 18, Cicero, *Pro Balbo* 28.

33. Suetonius, *Caesar* 18, Appian, *Bell. Hisp.* 102, Plutarch, *Caesar* 12, Dio 37. 52. 1-53. 4 を参照。ヒスパニアの状況とカエサルの作戦行動にかんする考察については S. Dyson, *The Creation of the Roman Frontier* (1985), pp. 235-236 を参照。

34. *Spanish War* 42. 2-3, Cicero, *pro Balbo* 19, 23, 28, 63 and 43; 人身御供を示唆するものとして Strabo, *Geog.* 3. 5. 3 および Rice Holmes, *The Roman Republic*, I (1928), pp. 302-8 を参照。

35. Plutarch, *Caesar* 11.

第8章◆執政官

1. Sallust, *Bell. Cat.* 54. 4.

2. Cicero, *ad Att.* 2. 5.

3. Pliny, *NH* 7. 97, Plutarch, *Pompey* 45, Dio 37. 21. 1-4, Appian, *Mithridatic Wars*, 116-117.

4. 東方での戦役にかんしては P. Greenhalgh, *Pompey: The Roman-Alexander* (1980) および A. Goldsworthy, *In the Name of Rome* (2003), ch. 7, esp. pp. 161-179 を参照。

5. Plutarch, *Pompey* 42-46, *Cato the Younger* 30, Velleius Paterculus 2. 40. 3; R. Seager,

Pompey the Great (2002), pp. 75-76. クラッススについては Plutarch, *Pompey* 43 および A. Ward, *Marcus Crassus and the Late Roman Republic* (1977), pp. 193-199 参照。

6. Cicero, *ad Att.* 1. 13. クラッススについては同 *ad Att.* 1. 14 も参照。
7. Cicero, *ad Att.* 1. 13, 12; Seager (2002), pp. 77-79.
8. Cicero, *ad Att.* 1. 12, Plutarch, *Pompey* 42, *Cato the Younger* 30. 1-5, Suetonius, *Caesar* 50. 1. 紀元前 62 年にメテッルス・ケレルを宥めたキケロの尽力については Cicero, *ad Fam.* 5. 1, 2 を参照。
9. Dio 37. 49. 1-4, Plutarch, *Pompey* 44, *Cato the Younger* 30. 5, Cicero, *ad Att.* 1. 18, 19.
10. Cicero, *ad Att.* 2. 1.
11. Horace, *Odes* 2. 1. 1. この数年間を鋭く概観したものとしては P. Wiseman, 'The Senate and the *Populares*, 69-60 BC', in *CAH*^{2} IX (1994), pp. 327-367. esp. pp. 358-367 を参照。
12. Cicero, *ad Att.* 2. 1、カエサルとルッケイウスの選挙協力にかんする紀元前 61 年 12 月の通信については同 1. 17。M. Gelzer, *Caesar* (1968), p. 60, fn. 1 を参照、スエトニウスの言葉は文字どおり、カエサルがポンペイアと手紙によって離婚したことを示唆していると、もっともらしく解釈している。
13. Appian, *BC* 2. 8, Plutarch, *Cato the Younger* 31. 2-3, Dio 37. 54. 1-2.
14. Suetonius, *Caesar* 19. 2. これが予備の執政官を取っておく手段であったという説については Seager (2002), p. 84 を参照。個人的な憎悪と敵にかんしては D. Epstein, *Personal Enmity in Roman Politics 218-43 BC* (1978) を参照。
15. L. Ross Taylor, *Roman Voting Assemblies: From the Hannibalic War to the Dictatorship of Caesar* (1966), esp. pp. 81-106 を参照。
16. Taylor (1966), pp. 54-55、H. Mouritsen, *Plebs and Party Politics in the Late Roman Republic* (2001), pp. 27-32 を参照。当時のローマの人口にかんしては N. Purcell, 'The City of Rome and the *plebs urbana* in the Late Republic', in *CAH*^{2} IX (1994), pp. 644-688 を参照。
17. Suetonius, *Caesar* 19. 1; Cicero, *ad Att.* 1. 1. イタリアの人々の投票の重要性については L. Ross Taylor, *Party Politics in the Age of Caesar* (1949), pp. 57-59 を参照。
18. Cicero, *ad Att.* 2. 3.
19. Suetonius, *Caesar* 19.
20. Suetonius, *Caesar* 19. 2, Dio 37. 56-58, Appian, *BC* 2. 9. Seager (2002), pp. 82-85、Ward (1977), pp. 210-216、Gelzer (1968), pp. 67-69、C. Meier, *Caesar* (1996), pp. 182-189 も参照。
21. Plutarch, *Caesar* 13, *Pompey* 47. 宣誓については Livy, *Pers.* 103、Appian, *BC* 2. 9 および Pliny, *Epistulae* 10. 96 を参照。敵対する二人がそれぞれ同じ候補者に選挙で協力する事例については Cicero, *ad Att.* 2. 1 を参照。

22. Suetonius, *Caesar* 20. 1. Plutarch, *Cato the Younger* 23. 3 を比較参照せよ。

23. Dio 38. 1. 1-7, Suetonius, *Caesar* 20. 1. この年の出来事の時系列順については L. Ross Taylor, 'The Dating of Major Legislation and Elections in Caesar's First Consulship', *Historia* 17 (1968), pp. 173-193 を 参 照。Gelzer (1968), pp. 71-74、Meier (1996), pp. 207-213、Seager (2002), pp. 86-87 も参照。5 名の小委員会にかんしては Cicero, *ad Att.* 2. 7 を参照。

24. Dio 38. 2. 1-3. 3. Suetonius, *Caesar* 20. 4 は、カトーの逮捕を明らかにその年のもっと遅い時期の出来事とした、やや異なる説を提案している。Plutarch, *Cato the Younger* 33. 1-2 も、この事件をもっと遅い時期に位置付けている。ペトレイウスの軍団勤務の経験については Sallust, *Bell. Cat*. 59. 6 を参照。

25. Dio 38. 4. 1-3.

26. Dio 38. 4. 4-5. 5, Plutarch, *Pompey* 47. 農地法案の投票日については Taylor (1968), pp. 179-181 を参照。

27. Dio 38. 6. 1-3, Plutarch, *Cato the Younger* 32. 2. ビブルスの意図については Taylor (1969), p. 179 を参照。

28. Dio 38. 6. 4-7. 2, Appian, *BC* 2. 11, Plutarch, *Cato the Younger* 32. 2-6, Suetonius, *Caesar* 20. 1.

29. Suetonius, *Caesar* 20. 2, Dio 38. 8. 2. Taylor (1968), pp. 177-179 も参照。

30. Suetonius, *Caesar* 20. 3-4, 54. 3, Dio 38. 7, 4-6, Cicero, *In Vatinium* 29, 38. Gelzer (1968), pp. 75-6、Seager (2002), p. 88 も参照。ウァティニウスの性格にかんするいくつかの印象にかんしては、キケロに宛てた彼の手紙（Cicero, *ad Fam.* 5. 9, 10 および 10A）を参照。属州総督の行動を規制するカエサルの立法にかんしては T. Rice Holmes, *The Roman Republic*. I (1928), p. 319 および Cicero, *pro Sestio* 64, 135、*In Pisonem* 16, 37、*In Vatinium* 12, 29、*ad Att.* 5. 10. 2 を参照。

31. Suetonius, *Caesar* 21, 50. 1-2、そしてカエサルの真珠好きについては同 47、Plutarch, *Pompey* 47-48、*Caesar* 14、Dio 38. 9. 1.

32. Dio 38. 7. 3, Suetonius, *Caesar* 20. 3, Cicero, *ad Att.* 2. 15, 16, 17 and 18.

33. Dio 38. 12. 1-3, Cicero, *de Domo* 41, *ad Att.* 8. 3, *de provinciis consularibus* 42, Suetonius, *Caesar* 20. 4, Plutarch, *Caesar* 14. Gelzer (1968), pp. 76-78 も参照。

34. Cicero, *ad Att.* 2. 9.

35. Cicero, *ad Att.* 2. 16 and 17. ガイウス・カトーについては *ad Quintum Fratrem* 1. 2. 5 を参照。

36. Cicero, *ad Att.* 2. 19.

37. Cicero, *ad Att.* 2. 21, 22 and 23.

38. Cicero, *ad Att.* 2. 24.

39. Cicero, *ad Att.* 2. 24, *In Vatinium* 24-26, *pro Sestio* 132, Dio 38. 9. 2-10. 1, Suetonius, *Caesar* 20. 5, Appian, *BC* 2. 12-13, Plutarch, *Lucullus* 42. 7-8. カエサルが

これらの事件の黒幕であったとする説については Rice Holmes (1928), pp. 323-324 および Gelzer (1968), pp. 90-92、Meier (1996), p. 221 を参照。クロディウスについては Seager (2002), pp. 98-99 を参照。ポンペイウスの関与については Ward (1977), pp. 236-241、Gruen, *The Last Generation of the Roman Republic* (1974), pp. 95-96 を参照。さらに複雑な解釈と、実際に陰謀は存在したという説については D. Stockton, *Cicero* (1971), pp. 183-186 を参照。

40. Suetonius, *Caesar* 23, 73, *Scholia Bobiensia* on Cicero, *pro Sestio* 40 and *In Vatinium* 15.

41. Suetonius, *Caesar* 22. 2 (Loeb translation). 内戦に対するキケロの恐怖については *ad Att.* 2. 20, 21 and 22 を参照。

第9章◆ガリア

1. Pliny *NH* 7. 92.
2. ヒルティウスによる *BG* 8 の序文。
3. Pliny, *NH* 7. 92, Appian, *BC* 2. 150.
4. テオファネスにかんしては Cicero, *pro Archia* 24 を参照。カエサルの初期の作品については Suetonius, *Caesar* 56. 5-7 を参照。『戦記』一般については K. Welch & A. Powell (eds.), *Julius Caesar as Artful Reporter: The War Commentaries as Political Instruments* (1998) 所収の各論文を参照。
5. Cicero, *Brutus* 262.
6. 「弁論家たるもの…」については Gellius, *NA* 1. 10. 4 を参照。L. Hall, 'Ratio and Romanitas in the Bellum Gallicum', in Welch & Powell (1998), pp. 11-43, esp. p. 23 も参照。
7. 『戦記』が書かれた時期にかんしては M. Gelzer, *Caesar* (1968), pp. 170-172、C. Meier, *Caesar* (1996), pp. 254-264 を参照。毎年出版されたという説の論拠については Welch & powell (1998)、特に P. Wirseman, 'The Publication of the De Bello Gallico', pp. 1-9 および T. Rice Holmes, *Caesar's Conquest of Gaul* (1911), pp. 202-209 も参照。Hirtius, *BG* 8 の序文および Suetonius, *Caesar* 56. 3-4 も参照。
8. Cicero, *de Finibus* 5. 52. Wiseman (1998), esp. pp. 4-7 も参照。
9. Suetonius, *Caesar* 56. 4.
10. Cicero, *de provinciis consularibus* 3. 5, *ad Quintum Fratrem* 2. 14-16, 3. 1-9.
11. ラビエヌスについては R. Syme, 'The Allegiance of Labienus', *JRS* 28 (1938), pp. 1 13-128, esp, p. 120 および W. Tyrrell, 'Labienus' Departure from Caesar in January 49 BC', *Historia* 21 (1972), pp. 424-440 を参照。
12. コッタの論文にかんしては Cicero, *ad Att.* 13. 44. 3 を参照、Athenaeus 273b および Hall, (1998), pp. 11-43, esp. p. 25 を比較参照せよ。カエサルの総督代理が誰であったかについては Broughton, *MRR* 2, pp. 197-199 を参照。

13. Caesar, *BG* 1. 39; Cicero, *ad Att.* 2. 18. 3, 19. 5, *de provinciis consularibus* 41; E. Gruen, *The Last Generation of the Roman Republic* (1974), pp. 112-116.

14. カエサルの軍団についてはH. Parker, *The Roman Legions* (1957), pp. 47-71, esp. 55-56を参照。この時代の軍隊にかんしてはF. Adcock, *The Roman Art of War under the Republic* (1940)、P. Brunt. *Italian Manpower. 225 BC-AD 14* (1971)、P. Connolly, *Greece and Rome at War* (1981)、M. Feugère (ed.), *L'Équipement Militaire et L'Armement de la République. JRMES* 8 (1997)、E. Gabba, *The Roman Republic, the Army and the Allies* (1976)、L. Keppie, *The Making of the Roman Army* (1984)、Y. Le Bohec, *The Imperial Roman Army* (1994)、J. Harmand, *L'armée et le soldat à Rome de 107 à 50 avant nôtre ère* (1967) を参照。

15. この問題についての概説とより詳細な参考文献にかんしてはA. Goldsworthy, *The Roman Army at War. 100 BC-AD 200* (1996), pp. 31-32を参照。

16. 装備にかんしてはGoldsworthy (1996), pp. 83-84, 209-219、M. Bishop & J. Coulston, *Roman Military Equipment* (1993)、Connoily (1981)およびFeugère (1997)を参照。

17. D. Saddington, *The Development of the Roman Auxiliary Forces from Caesar to Vespasian* (1982) を参照。補助軍の騎兵と歩兵の数についてはCaesar. *BC* 1. 39.

18. カエサルの計画にかんする議論についてはC. Goudineau, *César et la Gaule* (1995), pp. 130-148を参照。

19. Caesar, *BG* 1. 1, 6. 11-20. ガリア社会にかんする有益な研究についてはN. Roymans, *Tribal Societies in Northern Gaul: An Anthropological Perspective, Cingula* 12 (1990), esp. pp. 17-47 およびB. Cunliffe, *Greeks, Romans and Barbarians: Spheres of Interaction* (1988), esp. pp. 38-58 and 80-105を参照。

20. M. Todd, *The Northern Barbarians* (1987), pp. 11-13、*The Early Germans* (1992), pp. 8-13、C. M. Wells, *The German Policy of Augustus* (1972), pp. 14-31を参照、そしてP. Wells, *The Barbarians Speak: How the Conquered Peoples Shaped the Roman Empire* (1999) には最近の有益な研究がある。

21. ドミティウス・アヘノバルブスについてはSuetonius, *Nero* 2を参照。奴隷一人と葡萄酒のアンフォラ一個を交換したことにかんしてはDiodorus Siculus 5. 26. 3-4を参照。ガリア人とローマ人の関係およびガリア・トランサルピナの歴史についてはS. Dyson, *The Creation of the Roman Frontier* (1985), pp.126-173を参照。葡萄酒の交易にかんしてはCunliffe (1988),59-105, esp. p. 74、Roymans (1990), pp. 147-167およびA. Tcherhia, 'Italian Wine in Gaul at the End of the Republic'（P. Garnsey, K. Hopkins & C. Whittaker (eds.), *Trade in the Ancient Economy* (1983), pp. 87-104所収）を参照。

22. Wells (1999), pp.49-78, Cunliffe (1988), pp. 48-49, 86-87, 96-97, 132-134, Dyson (1985), pp. 137-139, 154, and C. Goudineau (1995), pp. 141-143.

23. ローマにおける人身御供については Pliny, *NH* 30. 12-13 を参照。首狩りにかんしては Polybius 3. 67、Livy 10. 26, 23. 24、Diodorus Siculus 5. 29. 2-5、M. Green, *Dictionary of Celtic Myth and Legend* (1992), pp. 116-118 を参照。ゲルマニアにおける人身御供については Todd (1992), pp. 112-115 を参照。

24. Strabo, *Geog*. 4. 4. 5 (Loeb translation by H. Jones (1923), p. 247).

25. Caesar. *BG* 6. 15、Strabo, *Geog*. 4. 4. 2 を比較参照せよ。リブモン・シュル・アンクルにかんしては T. Derks, *Gods, Temples and Ritual Practices: The Transformation of Religious Ideas and Values in Roman Gaul* (1998), p. 48, 234-5 を参照。

26. Caesar, *BG* 1. 18, 31-33. Dyson (1985), pp. 169-170、Cunliffe (1988), p. 94, 118 も参照。

27. ガリア人の軍勢にかんするより詳細な考察については Goldsworthy (1996), pp. 53-60 を参照。

28. Dyson (1985), pp. 168-171; Caesar, *BG* 1. 36, 40, 44, Cicero, *ad Att*. 1. 19, 20.

第10章◈移住者と傭兵――最初の戦役、紀元前58年

1. Cicero, *ad Att*. 1. 19.

2. Caesar, *BG* 1. 6-7, Plutarch, *Caesar* 17.

3. Caesar, *BG* 1. 2.

4. Caesat, *BG* 1. 2-3, 18. C. Goudineau, *César et la Gaule* (1995), 136-137 を比較参照せよ。

5. Caesar, *BG* 1. 4. Pliny, *NH* 2. 170 にはローマの使節団とスエビ族の王、おそらくアリオウィストゥスと思われる人物との会談が記録されている。S. Dyson, *The Creation of the Roman Frontier* (1985), pp. 169-170. 172、B. Cunliffe, *Greeks, Romans and Barbarians: Spheres of Interaction* (1988), pp. 114-117 も参照。

6. この議論については T. Rice Holmes, *Caesar's Conquest of Gaul* (1911) pp. 218-224 および H. Delbrück, *History of the Art of War,* Volume 1: *Warfare in Antiquity* (1975), pp. 459-478 を参照。

7. Caesar, *BG* 6. 11. 属州の辺境周辺における同盟諸部族の利益にかんしては Dyson (1985), pp. 170-173 を参照。

8. Caesar, *BG* 1. 5-6. バルカン半島への関心については Goudineau (1995), pp. 130-148 を参照。ヘルウェティイ族の人数と行列の規模にかんしては Holmes (1911), pp. 239-240、Delbrück (1975), pp. 460-463 を参照。

9. Caesar, *BG* 1. 7-8. Appian, *Mithridatic Wars* 99 および Plutarch, *Crassus* 10 を比較参照せよ。

10. Caesar. *BG* 1. 8.

11. Caesar, *BG* 1. 10.

12. Caesar, *BG* 1. 10-11, Cicero, *de provinciis consularibus* 28, Suetonius, *Caesar* 24; L.

Keppie, *The Making of the Roman Army* (1984), p. 98.

13. Caesar, *BG* 1. 11, 16. 奴隷と従者の人数にかんする議論を含む、ローマ軍の兵站についてはP. Erdkamp, *Hunger and Sword: Warfare and Food Supply in-Roman Republican Wars 264-30 BC* (1998)、J. Roth, *The Logistics of the Roman Army at War, 264 BC-AD 235* (1999)、A. Labisch, *Frumentum Commeatusque. Die Nahrungsmittelversongung der Heere Caesars* (1975)、およびA. Goldsworthy, *The Roman Army at War, 100 BC-AD 200* (1996), pp. 287-296を参照。
14. Caesar, *BG* 1. 12.
15. Caesar, *BG* 1. 13.
16. Caesar, *BG* 1. 13-14.
17. Caesar, *BG* 1. 15-16.
18. Caesar, *BG* 1. 16-20. Goudineau (1995), p. 138を比較参照せよ。
19. 夜襲の危険と難点にかんしてはArrian, *Alexander* 3. 10. 1-4を参照。
20. Caesar, *BG* 1. 21-22. この作戦にかんする考察についてはGoldsworthy (1996), pp. 128-130を参照。
21. Caesar, *BG* 1. 23.
22. Sallust, *Bell. Cat.* 59, Plutarch, *Crassus* 11. 6. 戦闘の前と最中における指揮官の役割にかんする考察についてはGoldsworthy (1996), pp. 131-163を参照。戦闘直前の演説にかんしてはM. Hansen, 'The Battle Exhortation in Ancient Historiography: Fact or Fiction'. *Historia* 42 (1993), pp. 161-180を参照。
23. この戦闘にかんしてはCaesar, *BG* 1. 24-26を参照。この時代の戦闘の本質にかんする考察についてはGoldsworthy (1996), pp. 171-247を参照。
24. Caesar, *BG* 1. 26-29.
25. Caesar, *BG* 1. 30-33.
26. Caesar, *BG* 1. 34-37.
27. Caesar, *BG* 1. 39.
28. Dio 38. 35. 2.
29. Caesar, *BG* 1. 40.
30. Caesar, *BG* 1. 39-41.
31. Caesar, *BG* 1. 41、パルティアの使節を迎える初のローマの公職者となったことでスッラが得た名声についてPlutarch, *Sulla* 5を比較参照せよ。
32. Caesar, *BG* 1. 42-46.
33. Caesar, *BG* 1. 46-47.
34. Caesar, *BG* 1. 48、Tacitus, *Germania* 6を比較参照せよ。ゲルマン人の軍勢にかんする考察についてはGoldsworthy (1996), pp. 42-53を参照。
35. Caesar. *BG* 1. 49.
36. ゲルマン人女性がその夫である戦士たちに送った声援にかんしては

Tacitus, *Germania* 7-8 を参照。

37. Caesar, *BG* 1. 51-54、ゲルマン人に逃げ道を開けておいたことにかんしては Frontinus, *Strategemata* 2. 6. 3 を参照。

38. Caesar, *BG* 1. 54.

第11章◆「ガリア人のなかで最も勇猛な人々」ベルガエ人、紀元前57年

1. Caesar, *BG* 2. 15.

2. Strabo, *Geog.* 4. 4. 2 (Loeb translation by H. Jones (1923), p. 237).

3. 勇敢な行為に報いるための百人隊長の昇進にかんしては Caesar, *BG* 6. 40、Suetonius, *Caesar* 65. 1 を参照。百人隊長の指揮のやり方と大きな犠牲については A. Goldsworthy, *The Roman Army at War, 100 BC-AD 200* (1996), pp. 257-8 を参照、Caesar, *BG* 7. 51 および *BC* 3. 99 を比較参照せよ。人目を引く勇敢さを示すため、そして昇進あるいは報奨を得るための競争については *BG* 5. 44, 7. 47, 50, *BC* 3. 91 も参照。

4. 突然の行軍と緩められた規律については Suetonius, *Caesar* 65, 67 を参照。マリウスの指揮のスタイルについての考察にかんしては A. Goldsworthy, *In tbe Name of Rome* (2003), pp. 113-136 (or 2004 edn, pp. 127-153) を参照。

5. Plutarch, *Caesar* 17 (Loeb translation by B. Perrin (1919), p. 483).

6. 戦友たちと象嵌で飾られた武器にかんしては Suetonius, *Caesar* 67. 2 を参照。個々の兵士の大胆さについては Polybius 6. 39 および Goldsworthy (1996), pp. 261-282 も参照。

7. ポンペイウス・トログスにかんしては Justin, 43. 5. 12、カエサルが馬上で手紙を口述筆記させた件は Plutarch, *Caesar* 17 を参照。冬季にガリア・キサルピナで陳情を受け付けたことにかんしては Plutarch, *Caesar* 20 を参照。

8. ウァレリウス・メトについては Plutarch, *Caesar* 17 を参照。晩餐の配膳にかんしては Suetonius, *Caesar* 48、Catullus, 29 を参照。

9. Catullus, 57 (Loeb translation by F. Cornish (1988), pp. 67-69).

10. Suetonius, *Caesar* 73.

11. Suetonius, *Caesar* 51; Tacitus, *Histories* 4. 55. マムッラを揶揄するその他の詩にかんしては Catullus, 41, 43 を参照。

12. Caesar, *BG* 2. 1. ポンペイウスの戦役の概要にかんしては Goldsworthy (2003), pp. 169-179 (or 2004 edn, pp. 190-201) を参照。

13. N. Roymans, *Tribal Societies in Northern Gaul: An Anthropological Perspective, Cingula 12* (1990), pp. 11-15 を参照。Tacitus, *Germania* 28、Caesar, *BG* 2. 4, 15, 5. 12 を比較参照せよ。キンブリ族に対する抵抗にかんしては *BG* 2. 4、アトゥ

アトゥキ族がキンブリ族とテウトネス族の子孫であったことについては同 2. 29 を参照。

14. Caesar, *BG* 2. 2-5. これらの人数については T. Rice Holmes, *Caesar's Conquest of Gaul* (1911), p. 71 および L. Rawlings, 'Caesar's Portrayal of Gauls as Warriors'（K. Welch & A. Powell, *Julius Caesar as Artful Reporter: The War Commentaries as Political Instruments* (1998), pp. 171-192 所収）esp. 175, and fn. 13 を参照。カエサルが伝える人数にかんするきわめて批判的な見解については H. Delbrück, *History of the Art of War*, Volume 1: *Warfare in Antiquity* (1975), pp. 488-494 を参照。Delbrück は、蛮族が文明化したローマ人よりも優れた戦士であったと考えていて、結果として、カエサルの軍勢の人数を水増しする一方で、蛮族の軍勢の規模を一貫して低く見積もっている。

15. Caesar, *BG* 2. 5-7.

16. スッラが側面を守るために塹壕を利用したことについては Frontinus, *Strategemata* 2. 3. 17 を参照。

17. Caesar, *BG* 2. 8-11.

18. Caesar, *BG* 2. 11-13.

19. Caesar, *BG* 2. 13-15.

20. Caesar, *BG* 2. 16-18. この戦いにおけるネルウィイ族の兵力については同 28 を比較参照せよ。

21. その場所が持つと考えられる意味にかんしては Rawlings (1998), pp. 176-177、モーブージュという説については Rice Holmes (1911), p. 76 を参照。

22. Caesar, *BG* 2. 19. ナポレオンの批判については Rice Holmes (1911), p. 77 を比較参照せよ。宿営地にかんしては Goldsworthy (1996), pp. 111-113 を参照。

23. Caesar, *BG* 2. 20. 戦闘の開始を先延ばしにしたことについては Goldsworthy (1996), pp. 143-145 を参照。

24. Caesar, *BG* 2. 20-24.

25. Caesar, *BG* 2. 25.

26. Goldsworthy (1996), pp. 151-163, esp. 160-161 ならびに (2003), pp. 155, 176, 195 (or 2004 edn, pp. 175, 198, 219) を参照。接近戦の本質にかんしては Goldsworthy (1996), pp. 191-227 を参照。

27. Caesar, *BG* 2. 27-28.

28. Caesar, *BG* 2. 29-32.

29. Caesar, *BG* 2. 33. 夜間に城内で軍団兵を自由にさせておくことをカエサルが控えたことについては同 *BC* 1. 21, 2. 12、*African War* 3 を参照。捧げ物にかんしては *BG* 6. 17、Suetonius, *Caesar* 54. 2 を参照。

30. Caesar, *BG* 2. 35, Dio 39. 25. 1-2. M. Gelzer, *Caesar* (1968), pp. 116-118 を比較参照せよ。

第12章◆政治と戦争——ルーカ会談

1. Cicero, *ad Quintum Fratrem* 2. 3. 3-4.
2. Cicero, *de provinciis consularibus* 25.
3. 第一次ポエニ戦争におけるプブリウスとその妹クラウディアについては Livy, Pers. 19、Cicero, *de natura deorum* 2. 7、Florus 1. 19. 29, Suetonius, *Tiberius* 2. 3、Gellius, *NA* 10. 6 を参照。
4. Plubarch, *Lucullus* 34, 38, Cicero, *pro Milone* 73. その家族の立場にかんする考察については E. Gruen, *The Last Generation of the Roman Republic* (1974), pp. 97-100 を参照。レスビアが誰かについては Apuleius, *Apologia* 10 を参照。
5. Dio 38. 12-13、M. Gelzer, *Caesar* (1968), pp. 96-99、G. Rickman, T*he Corn Supply of Ancient Rome* (1979), pp. 104-119 も参照。
6. Plutarch, *Cicero* 30-32, *Cato the Younger* 34-40. D. Stockton, *Cicero* (1971), pp. 167-193、R. Seager, *Pompey the Great* (2002), pp. 101-103 も参照。
7. Plutarch, *Cicero* 33-34, Seager (2002), 103-109.
8. Cicero, *pro Sestio* 71, *de provinciis consularibus* 43, *In Pisonem* 80, *ad Fam*. 1. 9. 9. ポンペイウスとエジプトにおける命令権にかんしては特に Cicero, *ad Fam*. 1. 1-9 を参照。Seager (2002), pp. 107-109、Gelzer (1968), pp. 117-119 も参照。
9. Cicero, *ad Quintum Fratrem* 2. 3. 2.
10. アヘノバルブスについては Cicero, *ad Att*. 4. 8b を参照。カンパーニアの公有地については Cicero, *ad Quintum Fratrem* 2. 1. 1, 6. 1, *ad Fam*. 1. 9. 8 を参照。
11. Suetonius, *Caesar* 24. 1.
12. Appian, *BC* 2. 17, Plutarch, *Pompey* 50, *Caesar* 21, *Crassus* 14. Gelzer (1968), pp.120-124、Seager (2002), pp. 110-119、C. Meier, *Caesar* (1996), pp. 270-273、A. Ward, *Marcus Crassus and the Late Roman Republic* (1977), pp. 262-288 も参照。
13. Cicero, *ad Fam*. 1. 9. 8-10, *ad Quintum Fratrem* 2. 7. 2. クロディアとその弟の近親相姦に対する非難にかんしては、同 *pro Caelio* 32 を参照。
14. Cicero, *de provinciis consularibus* 32-33.
15. Plutarch, *Crassus* 15, *Pompey* 51-52, *Cato the Younger* 41-42, Dio 39. 27. 1-32. 3; Seager (2002), pp. 120-122.
16. 「ガッリアは平定された」にかんしては Caesar, *BG* 3. 7、アルプスにおけるガルバについては同 3. 1-6、クラッススについては同 2. 34, 3. 7 を参照。
17. Caesar, *BG* 3. 8-11.
18. Caesar, *BG* 3. 11-16. カエサルの将校たちは使節団ではなかったと指摘している Gelzer (2002), p. 126 および Meier (1996), pp. 274-275 を比較参照せよ。
19. サビヌスにかんしては Caesar, *BG* 3. 17-19 を参照。クラッススについては同 3. 20-26、カエサルとモリニ族については同 3. 27-28 を参照。